Kurt Blaukopf:
Gustav Mahler
oder
Der Zeitgenosse der Zukunft

Deutscher
Taschenbuch
Verlag

Im Text ungekürzte Ausgabe
Oktober 1973
Deutscher Taschenbuch Verlag GmbH & Co. KG,
München
© 1969 Verlag Fritz Molden, Wien · München · Zürich
Umschlaggestaltung: Celestino Piatti
Foto: Bildarchiv der Österreichischen Nationalbibliothek
Gesamtherstellung: C. H. Beck'sche Buchdruckerei,
Nördlingen
Printed in Germany · ISBN 3-423-00950-0

## Das Buch

»Was man von einem guten Roman sagt, nämlich daß man ihn nicht vor Ende der Lektüre aus der Hand legen möchte, das trifft auch bei diesem Buch im höchsten Maße zu. Darüber hinaus werden nicht nur sämtliche Ergebnisse der Forschung gründlichst verarbeitet, sondern bisher unbekannte Dokumente vorgelegt, wichtige Dokumente, die neue Seiten von Mahlers Charakter und Wesen darlegen. Darum geht es dem Autor nämlich in erster Linie: um den Menschen und seine Motive, und nicht nur deshalb, weil Mahler ein interessanter Mensch war und in einer interessanten Zeit lebte, sondern weil seine Persönlichkeit Musik geworden ist. Wohltuend ist es dabei, wie Blaukopf auch die dunkleren Seiten dieses Charakters mit Takt und dennoch treffend zu schildern weiß – man möchte meinen, daß neben all dem Können und Wissen eines Musikers und Literaten auch die Hand eines geschulten Psychoanalytikers an der Abfassung dieses Werkes beteiligt war. Das Können und Wissen des Musikers präsentiert sich ebenfalls in ungewöhnlicher Form: trockene Analysen werden vermieden, dafür wird das Wesen der Mahlerschen Musik in ihrer Schilderung so deutlich, daß es mit den Händen zu greifen ist – der entscheidende Schritt von der ›Werkbeschreibung‹ zur Darstellung des Stils ist da getan. Die Resultierende so vieler Komponenten führt zu einem Mahler-Bild, wie es bisher noch nicht gezeichnet worden ist. Wer immer den wahren Mahler kennenlernen will, der muß zu diesem Buch greifen.« (Österreichische Musikzeitschrift)

## Der Autor

Kurt Blaukopf, 1914 in Czernowitz geboren, leitet das Institut für Musiksoziologie an der Hochschule für Musik und darstellende Kunst in Wien. 1950 erschien seine ›Musiksoziologie‹, die erste grundlegende Darstellung dieser jungen Disziplin. Später veröffentlichte er u. a. die Bücher ›Große Dirigenten‹, ›Große Virtuosen‹ und ›Symphonie Fantastique‹, einen Berlioz-Roman. Den Weg zum Verständnis der Kunst Gustav Mahlers fand er durch seinen Lehrer, den Dirigenten Hermann Scherchen. Die Forschungsarbeit des Autors gilt vor allem der Rolle der technischen Medien im Bereich von Musik, Tanz und Theater. 1972 wurde Professor Blaukopf in den Exekutivrat der UNESCO gewählt.

# Inhalt

## Vorwort zur zweiten Auflage

Die Veranstaltung einer Neuauflage legt Zeugnis ab von dem immer noch wachsenden Interesse für die Lebens- und Schaffensgeschichte Gustav Mahlers, dessen Werke heute einer größeren Anzahl von Menschen zugänglich sind als je zuvor. Der Nachdruck erfolgt im wesentlichen unverändert, obgleich einige Korrekturen vorgenommen wurden, auf deren Notwendigkeit zum Teil auch Rezensenten und Leser der ersten Auflage aufmerksam gemacht haben.

Die Hinweise auf die bisher vorliegende Mahler-Literatur (Seite 284) verdienen zumindest zwei Ergänzungen: die englische Ausgabe von Alma Mahlers Buch ›Gustav Mahler – Erinnerungen und Briefe‹, die unter dem Titel ›Gustav Mahler. Memories and Letters‹ im Jahre 1968 in London in zweiter Auflage erschien, ist durch eine Einleitung und durch Anmerkungen von Donald Mitchell ergänzt, die wichtige Beiträge zur Mahler-Forschung enthalten; die Veröffentlichung der Briefe Bruno Walters (Frankfurt am Main 1969) bereichert das Mahler-Bild um manch bedeutsamen Zug.

K. B.

Seine Ferien an der Ostsee hatte sich Dr. Sigmund Freud redlich verdient. Der zweite Kongreß der Psychoanalytischen Vereinigung war beendet, die amerikanischen Vorlesungen druckreif gemacht. Freud durfte endlich auch an etwas Muße denken. Für den Sommer dieses Jahres hatte er wohlvorbereitete Reisepläne: Holland, Frankreich, dann Süditalien und Sizilien. Warum also sollte sich Freud während des Urlaubs von den Empfehlungen eines Kollegen irritieren lassen, der Aufmerksamkeit für einen künftigen Patienten forderte? Der Name des Mannes, der empfangen werden wollte, klang ihm vertraut, obgleich Freuds Beziehung zur Musik keine innige war. Ja unter allen Künsten dünkte ihn diese geradezu suspekt, weil er die Wirkung der Töne auf seinen Sinn nicht ebenso deutlich zu analysieren verstand, wie dies bei der bildenden oder der Sprachkunst der Fall zu sein schien. Einer solch verdächtigen Macht liefert sich ungern aus, wer Seelenchirurgie zu seinem Beruf erkoren hat.

Die Depesche des Mannes, der sich aus Toblach gemeldet hatte, wollte beantwortet sein. Die Person des Absenders war gewichtig genug: ehemals Direktor der Hofoper zu Wien, Dirigent, Komponist, nun in Amerika zu Ehren gelangt. Auch jenseits des Atlantik, den er ein Jahr zuvor überquert hatte, um Vorlesungen an der Clark University zu halten, muß Freud von Gustav Mahlers Erfolgen in Amerika gehört haben. In der Alten Welt war der Name Mahlers längst mit einem fest umrissenen Charakterbild verknüpft, das sich ins Bewußtsein der musikliebenden Öffentlichkeit geprägt hatte. Im ›Goldenen Buch der Musik‹, einem Konversationslexikon, das sich in nahezu jedem Musikhaushalt des deutschen Sprachraums fand, war zu lesen:

> M. ist eine tiefe Musiknatur; erfüllt von seinem Berufe bis
> zur Selbstvergessenheit, verlangt er auch von seinen Mit-
> arbeitern Ungewöhnliches. Das Genialische seines Wesens
> zeigt sich manchmal, bis zur Übertreibung, in seinen Kom-
> positionen ...

Freud schlug telegraphisch ein Treffen vor. Mahler lohnte diese Bereitschaft mit einer telegraphischen Absage. Er hatte es sich überlegt. Das konnte Freud, dem der schon vor der Analyse einsetzende Widerstand vertraut war, nicht davon abhalten, das

9

Spiel fortzusetzen, das sich noch zweimal wiederholte. Auf jede Anfrage folgte Freuds Zusage und Mahlers Widerruf. Schließlich tat Freud unmißverständlich kund, daß es nur noch eine letzte Chance geben würde: ein Rendezvous in der holländischen Stadt Leiden. Dorthin wollte sich Freud, seinem Reiseplan entsprechend, begeben.

Im August fand die Begegnung statt. Was Mahler unmittelbar veranlaßt hatte, Freuds Rat und Hilfe in Anspruch zu nehmen, ist aus den Erinnerungen seiner Gattin zu ersehen. Mahlers seelische Krise wird auch durch Aufzeichnungen Freuds bestätigt, die Ernest Jones – der Biograph des Begründers der Psychoanalyse – mitgeteilt hat. Über diesen Anlaß hinaus aber wird Mahlers Zuflucht bei Freud erst voll verständlich, wenn man die Lebensumstände in Betracht zieht, die das Verhalten Mahlers zu jener Zeit bestimmten.

Ein Stoß von Glückwunschbotschaften, die er am 7. Juli 1910 erhalten hatte, erfüllte Mahler nicht etwa nur mit Freude. Er war nun fünfzig. Alles deutet darauf hin, daß er diesen Geburtstag als Signal empfand, als Mahnung, seine Angelegenheiten zu ordnen, die amerikanischen Einkünfte einem beruhigteren Leben in Europa dienstbar zu machen und das Verhältnis zu den ihn umgebenden Menschen ins Lot zu bringen. Der fünfzigste Geburtstag forderte zur Selbstbesinnung heraus. »Es ist im Anfang«, so schrieb Mahler in Beantwortung der Glückwunschdepesche eines Freundes, »jedesmal ein schweres Stück Arbeit, sich selbst gegenüberzutreten. Die Erfahrung nützt einem da leider gar nichts, denn es ist jedesmal so, als ob man sich erst sich selbst vorstellen müßte. Wahrscheinlich ist dies aber nur bei Leuten meines Lebensganges der Fall, die in einem solchen Saus dahinbrennen müssen.«

Selbst im New Yorker Trubel, der dieser besinnlicheren Stimmung vorangegangen war, hatte sich Mahler das Spiel mit den Plänen einer gelasseneren Zukunft zur Gewohnheit gemacht. Einmal dachte er an Paris, dann schwärmte er mit seiner Frau von den Herrlichkeiten Capris, von Florenz oder vom Schwarzwald, doch im Grunde hoffte Mahler, er würde »in absehbarer Zeit irgendwo in der Nähe von Wien, wo die Sonne scheint und schöne Trauben wachsen, anlangen und nicht mehr weggehen«.

Während der Vorbereitungen zur Uraufführung der Achten Symphonie, die Mahler im September in München dirigieren sollte, gedieh schon der Plan, in Breitenstein am Semmering ein Anwesen zu erwerben. Mit dessen Durchführung wurde der

Wiener Rechtsanwalt Dr. Emil Freund, ein getreuer Gefährte seit den Jugendtagen, betraut. Zu dieser Zeit scheint Mahler auch stärker als je zuvor das Bedürfnis empfunden zu haben, andere an dem materiellen Segen, den er selbst genoß, teilhaben zu lassen. Arnold Schönberg, der Mahler am 2. August 1910 brieflich um dreihundert bis vierhundert Gulden bat (»Ich stehe nämlich heute ohne Geld da und soll Zins zahlen«), konnte schon am nächsten Tag für den Empfang der erbetenen Summe danken. Zu Siegfried Lipiner, dem seltsam gearteten, in der Bibliothek des Wiener Reichsrats arbeitenden Nietzscheaner, wollte Mahler das alte, zeitweise gelockerte Freundschaftsband wieder festigen. Der revidierte Verlagsvertrag mit der Wiener Universal Edition ging dem Abschluß entgegen. Steuerfragen wollte Mahler endlich bereinigt sehen. Die Pensionsansprüche des ehemaligen Direktors der Wiener Hofoper waren gesichert; die finanzielle Ernte, seit 1907 in Amerika eingebracht, erlaubte es, an schöpferische Ruhe ohne Mangel zu denken. Wenn Mahler von diesem Ziel sprach, dann gebrauchte er freilich Worte, die aus dem Mund eines in zwei Kontinenten erfolgreichen fünfzigjährigen Künstlers seltsam klangen. Amerika, so sagte Mahler, habe ihm nicht nur eine seinen Neigungen und Fähigkeiten adäquate Tätigkeit, sondern auch reichlichen Lohn dafür geboten, welcher ihn nun bald instand setzen würde, »den mir noch beschiedenen Abend meines Lebens in menschenwürdiger Weise zu genießen«.

Es wäre verfehlt, diesen deutlich hervortretenden Hang zu abschließendem Ordnen mit dem herannahenden Tod in Verbindung zu bringen. Mahler konnte in der Zeit des Depeschenwechsels mit Sigmund Freud nicht ahnen, daß ihm nur noch knapp vierzig Lebenswochen zugemessen waren. Der Biograph muß also der Verlockung widerstehen, Mahlers Verhalten aus Motiven zu erklären, die sich nur rückblickend konstruieren lassen. Dem widerspräche auch die Energie, mit der sich Mahler allen Projekten zuwandte. Dazu gehörte die Arbeit an einer Zehnten Symphonie (die Mahler nicht mehr vollenden konnte) und eine neuerliche Reise nach Amerika (wo er während der Wintersaison 1910/11 insgesamt 65 Konzerte der New Yorker Philharmonie dirigieren sollte).

Was ihn zu Freud trieb, war nicht Todesahnung, sondern der Versuch, »sich selbst gegenüberzutreten«. Dieser Versuch forderte auch, wie Mahler scheinen mußte, die gerechtere Regelung der Beziehung zu seiner Frau. Mehrmals hatte er im Verlauf der letzten Jahre geäußert, daß Alma ihm ihre Jugend geopfert habe.

Gerade in diesen Tagen schien ihm aufzudämmern, welches Opfer dabei entscheidend gewesen sein mochte. Alma, die musikalische Begabung verriet, hatte vor der Hochzeit ihrem Mann zuliebe das Komponieren aufgegeben. Ja Mahler hatte ihr das Komponieren strikte verboten. Die Erinnerungen, die Alma Maria Mahler später veröffentlicht hat, zeigen unmißverständlich, wie sehr sie dies als Einschränkung ihrer Persönlichkeit empfand. Eine tiefenpsychologische Analyse könnte darüber Aufschluß geben, in welcher Weise in Mahlers Empfindung erotische Momente mit der Idee musikalischen Gebärens verknüpft waren. Äußere Erschütterungen aber sind geeignet, auch für den Laien ins helle Licht zu setzen, was sonst nur der Analytiker zu sehen vermag. Diese Erschütterung wurde durch einen Brief herbeigeführt, den ein junger Mann, der Mahlers Gattin offenbar aus der Ferne und schwärmerisch verehrte, in jenen Sommertagen des Jahres 1910 schrieb. Er könne, so erklärte der Mann in seinem Brief, ohne sie nicht leben, und er flehe sie an, Mahler zu verlassen und zu ihm zu kommen. Das Schreiben langte in Toblach in einem Briefumschlag ein, der die Anschrift trug: »An Herrn Direktor Mahler«.

Die Wirkung auf Mahler könnten wir uns heute auch ohne das Zeugnis seiner Gattin leicht vorstellen. Wichtig an ihrem Bericht ist, daß sie nun Mahler vorwarf, er hätte sie »in seinem ungeheuren Missionsgefühl jahrelang übersehen«. Die darauf folgende Aussprache war für Mahler aufwühlend. Er entschloß sich, Freud zu konsultieren; die Empfehlung eines Wiener Arztes, der mit Alma entfernt verwandt war, bahnte ihm den Weg.

Mahler fuhr nach Leiden, um den Weg zu Alma zu finden. Schon aus Innsbruck sandte er ein Telegramm: »Alle guten und bösen Mächte begleiten mich; über allen thront die Siegerin. Gute Nacht, mein Saitenspiel. Ich fühle nur Glück und Sehnsucht.« Der Aufenthalt in Leiden war kurz. Das Gespräch mit Freud dauerte bloß einige Stunden.

Welche Kraft von den Worten Sigmund Freuds ausging und welche Wirkung Mahlers Versuch einer im Telegrammstil vorgetragenen Seelenbeichte ausübte, geht aus einer Botschaft hervor, die Mahler im Eisenbahnzug während der Rückfahrt nach Toblach schrieb. Es ist eine Botschaft in Versen. Mahler bediente sich des Gedichtes oft auch in privaten Mitteilungen, wenn er deren Bedeutung unterstreichen wollte. Alma Mahler hat uns diese Mitteilung überliefert, ohne allerdings zu erläutern, daß die vier Zeilen eine Huldigung für Freud enthalten:

Nachtschatten sind verweht an einem mächt'gen Wort,
Verstummt der Qualen nie ermattet Wühlen.
Zusammen floß zu einem einzigen Akkord
Mein zagend Denken und mein brausend Fühlen.

Die Folgen, die Sigmund Freuds mächtiges Wort hatte, gehören der privatesten Sphäre an. Uns genügt es, ihre nicht unwichtige Spiegelung im musikalischen Verhalten Mahlers zu verfolgen. Er wandte sich den Liedern zu, die seine Frau komponiert hatte, sang sie zur eigenen Begleitung am Klavier und rief aus: »Was habe ich getan? Diese Lieder sind gut. Einfach ausgezeichnet! Ich verlange, daß du sie überarbeitest, und wir werden sie herausgeben. Ich ruhe jetzt nicht eher, als bis du wieder zu arbeiten anfängst. Gott, war ich damals eng!«

Der Dirigent Oskar Fried, der Mahler damals in Toblach besuchte und Alma Mahlers Lieder hörte, nannte sie »begabt« und »sehr nett«. Mahler protestierte gegen diese herablassende Beurteilung und verteidigte Almas musikalische Einfälle. Ob sein Verdikt über die Lieder – sie wurden später veröffentlicht – stichhaltig ist, darf hier ungeprüft bleiben. Uns berührt die Wandlung, die in Mahler vorgegangen ist, die neue Haltung, die auf die Erschütterung und die Kurzanalyse in Leiden folgte. Mahler war sich selbst gegenübergetreten. Im Gespräch mit Oskar Fried kam die Rede auch auf die Ohrenbeichte. Mahler, als Jude geboren und erst kurz vor dem Antritt seiner Stellung an der Hofoper zum Katholizismus übergetreten, verteidigte die Beichte. Er hatte die Wohltat der Konfession – wenn auch in anderem als bloß konfessionellem Sinn – soeben erlebt.

Aus den Aufzeichnungen, die Freud über seine Begegnung mit Mahler hinterlassen hat, geht hervor, daß er die Bindung an die Mutter als Charakteristikum von Mahlers seelischer Haltung ansah. Die mit einem Geburtsfehler behaftete Mutter – sie hinkte – bestimmte Mahlers Frauenideal. Die verhärmten Züge der Mutter, die zwölf Kinder zur Welt gebracht hatte, wollte Mahler im Antlitz seiner Gefährtin wiederfinden. Die Mutter hieß Marie. Als er Alma Maria kennenlernte, wollte er sie Marie nennen, und ihr Gesicht wünschte er sich »verlittener«.

Jede Kurzanalyse fordert das Mißtrauen heraus – auch wenn sie vom kompetentesten Seelenarzt vorgenommen wird. Freud muß selbst ein wenig skeptisch gewesen sein, doch war er für das Gespräch mit Mahler zu diesem Zeitpunkt besonders gut gerüstet, denn er hatte der Bedeutung des Kindheitserlebnisses für die Psychologie des künstlerischen Schaffens eben eine Studie gewidmet (›Eine Kindheitserinnerung des Leonardo da Vinci‹). Es überrascht also nicht, daß Freud das Gespräch mit Mahler auch in eine Richtung lenkte, die Aufschluß über die Psychologie des Schaffensprozesses liefert.

Wer Mahlers Musik erlebt hat, der weiß, wie hart oft der Ausdruck tragischer Empfindung auf skurrile Wendungen stößt oder auch auf melodisch simple Formeln, die »banal« anmuten. Im Gespräch mit Freud hat Mahler eine psychologische Erklärung hierfür angeboten. Er erzählte von der lieblosen Einstellung seines Vaters zu seiner Mutter und von den häßlichen Szenen, deren Zeuge er gewesen war. Im Verlauf einer solchen für ihn schmerzhaften Auseinandersetzung sei er einmal aus dem Haus gestürzt. Draußen aber sei er auf einen »Werkelmann« gestoßen, der auf seinem Instrument eine triviale Melodie geleiert habe: »O du lieber Augustin, alles ist hin …« Der so heftig erlebte Aufeinanderprall tragischen Geschehens mit leichtfertiger Banalität habe ihn sein Leben lang gefesselt und ihn auch in Augenblicken inspirierten Schaffens beherrscht. Diesem Umstand sei es zuzuschreiben, daß er als Komponist nicht erreichen könne, was ihm als höchster Rang vorschwebe.

Mahlers Versuch einer Selbstinterpretation zeigt deutlich, wie sehr die aus der privaten Sphäre herrührende Selbstkritik auch auf das eigene Schaffen übergreift. Freud konnte sich auf das ästhetische Problem, das Mahler beschäftigte, gewiß nicht einlassen. Aus den Mitteilungen von Ernest Jones und Alma Mahler gewinnen wir den Eindruck, daß sich der Arzt, dem die Gelegenheit zu gründlicher Diagnose fehlte, mit ein paar Rezepten begnügte, die zumindest Erleichterung schaffen konnten. Daß es Freud in dieser Blitzanalyse doch gelang, Mahler zum Hinweis auf ein entscheidendes Kindheitserlebnis zu veranlassen, dessen Folgen für den Schaffensprozeß möglicherweise bedeutsam sind, dürfen wir allerdings nicht nur der Geschicklichkeit des Analytikers zuschreiben, sondern auch der Bereitschaft des Analysierten. Freud hat die »geniale Verständnisfähigkeit« Mahlers in einem Brief gerühmt, den er ein Vierteljahrhundert nach der Begegnung mit Mahler an einen Schüler richtete:

Ich habe Mahler … einen Nachmittag lang in Leiden analysiert, und wenn ich den Berichten glauben darf, viel bei ihm ausgerichtet. Wir haben in höchst interessanten Streifzügen durch sein Leben seine Liebesbedingungen,

insbesondere seinen Marienkomplex (Mutterbindung) auf-
gedeckt; ich hatte Anlaß, die geniale Verständnisfähigkeit
des Mannes zu bewundern. Auf die symptomatische Fassade
seiner Zwangsneurose fiel kein Licht. Es war wie man einen
einzigen tiefen Schacht durch ein rätselhaftes Bauwerk
graben würde.

Durch diesen Schacht fällt Licht auf Gustav Mahlers Kindheit.

*Ein Tor wird aufgetan*

In nahezu 60 000 Exemplaren erschien die amtliche ›Wiener Zeitung‹ vom 21. Oktober des Jahres 1860. Sie war rasch ausverkauft, denn wer lesen konnte, wollte von dem Manifest Kenntnis nehmen, das auf der ersten Seite abgedruckt war – einem Manifest des Kaisers an die Völker des Reiches:

> Ich erfülle Meine Regentenpflicht, indem Ich die Erinnerungen, Rechtsanschauungen und Rechtsansprüche Meiner Länder und Völker mit den tatsächlichen Bedürfnissen Meiner Monarchie ausgleichend verbinde und die gedeihliche Entwicklung und Kräftigung der von Mir gegebenen oder wiedererweckten Institutionen mit voller Beruhigung der gereiften Einsicht und dem politischen Eifer Meiner Völker anvertraue.

Franz Josef hatte mit dem absolutistischen Prinzip seiner Herrschaft gebrochen. Gewiß sollte es noch lange dauern bis zur Etablierung einer entwickelteren Demokratie, bis zur Erkämpfung des allgemeinen Wahlrechts. Wir wissen heute, daß es im Habsburgerreich nicht gelang, das Streben der Völker nach Demokratie mit den nationalen Sonderinteressen in Einklang zu bringen. Und selbst die Ansätze von 1860 – im sogenannten »Oktoberdiplom« resümiert, dessen Text in der Zeitung dem Manifest des Kaisers folgte – wurden sehr bald wieder zurückgenommen. Doch ein Anfang war gemacht. Die Einlösung eines Versprechens, vom Kaiser nach der Schlacht von Solferino gegeben (»zeitgemäße Verbesserung in Gesetzgebung und Verwaltung«), hatte begonnen. Es war ein historischer Prozeß, der wohl gehemmt, doch nicht mehr aufgehalten werden konnte. Der Weg zu einem freieren Leben der Völker, die allmähliche Beseitigung politischer Vormundschaft und die Propagierung nationaler und sozialer Bestrebungen in einer sich nun entfaltenden Presse – all das war, wie sich von selbst versteht, nicht etwa bloß der freien Entscheidung des Monarchen zu danken. Die Bereitschaft zur Neuerung hatte sich aus der Katastrophe des Staatshaushaltes und der gleichzeitigen Prosperität der Wirtschaft zwingend ergeben. Der Habsburgerstaat, der im Krieg von 1859 die Lombardei verloren hatte, registrierte ein Budget-defizit von 280 Millionen Gulden. Um diese Schuldenlast abzu-tragen, war die Hilfe des mächtig vordrängenden Bürgertums erforderlich. Die Herren der Industrie und Finanz hatten jetzt mitzureden. Ihr Wort wog soviel wie ihre wirtschaftliche Macht, von deren Mehrung die Statistiken sprachen, die in der ›Wiener Zeitung‹ veröffentlicht wurden: Die Kohlenförderung hatte sich seit 1847 nahezu vervierfacht, die inländische Roheisenproduk-tion war um zwei Millionen Zentner gestiegen, die Anzahl der Baumwoll- und Flachsspinnereien gewaltig gewachsen. Der Auf-bau des Eisenbahnnetzes hatte erst schüchtern begonnen. Mit dem besonderen Charakter der industriellen Entwicklung hing jedoch zusammen, daß das Schienennetz in Böhmen und Mähren ausgedehnter war als in anderen Gebieten der Monarchie. Die Zentren dieser beiden Kronländer waren also damals mit Wien inniger verknüpft als etwa Tirol oder Salzburg, die um die Mitte der fünfziger Jahre ebensowenig über Bahnverbindungen mit der Hauptstadt verfügten wie die östlichste Provinz der Monar-chie, die ferne Bukowina. Mähren und Böhmen waren der Residenzstadt näher gerückt. Der Straßenbau hatte in Böhmen bessere Fortschritte gemacht als in Niederösterreich, und Böh-men stand mit elf Telegraphenstationen an der Spitze der Ent-wicklung des Kommunikationssystems der Monarchie.

Vom Abbau innerer und äußerer Zollschranken und von der Entfaltung des Handels konnten auch Menschen profitieren, die nicht zur Elite der Industrie- und Finanzgewaltigen gehörten. Wer die neuen Chancen wahrzunehmen wußte, konnte mit einiger Anstrengung auf der Sozialleiter ein wenig emporklimmen. Dazu bedurfte es jugendlicher Energie. Die Frau, die auf den Straßen und Karrenwegen Ostböhmens mit ihrem Korb von Haus zu Haus zog, Bänder und Tücher feilbot und damit ihre Familie ernährte, konnte sich ein anderes als dieses Hausierer-leben nicht mehr vorstellen. Doch sie muß froh gewesen sein, daß ihr Sohn Bernhard sich findiger zeigte. Was sie noch zu Fuß besorgt hatte, versuchte er bereits mit Roß und Wagen. So hatte er die Möglichkeit, nicht nur eigenen Warenvorrat anzubieten, sondern auch Spedition zu treiben. Immer gab es etwas, das die tschechischen Bauern in den vorwiegend deutschsprachigen Städten absetzen wollten. Die Leute kannten Bernhard Mahler, und sie hatten auch einen freundlichen Spottnamen für ihn: »Der Kutschbockgelehrte« wurde er genannt, weil er auf seinen Fahrten durch das Hügelland allerhand Bücher zu lesen pflegte.

Man merkte, daß er noch höher hinauswollte, denn er hatte sogar ein wenig Französisch gelernt. Dem Sohn jüdischer Eltern, der in seiner Kindheit wohl auch ein paar hebräische Lettern im Gebetbuch entziffert haben mag und der im Städtchen deutsch und mit den Bauern tschechisch reden mußte, fiel solche Wendigkeit gewiß nicht schwer. Er blieb nicht auf dem Kutschbock, sondern suchte später Arbeit in kleinen Unternehmungen; auch wurde er von mancher Familie als Hauslehrer beschäftigt. Sein Ziel war es, wirtschaftlich selbständig zu werden. Noch ehe er dreißig Jahre alt war, gelang es ihm, in seinem Geburtsort Kal išt ein sehr bescheidenes Häuschen zu erwerben. Hier wohnte er, und in dieses Häuschen – das nicht einmal Fensterscheiben gehabt haben soll – zog im Februar des Jahres 1857 aus dem nahen Ledeč auch die damals noch nicht zwanzigjährige Tochter eines Seifensieders, die Bernhard Mahler zur Frau nahm.

## Deutsche Bildung

»Sie paßten so wenig zueinander wie Feuer und Wasser. Er war der Starrsinn, sie die Sanftmut selbst.« Mit diesen Worten hat Gustav Mahler Jahrzehnte später das Verhältnis seiner Eltern zueinander beschrieben. Er wußte auch zu berichten, daß Marie ihren Gatten nicht liebte, daß sie ihn vor der Hochzeit kaum kannte »und lieber einen andern, dem ihre Neigung gehörte, geheiratet hätte. Aber ihre Eltern und mein Vater wußten ihren Willen zu beugen und den seinen durchzusetzen«.

Was Gustav Mahler über seinen Vater mitgeteilt hat, sollte im Lichte der Freudschen Kurzanalyse gewürdigt werden. Daß er in späteren Jahren zu seiner Frau »nie ein Wort der Liebe für seinen Vater« geäußert hat, könnte sonst leicht mißverstanden werden. Wer Bernhard Mahlers Charakterbild in falschem Licht sieht, dem wird auch manche Entwicklung des Sohnes unverständlich bleiben. Der Traum vom respektableren Leben, dem sich der Fuhrmann und spätere Branntweinschankwirt hingab, hatte für den Sohn durchaus positive Folgen. Gustav Mahler sah es später nicht gern, wenn man seine mehr als bescheidene Herkunft schwarz auf weiß und allzu prägnant deklarierte. Als Richard Specht im Jahre 1904 eine Biographie des Hofoperndirektors Mahler entwarf und diesem vorlegte, erschien Mahler die Bezeichnung »Schank« für das Gewerbe seines Vaters als eine »etwas triviale Spezifizierung«. Er meinte, daß das Wort Kaufmannsstand seinen Vater zur Genüge bezeichne.

In diesem Bemühen, Spuren zu verwischen, die zum Ursprung führen, erweist sich Gustav so recht als Sohn seines Vaters. Bernhard hatte für seine Person eine Spur ausgelöscht oder zumindest auszulöschen versucht, die von zahlreichen Autoren, die sich mit Mahler befaßten, gern verfolgt wurde. Wir meinen die Spur, die zur jüdischen Tradition führt. Alle Anzeichen sprechen dafür, daß Bernhard in religiösen Dingen sehr frei dachte und daß er allem, was an jüdische Selbstisolierung hätte erinnern können, aus dem Wege ging. Wir haben kein einziges Zeugnis dafür, daß im Hause Bernhard Mahlers auf die strikte Einhaltung religiöser Bräuche geachtet worden wäre. Von einer Abschließung irgendwelcher Art gegenüber der nichtjüdischen Umwelt kann keine Rede sein. Alles deutet darauf hin, daß Gustav schon als Kind – vielleicht durch gelegentliche Mitwirkung im Kirchenchor – mit dem katholischen Gottesdienst vertrauter war als mit dem Ritual des jüdischen Bethauses, das er in späteren Jahren wohl nie betreten hat.

Was der Kutschbockgelehrte seinem Sohn vermittelte, war deutsche Bildung. Die Lektüre, die Gustav im Hause des Vaters finden konnte, unterschied sich kaum von dem, was andere junge Menschen im Gebiet der deutschen Sprachinsel rund um Iglau zu lesen bekamen. Bernhard Mahler strebte dem deutschen Kulturbereich zu. Die im Oktoberdiplom sich anzeigende deutschliberale Welle erfaßte zu jener Zeit auch viele Angehörige des unteren jüdischen Mittelstandes in Böhmen und Mähren. Die Familie des im mährischen Freiberg geborenen Sigmund Freud bildet hierfür ebenso ein Beispiel wie die Familie des im mährischen Eibenschitz geborenen Musikwissenschaftlers Guido Adler, der in Iglau die deutsche Volksschule besuchte und später zu den treuen Freunden Mahlers gehörte.

Die Assimilierung der jüdischen Intelligenz an die deutschsprachige Kultur hat der antisemitischen Gegenbewegung gewiß nichts von ihrer Kraft genommen. Im Gegenteil. Zu dem später »rassisch« begründeten Antisemitismus deutschsprachiger Parteien und Organisationen kam auch ein slawischer Antisemitismus, der sich »nationaler« Argumente bediente. Noch kurz vor 1900 konnte ein Redner der Jungtschechen im Wiener Parlament erklären, daß antisemitische Ausschreitungen in Mähren nur auf das »germanisierende« Verhalten der Juden zurückzuführen seien. Wenn die Juden ihre Haltung ändern wollten, dann würden sie auch von den Tschechen in Ruhe gelassen werden.

So sinnlos das Argument als Rechtfertigung antisemitischer Pöbeleien war, so zutreffend bleibt die Feststellung, daß die wachsten jüdischen Köpfe im slawischen Raum des Habsburgerstaates zur deutschen Kultur tendierten. Es ist schwierig, über die verwirrenden und verworrenen Verhältnisse der Nationen im alten Österreich zu berichten. Uns fehlt sogar das Vokabular hierzu. Österreich – heute ein Begriff, der staatlichen und nationalen Inhalt hat – galt für die meisten Menschen des vorigen Jahrhunderts als staatsrechtliche Konstruktion, die mehrere Nationen unter einem Herrscher vereinte. »Deutsch« nannten sich jene Österreicher, die ihre nationale Eigenständigkeit gegenüber Slawen, Magyaren und Italienern dokumentieren wollten, unabhängig davon, ob sie dem Staate Österreich die Treue wahrten oder die nationale Einigung in einem größeren Deutschland ersehnten. Jüdischnationale Tendenzen zeigten sich nur in geschlossenen jüdischen Siedlungsgebieten im Osten der Monarchie. Je weiter man nach dem Westen gelangte, um so mehr reduzierte sich das Judentum auf das Glaubensbekenntnis. Wo selbst dieses seine praktische Bedeutung mehr und mehr einbüßte – und das war bei Bernhard Mahler der Fall –, schien der Übergang zur deutschen Kultur selbstverständlich. Er vollzog sich nicht so reibungslos, wie die Ideologen der Assimilation gehofft hatten. Da die Bemühungen um den Zutritt zur deutschen Kultur alsbald durch den heftig entbrannten Kampf der Nationen innerhalb der Monarchie und durch einen neuen Rassenantisemitismus erschwert wurden, ist der subjektive Ausdruck, den Gustav Mahler in späteren Jahren dieser Verwirrung gab, leicht zu verstehen. Er sei, so sagte er, dreifach heimatlos: als Böhme unter den Österreichern, als Österreicher unter den Deutschen und als Jude unter allen Nationen der Erde.

Von all dem konnte Bernhard Mahler in dem für ihn verheißungsvollen Jahr 1860 noch nichts spüren. Sozialer Aufstieg war ihm gleichbedeutend mit dem Anschluß an die Kultur der herrschenden Nation des Vielvölkerstaates. Bis zum Reformjahr des kaiserlichen Oktobermanifestes waren der sozialen und geographischen Mobilität Grenzen gesetzt. Nun aber genoß auch der Bürger israelitischer Konfession unbeschränkte Freizügigkeit im Lande. Aus der Enge des kleinen Kališt, wo Marie ihrem zweiten Kind Gustav am 7. Juli 1860 das Leben geschenkt hatte, stand der Weg ins Zentrum der deutschen Sprachinsel offen, der

Weg aus dem Randbezirk Böhmens in die mährische Stadt Iglau. Schon im Dezember 1860 bewerkstelligte Bernhard die Übersiedlung der Familie. Hier gab es für das Unternehmen des kleinen Branntweinproduzenten – im Familienkreis scherzhaft »die Fabrik« genannt – gute Chancen. Diese Behauptung können wir zwar nicht durch Bernhards Geschäftsbücher belegen, doch vermögen wir sie indirekt zu stützen: mit einem Hinweis auf die Statistiken jener Zeit, die anzeigen, daß sich in Mähren der Branntweinkonsum auf Kosten des Weinabsatzes stetig steigerte.

*Kindersterben*

Bernhard Mahler konnte ein wichtiges Ziel seines Lebens als erreicht betrachten. Viel weiter hat er es nicht mehr gebracht. Doch seine Kinder sollten es, wie er zu sagen pflegte, besser haben. Das deutschsprachige Iglau konnte jene Erziehung bieten, die Bernhard für die Kinder wünschte. In dieser Stadt der Leder- und Textilmanufaktur gab es Lehrer, Ärzte, angesehene Kaufleute, und mit Förderung wohlhabender Bürger war schon vor mehr als einem Jahrzehnt sogar ein Theater mit 1200 Plätzen errichtet worden. Das kulturelle Leben wurde getragen von einem seit 1819 bestehenden Musikverein und einem Männergesangsverein, der sich auch in Iglau nach dem für alle Kronländer verbindlichen Wiener Muster etabliert hatte. Als die für das Musikleben bedeutsame Regimentskapelle abgezogen wurde, entschloß sich die Bürgerschaft Anno 1860 sogar zur Gründung einer eigenen Stadtkapelle, die fortan den Bedürfnissen von Kirche, Theater und Konzert zu dienen hatte.

Zwei Kinder des Ehepaars Mahler waren noch in Kališt zur Welt gekommen, in Iglau schenkte Marie weiteren zehn Kindern das Leben. Es lohnt sich, die Tabelle mit den Geburtsdaten zu lesen, denn sie gibt auch psychologische Aufschlüsse:

| | | |
|---|---|---|
| 1. Isidor | geboren 1858 | im Kindesalter gestorben |
| 2. Gustav | geboren 1860 | |
| 3. Ernst | geboren 1861 | mit 13 Jahren gestorben |
| 4. Leopoldine | geboren 1863 | |
| 5. Alois | geboren 1867 | |
| 6. Justine | geboren 1868 | |
| 7. Arnold | geboren 1869 | im Kindesalter gestorben |
| 8. Friedrich | geboren 1871 | im Kindesalter gestorben |

| | | |
|---|---|---|
| 9. Alfred | geboren 1872 | im Kindesalter gestorben |
| 10. Otto | geboren 1873 | Selbstmord mit 23 Jahren |
| 11. Emma | geboren 1875 | |
| 12. Konrad | geboren 1879 | im Kindesalter gestorben |

Die herzkranke, von Geburt an hinkende Mutter trug die Last eines sich ständig erweiternden Haushalts. Als »verlittene«, nahezu unaufhörlich schwangere Frau muß der Sohn Gustav sie in seiner Kindheit gesehen haben. Fünf von den zwölf Kindern starben im zartesten Alter. Zu diesen gehörte auch der in Kališt geborene Isidor, so daß Gustav die Rolle des ältesten Sohnes einnahm. Das Schicksal dieser Kinder mutet uns heute besonders tragisch an, und man könnte versucht sein, daraus auf einen ungewöhnlich gespannten Seelenzustand der Eltern und auf eine ungewöhnliche seelische Belastung des Sohnes Gustav zu schließen. Doch solche Vermutungen, die den späteren Komponisten der ›Kindertotenlieder‹ auch in dieser Hinsicht als seelisch singulär ausweisen wollen, rühren aus einem Mißverständnis her. Im Jahrhundert des Kindes und der erfolgreich bekämpften Kindersterblichkeit vergißt man leicht, mit welcher Selbstverständlichkeit der Tod eines Kleinkindes vor nicht allzu langer Zeit auch noch in Europa hingenommen wurde. Eltern sprachen mit Stolz davon, daß sie ein Kind »durchgebracht« hätten. Mit diesem Wort war die Überwindung der Fährnisse des Kindesalters gemeint, das Überstehen von Krankheiten, die heute längst nicht mehr als lebensgefährlich gelten. Noch gegen Ende des neunzehnten Jahrhunderts betrug die Sterblichkeit der Kinder unter fünf Jahren in den Ländern des Habsburgerstaates im Durchschnitt nahezu fünfzig Prozent. In der vom Kronprinzen Rudolf angeregten und begonnenen Darstellung der ›Österreichisch-ungarischen Monarchie in Wort und Bild‹ lesen wir über die Lage in Böhmen: »Es stirbt von den Neugeborenen während der ersten Lebensjahre die Hälfte weg.« Daran ist kein Kommentar geknüpft, kein Ausdruck des Bedauerns, keine Forderung nach Abhilfe. Man begnügte sich mit der Feststellung eines Zustandes, den man für gegeben und unabänderlich hielt.

Wenn wir das Kindersterben im Hause Mahler als durchaus nicht ungewöhnlich bezeichnen, so soll damit keineswegs der tiefe Eindruck geleugnet werden, den der Abschied von den kleinen Särgen auf die Überlebenden gemacht haben muß. Die kleine Justine trieb mit dem Sterben sogar ihr Spiel, woran sich Gustav später deutlich erinnern konnte. »Ein Kind noch, klebte sie Wachskerzen rings auf den Bettrand. Dann legte sie sich ins Bett, zündete die Lichter an, glaubte nun selber fast ganz, das sie tot sei.«

Von allen Geschwistern schloß Gustav den bloß ein Jahr jüngeren Ernst besonders ins Herz. Er war sein Spielgefährte, sein Vertrauter in all den herrlichen Kindergeheimnissen, von denen der erwachsene Mensch nur dumpfe, undeutliche Erinnerungen bewahrt. Dieser Bruder erkrankte schwer und starb nach langem Leiden im Frühling des Jahres 1874. Gustav soll tagelang nicht vom Krankenbett gewichen sein und dem Bruder unaufhörlich Geschichten erzählt haben. Wie schwer der Verlust des geliebten Bruders den kaum Vierzehnjährigen traf, geht aus dem ein paar Jahre später unternommenen Versuch hervor, dieses Erlebnis künstlerisch zu bannen: durch die Komposition einer Oper ›Herzog Ernst von Schwaben‹, die allerdings nicht erhalten ist. Ein Brief, den Gustav Mahler im Juni 1879 an seinen Freund Josef Steiner schrieb, enthüllt uns die poetische Verdichtung der beiden Gestalten, des Bruders Ernst mit dem Helden der Oper: »Da ziehen die blassen Gestalten meines Lebens wie der Schatten längst vergangenen Glücks an mir vorüber, und in meinen Ohren erklingt das Lied der Sehnsucht wieder. – Und wir wandeln wieder auf bekannten Gefilden, und dort steht der Leiermann, und hält in seiner dürren Hand den Hut hin. Und in den verstimmten Tönen hör' ich den Gruß Ernst's von Schwaben, und er kommt selbst hervor und breitet die Arme nach mir aus und wie ich hinsehe, ist's mein armer Bruder . . .«

Die Briefe an Josef Steiner, der auch das Textbuch der Oper verfaßte, gehören zu den frühesten Dokumenten, die uns Einblick in Gustav Mahlers Psyche geben. An ihnen fällt nicht bloß der schwärmerische Tonfall auf, sondern auch eine ungehemmt-freie Assoziation, die für den Traum kennzeichnend ist. Daß Gustav als Kind in eine Traumwelt flüchtete, geht auch aus anderen Zeugnissen hervor. Was den Erwachsenen dabei vielleicht als passives oder gar »braves« Hinnehmen und Stillhalten erschien, mochte in Wahrheit die dem Kinde einzig gegönnte Form der Opposition gegen die Umwelt sein. Wenn der Vater forderte, der kleine Gustav möge seine Tischlade in Ordnung halten und weder Bitten noch Zürnen Erfolg hatten, weil der Bub den Auftrag immer wieder »vergaß«: wie anders wäre dies zu erklären als durch die passive Resistenz des Kindes, das diese Umwelt nicht anerkennen wollte?

Traum und Spiel sind die Fluchtwege, die sich jedem Kind an-
bieten. Glücklich aber ist jenes Kind, dessen Flucht ins Spiel gar
noch die Anerkennung der Großen findet. Diese Erfahrung
konnte Gustav sehr früh machen. Er war etwa vier Jahre alt,
als die Familie den Eltern der Mutter wieder einmal einen Besuch abstattete. Der großväterliche Seifensieder in Ledeč hielt
auf bürgerliche Reputation. In seinem Hause legte man auf
Benehmen wert, das Bernhard Mahler »nobel« erschien. Im
Spaß nannte er die Familie des Schwiegervaters »die Herzöge«.
Und in diesem wohlhabenderen Milieu gab es auch Dinge, die
der Sohn der alten Hausiererin nicht zum notwendigen Hausrat
zählte. Etwa ein Klavier. Gustav entdeckte das Instrument auf
dem Dachboden des Hauses, während die Erwachsenen mit
ihren eigenen Dingen befaßt waren. Als man ihn rief, kam keine
Antwort. Nach langem Suchen entdeckte man den Knirps, der
auf dem alten Klavier klimperte. Wäre er auf die Straße gelaufen,
um anderen Kindern beim Reifenspiel oder Drachensteigen zu-
zusehen, hätte es böse Worte gegeben. Doch nun wurde er
belobt. Und der Vater – Erwachsene ziehen aus flüchtigen
kindlichen Neigungen gern und rasch ihre einfältigen Konsequenzen – sagte, für ihn stünde fest, daß Gustav ein Musiker
werden müsse.

Woher musikalische Begabung rühren mag, ist ein Rätsel, mit
dem wir uns nicht befassen müssen. Was die Entfaltung solcher
Begabung in diesem Fall fördern konnte, ist jedoch eine Frage,
die hier zu stellen ist. Dem Kind bietet es Genugtuung, sein
Spiel mit den Tasten gebilligt zu sehen. Wenn man ihm gestattet,
in sein eigenes Reich zu gelangen, das dem Diktat einer feindlichen Umwelt entrückt ist; wenn die Erwachsenen solche
Entrückung in die Sphäre kindlichen Eigenwillens mit Beifall
bedenken – wie sollte das begabte Kind der Versuchung widerstehen, eine Welt aufzubauen, in der es selbst herrschen darf?

In der Volksschule soll Gustav nicht immer bei der Sache
gewesen sein. Wenn man Berichten aus zweiter und dritter Hand
trauen darf, war er »zerstreut« und »unverläßlich«. Das Musizieren aber machte ihm Freude. Er lauschte den Liedern, die
tschechische Dienstmädchen sangen; den Tanzmelodien der
Iglauer Jugend; den Trompetensignalen und den Trommelwir-
beln, die von der nahen Kaserne zu hören waren. Und er wußte
all das auch auf seinem Instrument wiederzugeben. Zuerst war

es eine Ziehharmonika. Doch dann scheint der Vater sich zum Erwerb eines Klaviers entschlossen zu haben. Das Möbelstück war schließlich auch ein Signum bürgerlichen Standes. Der Kaufmann, der sich eine Geschäftsanzeige im ›Iglauer Sonntagsblatt‹ leisten konnte, durfte seiner Reputation auch in dieser Hinsicht nichts schuldig bleiben. »Meine Kinder sollen es besser haben.« Gustav sollte musizieren und darob bewundert werden. Etwas von dieser Anerkennung würde sich gewiß auch auf den Vater und Klavierbesitzer übertragen! Herr Sladký, der in der Stadtkapelle Kontrabaß spielte, mußte den Kleinen unterrichten. Das durfte auch ein paar Gulden kosten, denn es sollte sich bestimmt lohnen. Die Welt stand offen, seit der Kaiser sie mit seinem Wort geöffnet hatte – auch für die Kinder des Fuhrmanns aus Kališt. Die Welt: das war Prag, vielleicht gar Wien. Herr Sladký von der Stadtkapelle blieb nicht der einzige Lehrer des kleinen Gustav. Der Vater tat alles, was für den Sohn getan werden konnte. Genauer: was ein strebsamer Schnapsbrenner in Iglau zu jener Zeit vermochte. Das Klavier erfüllte die Träume des Vaters und des Sohnes.

## Wunderkind

»Seit meinem vierten Lebensjahre immer Musik gemacht und komponiert, bevor ich noch Tonleitern spielen konnte.« Mit diesen Worten resümiert der sechsunddreißigjährige Gustav Mahler den Beginn seiner musikalischen Entwicklung. Wir haben Anlaß, diesem Bericht zu glauben. Nicht nur dem Vater muß die Begabung des Buben ungewöhnlich erschienen sein, denn auch der Kapellmeister des Iglauer Theaters war bereit, Gustav zu unterrichten. Der Volksschüler kam bald danach zu einem Klavierlehrer namens Brosch, der aus ihm offenbar rasch einen Virtuosen zu machen verstand. Im Oktober 1870 wurde das Wunderkind dem Publikum von Iglau vorgestellt. Im Theater fand ein Konzert statt, dessen Programm wir leider nicht kennen. Eine kurze Rezension, die am 16. Oktober in der Lokalzeitung erschien, zeigt deutlich, daß man das unleugbare Wunder dieses Talents noch ein wenig aufzubauschen suchte. Gustav war zehn Jahre alt, doch die Zeitung berichtet von einem »neunjährigen Knaben«, der als »Sohn eines hiesigen israelitischen Geschäftsmannes« bezeichnet wird. Der Erfolg, den der »künftige Klaviervirtuose bei seinen Zuhörern errang, war ein großer und für ihn auch ehrenvoller, nur wäre zu wünschen gewesen, es wäre ihm zu seinem hübschen Spiel auch ein ebenso gutes Instrument zur Verfügung gestanden«.

Die musikalischen Fähigkeiten Gustavs müssen schon längere Zeit bekannt gewesen sein, denn noch vor seinem Konzertdebüt soll er anderen Kindern Musikunterricht erteilt haben. Nicht ganz so reibungslos war die Karriere des Volks- und Mittelschülers. Bernhard Mahlers Entschluß, den Elfjährigen nach Prag zu schicken, scheint zwei Motive gehabt zu haben: Er wollte dem Sohn bessere und vielleicht auch strengere Schulerziehung angedeihen lassen und ihn überdies in ein Milieu einführen, das der Entwicklung des musikalischen Talents förderlich sein konnte. Für diese Annahme spricht, daß Bernhard Mahler den Sohn bei einer Prager Familie unterbrachte, die auch für Gustavs weiteren Klavierunterricht verantwortlich sein sollte. Zwei Söhne aus diesem Haus haben später große Karriere gemacht: Alfred Grünfeld, der berühmte Pianist, und dessen jüngerer Bruder Heinrich, der als Cellovirtuose, Kammermusiker und Lehrer bekannt wurde. Als Gustav Mahler nach Prag kam, war Alfred neunzehn Jahre alt. Man konnte also erwarten, daß der brillante Schüler des Prager Konservatoriums dem kleinen Gymnasiasten aus Iglau etwas von seinen Kenntnissen vermitteln würde.

Die Rechnung Bernhard Mahlers ging nicht auf. Gustav blieb sich selbst überlassen und versagte in der Schule. Was man ihm als »Kost und Quartier« bot, muß weit unter dem von Bernhard Mahler erwarteten Standard gelegen haben. Der Vater erfuhr davon und holte den Sohn, der alles ohne Klage erduldete, wieder heim nach Iglau. Das Zeugnis wies ihn als schlechtesten Schüler seiner Klasse aus.

Daß der verträumte Bub in Prag oft mit knurrendem Magen zu Bett gehen mußte und daß man ihm seine Kleider und Schuhe konfiszierte, soll ihn wenig bekümmert haben. Er nahm es mit jener Passivität hin, die er schon im Elternhaus geübt hatte. »Ich meinte, es müsse so sein«, war sein Kommentar hierzu, wenn er später davon sprach. Erregter zeigte sich Mahler, wenn er von dem Schock erzählte, den ihm eine »brutale Liebesszene zwischen dem Stubenmädchen und dem Sohn des Hauses«, deren Zeuge er war, bereitete. Welche Bedeutung diesem Erlebnis des Elfjährigen zukommt, könnte nur ein Psychologe beurteilen. Für die möglicherweise traumatische Wirkung dieser Prager Erfahrung spricht die Tatsache, daß der erwachsene

Mahler das Bedürfnis empfand, seiner Frau davon zu berichten. Manche Schwierigkeit, die sinnliche mit der zärtlichen Komponente der Liebe zu vereinen, mag darauf ebenso zurückgeführt werden wie die Verstärkung der Bindung an die Mutter und die auch für andere Künstler dieser Zeit kennzeichnende Idee entsagender sittlicher Reinheit. Hypothesen dieser Art verdienen – wie gerne zugegeben sei – das Mißtrauen des kritischen Lesers. Die unsrige aber wird von Berichten gestützt, die erst in diesem Zusammenhang verständlich werden. Sie zeigen, wie innig sinnliche Leidenschaft im Denken des jungen Mahler mit seelischem und physischem Leid verknüpft war. So erzählt ein Jugendfreund Mahlers von einem jungen Mädchen, das der Achtzehnjährige in den Ferien kennenlernte und das »von seiner Persönlichkeit enthusiasmiert wurde. Sie mißfiel ihm nicht, und die naive Regung ihrer Mädchenseele machte Eindruck auf ihn. Allein der erst Achtzehnjährige hatte so viel sittlichen Ernst, daß er sich von der Gelegenheit zu einer leichtfertigen Liebelei nicht verlocken ließ. Er begegnete ihr warm und freundlich, gab ihr die freundschaftliche Mahnung, sich vor Leidenschaft in acht zu nehmen, es könnte ihr sonst einmal ein großes Leid widerfahren. Daraufhin schieden sie in warmer Freundschaft.«

Zwei Jahre später erhielt Mahler die Nachricht, das Mädchen habe durch Selbstmord geendet. Er kann diese Mitteilung nur als Bestätigung seiner Prognose, seiner Überzeugung von der schicksalhaften Verbindung sinnlicher Leidenschaft mit physischem Schmerz aufgefaßt haben. Die Quellen solchen Empfindens und Denkens sind schon in den Kindheitserlebnissen zu entdecken. Die Prager Episode ist nur ein Teil davon.

»Meine Jugend auf dem Gymnasium verbracht – nichts gelernt.« Dieses Resümee des Schullebens, das nach dem Prager Intermezzo in Iglau fortgesetzt wurde, klingt übertrieben, wenn man die sehr umfassende literarische Bildung ins Kalkül zieht, die sich Mahler angeeignet hat. Doch hier werden die Bücher, die Bernhard Mahler gesammelt hatte – »fast eine kleine Bibliothek« –, eine bedeutendere Rolle gespielt haben als der Schulunterricht. Der Gymnasiast zeigt Abneigung gegen jedes zu bewältigende Pflichtpensum. Sein Widerstand gegen die Schule rührt nicht von mangelnder Auffassungsgabe her, sondern von der Psychologie eines »Tagwandlers«, eines kindlichen Träumers, der sich in der realen Welt nicht zurechtfinden will, weil ihm die Welt der Töne verlockender erscheint. Hier ist er sein eigener Herr, und für das, was er dem Klavier zu entlocken weiß, wird ihm reichere Anerkennung beschert, als er je mit einem guten Schulzeugnis erringen könnte. Warum also soll er dieses von der Umwelt honorierte Spiel mit den Tasten nicht genießen? Das Repertoire ist unerschöpflich. In der Musikleih-bibliothek, die es auch in Iglau gibt, kann er sich all die Stücke beschaffen, die er kennenlernen will, die seine Bewunderer hören möchten. Auch das Opernprogramm des Theaters bietet ihm zu dieser Zeit genug von dem, was einen jungen Musiker interessie-ren kann: ›Hochzeit des Figaro‹, ›Don Giovanni‹, ›Fidelio‹, ›Il Trovatore‹, ... Wir dürfen allerdings nicht ohne weiteres an-nehmen, daß der Gymnasiast mit diesen Werken auch wirklich schon im Iglauer Theater Bekanntschaft geschlossen hat. Spätere Äußerungen sprechen dafür, daß Mahler sich so manches be-deutende Werk des Opernrepertoires erst als Theaterkapell-meister selbst erarbeitet hat.

Seine Beziehung zum musikalischen Theater war nicht in erster Linie von der Bühne her geprägt. Für ihn war die Musik die Hauptsache. Aus ihr hatten sich die szenischen Konsequen-zen zu ergeben. Wir werden noch merken, wie sehr die öster-reichische, zumal wienerische Liebe zur »absoluten Musik« später auch sein Schaffen bestimmt hat, wie vergeblich sein gelegent-liches Liebäugeln mit Plänen der Opernkomposition war und wie sehr er dem Symphonie-Erleben, dem Sonaten-Denken des Österreichers verpflichtet blieb. Daß er einen seiner ersten Kom-positionsversuche – die Oper ›Herzog Ernst von Schwaben‹ – sehr bald vernichtet hat, bestätigt diesen Hang zum reinen Denken in Musik ebenso wie die Tatsache, daß von der frühen Märchenoper ›Rübezahl‹ und dem Opernversuch ›Die Argo-nauten‹ nichts erhalten ist.

Die musikalische Souveränität des Iglauer Wunderkindes, sein Klavierspiel, seine Improvisationsgabe und seine kompositori-schen Versuche wurden bald nach dem Konzertdebüt auch über Iglau hinaus bekannt. Sogar die »Herzöge«, die Verwandten in Ledeč, sprachen mit Stolz von dem kleinen Pianisten, der bei Besuchen seine Fertigkeit demonstrieren mußte. Bekannte der Familie in der Stadt und in der näheren Umgebung luden ihn ein, um sein Spiel zu genießen. Zu Gustavs Freunden gehörte damals der wahrscheinlich ältere Josef Steiner. Über diesen Josef Steiner, mit dem Mahler später noch im Briefwechsel stand, ist in dem bisher vorliegenden Schrifttum über Mahlers Jugendzeit nichts Näheres mitgeteilt. Aus seinem schon zitierten Brief an Steiner wissen wir jedoch, daß er mit diesem Erinnerungen an

Orte in der Nähe von Časlau teilte: Erinnerungen an die Meier-
höfe Morovan und Ronov und an zwei blaue Mädchenaugen,
die Mahler mit Innigkeit erwähnt.

In Morovan begegnete der fünfzehnjährige Gustav Mahler
jenem Manne, der seinen weiteren Weg entscheidend beein-
flussen sollte. Er hieß Gustav Schwarz, war Ökonom und
Domänenverwalter und hat seinen Bericht dreißig Jahre später
in der Redaktion des ›Neuen Wiener Journals‹ unter Vorlage
einiger Briefe des jungen Mahler zu Protokoll gegeben. Selt-
samerweise ist dieses für Mahlers Entwicklung wichtige Zeugnis
der Forschung bisher entgangen.

Was der Domänenverwalter von Morovan berichtete, wirft
neues Licht auf den Weg, den Gastav Mahler bald danach ein-
schlagen sollte: den Weg nach Wien, ans Konservatorium. Herr
Schwarz, der selbst ein Musikfreund war, entdeckte eines Tages
unter alten Manuskripten ein paar Stücke des berühmten Kla-
viervirtuosen Sigismund Thalberg, der einige Jahre zuvor gestorben war. Thalbergs Kompositionen zeichneten sich durch
technische Schwierigkeiten aus, die von einem Pianisten durch-
schnittlicher Fertigkeit nicht bewältigt werden konnten. Als
Schwarz seinen Fund einem Herrn Steiner mitteilte (möglicherweise ein Verwandter, vielleicht der Vater von Mahlers Libret-
tisten), meinte dieser: »Ich weiß einen jungen Burschen, der das
vom Blatt spielen kann.« Der junge Bursche wurde aus Iglau
auf den Meierhof bestellt. Der »schmächtige, unbeholfene kleine
Junge« (so die Schilderung des Domänenverwalters) erfüllte die
Hoffnungen seiner Zuhörer. »Sie müssen Musiker werden«,
sagte man ihm. Dies sei seine stille Neigung seit langem, gestand
Gustav Mahler.

### Der Träumer als Taktiker

Mahler blieb Gast im Hause des Verwalters Schwarz, und dieser
faßte den Plan, den jungen Mann nach Wien zu bringen. Vorerst aber schrieb er in diesem Sinne an Gustavs Vater. Es kam
zu einer Besprechung zwischen Bernhard Mahler und dem Protektor seines Sohnes. Der Vater stimmte grundsätzlich zu, doch
scheint er sich noch Bedenkzeit erbeten zu haben, wie aus einem
Brief hervorgeht, den Gustav am 28. August 1875 aus Iglau an
seinen Beschützer schrieb:

Der l. Vater fürchtet bald, daß ich mein Studium vernachlässigen oder unterbrechen würde, bald wieder, daß ich
durch schlechten Umgang in Wien verdorben werden
könnte; und wenn er auch, wie es mir scheint, sich zu
unserer Seite hinneigt, so müssen Sie doch bedenken, daß
ich im Kampfe gegen die Übermacht so vieler »verständiger
und gesetzter Leute« ganz allein auf mich angewiesen bin.
Deshalb bitte ich Sie, uns Samstag, den 4. September die
Ehre Ihres Besuches zu schenken, denn nur durch Sie kann
der Vater ganz gewonnen werden.

Der Text dieses bisher unbeachteten Briefes ist nicht nur sachlich
aufschlußreich. Der Stil steht in auffallendem Kontrast zu den
schwärmerischen Ergüssen anderer Briefe aus der Jugendzeit.
Er ist nüchtern, abwägend und zeigt eine höchst realistische
Einschätzung der Chancen. Die Bedenken des Vaters, der in der
Sache selbst mit dem Sohn übereinstimmt, werden nicht leicht-
fertig abgetan. Der Fünfzehnjährige erweist sich hier für uns
zum erstenmal als zielstrebiger Taktiker, wo es um Dinge geht,
die ihm wichtig sind. Nichts von Träumerei. Alles, was Mahler
später in beruflichen Dingen unternehmen wird, ist durch die
gleiche Zielstrebigkeit gekennzeichnet: den Versuch, die eigenen
Chancen nüchtern zu beurteilen, und die Bemühung, Verbündete
zu finden.

Dieser Doppelcharakter von Mahlers Wesen (verinnerlichtes
Träumen einerseits – taktisch nüchterne Disposition anderseits)
wird in nahezu jeder Phase seines künstlerischen und kunstpoli-
tischen Wirkens festzustellen sein. Das Gefecht um Kommandohöhen weist ihn als souveränen Praktiker und Taktiker aus, der
sich von einem Augenblick zum anderen in den träumenden
Schöpfer ungeahnter Klänge verwandelt. Mahler wird für jede
Position, die ihm das Schicksal zuweist, die überzeugende
Sprache und Maske finden. Er wird – zur Überraschung seiner
Zeitgenossen – in immer neuer Gestalt erscheinen. »Ich glaube
nicht«, so beginnt Richard Specht sein zwei Jahre nach dem Tod
Mahlers veröffentlichtes Buch über Mahler, »daß es einen Menschen gegeben hat, der Mahler wirklich gekannt hat.« Mahler sei
unberechenbar gewesen, habe sich von keinem ganz einnehmen
lassen und habe sich keinem ganz ergeben. Für ihn habe nur das
Schaffen gegolten.

Die Heldenverehrer – sie werden es mir nie verzeihen, wenn
ich das hier sage – haben Mahler nicht verstanden. Ihnen er-

schien er wie einer, der »aus weiter Ferne« oder »aus dunkler Tiefe« kam, was nur eine der vielen Seiten seines Wesens war. Der Mahler-Kult mußte daher alle Spuren ignorieren oder gar tilgen, die auf den Lebenskünstler und den gewandt manövrierenden Taktiker hindeuten mochten. Gewiß ist er auch manchmal, wie das überlieferte Wort lautet, mit dem Kopf gegen die Wand gerannt, um der Wand ein Loch zu schlagen. Doch weit häufiger werden wir merken, wie er den Frontalangriff meidet, wie er die Stellungen des Feindes nicht minder genial »umgeht«, um aus dem Hinterhalt in die Festung einzurücken, die er erobern will; wie er geduldig auf den taktisch richtigen Augenblick für den Generalangriff wartet; wie er nach Bundesgenossen Ausschau hält, die ihm Beistand leisten könnten.

Der Alliierte des Fünfzehnjährigen, den man für einen Träumer hielt, war Herr Schwarz aus Morovan. Dem Vater war leicht begreiflich zu machen, daß man diesen wohlmeinenden Menschen anstandshalber einzuladen hatte. War Herr Schwarz aber einmal herangerückt, brauchte die Übermacht der »verständigen und gesetzten Leute« nicht mehr gefürchtet zu werden, denn dann würde sich auch der noch schwankende Vater unter die Fahne des Sohnes stellen.

Zwei Wochen später brachte Herr Schwarz seinen Schützling nach Wien zu Professor Epstein. Am 20. September 1875 wurde in die Akten des Konservatoriums der Gesellschaft der Musikfreunde ein neuer Schüler eingetragen: »Mahler, Gustav, aus Iglau.«

## Die Stadt der Verheißung

Der Eindruck, den Wien auf den jungen Musikschüler machte, ist nicht leicht zu rekonstruieren. Gab er sich ganz dem Traum der Musik hin, ohne von der Vitalität berührt zu werden, mit der sich die Kaiserstadt vor seinen Augen entfaltete? Imponierte ihm die Demonstration bürgerlicher Kraft, die sich in den neuen Bauwerken kundtat: in der Rotunde, dem Weltausstellungsgebäude von 1873; in den Ringstraßenbauten und den Bahnhöfen; im Hochstrahlbrunnen auf dem Schwarzenbergplatz, der von der Vollendung der Hochquellenwasserleitung kündete? Nahm er Notiz vom Bau des Parlaments, der vor seinen Augen vonstatten ging? Empfand er mit den Wienern die Pracht der erst ein paar Jahre zuvor eröffneten gewaltigen Hofoper? War er von den taghellen Räumen des Konservatoriums im neuen Gebäude der Gesellschaft der Musikfreunde ebenso beeindruckt wie die Lehrer, die sich noch an die kleinen, dunklen Zimmer im alten Haus erinnern konnten, das sie Anno 1870 hatten verlassen dürfen?

Zwei Jahre nach dem Einzug in Wien sandte Gustav Mahler einen Dankbrief an den Mann, der ihm die Stadt »der Verheißung« gezeigt hatte. »Sie waren es«, so schrieb er an den Gutsverwalter Schwarz, »welcher mir die Pforten des Musenhauses auftat und mich hineinführte in das ersehnte Land.« Dem Protektor hatte er auch für die Gewinnung eines »mächtigen Freundes« zu danken, ohne dessen Hilfe sich manches schwieriger gestaltet hätte. Dieser mächtige Freund war Julius Epstein, dessen Klavierunterricht Mahler drei Jahre lang genoß. Epstein befürwortete Mahlers Gesuch um Schulgeldbefreiung, das zuerst abgewiesen, später zur Hälfte bewilligt wurde. Die Mittel, die Mahler aus Iglau erwarten konnte, waren begrenzt. Es lag nahe, sie durch Einkünfte aus Privatunterricht zu ergänzen. Epstein hielt die Fähigkeiten seines Schülers offenbar für ausreichend, um ihn auch als Klavierlehrer zu empfehlen. Sogar seinen eigenen Sohn Richard – aus dem später ein tüchtiger Konzertpianist wurde – vertraute er Gustav Mahler an. Das war vielleicht auch eine taktvolle Methode Epsteins, dem talentierten Schüler Geld zukommen zu lassen.

Mahlers Harmonielehrer im ersten Jahr war Robert Fuchs, ein Komponist, der vor allem durch freundliche Streicherserenaden bekanntgeworden ist, weshalb er den Spitznamen »Serenadenfuchs« erhielt. Komposition und Kontrapunkt lernte Mahler bei Franz Krenn, einem sehr gestrengen Herrn. Für begabte, impulsive Schüler mußte es nicht leicht gewesen sein, sich an Krenns trockene Disziplin zu gewöhnen. Mahlers Kollege Hugo Wolf hielt es bei Krenn nicht aus: Er erklärte eines Tages dem Direktor, daß er das Konservatorium verlassen wolle, da er hier mehr vergessen als gelernt habe. Das dadurch ausgelöste Disziplinarverfahren führte zur Entlassung von Hugo Wolf. Mahler blieb dem nahezu gleichaltrigen Kollegen weiterhin freundschaftlich verbunden und teilte manchmal auch das bescheidene Quartier mit ihm. Dazu trug das Verständnis für Wolfs Nöte bei, der keinen »mächtigen Freund« hatte, wie Mahler ihn besaß. Wolfs heftige Reaktion auf die unnachgiebige Strenge der Lehrer konnte Mahler begreifen, denn auch er ließ sich einmal im Konservatorium zu Äußerungen hinreißen, die er in einem unterwürfigen Schreiben an Direktor Josef Hellmesberger zurücknehmen mußte, um nicht aus der Schule gewiesen zu werden. Mahlers Entschuldigungsbrief, der erhalten ist, legt nicht nur Zeugnis ab von seinem gelegentlichen Aufbegehren, sondern zeigt auch, daß er sich auf taktisch vorteilhafte Rückzugsmanöver verstand. Die Kunst des Duldens und Ausharrens, die der kleine Bub im Elternhaus erlernt hatte, erwies sich auch hier als nützlich. Natalie Bauer-Lechner, die während Mahlers Studienzeit an den Orchesterübungen teilnahm und die später in sehr anhänglicher Freundschaft mit Mahler verbunden war, hat aus den Konservatoriumstagen eine Szene überliefert, die Mahlers Haltung kennzeichnet. Am Ende des Schuljahres gab es einen Kompositionswettbewerb. Für eine solche Veranstaltung schrieb Mahler eine Symphonie, die bei den Orchesterübungen unter der Leitung des Direktors einstudiert werden sollte. Mahler hatte kein Geld, um die Orchesterstimmen aus der Partitur kopieren zu lassen. Er mußte das Stimmenmaterial selbst schreiben. Während der Arbeit, die viele Tage und Nächte forderte, schlichen sich Schreibfehler ein. Bei der Orchesterprobe verwandelten sich die falschen Noten in dissonierende Töne. Direktor Hellmesberger geriet darüber so in Wut, daß er dem Schüler die Partitur vor die Füße warf. Er wollte von der Symphonie Mahlers nichts mehr wissen. Auch dann nicht, als Mahler die Fehler in den Stimmen ausgebessert hatte. »Noch heute«, so schrieb Natalie Bauer-Lechner Jahrzehnte später, »steht mir das Bild vor Augen, wie der Jüngling ... sich eine so schmähliche Behandlung gefallen lassen mußte ...«

Mahler verstand es, sich den berechtigten Forderungen der Lehrer ebenso anzupassen wie deren Launen. Ganz im Gegensatz zu dem aufbrausenden Hugo Wolf war er darauf bedacht, das Studium reibungslos und rasch hinter sich zu bringen. Bei den Klavierwettbewerben, die am Schluß eines jeden Unterrichtsjahres abgehalten wurden, hatte er schöne Erfolge: Schon im Juni 1876 erhielt er für den Vortrag einer Schubert-Sonate den ersten Preis. Die Heimkehr nach Iglau im Sommer 1876 gestaltete sich zu einem kleinen Triumph. Er brachte nicht nur gute Zensuren nach Haus, sondern auch ein eigenes Klavierquartett, das ihm den Sieg im Kompositionswettbewerb eingetragen hatte. Die Eltern durften die Anerkennung genießen, die die Iglauer Musikfreunde ihrem Sohne zollten. Im September gab es sogar ein Konzert im Iglauer Stadttheater, bei dem der Preisträger des Wiener Konservatoriums als Interpret eigener Werke auftrat. Sechs Jahre zuvor war er hier als Wunderkind akklamiert worden.

Trotz dieser Fortschritte auf musikalischem Gebiet bestand der Vater auf der Vollendung des Mittelschulstudiums. Gustav bereitete sich auf die Reifeprüfung vor, die er im Sommer des Jahres 1878 als Externist am Iglauer Gymnasium – nicht ganz ohne Schwierigkeiten – bestand. Aus einem Brief, den er während der Ferien an seinen Lehrer Epstein nach Wien sandte, ist mit einiger Sicherheit zu schließen, daß Gustav sich im Spätsommer noch einer Nachprüfung zu unterziehen hatte, weil ihm der Erfolg im ersten Anlauf nicht geglückt war.

Brillanter gestaltete sich der Abschluß der Studien am Wiener Konservatorium. Im Kompositionswettbewerb von 1878 errang er den ersten Preis mit einem Klavierquintett, das bei der »Schlußproduktion« aufgeführt wurde. Mahler spielte selbst den Klavierpart. Einer von den vier Kollegen, die sich bei der Wiedergabe mit ihm vereinten, war der Violoncelloschüler Eduard Rosé, der ältere Bruder des nachmals berühmten Konzertmeisters der Wiener Philharmoniker, Arnold Rosé.

Die Beziehungen zu den Brüdern Rosé sollten sich später noch enger gestalten, als Mahlers Schwester Justine die Gattin von Arnold Rosé wurde und Mahlers Schwester Emma den Cellisten Eduard heiratete. Zu den jungen Menschen, denen Mahler damals innig verbunden war, gehörten nicht nur die Freunde aus der mährischen Heimat – wie der Brief-Intimus Josef Steiner oder der Jusstudent Emil Freund, den Mahler während der Ferien in Seelau zu besuchen pflegte –, sondern auch Musiker, die er in Wien kennenlernte: der aus Laibach stammende Anton Krisper, der Orgelschüler Anton Bruckners und spätere Hofkapellmeister in Weimar Rudolf Krzyzanowski und der explosive Hugo Wolf.

Die jungen Leute waren durch gemeinsame Ideale verbunden und mehr noch durch die gemeinsamen Sorgen. Sie lauerten auf Schüler, um mit Stundengeben Geld zu verdienen, und sie waren immer wieder auf der Suche nach geeigneter Unterkunft bei Quartiergebern, die wenig Geld verlangten, laute Musik duldeten und selbst möglichst keinerlei Lärm machten. Man versteht, daß sich diese Forderungen kaum je zugleich erfüllten, und man begreift, warum Mahler in Wien mindestens so oft die Unterkunft wechselte wie Franz Schubert, den man deswegen einen »Vagabunden der Stadt« genannt hat. Wir kennen nur einige von Mahlers Wiener Quartieren aus den Jahren 1879 und 1880. Doch wir wissen von seiner heftigen Aversion gegen Lärm jeder Art. Einmal beklagt er sich über »eine Jungfrau, die den ganzen Tag auf ihrem Spinett ruht«, ein andermal beschwert er sich über das »Geschrei eines kleinen Kindes«, das ihn beim Komponieren stört. Immer »bläst ihn irgendein windiger Geselle« aus einer Stube in eine andere. Manchmal ist es allerdings nicht der Lärm der anderen, der ihn vertreibt, sondern der Protest der Vermieter gegen allzu robuste musikalische Produktionen, die Mahler mit seinen Freunden ins Werk setzt. Wenn Krzyzanowski, Wolf und Mahler eines Wagnerschen Klavierauszuges habhaft werden und die Partien von Gunther, Brünnhilde und Hagen grölend wiedergeben, dann setzt eine wutschnaubende Hausfrau ohne Einhaltung einer Kündigungsfrist die ganze Götterdämmerung samt Gepäck sofort auf die Straße.

Diese und ähnliche Szenen bekräftigen das Bild des ganz der Musik hingegebenen Studenten Gustav Mahler. Daran ändert auch die nach der Konservatoriumszeit erfolgende Inskription an der Wiener Universität nichts. Mahler hatte wohl kaum die Absicht, sich einem geregelten Studium zu widmen. Er hat, wie er später selbst mit ein wenig Ironie zusammenfaßte, »statt der Vorlesungen den Wienerwald fleißig besucht«. Wir dürfen diese Formulierung nicht ganz wörtlich verstehen. Daß ihm Wanderungen in der freien Natur von frühester Jugend an unentbehrlich waren, kann ebensowenig bezweifelt werden wie seine Vertrautheit mit den Beethoven-Wegen rund um Heiligenstadt oder mit den Hügeln des südlichen Wienerwaldes; doch wird er von den philosophischen und historischen Vorlesungen an der Universität gewiß auch einige Anregungen empfangen haben, die seine spätere Vertrautheit mit philosophischen Texten und Problemen erst verständlich machen.

Wie aber hat sich Mahler zwischen seinem fünfzehnten und seinem zwanzigsten Lebensjahr eigentlich auf jenen Beruf vorbereitet, dem er sich schließlich widmen sollte? Wie wurde aus dem komponierenden Wunderkind der Kapellmeister?

## »Dirigent ohne Lehrer«

Das Konservatorium sah die Ausbildung zum Pianisten und Komponisten vor. Spezifische Dirigentenschulung gab es damals noch nicht. Erst im Jahre 1909, mit der Umwandlung des privaten Konservatoriums in die staatliche Wiener Akademie, wurde eine »Kapellmeisterschule« geschaffen. Zu Mahlers Zeit galt musikalische Allroundbildung als Voraussetzung für die Kapellmeisterkarriere. Dazu gehörten pianistische Fertigkeit, Partiturspiel, die Fähigkeit, zu komponieren und zu improvisieren. Die Grundlage hierfür war eine solide Handwerkslehre, die Harmonie und Kontrapunkt erfaßte. Das bloße Taktschlagen – heute vom großen Publikum als das Um und Auf der Leistung des Dirigenten angesehen – war von untergeordneter Bedeutung. Was man am Konservatorium lernte, ließ sich auf die Formel »praktischer Umgang mit Musik« bringen. Dazu gehörten auch die Orchesterübungen unter der Leitung Hellmesbergers, bei denen der Klavierschüler Mahler, den man mit seinem Instrument nicht einsetzen konnte, eben Schlagzeug und Pauken zu bedienen hatte.

Die Spezialisierung des Musikunterrichts, wie wir sie heute kennen, hatte damals kaum begonnen. Einen Kapellmeister, der nur zu dirigieren und nicht zu komponieren verstand, konnte man sich kaum vorstellen. In den Verträgen, die man den Kapellmeistern der Theater Österreichs und Deutschlands damals vorlegte, war immer auch irgendeine Klausel enthalten, die zum gelegentlichen Komponieren verpflichtete: Zwischenaktmusik für Sprechstücke, Einschübe in Repertoireopern, Ballettmusik, Begleitmusik zu »lebenden Bildern« und ähnliches. Das Konservatorium bildete Musiker aus, die diesen Ansprüchen zu genügen hatten; Leute, die im Umgang mit Musik erfahren waren und die im übrigen auch »Taktschlagen« konnten. Felix Mottl, der als Dirigent in Bayreuth zu Ehren gelangte und Direktor der Münchner Oper wurde, hat diesen Studiengang in Wien absolviert. Mottl, nur vier Jahre älter als Mahler, hat als Komponist von Opern und Kammermusik, als Instrumentator von Wagners Wesendonck-Liedern und als Arrangeur von Ballettsuiten Zeugnis von einem keineswegs auf das bloße Dirigieren beschränkten Musikantentums abgelegt. Arthur Nikisch, fünf Jahre vor Mahler geboren, mag in jungen Jahren vielleicht schon von der späteren Dirigentenkarriere geträumt haben, doch bei Hellmesberger wurde er zum Geiger ausgebildet. Als Geiger fand er auch im Orchester der Wiener Hofoper Platz, ehe er in Leipzig seine Kapellmeisterlaufbahn begann. Ähnlich war der Weg eines aus Ungarn stammenden jungen Mannes, den das Konservatorium zu einem tüchtigen Hornisten gemacht hatte. Er hieß Hans Richter und bekleidete seit 1875 die Stelle eines Ersten Kapellmeisters an der Wiener Hofoper.

Auch Mahler hat am Konservatorium solch praktische Lehre genossen. Ein Musiklexikon der Mahler-Zeit erklärt, Mahler habe sich »ohne eigentliche Lehrer« zu einem meisterhaften Dirigenten entwickelt. Diese These ist zweifach zu korrigieren. Es gab einerseits keine Dirigierlehrer, also konnte Mahler nicht Schüler eines »eigentlichen Lehrers« werden. Anderseits aber schloß der Unterricht alles ein, was für den künftigen Kapellmeister wichtig war. Wer den Kapellmeister Mahler als Selfmademan bezeichnet, müßte diese Charakterisierung auch für Dirigenten wie Richter, Nikisch und Mottl gelten lassen. Diese Richtigstellung ist wesentlich, weil sie einer Legende den Boden entzieht, die wir durchaus nicht nötig haben, wenn wir Mahlers Genie würdigen wollen.

In einem weiteren, umfassenderen und historischen Sinn wäre allerdings zu bestätigen, daß nahezu alle großen Dirigenten dieser Epoche eben Taktstockautodidakten waren. Erst in dieser Ära entstehen die Konzertsäle und die großen Opernhäuser, deren Raumverhältnisse einen Lenker musikalischer Schlachten verlangen, einen Mann, der – nach einem schönen Wort Wilhelm Furtwänglers – das Sammeln und Binden des Klanges im Raum zu besorgen hat. Erst die Architektur des modernen Konzertsaals fordert und sichert die Autorität des souveränen Dirigenten. Funktion und Kult des modernen Dirigenten entstehen mit den neuen Sälen: dem Großen Musikvereinssaal in Wien (1870), dem Neuen Gewandhaus in Leipzig (1884), dem Amsterdamer Concertgebouw (1887). Erst allmählich konnten sich die Kapellmeister an die dadurch entstandenen neuen Aufgaben herantasten. Den Besten unter ihnen gelang dies sehr früh. Zu ihnen zählte Gustav Mahler.

Das Konservatorium konnte ihm noch keine Regeln an die Hand geben, die ihn befähigt hätten, mit den neuen Aufgaben des Dirigenten fertig zu werden. Im übrigen aber war die Ausbildung umfassend und praktisch. Es gibt keinen Anhaltspunkt dafür, daß Mahler irgend etwas von dem, was hier vermittelt wurde, nicht in sich aufgenommen hätte. Es sei jedoch nicht verheimlicht, daß ein sehr gründlich forschender Archivar vor Jahrzehnten die These aufgestellt hat, Mahler habe in einem einzigen Unterrichtsfach versagt. Das Zeugnis dieses Mannes – er hieß Robert Hirschfeld – wird zwar durch dessen notorische Mahler-Feindschaft entwertet, doch ist das Material, das Hirschfeld als Historiker der Gesellschaft der Musikfreunde im Jahre 1912 vorgelegt hat, wichtig genug, um hier Erwähnung zu finden, denn es betrifft das Verhältnis Mahlers zu Anton Bruckner.

## Der Kontoausgleich Bruckner-Mahler

Bruckner unterrichtete von 1868 an am Konservatorium. Er hatte Harmonielehre und Kontrapunkt vorzutragen. Mahler hätte hier also Gelegenheit gehabt, Bruckners Lehre zu empfangen. Mahler hat ausdrücklich erklärt, im formellen Sinn des Wortes nie Bruckners Schüler gewesen zu sein, obgleich er sich in einem umfassenderen Sinn sehr wohl als Nachfolger und Schüler des großen Symphonikers bezeichnete. In seiner offiziösen ›Geschichte der Musikfreunde in Wien‹ hat nun Robert Hirschfeld nach Mahlers Tod den Versuch unternommen, die Beziehung Bruckner-Mahler in anderer Art zu charakterisieren. »Es mag auffallen«, so heißt es bei Hirschfeld, »daß Mahler in dem Jahresberichte 1876/77 wohl unter den Schülern der ersten Kontrapunktklasse angeführt erscheint, im Schlußberichte aber nicht verzeichnet ist. Das Rätsel löst sich, da Gustav Mahler, wie aus den Akten . . . erhellt, im Kontrapunkt nur den dritten Fortschrittsgrad erhalten hat. Er ist also, was jetzt angezweifelt wird, wohl doch Schüler Anton Bruckners gewesen, der damals allein neben Krenn Kontrapunkt unterrichtete, hat aber den Jahreskurs offenbar wegen ungünstigen Fortgangs nicht vollendet . . .«

Die Konstruktion des Mahler-Gegners Hirschfeld ist leicht zu begreifen. Er machte Mahler »wohl doch« zu einem Kontrapunktschüler Bruckners, um daraus abzuleiten, Bruckner habe dem Schüler Mahler eine schlechte Note gegeben. Die Sache wäre für uns weiter ohne Belang, handelte es sich beim Verhältnis Bruckner-Mahler nicht um eine menschliche und künstlerische Beziehung, deren wunderbare Tönung der Musikgeschichte angehört. Mahler zählte schon in seiner Studentenzeit zu den treuesten Anhängern Bruckners. Zusammen mit seinem Freund Rudolf Krzyzanowski erlebte er das Debakel der Dritten Symphonie Bruckners bei der Erstaufführung, die im Dezember 1877 stattfand. Die Musik wurde mit Gelächter und Mißfallenskundgebungen aufgenommen. Viele Besucher verließen den Konzertsaal noch vor dem Ende der Darbietung. Nur einige Bruckner-Enthusiasten versuchten zu applaudieren und den Komponisten zu trösten. Unter ihnen war der Verleger Theodor Rättig, der Bruckner sogar den Antrag machte, das Werk in seinen Katalog aufzunehmen. Das geschah auch. Gleichzeitig wurde ein Klavierauszug angefertigt. Mit Billigung Bruckners machten sich Krzyzanowski und Mahler an die Arbeit, die Mahlers Lehrer Epstein überwachte.

Auch am weiteren Schicksal der Dritten Symphonie, die Bruckner dem von ihm über alles verehrten Richard Wagner gewidmet hatte, nahm Mahler später Anteil. Davon ist erst 1936 aus den Aufzeichnungen des Verlegers Theodor Rättig etwas bekanntgeworden. Rättig erzählt, daß einige junge Freunde Bruckners – zu denen auch die Brüder Josef und Franz Schalk gehörten – eine neuerliche Umarbeitung der Symphonie empfahlen. Der Verleger erhielt damals Teile einer revidierten Partitur, mit deren Drucklegung er begann. Zufällig, so heißt es weiter in dem Bericht, kam Mahler damals zu Bruckner und äußerte, »er halte die Umarbeitung für völlig überflüssig. Sofort war dieser umgestimmt und verwarf die bereits halb fertige Arbeit.« Erst später gelang es der Gegengruppe, eine teilweise Umarbeitung durchzusetzen.

Die plötzliche Umstimmung Bruckners durch Mahler hat mehr als bloß anekdotischen Charakter. Sie weist auf eine grundlegende Übereinstimmung Mahlers mit Bruckner hin. Beide bekannten sich zum Recht symphonischer Weitschweifigkeit, die dem Erfolg bei einem romantisch-kulinarischen Publikum allerdings entgegenstand, und beide strebten nach melodischer und kontrapunktischer Artikulation, welche sich mit einer auf wohlige Klangverschmelzung hinzielenden Bearbeitung nicht ver-

tragen konnte. »Jetzt brauch' i die Schalks nimmer!« soll
Bruckner ausgerufen haben, als er Mahlers Ansicht kennenlernte. Seiner Anerkennung für den verständnisvollen Mahler
aber gab er dadurch Ausdruck, daß er diesem das Manuskript
der 1877 verlachten Symphonie zum Geschenk machte.

Einige Jahre danach hat Mahler in einem Brief an Bruckner
beteuert, daß er es als eines seiner Lebensziele betrachte, der
Kunst Bruckners zu ihrem verdienten Triumph zu verhelfen.
Es blieb nicht bei Lippenbekenntnissen. 1886 führte Mahler
das Scherzo aus Bruckners Dritter Symphonie dem Prager
Publikum vor. In Hamburg dirigierte er dieselbe Symphonie,
die Messe in d-Moll und das Te Deum, dessen »mächtiger
Bau« und dessen »erhabene Gedanken« das Publikum tief
beeindruckten, wie Mahler in einem Brief an Bruckner (April
1892) schrieb. Das Scherzo aus Bruckners Vierter Symphonie
brachte er im Jahre 1900 zur Pariser Weltausstellung. Die
vielleicht rührendste Tat für den geliebten Meister aber setzte
er als Fünfzigjähriger. Damals hatte Mahlers Wiener Verleger
den Plan, die Werke Bruckners in sein Programm einzubeziehen. Dies aber, so meinte der Verleger, sei finanziell nur trag-
bar, wenn Mahler sein nahezu ausgeglichenes Konto mit 50000
Kronen belasten ließe. »Mahler fand das gut und richtig«, erzählt Alma Mahler in ihren Erinnerungen. »Er übernahm das
neue Passivum aus Liebe zu Bruckner, ohne einen Moment
darüber nachzudenken, daß er sich dadurch auf weitere fünfzehn
Jahre um jeden Gewinn geschädigt hatte.«

Es wäre verlockend gewesen, hier auch aus den Geschäfts-
briefen und Geschäftsbüchern des Wiener Verlages einiges zu
zitieren. Leider ergab eine Anfrage, daß sich keine Aufzeichnungen hierüber erhalten haben. Uns muß also der Hinweis
genügen, daß das Konto Bruckners (lange nach dessen Tod)
durch Buchungen mit dem Konto Mahlers verbunden wurde.
Die Musikgeschichte weiß von keiner ähnlich ergreifenden
Kontoabstimmung zwischen Meister und Jünger zu melden.
Daß die Namen Bruckner und Mahler in einem Atem genannt
werden, wird im Hinblick auf diese finanzielle Transaktion auch
jenen Buchsachverständigen einleuchten, die kein Ohr für die
Herkunft von Mahlers Symphonik aus der Tradition Bruckners
haben.

Die Jahre, die Mahler als Lernender in Wien verbrachte, standen im Zeichen des Kampfes um Richard Wagner. Für die jungen Musiker, die dem Wagner-Verehrer Anton Bruckner zugetan waren, wurde der Einzug der Musik Wagners in Konzert und Oper zum beherrschenden Erlebnis. Schon 1873 hatte sich eine Kerngruppe gebildet, aus der der Wiener Akademische Wagner-verein hervorging. Der junge Felix Mottl hatte hier eine führende Stellung. Ihn unterstützte sehr wirksam der Musikalien-händler Albert Gutmann, der sein Geschäft im Opernhaus selbst (an der Straßenfront unter den Arkaden, heute Operngasse) betrieb. Es war eine »Wagner-Musikalien-Handlung«, die zwar nicht ausdrücklich diesen Namen führte, aber sich hauptsächlich mit der Propaganda für das Werk Wagners und für die Bayreu-ther Festspiele befaßte, die 1876 erstmals stattfinden sollten. Der Initiative dieses tüchtigen Geschäftsmannes und Wagneri-aners war auch das erste Konzert zu danken, das Hans Richter in Wien dirigierte: eine Veranstaltung des Wagnervereins, die neben der Erstaufführung von Liszts ›Faust-Symphonie‹ Aus-schnitte aus ›Tristan und Isolde‹ und der ›Walküre‹ brachte. Damit war eine Bresche in den offiziellen Musikbetrieb geschla-gen. Den Wiener Wagnerianern gelang es schon zwei Monate danach, den Meister selbst nach Wien zu bringen. Wagner diri-gierte im März und Mai 1875 drei Konzerte, in denen zum erstenmal Teile aus der eben fertiggestellten Partitur der ›Göt-terdämmerung‹ erklangen. Die hingerissene Wagner-Gemeinde bereitete dem Komponisten ungewöhnliche Ovationen, auf die er spontan mit Ansprachen an das Publikum reagierte.

Franz Jauner, dem gerade im Frühling dieses Jahres die Direk-tion der Hofoper angetragen wurde, erkannte mit Manager-spürsinn, daß das Interesse an Wagners Musik nun für die Hof-oper auszubeuten war. Er forderte die Anstellung Hans Richters als Kapellmeister, revidierte ältere finanzielle Abmachungen mit Richard Wagner in einem für den Komponisten günstigen Sinn und kam Wagner durch die Freigabe einiger Wiener Sänger für die Bayreuther Festspiele 1876 entgegen. Mit diesen materiel-len und künstlerischen Zugeständnissen erkaufte er die Bereit-willigkeit Wagners, die Einstudierung von ›Tannhäuser‹ und ›Lohengrin‹ an der Hofoper zu übernehmen.

Was in der Hofoper geschah, fand auch damals schon die neu-gierige Anteilnahme jener Wiener, die gar nicht daran denken, eine Opernvorstellung zu besuchen. Wer da glauben mag, hektischer Starkult sei eine Errungenschaft des Zeitalters der Massenkommunikation, der wird durch die Lektüre der Zeugnisse von 1875 und 1876 eines Schlechteren belehrt. Daß Wagner im Hotel Imperial sieben Zimmer bewohnte, war nicht nur den Eingeweihten bekannt, sondern wurde durch beflissenen Tratsch bis in die Vorstädte verbreitet. Von Wagners pelzverbrämtem Samtmantel mußte jeder wissen. Die jungen Musikenthusiasten nahmen gewiß auch subtilere ästhetische Phänomene wahr. ›Tannhäuser‹ machte ihnen mächtigen Eindruck. Hugo Wolf, der die Aufführung auf dem Stehplatz der vierten Galerie erlebte, schrieb nach der Vorstellung: »Ich finde keine Worte dazu ... Ich sag' Ihnen nur, daß ich ein Narr bin.« Und zuletzt resümierte der Fünfzehnjährige: »Ich bin durch die Musik dieses großen Meisters ganz außer mir gekommen und bin ein Wagnerianer geworden.«

Von Mahler sind uns ähnliche Ausbrüche nicht überliefert. Die Annahme liegt nahe, daß seine Anteilnahme weniger eruptiv war und daß er dem Werk und den Ideen Wagners mehr Aufmerksamkeit schenkte als dem Wagner-Kult. Sein Quartier hat er allerdings, wie wir wissen, mit der lärmenden Interpretation von Teilen der ›Götterdämmerung‹ noch einmal aufs Spiel gesetzt. Im übrigen aber scheint er sich diplomatischer verhalten zu haben als sein Freund Wolf. Ein allzu lautes Bekenntnis zu Wagner konnte in jener Zeit die Mißgunst der gestrengen Lehrer am Konservatorium zur Folge haben. (Bruckner bildete da eine Ausnahme.) Dennoch besteht kein Zweifel, daß Mahler die Ideen Wagners zuweilen in sehr impulsiver Weise aufgenommen hat. Durch die Mitglieder des Akademischen Wagnervereins muß er sehr rasch Kenntnis von Wagners Schrift ›Religion und Kunst‹ (1880) erhalten haben, denn schon im November dieses Jahres schreibt er an einen Freund: »Ich bin seit einem Monat vollkommener Vegetarianer. Die moralische Wirkung dieser Lebensweise ist in Folge dieser freiwilligen Knechtung meines Leibes und der daraus erwachsenen Bedürfnislosigkeit eine immense. Du kannst Dir denken, wie ich davon durchdrungen bin, wenn ich eine Regeneration des Menschengeschlechtes davon erwarte. Alles was ich Dir sage, ist: Bekehre Dich zur naturgemäßen Lebensweise, aber mit zweckmäßiger Nahrung (Grahambrot) und Du wirst die Früchte gar bald selbst erkennen.«

Die ethische Wirkung mancher Lehre Wagners ist leicht zu begreifen. Nicht ganz so einfach stellt sich Mahlers Verhältnis zur Musik Wagners dar. Mahlers Dienst an den Werken Wagners gehört einer späteren Zeit an, in der er nicht nur das offene Ohr des Musikers besitzt, sondern auch das Auge für die Taten, welche die Musik auf der Szene sichtbar werden läßt. Mahler war in seiner Jugend kein »visueller Typ« – wie wir heute sagen würden. Auch sein Sinn für die Schönheit der bildenden Kunst entwickelte sich erst viel später. Das entspricht der Psychologie des »Tagwandlers«, dem schon als Kind aufgetragen war, aus einer unwillig hingenommenen Realität in ein Reich klingender Träume zu flüchten. Von hier aus ist vielleicht auch zu verstehen, warum Mahler in jungen Jahren sehr selten Opernaufführungen besuchte. Guido Adler, der Mahler jahrzehntelang in Freundschaft verbunden war, erklärt ausdrücklich, Mahler habe fast alle Opern, die er später im Dienste des Tages dirigieren mußte, »erst in eigener Praxis kennengelernt«. Es ist also durchaus möglich, daß Mahler von den Wagner-Ereignissen im Wiener Opernhaus während seiner Studienzeit nicht unmittelbar Notiz nahm und daß er sich nicht zu den Erstaufführungen auf den Stehplatz drängte: nicht zur ›Walküre‹ (März 1877), nicht zum ›Rheingold‹ (Januar 1878), nicht zu ›Siegfried‹ (September 1878) und nicht zur ›Götterdämmerung‹ (Mai 1879).

Manche Biographen versuchen, das Fehlen von Zeugnissen früher Opernbegeisterung mit Mahlers Armut zu erklären. Er habe nicht die Mittel gehabt, das Eintrittsgeld zu bezahlen. Diese Deutung reicht nicht hin. Mahler nahm an Wagners Musik Anteil. Er wollte sie als »reine Musik« erfassen. Alles, was der Komponist Mahler geschaffen hat, kann als Beweis hierfür gelten. Die frühen Opernversuche sind nur als unbestimmte und unbestimmbare Synthese vage vorgestellter Bühnenaktion und sehr präzise angestrebter Klangbilder zu begreifen. Daß Mahler als reifer Komponist nicht Besitz vom Musiktheater ergriffen hat, obwohl er dieses Musiktheater in seiner Eigenschaft als szenisch souveräner Dirigent später sehr wohl im Griff hatte, gehört zu den Paradoxen der Mahlerschen Psychologie, deren Klärung vom Biographen mit Recht erwartet wird. Hier bietet sich eine Interpretation an, die nicht nur der Psychologie des vor der Realität die Augen schließenden Träumers gerecht wird. Auch die musikalische Tradition Österreichs und vor allem Wiens ist in diesem Zusammenhang bedeutsam. Selbst der Wagner-Verehrer Bruckner steht auf dem Boden dieser Tradition absoluter Musik. Sosehr Eduard Hanslick, der Wiener Ideologe einer reinen Musik »tönend bewegter Formen«, gegen

Bruckner wettern mochte – die Tatsache bleibt bestehen, daß auch Bruckner von Hanslicks Ästhetik aus zu begreifen ist, ja daß sich Bruckner hierin mit seinem vermeintlichen Antipoden Brahms trifft. Bruckner hatte zwar Opernpläne; daß er sie nicht zu realisieren versuchte, ist jedoch wesentlicher als die schüchtern gefaßten Pläne selbst. Bruckner hat sich unseres Wissens zu dieser Frage nicht vernehmen lassen. Aber ist nicht das Schicksal seiner Wagner-Symphonie, der Dritten in d-Moll, Deklaration genug? Hatte er nicht der ersten Fassung, die er dem verehrten Bayreuther Meister vorlegte, noch musikalische Zitate aus ›Tristan und Isolde‹ und aus der ›Walküre‹ einverleibt und diese aus den späteren Fassungen wieder entfernt? Hat er nicht auf solche Weise und bei ungeminderter Verehrung für Wagner doch die Trennungslinie gezogen, die das deutsche Gesamtkunstwerk vom österreichischen Symphoniebau scheidet?

Mahler steht als Komponist nicht anders zur Musik Richard Wagners. Er eignet sich aus den Partituren Wagners das an, was seinem autonomen, szenisch unbelasteten Klangsinn dienlich sein kann. Sogar Wagners »unendliche Melodie« können wir in Mahlers Symphonien wiederfinden – doch eingerüstet in den symphonischen Plan: als durch die Form gebändigte Ekstase.

Die jungen Wiener Wagnerianer folgten dem Bayreuther Meister in blinder Verehrung. Auch Mahlers Begeisterung für Wagner war blind – jedoch in einem anderen Sinne: Er wollte die Szene nicht sehen, weil ihm der Klang genug war. Die Klavierauszüge, die er las, verstellten ihm den Blick auf die Wagner-Bühne. Gebannt folgte er den Notenzeichen. Er meisterte die Kunst, die Goethe so gern beherrscht hätte, die Kunst, »mit den Augen zu hören«. Er wurde – wie Bruckner – ein Wagner-Verehrer österreichischer Prägung, also ein Verehrer mit Vorbehalten.

*Eros*

»Die höchste Glut der freudigsten Lebenskraft und die verzehrendste Todessehnsucht: beide thronen abwechselnd in meinem Herzen; ja oft wechseln sie mit der Stunde – eines weiß ich: so kann es nicht mehr fortgehen!«

Das ist die Stimmung des Neunzehnjährigen, der im Spätfrühling und Sommer im ungarischen Tétény als Musikhauslehrer weilt. Seine Worte gemahnen an Wagnersche Textmotive, an Tannhäuser im Venusberg oder an Isoldens Identifizierung »höchster Lust« mit dem leiblichen Tod. Wir haben auf das innige Beieinander von sinnlicher Leidenschaft und körperlichem Schmerz im Denkschema des jungen Mahler schon aufmerksam gemacht. Daß die Spannung zwischen Sinnlichkeit und Ethos, zwischen Sexualität und Askese im Kunstwerk Wagners auf dreifache Weise »aufgehoben« wird – nämlich bewahrt, beseitigt und zur Synthese gebracht im »lachenden Tod« –, könnte uns heute als raffinierte und bloß ästhetische Manipulation erscheinen. Mahlers Worte deuten auf den realen Erlebnisinhalt hin: »Wenn mich der scheußliche Zwang unserer modernen Heuchelei und Lügenhaftigkeit bis zur Selbstentehrung getrieben hat, wenn der unzerreißbare Zusammenhang mit unseren Kunst- und Lebensverhältnissen imstande war, mir Ekel vor allem was mir heilig ist, Kunst, Liebe, Religion, ins Herz zu schleudern, wo ist dann ein anderer Ausweg als Selbstvernichtung.«

Dem heutigen Leser fällt es schwer, diese Worte als Ausdruck echten Empfindens zu akzeptieren. Er ist geneigt, darin pathetische Übersteigerung eines ungewöhnlich reizbaren jungen Menschen zu wittern, der sich des gängigen Vokabulars seiner Epoche bedient. Wir vergessen, daß zu der Zeit, in der Mahler diese Zeilen schrieb, sein Kollege Hugo Wolf schon das Venusberg-Erlebnis erfahren hatte, daß er schon den Keim der venerischen Krankheit in sich trug, der zur progressiven Paralyse und zum Tod führen sollte. Auch an solche Gefahren mag Mahlers Vater gedacht haben, als er die Befürchtung aussprach, daß der Sohn »durch schlechten Umgang in Wien verdorben werden könnte«. Wer die Einstellung Mahlers zur Liebe begreifen will, die Mahler bezeichnenderweise in einem Atemzug mit »Kunst und Religion« nennt, der wird sich des tragischen und durchaus allgemeinen Aspekts bewußt werden müssen, welcher für die Erotik jener Epoche charakteristisch war. Nur so wird uns die für das vorige Jahrhundert geltende Einheit von Tragik und Sexualität verständlich, nur so vermögen wir, das Ineinander von Lust, Leid und Tod – künstlerisch sublimiert im ›Tannhäuser‹, im ›Tristan‹ und auch in der Gestalt der Kundry – als gesellschaftliche Realität zu fassen. Stefan Zweig hat in seiner ›Welt von gestern‹ diese Wirklichkeit überzeugend dargestellt. Obgleich sich Zweigs Schilderung auf das Ende des Jahrhunderts und die Jahrhundertwende bezieht, dürfen wir sie auch für die vorangegangenen Jahrzehnte als gültig betrachten:

»Unbefangene, ehrliche Beziehungen, also gerade, was der Jugend nach dem Gesetz der Natur hätte Beglückung und Beseligung bedeuten sollen, waren nur den allerwenigsten gegönnt. Und wer von jener Generation sich redlich seiner allerersten Begegnung mit Frauen erinnern will, wird nur wenige Episoden finden, deren er mit wirklich ungetrübter Freude gedenken kann. Denn außer der gesellschaftlichen Bedrückung, die ständig zu Vorsicht und Verheimlichung zwang, überschattete damals noch ein anderes Element die Seele nach und selbst in den zärtlichsten Augenblicken: die Angst vor der Infektion. Auch hier war die Jugend von damals benachteiligt im Vergleich mit jener von heute, denn es darf nicht vergessen werden, daß ... die sexuellen Seuchen hundertfach gefährlicher und schrecklicher sich auswirkten, weil die damalige Praxis ihnen klinisch noch nicht beizukommen wußte ... Zu der Angst vor der Infektion kam noch das Grauen vor der widrigen und entwürdigenden Form der damaligen Kuren, von denen gleichfalls die Welt heute nichts mehr weiß. Durch Wochen wurde der ganze Körper eines mit Syphilis Infizierten mit Quecksilber eingerieben, was wiederum zur Folge hatte, daß die Zähne ausfielen und sonstige Gesundheitsschädigungen eintraten; das unglückliche Opfer eines schlimmen Zufalls fühlte sich also nicht nur seelisch, sondern auch physisch beschmutzt, und selbst nach einer solch grauenhaften Kur konnte der Betroffene lebenslang nicht gewiß sein, ob nicht jeden Augenblick das tückische Virus aus seiner Verkapselung erwachen könnte, vom Rückenmark aus die Glieder lähmend, hinter der Stirn das Gehirn erweichend. Kein Wunder darum, daß damals viele junge Leute sofort, wenn bei ihnen die Diagnose gestellt wurde, zum Revolver griffen, weil sie das Gefühl, sich selbst und ihren nächsten Verwandten als unheilbar verdächtig zu sein, unerträglich fanden. Dazu kamen noch die anderen Sorgen einer immer nur heimlich ausgeübten vita sexualis.«

Diese beklemmende Darstellung kann uns den Schatten verdeutlichen, der damals das Erwachen von Empfindungen der Liebe im Herzen eines jungen Menschen verdüstern mußte. Eine Kulturgeschichte dieser Epoche, die darauf nicht Bezug nimmt, muß zu falschen Schlüssen gelangen. Denn wie anders sollten wir die Last begreifen, die das Jungsein bedeutete? Wie wäre zu verstehen, daß junge Menschen dieser Bürde ledig scheinen wollten, indem sie sich äußerlich erwachsen gaben, sobald dies irgend möglich war? Der junge Mahler ließ sich einen Bart wachsen, den er mit sechsundzwanzig Jahren auf einen Schnurrbart reduzierte; später verzichtete er auch auf diesen. Mahler wurde allmählich jünger. Als Zwanzigjähriger war er ein zuweilen lebensmüder Greis, verwirrt vom Schicksal, das andere betroffen hatte, vertraut mit dem Tod, der seinen begabtesten Freund, Hans Rott, einen Lieblingsschüler Bruckners, ereilt hatte, und bedrückt von den natürlichsten Regungen der eigenen Seele, die er für gefahrbringend halten mußte.

Die »Knechtung des Leibes«, die der Vegetarianer einige Jahre lang übte, entsprach einer Knechtschaft der eigenen Seele. Das verlangte große Überwindungskraft, denn Mahler war dem Zauber weiblicher Wesen mehr als zugänglich. Mit neunzehn schreibt er: »Nun steht ein neuer Name in meinem Herzen ... zwar flüsternd und errötend aber nicht weniger mächtig.« Ein paar Monate später läßt er erkennen, welche Gewalt ihn, den gewiß noch Widerstrebenden, zu heftiger Liebe führt: »Zum ersten Mal hat mich diese Welt so recht in der Materie angefaßt und die verblaßten Gemeinplätze, die abgetragenen Weibergeschichten, die ich nur immer mit mitleidigem Lächeln angehört, sie haben jetzt in ihren Reih'n mich gezogen, wie die Nixen, und nun schlagen die Wellen über mir zusammen.« Als Dreiundzwanzigjähriger verstrickt er sich in eine schmerzliche Beziehung zu einer Sängerin, und mit fünfundzwanzig schreibt er: »Aus einer Dummheit falle ich in die andere. So habe ich mir in dieser kurzen Pause ein Süppchen eingebrockt, an dem ich wieder eine Zeitlang zu essen haben werde.« Er will danach klüger sein, doch ein Jahr darauf meldet er einem Freund: »Einen schönen Menschen habe ich doch ... gefunden – und, damit ich es gleich sage – einen von jenen, durch welche man seine Dummheiten anstellt. – Du verstehst doch, amice? – Diesmal will ich jedoch vorsichtig sein, sonst ergeht es mir wieder schlimm.«

Alle Dokumente – bis zu jenen Briefen, die der mehr als dreißigjährige Hamburger Opernkapellmeister Mahler an die Sängerin Anna von Mildenburg richtete – lassen keinen Zweifel an Mahlers intensiver Liebesfähigkeit. Die These von Mahlers »Keuschheit« soll hier keineswegs widerlegt werden. Sie mag sogar zutreffen, obgleich es keinem Biographen gelingen wird, sie unter Beweis zu stellen. Mit Gewißheit jedoch läßt sich sagen, daß Mahlers Eros gesunde und kräftige Züge hatte. Er entwindet seine Liebesempfindungen allmählich der bedrückenden, todesnahen Schwüle, die noch auf seiner Generation lastet.

Er wird mit zunehmendem Alter immer jünger, auch wenn er sich vielleicht von der Mutterbindung, die später zu einer Bindung an die Schwester Justine wird, nie ganz befreien kann. Als Zwanzigjähriger aber ist er noch beklemmt von einer Umwelt, die sich den Gefahren des Eros durch dessen Verbannung in ein heidnisches Götterbordell, den Venusberg, entziehen will. Der Anruf der Sirenen (»Selig Erbarmen still' eure Triebe!«) ist nur im geheimen gestattet – oder musikalisch verklärt auf der ›Tannhäuser‹-Bühne. Und selbst hier muß die gute Gesellschaft, die sich auf der Wartburg versammelt, dem Sänger triebhaften Genusses ihren Kampf ansagen.

*Märchen: Das klagende Lied*

›Tannhäuser‹ entflammte die Wagner-Begeisterung der Jungen. Als der sechzehnjährige Hugo Wolf während der Ferien zu seinen Eltern nach Windischgraz heimkehrte, donnerte er ihnen die ›Tannhäuser‹-Ouvertüre mit solcher Kraft auf das Klavier, daß vier Hämmer barsten. Nicht nur die Musik, auch der romantische Stoff hatte es ihm angetan. Das beweist das Sujet, welches er für seinen ersten Opernversuch wählte: die Geschichte vom König Alboin, den seine Frau ermorden ließ, weil er sie gezwungen hatte, aus dem Schädel ihres Vaters zu trinken. An mittelalterlichen Legenden, Sagen und Märchen erregte sich die musikalische Phantasie. In einem Gespräch mit Mahler kam Wolf einmal auf die Idee, eine Märchenoper zu schreiben. Die beiden ratschlagten über viele Stoffe und landeten schließlich bei Rübezahl. Über Nacht begann Mahler mit der Niederschrift eines Textbuches, das er am folgenden Tag dem überraschten Freund vorlegte. Auch Wolf hatte angefangen, doch er war »über die Überrumpelung so böse, daß er diese Opernidee sofort aufgab«. Äußerlich blieben Wolf und Mahler noch eine Zeitlang Freunde, doch »sie suchten einander nicht mehr«, wie Alma Mahler berichtet.

Mahler hat seinen »Rübezahl«-Plan nicht zu Ende gebracht. Dem Gedanken, einen Märchenstoff zu vertonen, blieb er treu. Seine Wahl fiel auf eine Geschichte, die er in Ludwig Bechsteins ›Neuem deutschem Märchenbuch‹ fand: ›Das klagende Lied‹. Mahler hat diese Geschichte vom »singenden Knöchlein« ein wenig umgestaltet: Ein Spielmann findet ein Totenbein im Walde und schnitzt es sich zur Flöte zurecht. Als er zu blasen beginnt, erklingt der Knochen selbst und klagt einen Mörder an: den König, der, um Braut und Krone zu erringen, den eigenen Bruder erschlug. Die Klage übertönt den Hochzeitsjubel. König und Königin sind gerichtet, der Schwarm der Gäste zerstiebt, die Kerzen erlöschen, und die Mauern des Schlosses stürzen ein.

Die Strophen des Balladentextes, den Mahler selbst entwarf, werden in der Komposition von drei Solisten (Sopran, Alt, Tenor) und einem gemischten Chor ausgeführt. Die Partitur verlangt neben dem großen Orchester auch noch ein sogenanntes Fernorchester, welches aus Blasinstrumenten, Schlagzeug, Pauken und Harfe besteht.

Mit der Niederschrift des Textes begann Mahler im Jahre 1878. Die Musik wurde erst später in Angriff genommen. Es war zähe Arbeit, immer wieder behindert durch die Notwendigkeit, Stunden zu geben, um die Mittel für das Leben in Wien aufzutreiben. Der Bruckner-Verleger Theodor Rättig riet ihm, einen Ausweg aus dieser bedrängten Lage zu suchen. Mahler möge einen Theateragenten konsultieren, der ihm ein Engagement als Kapellmeister verschaffen könnte. Der einflußreiche Agent Gustav Lewy, der am Petersplatz sein Geschäft betrieb, zu dem auch eine Musikalienhandlung gehörte, wollte ihm wirklich zu einem Engagement verhelfen, nachdem Mahler einen Generalrevers unterschrieben hatte, der Lewy für die folgenden fünf Jahre fünf Prozent von Mahlers Gageneinnahmen zusicherte. Am 12. Mai 1880 unterzeichnete Mahler jenes Dokument, mit dem er sich dem Theater auslieferte.

Wenige Wochen später wirkte er in Bad Hall in Oberösterreich als Kapellmeister des kleinen Sommertheaters mit dreißig Gulden Monatsgage und fünfzig Kreuzer »Spielhonorar«. Er hatte Operetten zu dirigieren und die Musik zu Possen zu begleiten, die Pulte aufzustellen, die Noten aufzulegen und in den Arbeitspausen die kleine Tochter des Kurkapellmeisters Zwerenz (die später populäre Operettensängerin Mizzi Zwerenz) im Kinderwagen spazierenzufahren. Er erfüllte seine Pflichten geduldig, nur zum Spielen von Chargenrollen – was man gelegentlich von ihm forderte – wollte er sich nicht verstehen. Später, als echter Theatersinn in ihm erwachte, bedauerte er diese Weigerung, weil er meinte, daß er auch daraus einiges hätte lernen können. Doch in Bad Hall betrachtete er die Theaterarbeit als üblen Frondienst, den er nur des Geldes wegen auf sich nahm. Ein einigermaßen gesichertes Einkommen wußte er jedoch zu schätzen, und darum richtete er noch aus Bad Hall einen Brief an den Agenten, dem er eine Prämie von fünfzig Gulden zusicherte, wenn er ihm für den Herbst ein besseres Engagement verschaffen wollte. Diese Hoffnung erfüllte sich jedoch nicht so bald. Mahler kehrte nach Wien zurück und nahm die Arbeit am ›Klagenden Lied‹ wieder auf. Am 1. November 1880 konnte er melden: »Mein Märchenspiel ist endlich vollendet – ein wahres Schmerzenskind, an dem ich schon über ein Jahr arbeite. Mein nächstes ist: Die Aufführung desselben mit allen nur erdenklichen Mitteln zu betreiben.«

Von der Kühnheit dieses Wunsches überzeugt ein Blick in die Partitur, deren Wiedergabe einen Riesenapparat erfordert. Wie kann der mittellose Musiker, der seinen Unterhalt nun wieder mit Stundengeben verdient und der vergeblich auf ein Kapellmeistereinkommen wartet, von der Aufführung eines solchen Werkes träumen? Was gibt ihm den Mut, einen solchen Plan auch nur auszusprechen? Gewiß – es gibt seit ein paar Jahren den sogenannten Beethoven-Preis, der von der Gesellschaft der Musikfreunde verliehen wird. Mahler wird sich darum bewerben. Der Betrag von sechshundert Gulden, der mit diesem Preis verbunden ist, könnte ihn nahezu ein Jahr lang der dringendsten Sorgen entheben. Er könnte wieder zum »Rübezahl«-Projekt zurückkehren. Doch die Jury enttäuscht seine Hoffnungen. Dennoch hält er an dem Plan fest. Es gilt, diese Stadt zu bezwingen. Diesen Gedanken wird er nie aufgeben. Nein, wir sagen dies hier nicht etwa, weil wir den Ausgang des Kampfes kennen, der Mahler schließlich zum Sieger über Wien machen wird. Wir versetzen uns in die Lage jener ambitionierten Feuergeister, die im Verlauf des neunzehnten Jahrhunderts aus der Provinz in die Metropole einrückten, um sie zu erobern. So haben die jungen Romantiker um Paris gekämpft, so hat Berlioz – eine fertige Mammutpartitur seines Requiems in der Schublade – auf den Tod eines großen Generals gewartet, um seine vorfabrizierte Trauermusik den Hinterbliebenen anzudrehen. So hat Lucien de Rubempré, Balzacs unvergängliche Gestalt des Kämpfers um die Großstadt, manövriert. Und so stürmen überall die Jungen aus der Provinz auf die verlockenden Kommandohöhen der Metropole zu, die sie zu besetzen hoffen. Man zählt nicht die vielen, die in diesen Kämpfen fallen. Die Geschichte meldet nur von jenen, die ihre »idée fixe« zum Siege führen konnten. Unterscheidet sich denn die fixe Idee eines Berlioz von dem geradezu absurd-phantastischen Lebensmotiv eines Richard Wagner, der

Anno 1850, ohne noch eine Note der ›Ring‹-Partitur komponiert zu haben, zum erstenmal seine Festspielidee äußert, um sie mehr als ein Vierteljahrhundert danach zu verwirklichen? Wagners Erfolg bestätigt der Jugend, was in unzähligen Romanen bloß schöner Schein sein mag: daß emphatische Konsequenz den Sieg gewährleistet.

Warum soll der zwanzigjährige Mahler anders denken? Er weiß, daß er nun das Modell seiner musikalischen Konzeption vor sich hat. »Mein erstes Werk, in dem ich mich als ›Mahler‹ gefunden habe, ist ein Märchen für Chor, Soli und Orchester: Das klagende Lied! Dieses Werk bezeichne ich als opus 1.« Mit diesen Worten nimmt er viele Jahre danach in einem Brief an Max Marschalk zu dem Werk Stellung, dessen Aufführung er »mit allen erdenklichen Mitteln« betreiben will. Die erste, 1880 entstandene Fassung des ›Klagenden Lieds‹ ist fälschlich als Oper bezeichnet worden. Was Mahler schuf, war von Anfang an ein »Märchen für den Konzertsaal«. Es bestand ursprünglich aus drei Teilen. Mahler schied schließlich den ersten Teil aus. Im übrigen aber blieb in der viel später veröffentlichten Neufassung, wie Donald Mitchell zeigen konnte, die Grundstruktur der Urfassung erhalten. Von einer Oper kann keine Rede sein. Mahlers Konzept, klanglich gewiß von Wagner inspiriert, zielt nicht auf ein Gesamtkunstwerk ab, sondern auf eine für den Konzertsaal bestimmte Musik. Auch ein wesentliches Stilmerkmal der späteren Orchesterkunst Mahlers ist hier schon entwickelt: der Raumklang, das »Fernorchester«, das Mahler so aufstellen will, »daß die Musiker fortissimo blasen, jedoch nur piano gehört werden«.

Mahler ließ den einmal gefaßten Plan einer Aufführung auch später nicht fallen. Jugendlicher Ingrimm wirkte noch nach, als Mahler längst reifere Partituren komponiert hatte. Mehr als zwanzig Jahre wartete Mahler auf den Augenblick, da er den Traum der mittel- und einflußlosen Jugendzeit verwirklichen konnte. Im Februar 1901 versammelte der Direktor der Wiener Hofoper Gustav Mahler die Singakademie, den Schubertbund, das Opernorchester, ein zusätzliches Blasorchester und namhafte Solisten im Großen Musikvereinssaal zum »Konzert der 500«, wie es auf den Plakaten angekündigt war. »Interessant an dem Werk ist für den Musiker seine Technik. Wir zollen ihr mit Schaudern unsere Anerkennung.« Mit diesen Worten faßte der Kritiker Max Kalbeck seinen Eindruck zusammen. Der Komponist Richard Heuberger schrieb: »Hier und da – sehr selten –

ertönt rührende wirkliche Musik ... Schade, daß alles darauf abzielt, mit unmusikalischen Mitteln unmusikalische Wirkung hervorzubringen.« Über die Klanggewalt des Schlusses meinte ein anderer Rezensent: »Gegen den Zusammensturz des Schlosses in dieser Ballade ist die ›Götterdämmerung‹ ein Lokalereignis.«

Die Strategie, mit der Mahler sein Jugendwerk durchzusetzen verstand (und die wir begreifen, wenn wir an den unveränderlich festgelegten Entschluß von 1880 denken), wird 1901 in der Rezension der Wiener ›Reichswehr‹ mit unmißverständlicher Ironie gerühmt: »Herr Mahler hat als Komponist ein Moment für sich, das nur wenigen beschieden war: er hat die Macht, seine Schöpfungen den denkbar besten künstlerischen Händen zu überantworten: seine Symphonien dem besten Orchester der Welt: den Philharmonikern, seine Lieder den namhaftesten Sängern und seine Intentionen einem der raffiniertesten Dirigenten: Gustav Mahler. Das sind ansehnliche Faktoren, und unter solchen Sternen gedeiht die keimende Unsterblichkeit wahrlich nicht schlecht.«

Mahler konnte seinen Traum nach mehr als zwanzig Jahren verwirklichen. »Mit allen erdenklichen Mitteln.« Das spricht für die Intensität des Entschlusses von 1880, für die fixe Idee des Genies, das in diesem ersten, gewiß noch unvollkommenen Entwurf den Bauplan des gesamten späteren Schaffens sehen konnte: die Geburt des symphonischen Musizierens aus dem Lied, die kristallklare Artikulation orchestralen Kontrapunkts und die Organisation eines im echten Sinne des Wortes »unerhörten« Raumklanges.

Im Herbst 1880 konnte Mahler all das nur mit seinem inneren Ohr vernehmen. Auch in den folgenden Monaten besserte sich seine Lage nicht. Er zog von einem Quartier ins andere, wohnte in Gasthöfen, in einer ungeheizten Sommerwohnung im Wiener Cottage (die er während des Winters billig haben konnte), schlug sich mit »Rübezahl«-Plänen herum, suchte Schüler und bemühte sich, sein »metaphysisches Feuer« zu zähmen. In dieser Zeit korrespondierte er eifrig mit dem in Laibach beheimateten Freund Anton Kripser. Als die Hoffnung auf den Beethoven-Preis dahinschwand, war er froh, in Laibach ein Engagement als Kapellmeister zu finden. Es scheint, daß er es nicht der Tüchtigkeit des Agenten Lewy zu verdanken hatte, sondern dem Laibacher Freunde, der einer einflußreichen Kaufmannsfamilie entstammte. »Wäre mir ... der Beethoven-Preis von

600 Gulden für das ›Klagende Lied‹ zuerkannt worden, hätte
mein ganzes Leben eine andere Wendung genommen.« Diese
Worte, die Mahler viele Jahre später an Natalie Bauer-Lechner
richtete, dürfen wir nicht unbedingt für bare Münze nehmen.
Wir wissen, daß Mahler letztlich die Theater- und Konzertpraxis als für den Komponisten notwendigen »Ausgleichssport«
betrachtete. Der mit dem Preis verbundene Geldbetrag hätte
ihm gewiß gute Dienste geleistet, doch Mahlers Lebenswerk
hat durch die von ihm und von manchen seiner Biographen
so oft geschmähte Theaterpraxis unleugbar gewonnen. Im
Herbst 1881 wurde Mahler endgültig Theaterkapellmeister. Er
hörte darum nicht zu träumen auf und dachte nicht daran, das
Komponieren aufzugeben. Die Schimäre der Jugend nahm
zwar realistischere Gestalt an, doch den Märchen blieb Mahler
weiter zugetan.

## Laibach: Provinz mit Niveau

Laibach, das heutige Ljubljana (Jugoslawien), war die Hauptstadt des Herzogtums Krain. Auch im Lehrbuch der österreichischen Vaterlandskunde, das der Gymnasiast Gustav Mahler studiert haben muß, war zu lesen, daß die Bevölkerung dieses Kronlandes »zum größten Teil dem slowenischen Stamme angehört«. Dennoch war das kulturelle Leben im Zentrum des Kronlandes noch stark von deutschen und auch italienischen Elementen getragen. Deutsches Theater, italienische Oper und philharmonische Konzerte bestimmten die künstlerische Physiognomie der kleinen Stadt. In dem 1765 erbauten Ständetheater, das seit 1862 Landestheater hieß, gab es zum Zeitpunkt der Ankunft Mahlers den Kern eines kleinen, aus achtzehn Musikern bestehenden Orchesters, das gelegentlich durch Instrumentalisten der Philharmonischen Gesellschaft verstärkt werden konnte. Der Chor hatte vierzehn Mitglieder. Es gab auch ein paar einheimische »Solisten«. Sie hatten allerdings nicht die Hauptlast des Repertoires zu tragen, denn dieses wurde nach alter Praxis von gastierenden Theatertruppen und kurzfristig engagierten Sängern und Sängerinnen bestritten. Der Theaterkapellmeister hatte hier unaufhörlich zu tun. Schon die Eröffnungsvorstellung der Saison 1881/82, die ein Schauspiel von Bauernfeld brachte, erforderte Mahlers Anwesenheit am Dirigentenpult. Das Orchester spielte zu Beginn Beethovens ›Egmont-Ouvertüre‹, die es – wie in der ›Laibacher Zeitung‹ zu lesen war – »unter der Leitung des Kapellmeisters Gustav Mahler exact zur Aufführung brachte«.

Nicht nur Opern, Operetten, Singspiele und Märchen mit Gesang gehörten also zum Arbeitsgebiet des jungen Kapellmeisters, sondern auch das Schauspiel. Mahler nahm diese Aufgabe nicht leicht, wie einem lobenden Bericht zu entnehmen ist, der die Aufführung von Goethes ›Egmont‹ mit Beethovens Musik besonders rühmt. Die Klagen, die Mahler im Laufe seines Lebens über den Schlendrian der Provinztheater geäußert hat und die in summarischen Darlegungen von Mahlers Lebensweg auch auf Laibach bezogen worden sind, bedürfen hier einer nicht unwichtigen Einschränkung. Das Laibacher Landestheater war ein recht ordentlich geführtes Unternehmen. Der bedeutende slowenische Musikhistoriker Dragotin Cvetko, der die Theatersituation in Laibach auf Grund der Dokumente der Mahler-Zeit untersucht hat, kommt zu dem Schluß, daß das Niveau der Operndarbietungen in dieser Periode nicht als durchaus provinziell zu bezeichnen sei: Es erhob sich »zumindest zeitweise auf eine höhere künstlerische Stufe, näherte sich dem Aufführungsniveau bedeutender Musikzentren und war ihnen hie und da sogar gleichwertig«.

Zu den Werken, die Mahler hier dirigierte und zum Teil auch neu einstudierte, gehörten ›Ernani‹, ›Il Trovatore‹, ›Die lustigen Weiber von Windsor‹, ›Martha‹ und ›Die Zauberflöte‹. Der Novitätenehrgeiz des Theaterdirektors, dem Mahler unterstand, wird durch die Tatsache charakterisiert, daß Mahler hier nicht nur Lecocqs Operette ›Giroflé-Girofla‹ zu dirigieren hatte, sondern daß ihm 1882 die Aufgabe zufiel, die erst wenige Monate vorher in Wien uraufgeführte Operette ›Der lustige Krieg‹ von Johann Strauß einzustudieren.

Es kann keinen Tag gegeben haben, der für Mahler nicht randvoll mit musikalischen Aufgaben gewesen wäre, denn er war der einzige Kapellmeister des Landestheaters. Das Echo, das seine Arbeit fand, läßt sich nur indirekt aus den spärlichen und keineswegs sehr fachlich formulierten Kritiken erschließen, die in der ›Laibacher Zeitung‹ erschienen. Zu Beginn heißt es da, daß sich das Orchester unter seiner Leitung »wacker hielt«, doch bald begegnen wir anerkennender und zuletzt gar glutvoller Zustimmung: Das Orchester sei bei Verdis Musik förmlich in Feuer geraten; Mahler habe Operettenmusik »voller Verve« geleitet; der Chor in Mozarts ›Zauberflöte‹ habe »ungeahnte Kraft entwickelt«.

Der junge Kapellmeister erfreute sich auch gesellschaftlicher Anerkennung, die ihm die Einladung zur Mitwirkung bei einem Konzert der Philharmonischen Gesellschaft eintrug. Diese Institution hatte ihre ehrwürdige Tradition. Haydn und Beethoven waren stolz darauf gewesen, als Ehrenmitglieder in diese Gesellschaft aufgenommen zu werden, die schon zu Beginn des Jahrhunderts wegen ihrer erlesenen Musikprogramme auch jenseits der Landesgrenzen des Herzogtums guten Ruf genoß. Nicht als Dirigent trat Mahler im März 1882 bei einem Konzert der Philharmonischen Gesellschaft auf, sondern als Pianist. Er spielte drei Stücke aus Schumanns ›Waldszenen‹, die Polonaise in As-Dur, op. 53, von Chopin, deren »bravouröser Vortrag«

gerühmt wurde, und erwies sich mit dem ›Capriccio brillant‹ von Mendelssohn als ein Klavierspieler, der »über eine brillante Technik verfügt und dieselbe auch richtig anzuwenden weiß«.

Zwei Wochen danach hatte Mahler seinen großen Tag im Theater. Es war die sogenannte Benefizvorstellung, die nach den Usancen jener Zeit dem Kapellmeister zustand, eine Vorstellung, die ihm zu doppeltem Vorteil gereichen sollte, denn sie bot Anlaß, ihn für seine Verdienste zu ehren, und gab ihm gleichzeitig den Anspruch auf die Einnahmen des Abends. Mahler wählte für diese Benefizvorstellung Flotows Oper ›Alessandro Stradella‹. Als er erschien, empfing ihn das Orchester mit einem Tusch, das Publikum akklamierte ihn, und die Direktion ließ ihm einen großen Lorbeerkranz mit schweren Schleifen überreichen. Der Lokalberichterstatter drückt in der ›Laibacher Zeitung‹ offenbar die allgemein herrschende Meinung aus, wenn er von der Anerkennung spricht, »die dieser tüchtig geschulte Musiker, der es wirklich ernst nimmt mit seiner schwierigen Aufgabe und der auch die Saison über viel Mühe und Plage hatte, wohl verdient«.

Mahler durfte zufrieden sein, zumal auch die Philharmonische Gesellschaft zwei Tage nach dem Benefizkonzert den Beschluß faßte, ihm für seine Mitwirkung als Pianist ein Honorar von zwanzig Gulden auszubezahlen. Es gab keine materiellen Sorgen. Auch die gesellschaftliche Stellung des jungen Musikers scheint vorteilhaft gewesen zu sein, obgleich wir über Mahlers Kontakte mit den Bürgern Laibachs nicht Bescheid wissen. Die Eltern des Freundes Anton Krisper dürften sich seiner angenommen haben. Mit Krisper, der zu Beginn auch als Komponist hervortreten wollte, verband ihn auch weiterhin enge Freundschaft. Mahler hat sich wahrscheinlich auch für eine Oper Krispers eingesetzt, die später – als Mahler in Prag wirkte – am Deutschen Theater in Prag aufgeführt wurde und der der Erfolg versagt blieb. Krisper gab dann das Komponieren auf, führte als Student der Philosophie und später der Montanistik ein unstetes Leben und verfiel schließlich einer unheilbaren Geisteskrankheit. Er war einer von den vielen, die auf der Strecke blieben und deren Schicksal Mahler schmerzte.

Für Mahler war die kurze Laibacher Saison erfolgreich und förderlich. Er hatte sich in der Theaterpraxis bewährt. Orchester, Chor und Solisten waren bereit gewesen, sich der Autorität des arbeitsamen jungen Mannes zu beugen, weil er selbst ein Beispiel unermüdlichen Eifers gab. Der Betrieb des Musiktheaters hatte für Mahler seine Schrecken verloren. Die Erinnerung an den Frondienst im oberösterreichischen Sommertheater schien ausgelöscht. Mahler durfte einem ähnlichen oder gar besseren Engagement ohne Zagen entgegensehen. Als er Laibach nach einer Saison verließ, konnte er nicht ahnen, welch üblen Theaterschlendrian er bald zu überstehen haben würde.

*Hunger in Olmütz*

In nahezu jeder Dirigentenbiographie lesen wir vom stereotypen »Sprung in die Karriere«. Maestro X hat verärgert den Taktstock hingeworfen oder ist plötzlich erkrankt, und nun hat der junge Held die Chance, für ihn einzuspringen. Er löst seine Aufgabe, gewinnt die Herzen aller und ist sogleich ein gemachter Mann.

In den letzten Monaten des Jahres 1882 wartete Gustav Mahler in Wien auf seine Chance. Anfragen bei Herrn Lewy, dem Theateragenten, blieben ergebnislos. Erst am 10. Januar 1883 zeigte sich ein Hoffnungsschimmer. Der Direktor des Theaters in der mährischen Stadt Olmütz sandte Notrufe in alle Welt, Telegramme, in denen er dringend um Ersatz für seinen Kapellmeister flehte, der während der Abendvorstellung durch eine Handlung (die jeder Chronist sich zu schildern weigert) einen Skandal heraufbeschworen hatte. Das Theater in Olmütz befand sich technisch, finanziell und künstlerisch in einem mehr als besorgniserregenden Zustand. Die Bühneneinrichtung war so schadhaft, daß es zu Unfällen kam, die Finanzgebarung so trist, daß es ständig Streitigkeiten zwischen dem künstlerischen Personal und dem Direktor gab. Bei einer Aufführung von Meyerbeers Oper ›Die Afrikanerin‹ war es schließlich zu Tätlichkeiten gekommen und zu jenem Skandal mit dem Kapellmeister, der erst durch das Eingreifen der Polizei hatte beendet werden können.

Das also war die »Chance«, die sich dem Kapellmeister Mahler bot, als er dem Hilferuf des Olmützer Direktors Folge leistete. Es war dennoch eine echte Chance, denn die Spielzeit hatte überall längst begonnen, und Mahler konnte nicht erwarten, daß sich bis zum Sommer noch andere als kurze Gelegenheitsengagements bieten würden.

Dem Olmützer Theaterdirektor hatte man von Mahlers zielbewußter Arbeitsweise schon berichtet. Es scheint, daß auch

Lewy aus Wien ein wenig gewarnt hatte vor dem Eifer des jungen Mannes, der sich in das Skandalmilieu eines unzulänglich dotierten Theaters nicht leicht einfügen lassen würde. Aus dem Bericht eines Sängers, der damals in Olmütz engagiert war, ist uns bekannt, welcher Ruf Mahler in dieser Hinsicht vorausging. Jacques Manheit, so hieß dieser Bariton, erzählt von einer Ansprache, die der Direktor des Olmützer Theaters kurz vor der Ankunft Mahlers hielt. Er hätte, so sagte er, einen jungen Kapellmeister gefunden, dem man Genialität nachrühme, der aber im Rufe eines eigentümlichen Menschen stehe. Das Personal solle diesem neuen Kapellmeister, so bat Direktor Raul, große Nachsicht entgegenbringen.

Der Mann, der zur ersten Probe erschien, war in der Tat auch äußerlich seltsam. Er hatte struppiges Haar, einen schwarzen Bart und eine stark hervortretende Nase, die noch durch einen Hornzwicker betont wurde, den der Kurzsichtige trug. Die Choristen klagten nach dem ersten Drill, daß sie durch Mahlers Anforderungen schon völlig heiser seien. Die Probe mit den Solisten begann Mahler, ohne sich vorzustellen. Die Antipathie, die ihm entgegenschlug, kann man sich vorstellen. Doch er kümmerte sich nicht um die unverhohlen zum Ausdruck gebrachte Kritik, sondern forderte sachlich und streng die Befolgung seiner Anordnungen.

Daß er im Gasthaus, wo sich allabendlich die Sänger versammelten, weder Bier noch Wein trank, sondern Wasser bestellte, machte ihn zum Gespött. Und als er seine Ablehnung von Fleisch und sein Verlangen nach Spinat und Äpfeln gar mit einem laut vorgetragenen Bekenntnis zum Vegetarianer Richard Wagner begründete (das er noch durch sein Eintreten für wollene Unterwäsche ergänzte), da waren sich die Bürger des kleinen Städtchens darin einig, daß sie es mit einem närrischen Sonderling zu tun hatten. Mahler verschmähte, was man ihm auf den Tisch stellen wollte. Er hungerte aus Überzeugung.

Die ersten Vorstellungen, die Mahler dirigierte, wurden negativ beurteilt. Nach zehn Tagen aber – mit der Aufführung von Aubers Oper ›Die Stumme von Portici‹ – bahnte sich ein Umschwung an, und die Premiere von Verdis ›Maskenball‹ am 3. Februar 1883 fand schon starken Beifall. »Allmählich«, so heißt es in dem Bericht des Sängers Manheit, »gewöhnte man sich in der kleinen Stadt an die Eigenheiten des jugendlichen Dirigenten, den die ganze Kollegenschaft wohl nicht liebgewonnen, aber fürchten gelernt hatte. Seine Art zu fordern, zu befehlen, war eine so dezidierte, daß es niemand wagte, ihm entgegenzutreten, dies um so weniger, als die Vorstellungen unter seiner Leitung einen besonderen Aufschwung nahmen. Dabei darf man nicht vergessen, daß Mahler fast keine einzige Oper kannte und jedes Werk erst während des Studiums kennenlernte. Ihm schien es ganz gleichgültig, daß man nicht seine Gesellschaft suchte, er hielt bloß darauf, daß jeder seine Pflicht erfüllte.«

Die zielbewußte Arbeit, die Mahler hier leistete, könnte auf Mahlers Unempfindlichkeit gegenüber den Äußerungen seiner Umwelt schließen lassen. Nichts wäre falscher. Mahler empfand das Bedrückende der Lage, die sich von jener in Laibach sehr wesentlich unterschied. »Von dem Moment, da ich die Schwelle des Olmützer Theaters übertrat, war mir zu Mute, wie einem, den des Himmels Strafgericht erwartet«, schrieb er an einen Freund nach Wien. Mahler konnte das Gefühl des »Beschmutztseins« nicht unterdrücken. Er schätzte sich noch glücklich, daß er vor allem Meyerbeer und Verdi dirigieren mußte. Mozart und Wagner hat er aus dem Repertoire hinausintrigiert, denn, so erklärte er selbst, »das könnte ich nicht ertragen, hier etwa den ›Lohengrin‹ – oder ›Don Juan‹ – herunterzutaktieren«. Die Sänger und Musiker beugten sich nicht nur seinem Befehl, sondern folgten auch aus einem Gefühl des Mitleids mit dem närrischen Idealisten. Die Verständnislosigkeit, die sie oft zum Ausdruck brachten, wollte ihn manchmal lähmen, doch dann schwang sich Mahler zu Enthusiasmus auf: »Nur das Gefühl, daß ich für meine Meister leide und doch vielleicht einmal einen Funken ihres Feuers in die Seele dieser armen Menschen werfen kann, stählt meinen Mut – und da gelobe ich mir in manchen bessern Stunden, mit Liebe auszuhalten – selbst gegen ihren Spott.«

Diese Stelle aus dem oft zitierten Brief, den Mahler nach einem Monat der Arbeit in Olmütz schrieb, läßt ein neues Motiv erkennen, das für Mahlers künstlerische Arbeit entscheidend wird: »Das Gefühl, daß ich für meine Meister leide.« Es ist die erste uns bekannte Kundgebung einer künstlerischen Philosophie des Dirigenten Mahler, der sich am Dirigentenpult als Stellvertreter des Komponisten betrachtet, dessen Werk er mit dem Taktstock durchsetzt. Diese Auffassung bildet die Grundlage für alles, was der Dirigent Mahler tun wird: für die Wiederherstellung des ursprünglichen Willens des Komponisten, wie er in der Partitur niedergelegt ist, und auch – so paradox dies hier noch klingen mag – für die Eingriffe in die Partituren der Meister, die der reife Dirigent vornehmen wird.

Als Kind soll Mahler auf die Frage, was er werden wolle, die Antwort gegeben haben: »Märtyrer.« Hier ist er es zum erstenmal. Er leidet für »arme Menschen«, die ihn verlachen und denen er einen Funken in die Seele werfen will. Solche Haltung schließt eigenes Komponieren aus. Die Ökonomie im Seelenhaushalt dieses Künstlers erlaubt nicht, den Meistern als Dirigent zu dienen und gleichzeitig der eigenen musikalischen Eingebung Folge zu leisten. Daß aus der kurzen Olmützer Periode keine Berichte von kompositorischer Arbeit Mahlers vorliegen, fügt sich in diese Deutung. Komponieren und Dirigieren ließen sich nicht vereinigen, obgleich Mahler im Grunde beides wollte. Der Grad von Konzentration aber, den er in all seinem Tun erreichte, zwang ihn jeweils zur ungeteilten Hingabe an das eine oder an das andere. Er mußte ein »Ferienkomponist« werden, wenn er Kapellmeister sein wollte, denn wer anderen Meistern dienen soll, darf die Selbstverleugnung nicht scheuen. So jedenfalls sah Mahler die Dinge. Wir wissen, daß es auch einen anderen Komponistentypus gibt, dem sogar im Galopp der Pferdewechsel gelingt. (Richard Strauss war einer von ihnen.)

Mahler hat in Olmütz zwischen dem 11. Januar und dem 17. März 1883 insgesamt zwölf Opernaufführungen und zwei Reprisen geleitet. Dies geht aus den erhaltenen, von Dagmar Kučerová untersuchten Quellen hervor. Unter diesen Werken war sogar Bizets ›Carmen‹. Die künstlerische Leistung, die der noch nicht Zweiundzwanzigjährige hier vollbrachte, kann also nicht in den Bereich der sonst üppig sprießenden Mahler-Legende verwiesen werden. Einer der Zeugen von Mahlers Olmützer Taten war der Oberregisseur der Dresdner Hofoper, Karl Überhorst. Auf der Suche nach Sängern wohnte er der Benefizvorstellung Mahlers bei. Auf dem Programm stand Méhuls Oper › Joseph und seine Brüder‹. Ein Bericht über die Probearbeit gibt uns ein Bild des Dirigenten, der von der Bühne ganz Besitz ergreift: Mahler sprang vom Dirigentenpulte, über die Kontrabassisten hinweg, auf die Bühne, inszenierte, arrangierte und dirigierte. Nach der Vorstellung sagte Herr Überhorst aus Dresden: »Der Mann, der eine solche Aufführung zustande gebracht, ist einfach anzustaunen.« Als man dem einflußreichen Mann bedeutete, daß Mahler sicherlich auch gern nach Dresden gehen würde, antwortete er: »Nein, nein, diese Gestalt, dieses Aussehen, in Dresden ganz unmöglich...«

Bei aller Anerkennung der künstlerischen Leistung konnte sich Überhorst den ungestümen Jüngling mit dem wirren Haarschopf und der aus dem bärtigen Gesicht hervorragenden Zwickernase nicht als Kandidaten für den Posten des Kapellmeisters an einem Hoftheater vorstellen. Doch er begriff, daß man für diesen seltsamen, ungepflegten jungen Mann etwas tun sollte. Und er war bereit dazu.

In Olmütz gab es für Mahler im Frühling keine Aufgaben mehr. Debatten im Gemeinderat über die Finanzierung des notleidenden Theaters hatten kein Ergebnis gebracht. Der Direktor kündigte seinen Pachtvertrag und beendete vorzeitig die Saison. Mahler war froh, daß er sein Quartier in der Michaelergasse verlassen konnte. Wann immer er dort hatte Ruhe finden wollen, um eine Partitur zu studieren, war er durch das Klaviergeklimper der Nachbarn gestört worden.

Im Jahre 1934 wurde hier eine Gedenktafel angebracht, die an das kurze und doch für den weiteren Weg Mahlers so bedeutsame Wirken in Olmütz erinnern sollte. Die Tafel wurde nach der deutschen Okkupation 1939 entfernt. Im Jahre 1962 faßte der städtische Nationalausschuß den Beschluß, der Gasse, in der Mahler gewohnt hatte, seinen Namen zu geben.


*Königlicher Musikdirektor in Kassel*

Wagner-Aufführungen hat Mahler in Olmütz zu verhindern verstanden. Das Bild des verehrten Meisters sollte durch elende Theaterpraxis nicht befleckt werden. Mahler hatte für Richard Wagner nahezu religiöse Empfindungen. Als ihn die Nachricht vom Tode Wagners (13. Februar 1883) erreichte, schlich er weinend durch die Gassen von Olmütz. Im Sommer, das stand längst fest, wollte er endlich nach Bayreuth pilgern. Zuerst kehrte er jedoch nach Wien zurück, um sich nach einem neuen Broterwerb umzusehen. Eine italienische Operntruppe, die im Carltheater gastierte, suchte nach einem Musiker, der die Chöre einstudieren könnte. Mahler übernahm noch im März diese Arbeit, die ihn bis zu den ersten Maitagen beschäftigte. Die folgende Wartezeit war nur kurz, denn in Gustav Lewys Agentur langte eine Anfrage aus Kassel ein. Freiherr von und zu Gilsa, Intendant der Königlichen Schauspiele zu Kassel, suchte einen Zweiten Kapellmeister, der sich vor allem dem Chor widmen sollte. Lewy konnte mit gutem Gewissen den »durch und durch musikalisch gebildeten, pflichteifrigen Mann« empfehlen, der sich bereits in Laibach und Olmütz durchaus bewährt hatte.

Bei der Lektüre des Kasseler Personalaktes, der glücklicherweise erhalten ist, gewinnt man heute den Eindruck, daß sich Mahler auf seinen Agenten nicht restlos verlassen hat, denn er mobilisierte zugleich den ihm wohlgesinnten Dresdner Regisseur Überhorst, der schon am 14. Mai eine Empfehlung nach Kassel sandte, in der er Mahler als Dirigenten »von ganz hervorragender Bedeutung« und als »fertigen Partiturleser und Klavierspieler« bezeichnete. Überhorsts Brief enthält einen Abschnitt, der einige Tugenden des Olmützer Kapellmeisters besonders liebevoll herausstreicht: »Nicht nur daß er die Opern bei mäßigen Kräften mit feinem Geschmack und großer Präzision einstudiert hatte – auch am Dirigentenpulte wußte er die vorhandenen, ziemlich schwachen Mittel durch Energie und Umsicht zu einem harmonischen Ganzen zu vereinigen.«

Die Post funktionierte damals offenbar besser als heute, denn der Brief des Dresdner Regisseurs war schon am folgenden Tag in den Händen des Kasseler Intendanten, der sogleich ein Telegramm an Mahler sandte, den er noch in Olmütz vermutete:

> Reflektieren Sie ab Oktober auf hiesige königliche
> Musik- und Chordirektorstelle? Erbitte eventuell
> umgehend Lebenslauf. Brieflich dann Näheres
> von Gilsa

Von Gilsa erhielt seine Depesche noch am selben Tag als »unbestellbar« aus Olmütz zurück. Mahler, der in Wien sehnsüchtig auf Bescheid wartete, konnte nicht ahnen, wie sehr man schon nach ihm verlangte. Aus Kassel wurde nochmals in Dresden angefragt, ob Mahler sich nicht finden ließe. Gleichzeitig sandte von Gilsa die Anstellungsbedingungen an Lewy nach Wien. Der Agent ließ Mahler neuerlich einen Revers unterschreiben, der ihm nicht nur den fünfprozentigen Anteil von Mahlers Kasseler Einnahmen zusicherte, sondern auch Mahlers Einverständnis bekundete, daß dieser Betrag von der Intendanz jeweils einbehalten und direkt an Lewy überwiesen werden sollte. Die Vorsicht des Agenten erwies sich als berechtigt. Dem Kasseler Personalakt ist zu entnehmen, daß Mahler offenbar oft ohne Barmittel war und daß die Steuerbehörde sogar sehr geringfügige Rückstände bei Mahler zwangsweise eintreiben mußte. Angesichts der vertraglich zugesicherten Jahresgage von 2100 Mark ist dies überraschend.

Der Kontrakt wurde in Kassel selbst am 31. Mai 1883 unterzeichnet. Mahler hatte sich hier zu den vorgeschriebenen Probeleistungen eingefunden, die auch die musikalische Leitung der Generalprobe von ›Hans Heiling‹ einschlossen und die er zur Zufriedenheit des Intendanten absolvierte. Am 1. Oktober 1883 sollte Mahler seine Stelle als Musik- und Chordirektor antreten. Die Reisespesen wurden ihm vergütet. Er konnte also vorher noch nach Iglau heimkehren und seinen Eltern von seinem neuen Erfolg berichten.

Die Stimmung im Elternhaus war gedrückt, die Mutter leidend wie immer, der Vater nun ebenfalls krank. Die zwanzigjährige Schwester Leopoldine stand vor der Verehelichung. Das Schicksal der jüngeren Geschwister, die noch im Haushalt lebten (Alois, Justine, Otto und Emma), mußte Mahler Sorge bereiten, denn er konnte ahnen, daß die kränklichen Eltern ihnen nicht mehr das bieten konnten, was ihm als Kind und Jüngling zugefallen war. »So arm, so dumpf« empfand er das Elternhaus nach all dem Glanz, den ihm die Aussicht auf Kassel verhieß. Mahler quälte sich mit Vorwürfen, weil er den Eltern »hart und grausam« entgegenkam, obgleich er mit ihren »armen gequälten Herzen« fühlte. Wir wissen nicht, ob der nun fest besoldete Musik- und Chordirektor schon hier den Plan faßte, für seine Geschwister zu sorgen. Tatsache ist, daß er sich später der beiden Schwestern und des jüngeren Bruders Otto annahm. Die Geldknappheit während der Kasseler Jahre 1883 bis 1885 mag auch dadurch zu erklären sein, daß Mahler den Iglauer Haushalt unterstützte.

Aus dieser Enge brach Mahler während des Sommers nach Bayreuth aus. Nur ›Parsifal‹ stand dort auf dem Programm. In welcher Besetzung Mahler dieses Werk erlebt hat, ist uns nicht bekannt. Als Dirigenten wirkten in diesem Sommer alternierend Franz Fischer und Hermann Levi. In der Rolle des Parsifal kann Mahler entweder Heinrich Gudehus oder Hermann Winkelmann gesehen und gehört haben. Amalie Materna und Therese Malten standen abwechselnd als Kundry auf der Bühne, und die Partie des Amfortas sang entweder Anton Fuchs oder Theodor Reichmann. Die Spielleitung hatte der aus Graz stammende Emil Scaria, der noch im Jahr zuvor unter Richard Wagners Regie als erster Gurnemanz aufgetreten war.

Mahlers Ergriffenheit ist durch einen einzigen Satz belegt, der allerdings die Intensität seiner Anteilnahme fühlen läßt: »Als ich, keines Wortes fähig, aus dem Festspielhaus hinaustrat, da wußte ich, daß mir das Größte, Schmerzlichste aufgegangen war, und daß ich es unentweiht mit mir durch mein Leben tragen werde.«

Bei seiner Rückkehr nach Iglau fand er eine Aufforderung aus Kassel vor, möglichst schon im August zu Proben dort einzutreffen. Dazu erklärte er sich bereit, obgleich ihm dadurch die Zeit zu »anständiger Vorbereitung« verkürzt wurde. Vater und Mutter, so ergibt sich aus der Korrespondenz im Akt der Kasseler Intendantur, wollten den Sohn etwas gepflegter ausstatten.

Am 21. August 1883 hielt Mahler seine erste Orchesterprobe in Kassel. Er mußte sogleich zur Kenntnis nehmen, daß seine Stellung keineswegs so dominierend sein konnte, wie dies in Laibach oder Olmütz der Fall gewesen war. Die von ihm unterzeichnete Dienstinstruktion unterstellte ihn in jeder Hinsicht dem Ersten Kapellmeister und machte ihn in bezug auf die Verwendung des Chorpersonals überdies vom Oberregisseur abhängig. Das Reglement verpflichtete Mahler, Striche nur mit Genehmigung der Intendantur vorzunehmen, Disziplinwidrigkeiten »zur Anzeige zu bringen«, über Proben täglich Bericht zu erstatten und Einzelproben mit weiblichen Mitgliedern des Ensembles aus Gründen der Schicklichkeit nur in Anwesenheit dritter Personen abzuhalten. Überdies hatte Mahler die Aufgabe, Arrangements von Werken vorzunehmen, die eine größere als die zur Verfügung stehende Orchesterbesetzung forderten. Er war auch verpflichtet, Gesangeinlagen zu instrumentieren und Kompositionen zu liefern, welche »die Intendantur für besondere Gelegenheiten wünschenswert erachtet«.

Als Theaterkomponist schuf Mahler in Kassel die Musik zu einer Darstellung von Scheffels ›Trompeter von Säckingen‹ in sieben lebenden Bildern. Die Partitur, die bald darauf auch von anderen deutschen Bühnen mit Erfolg verwendet worden ist, hat sich nicht erhalten. In einem Brief sagt Mahler von der Musik, sie habe nicht viel mit Scheffelscher Affektiertheit gemein, sondern gehe »weit über den Dichter hinaus«.

Die Opernarbeit Mahlers galt Werken von Lortzing, Flotow, Donizetti, Rossini, Delibes und Adam. An die »Klassiker« ließ ihn der Hofkapellmeister Wilhelm Treiber nicht heran. Daraus ergaben sich Spannungen. Treiber nannte den in musikalischen Einzelheiten immer auf seinem Standpunkt beharrenden Mahler den »bockbeinigsten jungen Menschen«. Wahrscheinlich spielte dabei auch Eifersucht auf den intensiv arbeitenden, sachkundigen jungen Kapellmeister mit. Wenn Mahler aus musikalischen Gründen einen zusätzlichen Geiger ins Orchester nahm, ohne vorher die Genehmigung hierzu erhalten zu haben, dann drehte man ihm daraus einen Strick. Die Eigenwilligkeit wurde nicht nur in den Akten vermerkt, sondern Mahler wurde auch verhalten, das dem Musiker gebührende Honorar aus eigener Tasche zu bezahlen. Verspätetes Eintreffen zu Proben, das sich Mahler gelegentlich zuschulden kommen ließ, wurde streng geahndet. Mahlers ungestüme Gewohnheit, das Takthalten der Sänger und Instrumentalisten durch Aufstampfen mit den Stiefelabsätzen zu erzwingen, wurde in der Strafchronik vermerkt. Mahler empfand all das als beschämende Beschränkung seiner Freiheit. Es dauerte nicht lange und er beschloß, die erste Gelegenheit zu einem Ausbruch aus dieser Gefangenschaft zu nützen.

### Kniefall vor Bülow

Die Chance schien sich – wie Mahler vorschnell glaubte – schon im Januar 1884 zu bieten. Damals leitete der Hofmusikintendant von Meiningen, Hans von Bülow, ein Orchesterkonzert in Kassel. Der Name dieses großen Pianisten und Dirigenten war Mahler vertraut. Bülows vertrackte Beziehung zu Richard Wagner, der seinem Dirigenten die Gattin Cosima entwunden hatte, war ebenso allgemein bekannt wie Bülows historisches Verdienst um Wagner, dessen ›Tristan und Isolde‹ und dessen ›Meistersinger‹ er uraufgeführt hatte.

Das Konzert, das Bülow am 25. Januar 1884 in Kassel dirigierte, schlug Mahler in Bann. Hier, so mußte er meinen, war der Ausweg aus der Theatersklaverei zu großer Kunst. Es mußte ihm gelingen, Bülows Schüler zu werden, ihm zu folgen, von ihm zu größeren Kunsttaten geleitet zu werden. Es ist nicht leicht zu begreifen, daß der wohlbestallte Musik- und Chordirektor Gustav Mahler – im Besitz eines auf drei Jahre lautenden Vertrages – wirklich gemeint haben soll, er könne sein Schicksal mit einem schwärmerischen, ja exaltierten Brief wenden, den er an den welterfahrenen Freiherrn von Bülow richtete. Er tat es ohne Umschweife:

> Ich bin ein Musiker, der in der wüsten Nacht des zeitgemäßen Musiktreibens ohne Leitstern wandelt und den Gefahren des Zweifels und der Verwirrung ganz anheim gegeben ist. Als ich im gestrigen Konzert das Schönste erfüllt sah, was ich geahnt und gehofft, da war es mir klar, hier ist Deine Heimat – dies ist Dein Meister – nun soll Deine Irrfahrt enden oder nie! Und nun bin ich da und bitte Sie:

Nehmen Sie mich mit – in welcher Form immer es sei –
lassen Sie mich Ihren Schüler werden, und wenn ich das
Lehrgeld mit Blut bezahlen sollte. Ich bin 23 Jahre alt, war
Student auf der Wiener Universität, habe auf dem Konservatorium daselbst Komposition und Klavier getrieben, und
bin nach den unseligsten Irrfahrten hier am Theater als
2. Kapellmeister angestellt worden. – Ob dies schale Treiben
einen Menschen befriedigen kann, der mit aller Sehnsucht
und Liebe an die Kunst glaubt und sie auf die unerträglichste
Weise aller Orten mißhandelt sieht, werden Sie selbst nur
allzugut beurteilen können. – Ihnen gebe ich mich nun ganz
und gar, und wenn Sie dieses Geschenk annehmen, so
wüßte ich nicht, was mich glücklicher machen könnte.
Wenn Sie mir eine Antwort geben, so bin ich zu allem bereit, was Sie mit mir vorhaben. Ach, antworten Sie doch
wenigstens! Es harrt

Gustav Mahler.

Der Intendant der Meininger Hofkapelle wußte, was er dem
Kasseler Intendanturkollegen Herrn von und zu Gilsa schuldig
war. Mit jungen Schwärmern sich einzulassen und damit die
korrekten Beziehungen zu Amtskollegen zu gefährden, war
nicht Bülows Manier. Dazu kam noch, daß Bülow von den
musikalischen Fähigkeiten des Briefschreibers nichts wissen
konnte. Die Lektüre verriet einen unbotmäßigen Charakter.
Bülow würdigte Mahler keiner Antwort, sondern händigte das
Schreiben Mahlers unmittelbarem Vorgesetzten, dem Hofkapellmeister Treiber, aus, der es dem Intendanten übermittelte. Dieser
scheint mit Mahlers Ausbrüchen schon zur Genüge vertraut
gewesen zu sein. Der junge Musiker hatte zwar seine Sympathie,
doch Herr von und zu Gilsa sah ein, daß er Mahler auf die Dauer
nicht würde halten können. Er tat das Freundlichste, was er
unter diesen Umständen tun konnte: Er ließ den Brief zu den
Akten legen.

Die Verantwortlichen des Kasseler Theaters wußten nun Bescheid über Mahlers Absichten. Einer vorzeitigen Beendigung
von Mahlers Engagement – sofern er diese wünschte – wollten
sie nichts in den Weg legen. Doch Mahler blieb noch bis zum
Sommer des Jahres 1885. Er brauchte Zeit, um irgendeinen Ort
auf dieser Welt zu entdecken, an dem die Kunst weniger »mißhandelt« wurde und die Freiheit des Kapellmeisters weniger
eingeschränkt war.

Die Briefe, die Mahler aus Kassel an seinen Freund Fritz Löhr nach Wien schrieb, lassen erkennen, daß Mahler in eine überaus unglückliche Liebe zu einer jungen Schauspielerin verstrickt war. Löhr, der mit Mahler manches Herzensgeheimnis teilte, vermerkt schon zu einem im September 1883 geschriebenen Brief: »Casseler Liebesdinge haben ihren überschwenglichen Verlauf zu nehmen begonnen, sie haben dort die junge stürmische Seele nicht mehr aus ihrem Banne entlassen.«

Es ist nicht bekannt, welcher Art die Komplikationen dieser Beziehung gewesen sind, doch lassen sich diese aus einem Text erschließen, den Mahler in dieser Zeit vertont hat: aus den ›Liedern eines fahrenden Gesellen‹. Die innige Verquickung dieses Textes mit dem persönlichen Erlebnis wird durch ein Schreiben Mahlers an Löhr erhärtet, in dem es heißt: »Ich habe einen Zyklus Lieder geschrieben . . ., die alle ihr gewidmet sind. Sie kennt sie nicht. Was können sie ihr anderes sagen, als was sie weiß.«

»Was sie weiß«, ist schon in den ersten Zeilen des ersten Gedichts zu lesen:

> Wenn mein Schatz Hochzeit macht,
> fröhliche Hochzeit macht,
> hab' ich meinen traurigen Tag!
> Geh' ich in mein Kämmerlein,
> dunkles Kämmerlein!
> Weine! Wein'! Um meinen Schatz,
> um meinen lieben Schatz.

Mahler, so melden die meisten Nachschlagewerke, habe die Texte der ›Lieder eines fahrenden Gesellen‹ selbst gedichtet. Schon 1920 und 1921 konnten Siegfried Günther und Paul Bekker darauf aufmerksam machen, daß sich in diesen Texten mehr als deutlich Spuren finden, die auf die Sammlung ›Des Knaben Wunderhorn‹ verweisen. In dieser Sammlung begegnen wir in der Tat dem Modell des ersten Mahlerschen Liedes:

> Wann mein Schatz Hochzeit macht,
> Hab' ich einen traurigen Tag,
> Geh' ich in mein Kämmerlein,
> Wein' um meinen Schatz.

Blümlein blau, verdorre nicht,
Du stehst auf grüner Heide;
Des Abends, wenn ich schlafen geh',
So denk' ich an das Lieben.

Mahler verwandelt »einen traurigen Tag« in »meinen traurigen Tag«, macht aus dem »Lieben« »mein Leid«, verändert noch einige Einzelheiten und fügt überdies einen kontrastierenden Abschnitt ein, der ihm Material für einen musikalischen »Mittelteil« liefert:

Vöglein süß! Vöglein süß!
Du singst auf grüner Heide!
Ach! Wie ist die Welt so schön!
Ziküth! Ziküth!
Singet nicht! Blühet nicht!
Lenz ist ja vorbei!
Alles Singen ist nun aus!

Die These, der zufolge es sich bei den ›Liedern eines fahrenden Gesellen‹ um Mahlers »Eigentexte« handelt – H. F. Redlich hat sie noch in seinem Beitrag zu dem 1960 erschienenen achten Band der Enzyklopädie ›Musik in Geschichte und Gegenwart‹ vertreten –, wird also zu korrigieren sein, denn dieser Eigentext basiert auf dem ›Wunderhorn‹-Text. Diese Feststellung scheint in Widerspruch zu einer von Paul Stefan schon zu Lebzeiten Mahlers formulierten Mitteilung zu stehen. Mahler, so schrieb Stefan, habe die Sammlung ›Des Knaben Wunderhorn‹, der er später so viele Texte entnahm, erst im Alter von achtundzwanzig Jahren kennengelernt – lange nach der ersten Kasseler Niederschrift der ›Lieder eines fahrenden Gesellen‹. Es handelt sich hier nur scheinbar um einen Widerspruch. Die Sammlung ›Des Knaben Wunderhorn‹ enthält viele Texte alter Volkslieder, die sich in mündlicher Überlieferung lange und zum Teil bis zum heutigen Tag erhalten haben. Warum also sollte Mahler diese Lieder nicht irgendwo zwischen Iglau und Kassel gehört haben? Diese Annahme drängt sich sogar auf, wenn man bedenkt, daß Kassel der Ort war, an dem die Herausgeber der Sammlung ›Des Knaben Wunderhorn‹ rund achtzig Jahre vor Mahlers Zeit jenen Band redigierten, in dem sich die Verse finden: »Wann mein Schatz Hochzeit macht ...«

Der ursprünglich aus sechs Liedern bestehende Zyklus ist uns in einer späteren, vierteiligen Fassung bekannt, die 1896 in Berlin zum erstenmal aufgeführt wurde. Der Text ist ebenso wie die Musik im »Volkston« entworfen. So wie der sprachliche Ausdruck zwischen tiefstem Leid und aufhellender Tröstung durch die Natur schwankt, so flackert die akkordische Grundstimmung immer zwischen Moll und Dur. Dem Schmerz sucht sich der fahrende Gesell durch die Flucht in die Natur (Nr. 2 des Zyklus) zu entziehen.

> Ging heut morgen übers Feld,
> Tau noch auf den Gräsern hing ...

Er wird schmerzlich daran erinnert, daß ihm sein Glück »nimmer blühen kann«. Der Verzweiflungsausbruch von Nr. 3 endet mit dem Aufschrei: »Ich wollt', ich läg' auf der schwarzen Bahr', könnt' nimmer, nimmer die Augen aufmachen!« Das letzte Lied endlich tröstet mit einer Weise im Volkston:

> Auf der Straße stand ein Lindenbaum,
> da hab' ich zum erstenmal im Schlaf geruht!

Im Abgesang wird »alles wieder gut! Alles! Alles! Lieb' und Leid! Und Welt und Traum!«

Die Briefe, die Mahler in dieser Zeit schrieb, deuten auf den autobiographischen Charakter des Werkes hin. Sie zeigen, daß seine Liebe nicht unerwidert blieb und daß offenbar äußere Motive einer Verbindung des Paares entgegenstanden. Der naturhafte Klang mit den stilisierten Vogelrufen ist für Mahler ebenso reales Erlebnis wie die Flucht des über Wiesen und Felder schreitenden »Gesellen«. Mahler beobachtet von seinem Fenster aus die behaglich dahinfließende Fulda; er genießt den Blick auf Berge und Wälder; und er marschiert – in sehnsüchtiger Erinnerung an die Wienerwaldwanderungen und an die Ausflüge rund um Iglau – durch den Habichtswald, von dessen Hügel er Kassel überblickt.

Autobiographisch sind die ›Lieder eines fahrenden Gesellen‹ auch noch in einem anderen Sinne. Von hier an können wir in den Kompositionen Mahlers die Spuren seines Denkens und Empfindens deutlich verfolgen. Selbst wenn es keine anderen Zeugnisse von Mahlers Lebensgang gäbe als die Noten, die er zu Papier gebracht hat, wären wir in der Lage, entscheidende Züge der künstlerischen Physiognomie des Komponisten Mahler zu entdecken. Ein vorherrschendes Moment ist die Zähigkeit, mit der Mahler an einmal entworfenen musikalischen Modellen festhält. Wir haben diese Besessenheit schon am Beispiel der

Aufführungsgeschichte des 1880 komponierten und 1901 aufgeführten ›Klagenden Lieds‹ dargelegt. Bei den ›Liedern eines fahrenden Gesellen‹ gewinnt diese Zielstrebigkeit noch eine spezifisch musikalische Note. Mahler hält an zwei Themen fest, die er für eine schon in Kassel geplante Symphonie verwendet. Das D-Dur-Lied ›Ging heut morgen übers Feld‹ erscheint im ersten Satz dieser Symphonie; das Lindenbaum-Thema macht Mahler zum Bestandteil des dritten Satzes. Daß der für Mahlers Empfinden fest umrissene gedankliche Inhalt auch in der Instrumentalsymphonie gewahrt bleibt, in der der Text nun wegfällt, deutet auf die Absicht des Komponisten hin, in letzter Instanz als Schöpfer absoluter Musik verstanden zu werden.

## Konzertorganisator im Exerzierhaus

Der Versuch, ein Bild der Persönlichkeit Mahlers allein aus seinen Kompositionen zu gewinnen, ist freilich einseitig, weil er nur eine Seite von Mahlers Wesen erfaßt. Die Nachwelt mag sich mit vollem Recht nur um den Komponisten Mahler kümmern, da ihr der Empfang der Botschaften des Dirigenten und Theatermannes Mahler versagt ist. Indem sie diesen Akzent setzt, entstellt sie jedoch die Züge seiner Persönlichkeit. Wir sehen dann bloß den romantischen, schwärmerischen Träumer, den fahrenden Gesellen der Musik, der ohne Bedachtnahme auf die Umwelt seinen Klangträumen lebt. Gewiß, das ist eine Seite von Mahlers Wesen. In den Briefen an seine Freunde verrät er seine ekstatische, über allen Zwang der Realität sich hinwegsetzende Natur. Gelegentlich – unter dem Eindruck eines besonders intensiven musikalischen Erlebnisses – entschlüpfen ihm solche Bekenntnisse auch am unpassenden Ort. So, wenn er seinen völlig deplacierten Begeisterungsausbruch an Bülow adressiert, der auf den Empfänger nur den Eindruck lächerlicher Anbiederung machen kann.

Doch sonst hat sich Mahler völlig in der Hand. Das ist die zweite Seite seines Wesens: überlegen kalkulierende Taktik beim Kampf um Positionen, die er zu erobern gedenkt. Noch von Kassel aus sucht er Beziehungen zu anderen Musikzentren. Während der Ferien begibt er sich nach Dresden. Nicht nur um eine von Ernst von Schuch dirigierte ›Tristan‹-Aufführung kennenzulernen, sondern auch mit dem Ziel, bei dem wohlwollenden Regisseur Überhorst die Chancen eines Engagements zu erkunden. Ehe er Kassel verläßt, hat er einen Vertrag mit Leipzig in der Tasche und Beziehungen mit Prag angeknüpft. Doch bevor er von Kassel Abschied nimmt, will er hier noch von sich reden machen. Und das gelingt ihm so vortrefflich, daß man sich in Kassel an das glanzvolle »Musikfest« im Infanterie-Exerzierhaus und an den damit verbundenen Skandal noch ein paar Jahre lang erinnern wird.

Dieses Musikfest war für Ende Juni 1885 geplant. Mit Genehmigung des Hoftheaterintendanten hatte Mahler schon ein Jahr zuvor die Direktion des gemischten Chores des Mündener Gesangvereins übernommen, mit dem er allwöchentlich eine Probe abhielt. An dem Musikfest sollten sich noch drei andere Gesangvereine beteiligen. Im Mittelpunkt des Festes stand eine Aufführung des Oratoriums ›Paulus‹ von Mendelssohn. Mahler wurde von den singfreudigen Bürgern mit der Leitung betraut. Vom Theaterorchester durfte die Mitwirkung erwartet werden. Doch Mahlers Vorgesetzter, der Hofkapellmeister Treiber, fand keine Freude an dieser Lösung. Beschwerden von Persönlichkeiten, die Treiber nahestanden, gelangten an den Intendanten, der Mahler empfahl, er möge edelmütig sein und zugunsten des Hofkapellmeisters auf diese ehrenvolle Aufgabe verzichten. Mahler lehnte rundweg ab, obgleich er wußte, daß er damit »im Theater ein toter Mann« sein würde. Doch das war ihm nun gleichgültig, denn die Kasseler Theaterepisode hielt er ohnehin für abgeschlossen, und die Zusicherung des Engagements am Leipziger Stadttheater reichte aus, ihm den Nacken zu steifen. Hier war endlich die große Aufgabe, einen Chor von vierhundert Sängerinnen und Sängern und ein mächtiges Orchester zu lenken. Als Solisten hatte man neben einem Kasseler Bariton sogar Herrn Gudehus aus Dresden verpflichtet, einen Tenor, der zwei Jahre zuvor noch unter Wagners Anleitung als Parsifal auf der Bayreuther Bühne erschienen war! Dazu kam noch eine junge Sängerin der Wiener Hofoper, Rosa Papier, die im Ruf stand, eine herrliche Stimme zu besitzen! Wie konnte Mahler auf die Leitung eines solchen Ensembles verzichten? Das Ansinnen des Intendanten nannte er schlechtweg »unverfroren«.

Die von Kapellmeister Treiber inspirierte Gegenbewegung ließ nicht nach. Es gelang sogar, das Theaterorchester dahin zu bringen, daß es seine Mitwirkung verweigerte. Diplomatische Geister in den Chorvereinigungen regten einen Kompromiß an: Kapellmeister Treiber sollte die instrumentale Vorbereitung übernehmen, ein anderer Dirigent die Einstudierung der Chöre, doch die Gesamtleitung wäre Mahler einzuräumen. Das war das Signal für eine antisemitische Zeitung, zum Frontalangriff anzusetzen. Der Jude Mahler spiele sich in den Vordergrund, obwohl es bessere und verdienstvollere Dirigenten gebe. Bei der empfohlenen Kompromißregelung hätten die Deutschen die Arbeit und »der Jude die dabei abfallenden Ehren«.

Mahler gab sich nicht geschlagen. Es ging auch ohne das Kasseler Orchester. Aus Weimar, Meiningen und Braunschweig wurden Musiker herangeholt, die man durch die Kapelle eines Infanterieregiments verstärkte. Die Aufführung kam zustande. Der Rezensent des ›Casseler Tageblatts‹ attestierte dem Dirigenten in seinem Bericht, daß er ein »talentvoller Musiker« sei und daß er ein »rühriges Wesen« habe.

Der Tag, an dem diese Kritik erschien – es war der 1. Juli 1885 –, brachte auch das Ende von Mahlers vertraglicher Bindung an das Kasseler Theater. Herr von und zu Gilsa konnte über die vorzeitige Auflösung des Kontrakts nicht selbst entscheiden. Er bedurfte der Genehmigung durch die Berliner Generalintendanz. Doch die Zustimmung wurde in Berlin sofort gegeben, als man dort las, was der Intendant im Dossier hatte protokollieren lassen: »Ich erlaube mir zu bemerken, daß der junge Mann, der im Anfang seines Engagements zu den schönsten Hoffnungen berechtigte, durch ein Engagement, das er mit Leipzig abgeschlossen hat, in Verbindung mit der Aussicht, als Festdirigent zu glänzen, ganz die Haltung verloren hat und fortwährend wegen Dienstwidrigkeiten, Versäumnissen etc. auf dem Strafzettel figuriert. Er hat infolge dessen sowohl beim Chor als auch bei dem Orchester bereits den Boden verloren.«

In den Augen des Intendanten hatte er »die Haltung verloren«. Mahler sah die Dinge anders. »Ich bin ordentlich populär geworden, eine Art Löwe des Tages.« Das Kasseler Musikfest hatte ihm Beifall, Ehrungen, einen Lorbeerkranz, einen Brillantring und sogar eine goldene Uhr eingetragen, die er gut brauchen konnte, denn die eigene war ihm kurz zuvor – offenbar wegen seiner Steuerrückstände – gepfändet worden. Die organisatorischen Anstrengungen hatten auch Geld verzehrt. Die Hoffnungen der Familie in Iglau mußte Mahler enttäuschen. Er war froh, sich aus der Klemme befreien zu können. Materiell hatte er »Schiffbruch erlitten«, doch mit seiner Arbeit war er zufrieden. »Ich bin im Begriffe, wie man sagt, Karriere zu machen.«

Der Kontrakt mit dem Leipziger Stadttheater konnte Mahler noch keineswegs zu dieser Äußerung berechtigen, denn bis zu seinem Dienstantritt in Leipzig hatte er noch ein Jahr Zeit. Was sollte bis dahin geschehen? Mahler machte sich darüber nicht nur Gedanken. Wo immer er einen vakanten Kapellmeisterposten wittern konnte, bot er sich an. Freiherr von Bülow, der sich aus Meiningen zurückziehen wollte, brauchte davon in seiner Umgebung nur Andeutungen zu machen, um sogleich einem »Platzregen« von Bewerbungsschreiben ausgesetzt zu sein. Darunter waren Briefe von Zumpe aus Hamburg, von Nicodé aus Dresden, von dem zweiundzwanzigjährigen Felix von Weingartner und natürlich auch ein Anerbieten, welches Bülow an den zudringlichen Briefschreiber in Kassel erinnerte. Mahler hatte seine Dienste allerdings nicht nur hier offeriert. Ihm war auch zu Ohren gekommen, daß das Prager Deutsche Theater bald einen neuen Pächter und Leiter haben würde.

## *Wagner-Dirigent in Böhmen*

Das Manifest, das der Kaiser im Geburtsjahr Mahlers erlassen hatte und das dem Sohn des Kutschbockgelehrten und Schnapsbrenners den Weg in die Welt eröffnete, war von den Völkern des Habsburgerreiches als Ansporn zur Entwicklung ihrer nationalen Individualitäten verstanden worden. Das sollte auch für das Theaterleben Böhmens und seiner Hauptstadt Prag nicht ohne Folgen bleiben. Die schon während der Revolution von 1848 erhobene Forderung, sowohl den Deutschen wie den Tschechen ihre »unabhängigen freien Theater im freien Staate« zu geben, führte allmählich zur nationalen Sonderung. Schon 1862 schufen die Prager Tschechen ihr »Landes-Interimstheater«, dessen Künstler zu Beginn der achtziger Jahre in den stolzen, heute noch bestehenden Bau des Národní divadlo (Nationaltheater) übersiedelten. Die unumschränkte Herrschaft des deutschen Elements in der Theaterkultur der böhmischen Hauptstadt war gebrochen. Die Königlich deutsche Landesbühne sah sich der kräftigen Konkurrenz des tschechischen Musiktheaters ausgesetzt, zu dem nun ein bedeutender Teil des Publikums überwechselte. Die dadurch hervorgerufene Finanzkrise des Deutschen Theaters nahm im Frühling des Jahres 1885 so bedrohliche Maße an, daß man nach einem Retter Ausschau hielt – nach einem bemittelten und ideenreichen Theaterleiter. Es gelang, einen Mann zu gewinnen, dessen kommerzielle und künstlerische Erfolge zu Hoffnungen berechtigten. Angelo Neumann, der seine Karriere als lyrischer Tenor begonnen und einige Jahre auch an der Wiener Hofoper gewirkt hatte, wurde zum Direktor des deutschen Landestheaters in Prag erkoren. Er war durch seine kluge Leitung des Leipziger Theaters bekannt, mehr aber noch durch sein enthusiastisches Eintreten für Richard Wagner, dessen Werke er mit einem Reiseensemble sogar bis nach England, Spanien und Rußland gebracht hatte.

Angelo Neumann war von Form und Inhalt des Bewerbungsschreibens, welches er von dem ihm unbekannten Musiker aus Kassel erhielt, so sehr beeindruckt, daß er eine entgegenkommende Antwort verfaßte und Mahler schließlich Gelegenheit gab, sich vorzustellen. Neumann erkannte rasch die Begabung

Mahlers, den er einen »jungen Heißsporn« nannte. Die erste Aufgabe, die er Mahler stellte, war die Leitung von Cherubinis Oper ›Der Wasserträger‹. Gegen den Plan, Mahler mit der Leitung der Festvorstellung zum Geburtstag des Kaisers (18. August) zu betrauen, stellten sich anfangs noch Bedenken ein. Mahler war am Dirigentenpult »zu beweglich« und erinnerte den Direktor »in seiner Art sehr an Hans von Bülow«. Impulsives Gehaben vertrug sich damals noch keineswegs mit dem Bild, das die gute Gesellschaft von einem Kapellmeister haben wollte. Einem Manne wie Bülow billigte man solch exaltiertes Wesen zu, doch der Zweite Kapellmeister des Prager Landestheaters sollte sich so unauffällig benehmen, wie es einem Musiker zustand. Angelo Neumann nahm das Wagnis auf sich. Das Debüt Mahlers verlief glücklich. Mahler wurde auf ein Jahr an die Deutsche Landesbühne verpflichtet. Sogar Wagners Werke durfte er einstudieren. Zu Beginn war noch Anton Seidl da, der als Kapellmeister lange Zeit mit Angelo Neumann zusammengearbeitet hatte und der auch noch die Eröffnungspremiere der Prager Saison 1885/86 (›Lohengrin‹) dirigierte. Doch Seidl, der mit Angelo Neumanns Wanderensemble den ›Ring des Nibelungen‹ in praktikabler und rücksichtslos gekürzter Fassung in ganz Europa propagiert hatte, folgte bald einem Ruf an die New Yorker Metropolitan Opera, wo er dem Publikum alsbald seine gerafften Versionen der Bühnenwerke Wagners als amerikanische Erstaufführungen präsentierte.

Durch den Abschied Anton Seidls rückte Mahler zum Wagner-Dirigenten auf. Schon im Dezember 1885 waren ›Rheingold‹ und ›Walküre‹ herausgebracht. Nominell war Mahler Zweiter Kapellmeister, doch praktisch beherrschte er das Feld. Kapellmeister Slanský, der Mahler vorgesetzt war, gab sich gerne mit kleineren Aufgaben zufrieden. Als Direktor Neumann ihm sozusagen als Kompensation für die entgangenen Wagner-Opern die Leitung von Mozarts ›Don Giovanni‹ antrug, schlug Slanský das Angebot mit der Begründung aus, die Prager hätten sich aus dieser Oper nie viel gemacht. So fiel auch ›Don Giovanni‹ dem Heißsporn zu, der im Verein mit seinem inszenierenden Direktor eine Aufführung zustande brachte, die das Entzücken des Publikums und die enthusiastische Anerkennung der Kritiker auslöste.

Auch als Konzertdirigent trat Mahler in Prag hervor. Eine Aufführung von Beethovens Neunter Symphonie machte auf die Zuhörer so mächtigen Eindruck, daß sich in akademischen

Kreisen unter Führung eines Universitätsprofessors eine Gruppe bildete, die Mahler eine mit zahlreichen Unterschriften versehene Dankadresse überreichte. Darin wurde der Bewunderung für den fünfundzwanzigjährigen Dirigenten Ausdruck gegeben. Mahler genoß die gesellschaftliche Reputation in vollen Zügen. Auf den Bart, der ihn älter und respektabler machen sollte, konnte er nun verzichten. Im Februar 1886 begnügte er sich mit einem Schnurrbart. In diesem Monat entstand auch ein Gedicht, das Mahler für eine Feier zur dritten Wiederkehr des Todestages von Richard Wagner schrieb. Er hatte vielleicht die Absicht, den Text zu vertonen, doch ist darüber nichts Näheres bekannt. Die Verse haben sich erhalten. Mahlers Gedanken über Richard Wagner kommen in der vorletzten Strophe deutlich zum Ausdruck:

> Was wir ersehnt in unbestimmtem Drang,
> Hast du zu festen Formen uns gestaltet,
> Der deutschen Bühne gabst du ihre Macht
> Zurück, wo fremde Melodie gewaltet.
> Du zeigst uns, was wir immer noch gesehen,
> Was wir geahnt, gefühlt in mächt'gem Glühen,
> Du ließest eine morsche Welt vergehen,
> Schufst eine junge Welt von Melodien.

So zweifelhaft der literarische Rang dieses poetischen Herzensergusses auch sein mag, so charakteristisch tritt darin die national-deutsche Note hervor. Es wäre verfehlt, hier eine mehr als bloß äußerliche Verwandtschaft mit chauvinistischen Varianten des Wagnerianertums zu wittern. Immer noch ließ sich im deutschen Akkord, der 1848 angeschlagen worden war, der freiheitliche Grundton vernehmen, welcher die Harmonie mit anderen Nationen keineswegs ausschloß. So und nicht anders verstand auch der Kapellmeister des Deutschen Theaters sein Bekenntnis zu Wagner: nicht einengend, sondern weltoffen. Was die Tschechen – und die Slawen überhaupt – dem Musiktheater schenken konnten, erregte seine Anteilnahme. Er saß auch im Národní divadlo, um Opern von Glinka, Dvořák und Smetana kennenzulernen. Ob die ›Verkaufte Braut‹ zu diesen Werken gehörte, wissen wir nicht. Smetanas Meisteroper war damals außerhalb Böhmens nicht bekannt. Sie hat ihren Siegeszug in die Welt erst sechs Jahre später von Wien aus angetreten. Doch was Mahler damals von Smetanas Musik hörte, klang ihm »sehr bemerkenswert«. So sehr, daß er seinem künftigen Chef, dem Direktor

Staegemann in Leipzig, ausführlich darüber schrieb: »Wenn Smetanas Opern in Deutschland auch nie Repertoire werden können, so wäre es doch immerhin der Mühe wert, einem gebildeten Publikum, wie das Leipziger ist, einen so durchaus originellen und ursprünglichen Musiker vorzuführen.«

Mahler ist dem großen Komponisten Böhmens auch später treu geblieben. Prag erweiterte Mahlers musikalischen Horizont also auf doppelte Weise: Die Welt Wagners, vorher nur Traumwelt eines ungestümen Fleischverächters, wurde zum inneren Besitz des Zweiten Kapellmeisters, der jetzt unleugbar den ersten Taktstock führte; die slawische Musik aber redete ihn in einem Tonfall an, der ihm seit seiner Kindheit vertraut war.

Er wäre gern in Prag geblieben, wo man vielleicht »deutsch« in einem von nationalistischen Akzenten freien Sinne sein durfte, wo man die Musik der böhmischen Heimat vernahm und wo man – kaum läßt sich das heute begreifen – Österreicher blieb. Leipzig: das war wiederum Ausland. Das Leipziger Stadttheater war gefährlicher Boden, denn dort sollte Mahler wiederum Zweiter Kapellmeister sein neben einem Ersten, der nicht so lässig schien wie der alte Slanský in Prag. Der Leipziger »Erste« hieß Arthur Nikisch. Er war fünf Jahre älter als Mahler, ebenso wie Mahler aus dem Wiener Konservatorium hervorgegangen und schon seit 1878 in Leipzig tätig. Ein »eifersüchtiger und vielvermögender Rivale«, wie Mahler befürchten mußte.

In Prag hätte es für Mahler keine Hindernisse gegeben. Aber der Leipziger Direktor beharrte auf der Einhaltung des Vertrages. Er dachte nicht daran, auf den jungen Mann zu verzichten, der sich einen Namen gemacht hatte.


*Leipzig: Wettstreit mit Nikisch*


Die Arbeit in Leipzig begann, wie sie unter diesen Umständen beginnen mußte: mit Spannungen. ›Tannhäuser‹ hatte Mahler sich schon im vorhinein erbeten und durfte er auch dirigieren, ebenso ›Rienzi‹, ›Freischütz‹ und ›Die Jüdin‹, doch Wagners ›Ring des Nibelungen‹ wollte der Direktor dem erfahrenen Nikisch vorbehalten wissen. Mahler protestierte. Er könne »unmöglich in einer Stellung verbleiben«, in der er von Aufgaben dieser Art ausgeschlossen bliebe. Schon nach ein paar Monaten bat er um seine Entlassung. Direktor Staegemann, der Mahlers Talent schätzte und ihn von unbedachten Handlungen abhalten wollte, bewog ihn, zu bleiben. Mahler beruhigte sich wohl äußerlich, doch verzichtete er nicht darauf, sich um andere Wirkungsstätten umzusehen. Schon im Dezember war er im Besitze eines Angebots des Impresarios Pollini in Hamburg, hatte eine Chance in Karlsruhe (als Nachfolger Felix Mottls) und einen »famosen Antrag« von Angelo Neumann, der ihn wieder in Prag sehen wollte.

Publikum und Kritik nahmen Notiz von dem Stilunterschied, der zwischen Nikisch und Mahler zu konstatieren war. Nikisch: der beherrschte, in der Zeichengebung sparsame Souverän des Orchesters; Mahler: der emphatisch gestikulierende, ewig unzufriedene »Probierer«, dem ein Piano nie leise genug, ein Forte nie kräftig genug sein konnte. Alles, was Mahler dem Orchester und den Sängern befahl, war auf Deutlichkeit abgestellt. Daraus ergaben sich Modifikationen des einmal gewählten Tempos, die der Tradition zuwiderliefen. Die einen bemängelten das Verfahren; die anderen feierten es als Beitrag zur Bereicherung des Ausdrucks. Orchestermusiker protestierten: man habe Herrn Mahler aus Prag nicht gebraucht, um zu lernen, was leise und was laut sei. Doch im Orchester fand Mahler auch Unterstützung. Unter den paar »prächtigen Kerls«, die Mahler rühmte, war ein junger Holländer namens Henri Petri. Den Konzertmeister Petri, Schüler Joachims (und Vater des später bekannten Pianisten Egon Petri), rühmte Mahler als einen Musiker »mit echtem warm schlagenden Herzen, der die geheimsten Figuren meines Stabes abliest und in Musik wandelt«.

Im Januar 1887 konnte sich Mahler wieder Hoffnung auf eine Verbesserung seiner Position machen, denn Nikisch liebäugelte mit der Idee, nach Ungarn zu gehen. Das drei Jahre zuvor eröffnete königliche Opernhaus in Budapest bot ihm eine verlockende Position an. Die Aussicht, daß der vielvermögende Rivale das Feld räumen würde, war Mahler angenehm. »Nikisch und ich«, so schrieb er an seinen Freund Löhr nach Wien, »sind uns während der letzten Phase der Dinge viel näher getreten und betragen uns als gute Kameraden.«

Nikisch konnte seinen Plan nicht verwirklichen. Eine Erkrankung zwang ihn, einen längeren Urlaub anzutreten. So fiel Mahler die Rolle des Ersten Kapellmeisters zumindest zeitweilig und de facto zu. Er dirigierte die nun für ihn freigewordene ›Walküre‹ und vermerkte mit Stolz, daß er sich dadurch »eine sehr starke Position erobert« habe. Bald darauf konnte er auch ›Siegfried‹ herausbringen. Der Rückkehr des Konkurrenten durfte er jetzt mit Ruhe entgegensehen: »Durch die letzte Wendung der Dinge bin ich dem Nikisch faktisch in jeder Weise gleichgestellt worden und kann nun ganz ruhig mit ihm um die Hegemonie kämpfen, die mir schon um meiner physischen Überlegenheit willen zufallen muß. Ich glaube, daß es Nikisch mit mir nicht lange aushalten und über kurz oder lang das Weite suchen wird.«

Diese Formulierung klingt nicht sehr nobel. Sie hat den Vorteil, aufrichtig zu sein. In der Spielzeit 1887/88 setzte Mahler seine physischen Reserven im Kampf um die Hegemonie restlos ein. Er dirigierte in 214 Vorstellungen nicht weniger als 54 verschiedene Werke. Die Leipziger Kraftprobe ist mit diesen Daten noch keineswegs voll umschrieben. Mahler machte sich überdies an die Bearbeitung eines unvollendet gebliebenen Werkes von Carl Maria von Weber. Neben dem Wagner-Zyklus hatte er sich einen Weber-Zyklus in den Kopf gesetzt. Dazu gehörte auch eine Aufführung von Webers nachgelassener Oper ›Die drei Pintos‹.

Mahler lernte das Kompositionsfragment im Hause des Enkels des Komponisten, des Hauptmanns Carl von Weber, kennen. Er verliebte sich dabei nicht nur in die Partitur, sondern auch in die Gattin des Hauptmanns. Auf Frau von Weber, die dieser Neigung offenbar sehr stark entgegenkam, beziehen sich vermutlich auch jene Briefstellen aus der Leipziger Zeit, in denen Mahler von den »Dummheiten« erzählt, die er anstellt. Die Hitze dieser Leidenschaft läßt sich nur ahnen; den Brand, den sie auslöst, fühlen wir jedoch in der sengenden Glut einer geradezu fanatischen Komponierwut, aus der Mahlers Erste Symphonie hervorgehen sollte.

Die vervollständigte und gründlich bearbeitete komische Oper ›Die drei Pintos‹ wurde am 20. Januar 1888 im Leipziger Stadttheater aufgeführt. Mahlers Fassung – heute von orthodoxen Kennern und Verehrern der Musik Webers als stilwidrige, weil mit wagnerischen Elementen durchsetzte Konstruktion abgelehnt – fand nicht nur Beifall, sondern auch das Interesse anderer Opernhäuser. Hamburg, Dresden und Wien übernahmen ›Die drei Pintos‹. Richard Strauss, damals treuer Jünger Bülows, lernte die Oper und auch Mahler kennen. Er äußerte sich, ganz im Gegensatz zu Bülow, begeistert über die Partitur und über den Bearbeiter, obgleich er zuletzt, unter dem Einfluß Bülows, auch Vorbehalte anmeldete.

Mahlers Arbeitseifer kannte keine Grenzen. Die geistige und gewiß auch physische Belastung durch die tägliche Theaterpflicht, durch die Bearbeitung der Weber-Oper und die Einstudierung des Weber-Zyklus schien geringfügig im Vergleich mit der seelischen Spannung, die aus der Beziehung zum Ehepaar Weber herrührte. Wir wissen wenig über das Verhältnis Mahlers zu Frau von Weber. Ob sie wirklich die Absicht hatte, Mann und Kinder zu verlassen, um mit Mahler das Weite zu suchen, ist nicht entscheidend. Wichtig dünkt uns der deutlich konstatierbare Transformationsprozeß, den Mahler vornahm: die Verwandlung latenter erotischer Energie in kinetisch-schöpferische Kraft. Von dieser Umsetzung zu reden, wäre vermessen, hätten wir nicht Zeugnisse von Mahlers schöpferischer Verwirrung. Dem Freund, der in Wien auf Nachricht wartet, antwortet Mahler ausweichend in wenigen Sätzen, von denen jeder mit einem Ausrufungszeichen endet: »Trilogie der Leidenschaft und Wirbelwind des Lebens! Alles in mir und um mich wird! Nichts ist! Laßt mich jetzt noch ein bißchen durch! Dann sollt ihr alles erfahren!« Der Leser vermutet hinter diesen Worten eine Liebesgeschichte. Es ist mehr als das. Ein Liebesroman. Mahler ist der Symphonie verfallen.

## Disziplinbruch: Die Erste Symphonie

Die Leidenschaft, die ihn jetzt an den Schreibtisch und an das Notenpapier fesselt, macht ihn pflichtvergessen. Der Herr Theaterdirektor ermahnt ihn, sich zu bessern. Mahler gibt offen zu, daß er aufgehört habe, seine Pflicht so zu tun, wie Direktor Staegemann es von ihm gewöhnt war. In einem Brief an den Direktor deutet er an, daß dieser in Kenntnis der »Ursache seiner Nachlässigkeit« das Verhalten milder beurteilen würde. Doch Mahler verrät die Ursache nicht. Er fleht nur um Nachsicht: »Lassen Sie noch zwei Monate ins Land gehen, und Sie sollen sehen, daß ich wieder ›der Alte‹ sein werde.«

Zwei Monate später schreibt er einen Brief an seinen Freund Löhr nach Wien, der mit den Worten beginnt: »So! Mein Werk ist fertig!« Die Symphonie, die »wie ein Bergstrom aus ihm hinausfuhr«, ist in den Grundzügen vollendet. Es gibt noch manches daran zu tun. Wann immer er Zeit findet, macht sich Mahler an die Partitur. Der Tod des Deutschen Kaisers im Mai 1888 kommt ihm gelegen, denn da muß das Theater der Staatstrauer wegen zehn Tage lang schließen. Diese Zeit läßt sich am Schreibtisch nützen, um den Lauf des »Bergstroms« zu verfolgen, seine Bahn zu korrigieren.

Acht Jahre später hat Mahler zwar zugegeben, daß die Erste Symphonie in D-Dur von einer leidenschaftlichen Liebe ausgelöst worden sei, doch er wollte betont wissen, »daß die Symphonie über die Liebesaffaire hinaus ansetzt; sie liegt ihr zugrunde – respektive sie ging im Empfindungsleben des Schaffenden voraus. Aber das äußere Erlebnis wurde zum Anlaß und nicht zum Inhalt des Werkes«.

In Mahlers Empfindung verschmilzt dieses »äußere Erlebnis« mit der unglücklichen Kasseler Romanze – ebenso wie die Melodik der Kasseler Zeit in die Leipziger Symphonie eingeht. Die ›Lieder eines fahrenden Gesellen‹ – so bedeutungsvoll sie in ihrer Selbständigkeit auch sind – gewinnen den Charakter eines Vorworts zur Ersten Symphonie. Das Thema ›Ging heut morgen übers Feld‹ erscheint im ersten Satz der Symphonie; die Volksweise ›Auf der Straße stand ein Lindenbaum‹ ist im dritten Satz zu hören; und das Thema des zweiten Satzes ist aus einem in Kassel entstandenen Lied, ›Hans und Grete‹, entwickelt.

So deutet sich auch im Musikalischen das Element der Kontinuität an, welches für Mahlers Schaffensweise ebenso charakteristisch ist wie für seine Lebensauffassung. Was er erlebt, scheint nie verloren: eine »abgeschmackte Weibergeschichte«, eine unglückliche Liebe und eine lodernde Leidenschaft können zur Synthese werden – zur »Liebe schlechthin«. Melodisches Material, einmal einem bescheidenen Lied entnommen, ein andermal aus einem Zyklus von Liedern herrührend, streift die Bindung an den Text ab und wird zur »Musik schlechthin«.

Diese Darstellung will der Symphonie Mahlers nicht mit formanalytischem Werkzeug zu Leibe rücken. Dennoch muß hier auf das Hervorströmende und durchaus Neue der Ersten hingedeutet werden. Sie ist – in der ursprünglich fünfsätzigen, später viersätzigen Gestalt – ganz auf Finalwirkung angelegt. Ihre Zielstrebigkeit auf den Schlußsatz hin wird beim ersten Hören schon deutlich. Das erweist sich – auch bei den späteren Symphonien – am Schicksal mancher thematischen Ideen, die, wenn sie wieder auftreten, in gewandelter, entwickelter Gestalt erscheinen. Darin ähnelt Mahler dem Repräsentanten der französischen Romantik, Hector Berlioz, dessen Technik der thematischen Verarbeitung mit Recht als eine Methode der »variierten Wiederholung« bezeichnet worden ist. Die Themen repräsentieren musikalische Physiognomien von Gestalten, die in einem instrumentalen Roman auftreten. Sie verraten durch veränderte Züge, was sie im Verlauf der »Handlung« erlebt haben. Adorno wendet hierauf den Begriff »Variantentechnik« an. Er kommt zu der einprägsamen Formulierung: »Manchmal übernehmen bei Mahler die Motive die Rolle des Jokers aus dem Kartenspiel, dessen ins Ornamentale transponierten Bildern die der Mahlerschen Musik überhaupt ähneln; sie sieht gelegentlich aus wie Kartenkönige. Über die Varianten solcher Jokermotive wird man leicht hinweggleiten, als wären sie Zufall; ein Moment des Zufälligen in ihrem Wechsel wohnt ihrem Sinn selber ebenso inne wie der Zufall in Glücksspielen. Aber der verweilende Blick deckt selbst in ihnen die kompositorische Logik auf.«

Erstaunlich bleibt, daß diese unwiderstehliche Logik aus dem Achtundzwanzigjährigen – und anscheinend ohne beharrliche Vorübung – wie Lava aus einem Vulkan hervorbrach. Alle Elemente dieser für ein großes Orchester (je 3 Flöten, Oboen und Fagotte, 4 Klarinetten, 7 Hörner, 4 Trompeten, 3 Posaunen, Tuba, Pauken, Schlagzeug und Streicher) geschriebenen Symphonie deuten auf das Kompositionsprinzip hin, das Mahler später wohl variierte und entwickelte, doch grundsätzlich kaum änderte.

Er gab der Symphonie später den Titel ›Titan‹, um zuletzt davon wieder abzurücken. In der Mahler-Literatur findet sich immer noch die Behauptung, dies hätte nichts mit einem Helden im Sinne etwa der ›Eroica‹ Beethovens zu tun, sondern bezöge sich auf Jean Pauls Roman, der diesen Titel führt. Mahler hat die Schriften Jean Pauls gekannt und geliebt. Doch wer auch nur ein paar Seiten von Jean Pauls Werk gelesen hat, muß zur Überzeugung gelangen, daß von dem Manierismus Jean Pauls nichts in die Symphonie Mahlers eingegangen ist. Natalie Bauer-Lechner erzählt in ihren Erinnerungen, daß Mahler bei dieser Komposition »einen kraftvoll-heldenhaften Menschen« im Sinne hatte, sein Leben und Leiden, Ringen und Unterliegen. Ihr Bericht, wonach die Zweite Symphonie Mahlers als »wahre, höhere Auflösung« der Ersten zu verstehen sei, wird durch ein anderes Zeugnis bestätigt. In einem Brief an Max Marschalk, den Mahler 1896 schrieb, ist die Rede vom Helden der Ersten Symphonie, der mit dem Beginn der Zweiten zu Grabe getragen wird.

Auch hier erkennen wir die Kontinuität in Mahlers Schaffensprozeß. Keine der Symphonien steht für sich allein. Jede gehört dem ganzen Zyklus an, der als ein musikalisches Gegenstück zu Balzacs ›Comédie humaine‹ zu begreifen ist. Von hier aus versteht man auch ein Wort Mahlers, das anmaßend klingen mag.

Beethoven, so meinte Mahler einmal, habe nur *eine* Neunte komponiert, doch von seinen eigenen Symphonien sei jede »eine Neunte«. Darin liegt nicht Hochmut, sondern die Umschreibung eines schaffenspsychologischen Tatbestandes: Jede Symphonie hat ihr weltanschauliches Grundkonzept, und die textlosen Symphonien (die Erste, Fünfte, Sechste, Siebente und Neunte) verraten dem, der hören kann, noch mehr davon als die mit dem Wort verbundenen Tondichtungen.

Die programmatische Verschränkung des musikalischen Schaffens mit der Emotion des – im weitesten und engsten Sinne des Wortes – Liebenden hat Mahler in einem seiner frühesten Lieder kundgetan. Der Text des Liedes ›Erinnerung‹ spricht davon:

Es wecket meine Liebe die Lieder immer wieder!
Es wecken meine Lieder die Liebe immer wieder!

Stärker als die Sprache drückt dies die Musik selbst aus; so im Mittelteil des Liedes, der mit scharfen Vorhaltdissonanzen das schmerzliche Bekenntnis ausspricht: »So kommen meine Lieder zu mir mit Liebesklagen!«

Jene Psychologen, die Keuschheit als das Prinzip der seelischen Ökonomie des schaffenden Künstlers auffassen, fänden in Mahlers Leipziger Verhalten ein Beweisstück für ihre sonst wohl nicht immer haltbare These. Der Transformationsprozeß, aus dem die D-Dur-Symphonie hervorgeht, erfaßt nicht nur die Empfindung für das andere Geschlecht, sondern verändert auch Mahlers Verhalten seiner gesamten Umwelt gegenüber. Die zeitweilige Vernachlässigung des Theaterdienstes gehört ebenso dazu wie der plötzlich auftretende Habitus des Tagwandlers. Immer wieder ist in den Berichten der Zeitgenossen davon die Rede, daß Mahler sich im Nu aus einem anregenden Konversationspartner in einen Menschen verwandelte, dessen Geist abwesend zu sein schien. Auch die Lärmempfindlichkeit ist Zeichen einer Entrückung, die Mahler nicht nur passiv erlebte, sondern oft geradezu suchte. Dennoch sollte man sich davor hüten, das Bild eines unsinnlichen und im trivialen Sinn des Wortes keuschen Künstlers zu entwerfen. Wo ihn das Eingreifen in die Realität dem Ziel näherbringen konnte, da zögerte er nicht. Seinem Musikantentum haftete nichts von jener klebrigen Allerweltsromantik an, die unter den jungen Komponisten modisch war. Selbst die programmatische Idee, die seiner Ersten Symphonie zugrunde lag, wollte er nicht im Sinne von Tonmalerei mißverstanden wissen. Darin unterschied er sich sehr deutlich von dem vier Jahre jüngeren, in Klangmalerei erfahrenen Richard Strauss. Werktitel, wie Strauss sie gewählt hatte (›Aus Italien‹, 1887; ›Don Juan‹, 1888), waren für Mahler undenkbar. Er begnügte sich mit der Bezeichnung ›Symphonische Dichtung‹ für die erträumte Uraufführung, konzedierte den drängenden Freunden den Titel ›Titan‹ nur kurze Zeit und wollte das Werk später als Botschaft der »absoluten Musik« vernommen wissen. Tonmalerei um ihrer selbst willen war ihm ein Greuel. Als ein junger Programmkomponist einmal im Kreise einer Leipziger Abendgesellschaft ein Werk mit dem Titel ›Im stillen Tal‹ vorspielte und die Anwesenden keine rechten Worte der Würdigung fanden, da sprudelte es aus Mahler spöttisch hervor: »Sehr gut! Ganz, ganz echt! Ich kenne das Tal, glaube es wenigstens zu erkennen. Es liegt in der Steiermark.«

## Abschied von Leipzig

Die Partitur der Ersten Symphonie war abgeschlossen. Mahler hätte sich nun wieder in die Leipziger Theaterpflichten fügen können. Doch das Gleichgewicht im Alltag wiederherzustellen bereitete ihm Schwierigkeiten. Staegemann, der Direktor, war über die Ursache der zeitweiligen Störung vermutlich aufgeklärt. Doch was sollte ihm der Nachweis einer Symphonieniederschrift? Er brauchte einen disziplinierten Kapellmeister, der gewillt war, Nikisch beizustehen. Dazu war Mahler nicht mehr recht bereit. Die Nachrichten, die er aus Iglau empfing, waren trostlos. Der Vater schwer krank, dem Lebensende entgegensehend. Die Schwester Justine – sie stand schon im zwanzigsten Lebensjahr – mußte den Haushalt führen, dem die leidende Mutter nicht mehr gewachsen war. Der Bruder Alois war dem Kaufmannsstand bestimmt. Der fünfzehnjährige Otto zeigte musikalisches Talent, welchem man die Wege ebnen sollte. Und da war noch die dreizehnjährige Emma, an deren Zukunft zu denken war.

Mit der Aufführung der Symphonie in irgendeinem »Bierkonzert« (wie Mahler sich ausdrückte) war keine Wendung seines Schicksals zu erzielen. Er mußte ein anderes Feld suchen. Pollini in Hamburg konnte vielleicht bewogen werden, das Angebot zu erneuern. Auch ein Brief wegen eines Engagements in New York schien nicht unnütz. Hatte nicht Anton Seidl dort schon Ruhm und Geld eingeheimst? Und wenn Nikisch Kontakte mit Budapest angebahnt hatte, warum sollte er, Mahler, nicht auch sein Glück dort versuchen? Es ging darum, Nikisch, der nicht daran dachte, »das Weite zu suchen«, zu überholen. Mahler löste sich – nicht ohne Komplikationen – von Leipzig. Im Sommer 1888 suchte er noch Erquickung in Bayreuth. Dort gab es neben ›Parsifal‹ auch ›Die Meistersinger von Nürnberg‹. Dann mußte Mahler sich einer Operation unterziehen, über deren Art wir nichts wissen.

Im September schon erreichte er das Ziel, das ihm ein paar Wochen zuvor noch nicht bekannt gewesen war: Budapest. Mahler wurde künstlerischer Direktor des königlich ungarischen Opernhauses mit einem Vertrag für zehn Jahre. Die Gage, die ihm zugesichert war – 10000 Gulden jährlich –, gab ihm das Gefühl der Sicherheit auch für die deutlich und unaufhaltsam sich nähernde Periode dringender familiärer Verpflichtungen. In Budapest hatte er nicht mehr um die Hegemonie zu kämpfen. Hier war er der »Erste«. Auch für die Symphonie mußte sich ein Saal, ein Orchester, ein Publikum finden lassen. Ein Operndirektor war für seine symphonischen Produktionen nicht auf Bierkonzerte angewiesen.

Mahler durfte stolz sein. An Leipzig dachte er keineswegs mit Groll zurück. Dem Herrn Direktor Staegemann sandte er aus Budapest Pakete mit »echt magyarischen« Spezialitäten. Durch solche Gesten, mochten sie noch so herzlich gemeint sein, stellte sich Mahler mit dem ehemaligen Chef sozusagen auf gleiche Stufe. Nun korrespondierten Direktoren miteinander, Herren des Theaters, die einander Sänger empfehlen oder auch ablisten konnten. Ja vielleicht sah sich Mahler sogar selbst schon auf einer höheren Stufe stehen. Max Staegemann war Leiter eines Provinzstadttheaters, Gustav Mahler aber Lenker des königlichen Opernhauses einer stolzen Nation.

## Magyarische Brünnhilde, magyarische Santuzza

Die im Jahre 1884 eröffnete königlich ungarische Oper in Budapest hatte in den ersten Jahren ihres Bestandes Schwierigkeiten,
eine eigene künstlerische Physiognomie zu entwickeln und eine
feste finanzielle und administrative Grundlage zu finden. Im
Herbst 1887 war das Institut bei seiner ersten künstlerischen
und materiellen Krise angelangt. Durch die Ernennung eines
Regierungskommissärs sollte Abhilfe geschaffen werden. Ferenc
von Beniczky, der im Januar 1888 sein Amt antrat, strebte nicht
selbstherrliche Verfügungen an, sondern suchte Rat bei erfahrenen Künstlern. An der Spitze der Budapester Musik- und Schau-
spielakademie stand Ödön von Mihalovich, ein gebildeter Musiker, der in jungen Jahren zur ›Tristan‹-Aufführung nach München gepilgert war und dort Verbindung mit Wagner und Bülow
aufgenommen hatte. Mihalovich, der in die Geschichte der
Musik als ungarischer Wagnerianer eingegangen ist, wurde vom
Regierungskommissär der Budapester Oper konsultiert, als die
Berufung eines neuen Direktors Aktualität gewann. Auch andere
Künstler fanden sich in die Enquete einbezogen. Zu ihnen gehörte der aus Prag stammende Cellist David Popper, der als
Lehrer an der Budapester Musikakademie wirkte. Im Namen
mehrerer Budapester Künstler wandte sich Popper um Auskunft
über Gustav Mahler an den schon angesehenen Musikwissenschaftler Guido Adler. Von ihm erhielt er die Erklärung, »daß
Mahler als Künstler und Mensch zu der Stellung eines Opern-
leiters vollkommen geeignet sei und sein Organisationstalent
sich jedenfalls entfalten werde«. Adler, der zu Mahlers Freunden
gehörte, hatte dessen Tätigkeit aufmerksam verfolgt. Als Professor an der Deutschen Universität zu Prag war er Zeuge von
Mahlers Wirken in dieser Stadt gewesen. Selbst durchaus Wagnerianer, konnte er den Budapester Wagner-Freunden mit gutem Gewissen einen Künstler empfehlen, der ihm durch sein
enthusiastisches Eintreten für den ›Ring‹ ebenso bekannt war
wie durch die Prager Aufführung von Beethovens Neunter
Symphonie, welche Mahler die auch von Guido Adler unterzeichnete Dankadresse eingetragen hatte.

Daß Mahler diese Kettenreaktion von Befragungen und Empfehlungen selbst ausgelöst hat, läßt sich nur vermuten. Obgleich Beweise dafür fehlen, kann die Vermutung durch sein Verhalten in ähnlichen Situationen bekräftigt werden. Den stärksten Eindruck auf seinen Verhandlungspartner, den Regierungskommissär von Beniczky, mußte zweifellos der Erfolg der ›Drei Pintos‹ gemacht haben. Die Bearbeitung der Weber-Oper, die von anderen Bühnen übernommen wurde und auch schon im Druck erschien, zählte mehr als das, was Mahler im Grunde seines Herzens beschäftigte: die Probentechnik, die Koordination von Musik und Szene oder gar die eigene Symphonie in D-Dur, von der niemand außerhalb des engsten Freundeskreises etwas wußte.

Die Begeisterung, mit der sich Mahler seinen Aufgaben widmen wollte, imponierte Beniczky. Gestützt auf die Empfehlung des Akademiedirektors Mihalovich, der sich der Freundschaft eines führenden Politikers der ungarisch-nationalen Opposition, des Grafen Albert Apponyi, erfreute, konnte der Regierungskommissär den Abschluß eines langfristigen Vertrages wagen. Sympathisch berührte ihn dabei Mahlers im Kontrakt festgelegte Bereitschaft, die ungarische Sprache zu erlernen. Mahler hat, wie sogar seine Freunde versichern, dieses Versprechen nicht eingehalten, doch er hat den formellen Anspruch der ungarischen Nation auf eine »Nationaloper« in weit wirksamerer Weise erfüllt: mit der Magyarisierung des Opernbetriebes. Schon in einer ersten offiziellen Erklärung, die er am 7. Oktober 1888 einer Budapester Zeitung gab, äußerte er sich mißbilligend über den Brauch, den Sängern im Verlauf einer einzigen Vorstellung die Verwendung verschiedener Sprachen (manchmal bis zu vier Sprachen) zu gestatten. Er gab seinem Staunen darüber Ausdruck, daß Ungarn nicht bestrebt sei, eine nationale Oper zu schaffen.

Die Betonung des Nationalcharakters fand in weiten Kreisen Sympathie und erleichterte Mahler seine Position auch bei jenen Leuten, die mit den Eintragungen »in gewissen Rubriken seines Heimatscheins« nicht einverstanden sein konnten. Diese Einwände betrafen nicht nur Mahlers jüdische Herkunft, sondern mehr noch sein »Deutschtum«. Das Opernhaus, für dessen Eröffnung der Begründer der nationalen Opernschule, Ferenc Erkel, seinen ›König Stephan‹ komponiert hatte und das noch wenige Monate vor der Ankunft Mahlers ein Werk des komponierenden ungarischen Magnaten Geza von Zichy herausgebracht hatte, sollte dem Ungartum nicht entfremdet werden. Mahlers magyarenfreundliche Deklaration hatte unter diesen

Umständen ihre taktische Funktion. Doch war sie mehr als eine bloße Finte, denn sie entsprach überdies einem künstlerischen Grundsatz des neuen Operndirektors. Das Musiktheater sollte dem Publikum verständlich sein. Der Grundsatz deutlich artikulierender Kommunikation, den Mahler als Schöpfer von Symphonien und Liedern vertrat, galt ihm auch für das Musikdrama. Der Sprachenwirrwarr gastierender Stars war der Deutlichkeit und Verständlichkeit abträglich. Ein Musiker, dem es nicht bloß auf Stimmglanz in Verbindung mit orchestraler Entfaltung ankam, sondern auf die Kommunikation mit dem Publikum, dem die Meisterwerke vermittelt werden sollten, mußte hier neue Methoden anwenden. Wenn Wagners ›Ring‹ dieses Publikum mitreißen sollte – und Mahler war entschlossen, es dahin zu bringen –, dann mußte man auf manchen ausländischen Sänger verzichten. Es galt, unter den Mitgliedern des Ensembles jene herauszufinden, die der neuen Aufgabe gewachsen waren: ›Rheingold‹ und ›Walküre‹ auf ungarisch zu singen. Mahler, der die ungarische Sprache nur so weit erlernte, daß er nach einem Jahr eine auswendig gelernte Begrüßungsrede aufsagen konnte, verpflichtete einen Schauspieler des ungarischen Nationaltheaters als »Vortragsmeister«. Diesem oblag es, die Diktion der Sänger zu überwachen und die Übersetzungen der Wagnerschen Texte kritisch zu überprüfen.

Mit ganzem Eifer wandte sich Mahler diesem Wagner-Problem zu. Die Neueinstudierungen des Herbstes 1888 (darunter auch ›Carmen‹) überließ er anderen. Er selbst bereitete die Wagner-Premieren vor. Am 26. Januar 1889 dirigierte er ›Rheingold‹, am folgenden Tag ›Die Walküre‹. Beifall und Jubelrufe des Publikums lenkte er auf das Orchester und auf die Darsteller, unter diesen die erste ungarisch singende Brünnhilde, Fräulein Arabella Szilágyi, eine Sängerin, die dem Ensemble angehörte und der man vorher wenig Aufmerksamkeit geschenkt hatte. Daß der »deutsche« Operndirektor auf das Engagement einer erfahrenen Wagner-Sängerin verzichtete und sich in Dutzenden von Proben der Mühe unterzog, eine magyarische Walküre für diese Aufgabe zu rüsten, gilt uns als untrügliches Zeichen für den Ernst, mit dem Mahler seine Tätigkeit als Leiter eines ungarischen Nationalinstituts betrieb.

Wenn es jemals in der Geschichte der Doppelmonarchie einen Mann des Musiktheaters gegeben hat, den man einen »österreichisch-ungarischen« Künstler nennen darf, dann war dies Gustav Mahler. Den politischen »Ausgleich« von 1867, der nur den

Ungarn Rechte einräumte, ohne die Ansprüche der Slawen zu berücksichtigen, verstand er in einem viel umfassenderen Sinn. Deutsche Bildung war ihm – wir merken es schon am Prager Kapellmeister Mahler – kein Hindernis, den Operntugenden Smetanas und Dvořáks nachzuspüren. Das Bekenntnis zur deutschen Kunst Richard Wagners schloß nicht aus, daß er der autonomen ungarischen Opernkultur »Entwicklungshilfe« leistete. An die Musikdramen Wagners schloß sich in Mahlers Budapester Repertoire ein Werk des Begründers der ungarischen Nationaloper, Ferenc Erkel (›Brankovics György‹). Dann kam Mozart zu Wort. ›Figaros Hochzeit‹, seit 1886 im Spielplan des Hauses, wurde szenisch und musikalisch »aufgefrischt«, wie die Leute vom Bau zu sagen pflegen. Das Ergebnis wurde von der Kritik gefeiert: Seit dem Bestehen des Kunstinstituts sei »noch nie eine Oper in so musterhafter Aufführung auf die Bühne gestellt worden«. Ebenso verfuhr Mahler mit Mozarts ›Don Giovanni‹, dessen Interpretation den oft erwähnten Beifall von Johannes Brahms fand. Brahms, der sich während Mahlers Budapester Direktionszeit einmal in der ungarischen Hauptstadt aufhielt, wurde zum Besuch einer Vorstellung veranlaßt. Widerwillig stimmte Brahms zu, denn für ihn stand fest, daß ein gebildeter Musiker die Partitur Mozarts am besten lesend genießen sollte, weil keine Aufführung ihr gerecht zu werden vermochte. Mahlers Darstellung überzeugte ihn vom Gegenteil. Wenn man ›Don Giovanni‹ richtig hören wolle, so meinte Brahms, müsse man nach Budapest fahren.

Für seine zweite Budapester Saison (1889/90) kündigte Mahler nicht nur Werke von Marschner und Nicolai an, sondern auch die Fortsetzung des ›Ring‹-Zyklus. Sogar die ihm wohlgesinnte Presse hielt das für eine zu »scharfe Ablenkung nach der deutschen Seite«. Selbst die anfangs begrüßte Tendenz, ein bodenständiges ungarisches Ensemble aufzubauen, begegnete schließlich den Einwänden eines Publikums, das auf »Feste schöner Stimmen« keineswegs verzichten wollte. Das Ensemble, so wurde Mahler vorgehalten, sei lückenhaft. Als ob er das selbst nicht am besten gewußt hätte! Was also wollten die Leute hier von ihm: magyarisches Ensembletheater oder internationale Stimmen? Was sollte der Ruf nach »erstklassigen Sängern«, wenn deren Einzug mit Verzicht auf nationalen Sondercharakter verbunden war?

Die Kritik, die sich allmählich meldete, verkannte das Prinzip, nach dem Mahler angetreten war. Mahler hatte den Fehler begangen, die nationalen Forderungen allzu ernst zu nehmen. Das Opernpublikum und die Mehrheit der Kritiker wären mit ungarisch klingenden Deklarationen und mit der gelegentlichen Aufführung einer Oper von Erkel zufrieden gewesen und hätten sich im übrigen ein italienisch-deutsch-ungarisches Opernkauderwelsch gefallen lassen, sofern es von erlesenen Stimmen getragen war. Das Opfer, das Mahler bringen wollte, fand wenig Anerkennung. Niemand ahnte, daß ihm persönlich die Magyarisierung, die er so konsequent aus Überzeugung betrieb, dennoch eine Tortur war. »Wenn ich nur schon wieder ein deutsch gesungenes Wort hören könnte!« Die Sehnsucht danach konnte er »kaum ertragen«. Ihm schien, als habe er fast zu sprechen verlernt. Auch zum Komponieren kam er nicht, nicht einmal zum Klavierspielen, »denn was ich hier treibe, ist Kleinkram, und damit verträgt sich nichts, was mir nahegeht«.

Im November 1889 stellte er sich dem Budapester Publikum als Komponist vor. Im zweiten Abonnementkonzert des Krancsevics-Streichquartetts trug die Sopranistin Bianca Bianchi drei Lieder von Mahler vor, der selbst am Klavier begleitete. Darunter war das programmatische Lied ›Es wecket meine Liebe die Lieder immer wieder‹. Man lobte Mahlers Fähigkeit als Begleiter. Niemand ahnte nach diesen kurzen Proben von Mahlers Musik, was die für den 20. November angekündigte Aufführung der D-Dur-Symphonie bringen würde. Das von Mahler geleitete Konzert des Philharmonischen Orchesters gab dem Komponisten die ersehnte Gelegenheit, seine Klangbilder zu überprüfen und während der Probenarbeit noch entscheidend zu retuschieren. Im ganzen schadete das Experiment dem Operndirektor mehr, als es ihm nützen konnte. Der Kritiker der Zeitung ›Egyetértés‹ fühlte sich durch das Anhören des Werkes »erzürnt«. Als dessen Ursünde bezeichnete er die »endlose Länge«. Die Symphonie, deren Aufführung in der endgültigen späteren Gestalt etwa fünfundfünfzig Minuten dauert, war damals noch umfangreicher angelegt. Zwischen dem ersten Satz und dem darauffolgenden Scherzo war ein Andante eingeschoben, das Mahler später ausgeschieden hat.

Manche Kritiker brachten ihr Mißfallen an der Symphonie mit ihrer Kritik an Mahlers Opernführung in Zusammenhang. »Die Komposition«, so schrieb der Rezensent des ›Pesti Hirlap‹, »ist genau so unklar wie Mahlers Tätigkeit als Operndirektor.« Beniczky, der Regierungskommissär, der im Herbst 1889 auch die Funktion des Intendanten übernahm, ließ sich von solchen

Stimmen nicht irre machen. Der Abschlußbericht am 31. Dezember 1889 zeigte, daß Mahler sogar finanziell erfolgreich war. Er hatte die Jahreseinnahmen um mehr als 20000 Gulden gesteigert. Solange Beniczky im Amt war, konnte Mahler sich geschützt fühlen. Selbst Parlamentsdebatten, in denen nationale Kritik an der »Fremdherrschaft« im Opernhaus laut wurde, konnten Mahler nichts anhaben, denn es gab sogar in der Magnatentafel (dem ungarischen »Oberhaus«) zumindest einen einflußreichen Anhänger Mahlers, den Grafen Apponyi, der mit den führenden Köpfen der Musikakademie innig befreundet war. Der Cellist David Popper, der Violinvirtuose und Komponist Jenö Hubay und der Direktor der Akademie, Ödön von Mihalovich, gehörten zum Freundeskreis Mahlers. Im Herbst 1890 dirigierte Mahler Fragmente aus Mihalovichs Oper ›Toldi‹ in einem Konzert, auf dessen Programm auch Liszts ›Festklänge‹ standen. Mahler dirigierte auswendig. Das brachte ihm neue Sympathien ein, doch wollte er sich auf die Gunst der Budapester nicht mehr ganz verlassen. Kontakte mit Pollini in Hamburg, die seit der Leipziger Zeit nie ganz abgerissen waren, wurden wieder gefestigt. Sie brachten ihm ein finanziell durchaus günstiges Angebot und die nicht minder beruhigende Aussicht, endlich wieder »ein deutsch gesungenes Wort zu hören«.

So gesichert, konnte Mahler auch unangenehmen Wendungen der Budapester Opernpolitik mit Ruhe entgegensehen. Es war zu spüren, daß einflußreiche Kreise sich bemühten, Beniczky aus dem Sattel zu heben und damit auch Mahlers Position zu gefährden. Inspirator dieser Bewegung war der einarmige Pianist und Liszt-Schüler Geza von Zichy, ein »hochfahrender Magnat« – wie er von Zeitgenossen genannt wird –, der auch als Komponist hervorgetreten war. Diese Gruppe konnte auf Bundesgenossen rechnen: nationalistische Kritiker, die Mahler entfernt wissen wollten; Orchestermusiker, die sich mit dem oft zermürbenden Dienstplan Mahlers nicht abfinden konnten; Opernhabitués, die Wagners Werke weder in deutscher noch in ungarischer Sprache goutierten, sondern unverbindlich zu genießenden Belkanto vorzogen ...

Noch war dieser Anti-Mahler-Front der Durchbruch nicht gelungen, noch hatte der Operndirektor Gelegenheit, ungehindert zu disponieren. Ende 1890 entschloß er sich, ein Werk vorzubereiten, das den Budapestern als Wagnis erscheinen mußte. Auf dem Programmzettel stand ›Parasztbecsület‹. Nur Eingeweihte wußten, daß der Einakter im Mai im römischen Teatro Costanzi uraufgeführt worden war. Der Name des Komponisten – Pietro Mascagni – war auch gebildeten Musikfreunden noch unbekannt. Und der Originaltitel ›Cavalleria rusticana‹ war den Budapestern nicht vertrauter als dem Schreiber dieses Buches der ungarische Titel ›Parasztbecsület‹.

Mahler hatte die Partitur im Sommer kennengelernt. Er war von ihr so begeistert wie Verdi, der sie mit dem Ausruf begrüßte: »Non è vero poi che la tradizione della musica italiana sia finita!« Die Aufführung am 26. Dezember 1890 wurde zu einem Theaterereignis von internationaler Bedeutung. Aus Arabella Szylágyi, der ungarischen Brünnhilde des unvollendet gebliebenen ›Ring‹-Zyklus, wurde die ungarische Santuzza. Nicht nur Vertreter der Auslandspresse, sondern auch Opernchefs auswärtiger Bühnen wohnten der Premiere bei. In Budapest begann der Welterfolg des italienischen Komponisten, der bis dahin an einem italienischen Provinztheater seinen bescheidenen Unterhalt verdient hatte. Mascagni, drei Jahre jünger als Mahler, hatte dem Budapester Operndirektor den ersten Beitrag zu Ruhm und Reichtum zu danken.

Im Januar 1891 setzten die gegen Beniczky und Mahler vereinigten Kräfte zum entscheidenden Stoß an. Beniczky wurde seines Amtes enthoben. Zum neuen Intendanten wurde Graf Zichy bestellt. Seine erste Erklärung an die Presse konnte nur als Kampfansage an Mahler verstanden werden. Eine rein administrative Führung, so meinte Zichy, könne nicht Sache des Intendanten sein. Es dürfe auch in künstlerischen Angelegenheiten der Oper nichts ohne ihn geschehen. Den Absichten Zichys stand der Wortlaut von Mahlers Vertrag entgegen. Dem versuchte der Intendant durch ein neues Dienstreglement abzuhelfen. Darin gab es den für Mahler gefährlichen Paragraphen 40, welcher dem Intendanten die Befugnis einräumte, einzelne oder alle Rechte des künstlerischen Leiters auch selbst auszuüben. Es überrascht nicht, daß die Machtansprüche Zichys sehr bald zu scharfen Auseinandersetzungen mit Mahler führten, der im Verlauf einer solchen Szene sehr impulsiv reagierte. Die Folge war eine Weisung des Innenministers, dem Operndirektor »wegen seines unschicklichen Benehmens dem Intendanten gegenüber« die Bestürzung auszudrücken und ihm im Falle der Wiederholung nicht nur die Beurlaubung, sondern auch ein Disziplinarverfahren anzudrohen.

Mahler verhielt sich im übrigen sehr diplomatisch, obgleich er wußte, daß Zichy längst den Plan hatte, ihn ganz aus dem

Feld zu schlagen. Zichy ging sogar so weit, die Stelle Mahlers, noch ehe sie frei war, einem anderen anzutragen. Er sandte ein Angebot an den als Hofkapellmeister in Karlsruhe tätigen Felix Mottl. Doch der Wiener Mottl fiel seinem Kollegen Mahler nicht in den Rücken. Er schickte Zichys Brief an Mahler, der nun völlig ins Bild gesetzt war.

Mahler, dem der Kontakt mit Pollini in Hamburg den Rücken stärkte, operierte mit Vorsicht. Er war nicht bereit, ohne finanziellen Vorteil das Feld zu räumen. Er begriff, daß Zichy den 1889 abgeschlossenen Zehnjahresvertrag gern aus der Welt geschafft hätte. Darum bot er ihm den Abschluß eines neuen Zweijahresvertrages an, dessen Bestimmungen dem von Zichy erlassenen Reglement angepaßt werden sollten. Als Gegenleistung für diese Bereitschaft zur Berichtigung der Kompetenzen verlangte Mahler bei Ablauf des neuen Vertrages eine Abfindungssumme in der Höhe von 25 000 Gulden. Geza von Zichy begriff seine Chance. Er setzte im Ministerium die Bewilligung der Abfindungssumme durch, verständigte Mahler telephonisch von seiner Bereitschaft, den bestehenden Vertrag durch Zahlung der geforderten Summe nicht erst in zwei Jahren, sondern sofort aufzulösen. Der zum Intendanten beorderte Mahler erklärte sein Einverständnis, verlangte jedoch die unverzügliche Auszahlung des Geldes an der Staatskasse. Mit dem Empfang der Abfindungssumme, die ihm sogleich in barer Münze ausgehändigt wurde, war Mahlers Kontrakt erloschen. Er richtete noch ein Abschiedsschreiben an die Presse, das mit den Worten schloß: »Ich scheide von meinem Posten in dem Bewußtsein treu und redlich erfüllter Pflicht und mit dem aufrichtigen Wunsche, daß die Königliche Oper blühe und gedeihe.«

Der »hochfahrende Magnat« hatte sein Ziel erreicht. Wäre er schlauer gewesen, hätte er der Staatskasse 25 000 Gulden erspart. Denn Mahler war längst fest entschlossen gewesen, Budapest zu verlassen und spätestens am 1. April 1891 seine Stelle bei Pollini in Hamburg anzutreten. Doch dieses Geheimnis hatte er zu hüten gewußt. Es machte ihm wenig aus, daß das Budapester Publikum und auch manche Freunde glauben mußten, er wäre ganz gegen seinen Willen davongejagt worden. Ein kleiner Anflug von Märtyrertum machte sich gar nicht übel. Vom Grafen Apponyi empfing Mahler zum Abschied einen goldenen Taktstock; eine Gruppe von Verehrern marschierte mit einem Lorbeerkranz an, der von einer Schleife in den ungarischen Nationalfarben geziert war; selbst Jenö Rakosi, einer der nationalsten, wenn nicht gar chauvinistischsten ungarischen Publizisten, bestätigte dem »deutschen Juden«, daß er der einzige war, »der die bis zu seinem Erscheinen so polyglotte ungarische Oper in ein einheitliches nationales Institut verwandelt hat«.


## »Familienvater«

Die Machtfülle, die Mahler als Direktor der Budapester Oper genoß, die gesellschaftliche Stellung, die er sich errang, und die finanziellen Mittel, die ihm zur Verfügung standen, hätten ihn zu einem auch äußerlich zufriedenen Menschen machen können. Selbst von der Plackerei des Theaters konnte er sich frei machen. Ihm war genügend lange Urlaubszeit vergönnt, doch sie trug keine kompositorischen Früchte. Während der Osterfeiertage des Jahres 1889 empfing Mahler in Budapest den Besuch seines Wiener Freundes, des Archäologen Fritz Löhr. Ihm führte er auf dem Klavier etwas von der »in ihm werdenden zweiten Symphonie« vor. Doch es sollte noch einige Zeit verstreichen, ehe der Entwurf Gestalt annehmen konnte. An musikalisches Formen um seiner selbst willen durfte Mahler auch nach den stärksten Budapester Opernerfolgen nicht denken. Das Jahr 1889 machte ihn plötzlich zu einem »Familienvater«, der für drei »Kinder« zu sorgen hatte. Im Februar kam aus Iglau die Nachricht, daß der Vater gestorben war. Die kranke Mutter beendete ihr Leben im Herbst. Der zweiundzwanzigjährige Bruder Alois war ein Tunichtgut, der in seinem kaufmännischen Beruf versagte und immer wieder Mahlers Hilfe in Anspruch nahm. (Zuletzt soll er sogar aus guten Gründen nach Amerika geflüchtet sein.) Die Schwester Leopoldine, verheiratet und in Wien wohnhaft, war schwer krank. Sie starb in diesem Trauerjahr 1889. Die Verantwortung für die jüngeren Schwestern Justine und Emma und für den sechzehnjährigen Bruder Otto lastete nun allein auf Gustav. Gewiß, Justine war kein ganz junges Ding mehr. Doch die Pflege der kranken, sterbenden Eltern hatte auch ihre Gesundheit angegriffen. Von Budapest eilte Mahler nach Iglau, brachte Justine zu ärztlicher Untersuchung nach Wien und versuchte ihr Mut zuzusprechen. Glücklicherweise hatte er in Fritz Löhr und dessen Gattin Freunde, die zur Hilfe bereit waren. Bei ihnen konnte er Otto und die jüngere Schwester Emma unterbringen, an Löhr konnte er aus Budapest Geld senden für Kost und Quartier, für warme Winterkleider und für den Hauslehrer, den man Otto bestellte. Justine, die einundzwanzigjährige Schwester, nahm Mahler für einige Zeit zu sich nach Budapest. Auf sie übertrug sich nun die Liebe, die er der Mutter entgegengebracht hatte. Nachdem der Verkauf des Geschäfts in Iglau und die bescheidene Verlassenschaft der Eltern abgewickelt war, nahm Mahler Urlaub, um mit Justine eine Italienreise anzutreten. Aus Florenz, wo sich die beiden im Mai 1890 aufhielten, schrieb Mahler an seinen Wiener Freund: »Justine blüht ordentlich auf.«

Die Reise, die ihn nach Florenz, Mailand, Bologna und Genua führte, war keine Bildungsfahrt. Über die Briefe, die von dem reisenden Freund einlangten, schrieb Löhr Jahrzehnte später: »Wer etwa hier italienische Reiseeindrücke von Mahler erwartet, muß enttäuscht sein. Aber abgesehen von der karg bemessenen Zeit, die ausführliches Briefschreiben nicht begünstigte: ein Hauptelement bei Italienfahrten, der Enthusiasmus für die unvergleichlichen Schätze der bildenden Kunst, fehlte bei Mahler.« Den der Archäologie zugewandten Freund mutete Mahlers Verhalten seltsam an, doch verstand er es zu deuten: Mahler war von einer einzigen Kunst, von der Musik, besessen. »So mied er die Sammlungen, auch die berühmtesten, in Florenz ebenso wie nachmals in Paris ... die eigene Initiative trieb ihn nur den ihm nie und nirgends versiegenden Reizen der Natur zu ...«

Mahler umschrieb auch selbst einmal die Stellung des Musikers zur bildenden Kunst – so wie er sie verstand: »Es ist vielleicht ungemein bezeichnend, daß der Musiker für die bildende Kunst nur ein geringes Interesse aufzuweisen hat; er ist geartet, den Dingen auf den Grund zu gehen – durch die äußere Erscheinung hindurch ...«

Diese Deklaration verdient einen einschränkenden Kommentar, denn sie ließe – wörtlich verstanden – die späteren Leistungen des Szenengestalters Mahler ohne Erklärung. Auch wer kein »Augenmensch« ist, vermag im Musiktheater die Angemessenheit und Schlüssigkeit einer jeden Geste und Bewegung zu bestimmen, weil das szenische Geschehen, der Raum, in dem es sich abwickelt, das Licht, in dem es erscheint, von der Musik determiniert ist. Mahler, der von anderen zu lernen wußte, hatte dem Freunde Löhr manchen Einblick zu danken, für den ihm dieser die Augen öffnete. Löhr muß allerdings auch das feine Gefühl dafür besessen haben, daß Mahlers »optische Reaktion« nicht von reiner Anschauung zu erwecken war, sondern sich leichter durch philosophische Reflexion anregen ließ. Er lenkte Mahlers

Aufmerksamkeit auf die Tagebücher und Briefe von Sulpiz Boisserée, dem großen Erforscher der deutschen mittelalterlichen Kunst. Die Blicke, die Mahler von hier aus in das Leben Goethes werfen konnte, berührten ihn »höchst eigentümlich«. Mahler verspürte darauf nicht nur Lust, »ein tüchtiges Stück der Goethe-Literatur durchzuknuspern«; er gewann auch ein Bild von der romantischen Auffassung des Mittelalters und von der deutschen Romantik selbst.

Auch die erste Bekanntschaft mit den Werken des Romantikers Clemens Brentano war Mahler schon früh durch Löhr vermittelt worden, mit dem er sich über die Bühnenwirksamkeit des Lustspiels ›Ponce de Leon‹ unterhalten hatte. Als Mahler sich der Sammlung ›Des Knaben Wunderhorn‹ von Brentano und Achim von Arnim zuwandte, war er geistig wohlvorbereitet.

1891, zur Zeit des Abschieds von Budapest, brach Nietzsche in Mahlers geistige Welt ein. Der Anstoß hierzu kam von einem beherrschenden Mitglied des Mahlerschen Freundeskreises, von Siegfried Lipiner, dem Dichter des ›Entfesselten Prometheus‹, den Nietzsche ein »veritables Genie« genannt hat. Lipiner, der aus Galizien stammte, war als Bibliothekar im Reichsrat (Parlament) beschäftigt. Der Macht seiner Gedanken und der Anschaulichkeit seiner Rede vermochte sich kaum jemand zu entziehen. Richard Wagner hatte Gefallen an ihm gefunden und ihn für kurze Zeit nach Bayreuth gebracht. Als Übersetzer der Werke des großen polnischen Dichters Adam Mickiewicz wird Lipiner heute noch gerühmt. Seine Dramen sind vergessen. Mit Mahler zusammen entwarf er Pläne für eine dem Musiktheater bestimmte Christus-Trilogie, die ihn sein ganzes Leben hindurch beschäftigte.

Lipiner war ein der bildenden Kunst zugetaner Mensch. Was Mahler an ihn fesselte, war der Enthusiasmus, der von Lipiner ausging. Was ihn Lipiner auch wieder entfremdete, war die fragmentarische Art seines Denkens, das sprunghafte Wesen, welches ihm Vollendung – auch im trivialen Sinn des Wortes – so oft versagte. Ähnlich zwiespältig war Mahlers Stellung zu Nietzsche, dessen sprachliches Feuer er bestaunte – auch dort, wo er mit dem Gedankeninhalt nicht einverstanden sein konnte. Bruno Walter hat einen ungemein aufschlußreichen »musikalischen« Einwand Mahlers gegen Nietzsche festgehalten: Charakteristischerweise, so berichtet Walter, ärgerte sich Mahler, der Meister der großen symphonischen Formen, an dem Aphoristiker Nietzsche.

Im Wahren formaler Geschlossenheit möchten wir ein Kernstück der Ästhetik Mahlers erblicken. Daß diese sich auf Goethe berief, ändert nichts an der Einbettung der Kunst Mahlers in jene österreichische Formtradition, die von der Wiener Klassik bis zur Schönberg-Schule zu verfolgen ist. Noch in der formalen Strenge der Werke Schönbergs (die erratischen Blöcke expressionistischen Ausbruchs ausgenommen), noch in der Übertragung der Sonatenkonstruktion in die Oper durch Alban Berg, noch in Anton Weberns Bekenntnis zu einer Philosophie, die das Leben als »gewahrte Form« definiert, ist der seit Haydns Quartetten unversiegbare Drang zur Souveränität der tönend bewegten Form zu verspüren, die sich ihr Gesetz selbst gibt.

Wien, die Stadt, die solchem Gesetz des Musikalischen untertan war, sollte Mahler als Heimat gelten. Hier lebten auch die Freunde, denen er zugetan war. Hier gründete er einen Haushalt für seine Geschwister. Im Herbst 1891 – Mahler war schon in Hamburg tätig – kündigte Freund Löhr ihm an, daß er sich auf eine Studienreise nach Italien begeben würde und daß es an der Zeit sei, ein Heim für Justine, Emma und Otto zu schaffen. Im Hause Breite Gasse 4 wurde eine Wohnung bezogen. Hier wuchsen Otto und Emma heran, betreut von Justine, aus der Ferne vom Bruder befürsorgt und beobachtet. Die Schwestern, so dachte Mahler, würden früher oder später noch ihre Ehepartner finden. Hier genügte es, die armselige Mitgift der Iglauer Erbschaft durch eigene Mittel zu ergänzen. Den Bruder Otto aber, von dessen musikalischem Talent er überzeugt war, wollte er ausbilden lassen. Mahler hielt den Bruder auch für einen begabten Komponisten. Uns ist von seinen Werken nichts bekannt. Wir wissen nur, daß Otto Mahler mit zweiundzwanzig Jahren zum Revolver griff und seinem Leben ein Ende machte. Auf einem Blatt Papier, das er hinterließ, war zu lesen: das Leben freue ihn nicht mehr, er gebe seine Eintrittskarte zurück.

Von den zwölf Kindern des Ehepaars Bernhard und Marie Mahler waren bis zum Jahre 1896 acht gestorben. Alois, der seinem Bruder nur Peinlichkeiten bereitet hatte, war verschwunden. Übrig blieben Gustav, Justine und Emma, die fest zusammenhielten. Auch wenn Mahler vorerst in Hamburg sein Brot verdiente, galt ihm Wien als Heimat. Iglau war vergessen. Ein einziges Möbelstück, das Mahler nach Hamburg mitnahm, erinnerte ihn noch an das Elternhaus. Es war ein alter Sessel mit zerrissenem Leinenüberzug, den der kranke Vater benützt hatte und in dem nun Mahler selbst gern saß ... Ohne geheiratet und Kinder gezeugt zu haben, war Mahler Familienvater geworden.

Auch nach dem Krieg von 1870, auch im Deutschen Kaiserreich, das aus dem Sieg über die Franzosen hervorgegangen war, konnte Hamburg, die mächtigste deutsche Stadt, eine Sonderstellung behaupten. Erst nach langem Zögern verstand sich die Bürgerschaft zur Zollvereinigung mit dem neuen Reich. Zu Beginn dieser Periode wollte Hamburg die Früchte der deutschen Vorherrschaft ebenso genießen wie die Vorteile wirtschaftlicher Unabhängigkeit. Die Gründerzeit brachte auch neuen Theaterglanz. Zum Pächter und Direktor des Hamburger Stadttheaters wurde 1873 ein Mann bestellt, der sich in mehr als einer Stadt Europas den Ruf eines tüchtigen Managers erworben hatte. Pollini, wie sich der aus Köln stammende Bernhard Pohl nannte, hatte seine Karriere als Tenor begonnen und war danach mit einer italienischen Operntruppe gereist, deren Impresario er wurde. Im Jahre 1865 ließ er sich als Theaterleiter in Lemberg nieder. Bald war er vermögend genug, die Verwaltung der italienischen Opern in Sankt Petersburg und in Moskau zu übernehmen. 1873 wurde er der Herrscher des Hamburger Stadttheaters. Hier investierte er in Rußland erzielte Nettoüberschüsse, die für den Umbau des Hamburger Hauses verwendet wurden. Nach ein paar Jahren vergrößerte er sein Unternehmen, indem er ihm das Stadttheater von Altona und das Thaliatheater angliederte. Pollini, von Sängern und Kapellmeistern wegen seiner beherrschenden Stellung scherzweise »Mono-Pollini« genannt, konnte in Hamburg kaufmännische und künstlerische Erfolge buchen. Schon 1876 brachte er Verdis ›Aïda‹ heraus, 1878 folgte Wagners ›Ring des Nibelungen‹, ›Carmen‹ erreichte fünf Jahre nach der Uraufführung die Hamburger Bühne (1880), und 1888 konnte Pollini seinem Publikum die deutsche Erstaufführung von Verdis ›Othello‹ präsentieren. Der Hamburger Theaterunternehmer war als Talentsucher und ebenso als bedenkenloser Ausbeuter seines künstlerischen Personals bekannt. Er verstand es, die besten Sänger seiner Zeit zu gewinnen – unter ihnen die hochdramatische Wagner-Sängerin Rosa Sucher und den Bariton Eugen Gura – und diese Kräfte in einer Weise einzusetzen, die eine hohe Rendite des investierten Kapitals garantierte. Die Kosten der mit Vorzimmern versehenen Ranglogen und der neuen Säulenattika an der Theaterfront zur Dammtorstraße mußten eingespielt werden. Die brillante Wirkung des in Rot und Gold gehaltenen Zuschauerraumes sollte in brillanten

Kassenrapporten ihren Niederschlag finden. 1891, als Mahler nach Hamburg kam, machte Pollini gerade neue Anstrengungen, sein Theater zeitgemäß auszustatten. Eine neue Heizanlage wurde in Betrieb genommen, und das mit Akkumulatoren ausgestattete Haus verfügte nun schon über elektrischen Strom. Während sich im Altonaer Stadttheater ein heftig gestikulierender Kapellmeister an den heißen Zylindern der neben dem Pult stehenden Gaslampen noch die Finger verbrennen konnte, dirigierte man im Hamburger Theater schon bei elektrischem Licht.

Das Stadttheater war ein kommerziell geführtes, höchst modernes Unternehmen – wie es einer Stadt geziemte, die schon ihre erste elektrische Straßenbahn baute. Doch der Opernbetrieb selbst hatte noch nichts von den neuen, zeitgemäßen Impulsen erfahren, die von Bayreuth ausgegangen waren. Der singende Künstler stand im Mittelpunkt; der szenische Ablauf war der Laune des Sängers, dem Zufall oder der Konvention überlassen; das Orchester war auf begleitende Funktion reduziert. Die Meisterschaft in der Kunst der Opernregie bestand damals – wie Bruno Walter in einem schmerzlichen Rückblick auf jene Epoche feststellte – »zu neun Zehnteln aus Verzicht«.

Mahler stand vor der Aufgabe, die Herrschaft über die Szene vom Orchester aus zu erobern. Das war hier nicht ganz so leicht wie in Budapest. Als Direktor des Königlich ungarischen Opernhauses hatte Mahler weit größere Vollmachten gehabt. In Hamburg band ihn die Autorität eines Theatermanagers, der die künstlerische Ergiebigkeit eines jeden Projektes auch finanziell zu bestimmen gewohnt war. Ein Routinier des Theaterbetriebes wie Pollini war nicht dadurch zu gewinnen, daß man ihm ein neues Konzept vortrug. Es galt, dieses Konzept der Vereinheitlichung von Musik und Szene durch beharrliche Kleinarbeit zu verwirklichen.

Den Ansatz bildete die Probenarbeit mit jedem Sänger. In zahllosen Einzelproben, bei denen Mahler selbst am Klavier begleitete, suchte er den durch die Musik bestimmten emotionellen Gehalt deutlich zu machen, um von hier aus zur besseren szenischen Realisierung – auch ohne und gegen den Willen des offiziellen Regisseurs – vorzudringen. Pollini war davon nicht begeistert. Die Hauptsache, so meinte er, sei die Schönheit und Kraft der Stimme; alles andere sei unwichtig. Wenn Mahler die Forderung nach Ausdruck und beseeltem Spiel erhob, dann bezeichnete Pollini das als »Überspanntheit«. Immerhin ließ er den

Wirrkopf, dessen Talent er gewiß erkannte, gewähren, solange seine kommerziellen Pläne dadurch nicht gefährdet waren.

Zu diesen Plänen gehörte auch die deutsche Erstaufführung von Tschaikowskys ›Eugen Onegin‹, für die Pollini den Komponisten als Dirigenten gewonnen hatte. Tschaikowsky kam Anfang 1892 nach Hamburg. Bei den Probenarbeiten zeigte sich, daß die deutsche Fassung des Librettos Schwierigkeiten bereitete. Man mußte Änderungen vornehmen, mit denen sich Tschaikowsky nicht mehr zurechtfand. Zuletzt wurde er so nervös, daß er es ablehnte, die Oper zu dirigieren. Mahler ergriff die Gelegenheit und den Taktstock. Am 19. Januar 1892 dirigierte er die Premiere, die der Komponist als »ganz großartig« bezeichnete. An seinen Neffen schrieb Tschaikowsky damals: »Der hiesige Dirigent ist übrigens kein Durchschnitt, sondern ein Mann von Genie, der sein Leben dafür läßt, die erste Aufführung zu dirigieren.«

Auch als Konzertdirigent stellte sich Mahler vor. Im April 1892 leitete er jene Aufführung von Bruckners ›Te Deum‹, über deren ergreifende Wirkung er dem Komponisten nach Wien berichtete.

Trotz aller Einwände war Pollini mit seinem energischen Ersten Kapellmeister zufrieden. In den Verhandlungen, die Pollini mit Sir Augustus Harris, dem Impresario der Londoner Covent Garden Opera, führte, empfahl er Mahler als wichtigsten Dirigenten für eine deutsche Opernstagione in der englischen Hauptstadt. Nicht nur Sänger wie Rosa Sucher, Theodor Reichmann, Max Alvary und Katharina Klafsky reisten mit Mahler nach London, sondern auch ein Teil des Hamburger Orchesters, welches der über drei Hamburger Bühnen disponierende Direktor zu guten Bedingungen freigeben konnte. Pollinis Londoner Kollege durfte mit dem Erfolg zufrieden sein. Der Beifall nach den ›Ring‹-Aufführungen war überschwenglich. »I war halt wieder der beste!« schrieb Mahler im heimatlichen Tonfall an einen Freund, und diese Feststellung wird durch Kritiken erhärtet, die in den Zeitungen ›The Times‹ und ›Morning Post‹ erschienen. Über eine ›Tristan‹-Aufführung hieß es: »Nur das Wort ›vollkommen‹ paßt auf das Orchester, das unter der Leitung Mahlers Wunder vollbrachte.« Der Kritiker der ›Sunday Times‹ erinnerte sich vierzig Jahre danach noch an Mahlers Technik der Einzelproben und an den einheitlichen Ausdruck von orchestraler und vokaler Darbietung, die jede frühere Wagner-Aufführung übertraf.

Es gab auch Gegenstimmen, die nicht minder aufschlußreich sind. Sie stellten sich bei der ersten deutschsprachigen ›Fidelio‹-Aufführungen ein, die das Londoner Publikum erlebte. Beethovens Oper – es ist heute kaum vorstellbar – war bis dahin in England nur in italienischer Sprache aufgeführt worden, mit auskomponierten italienischen Rezitativen, die den deutschen Dialog zu ersetzen hatten. Beethovens Musik hatte von dieser italianisierenden Art offenbar einiges angenommen. Der Interpretation Mahlers und insbesondere seiner Darstellung der ›Dritten Leonoren-Ouvertüre‹ (die vor dem zweiten Aufzug gespielt wurde und nicht, wie später in Wien unter Mahler, als »Verwandlungsmusik« vor der letzten Szene) stand ein Teil der Kritik fassungslos gegenüber. Mit welchem Recht, so schrieb der Rezensent des ›Daily Telegraph‹, beginnt der Hamburger Dirigent das Allegro in langsamem Tempo, um darauf zu einem Accelerando überzugehen? Die Veränderung des Grundzeitmaßes, die Mahler – im Anschluß an Richard Wagners Lehre – zur Methode des musikdramatischen Ausdrucks machte, erregte den Widerspruch jener Musikfreunde, deren Geschmack teils durch die italienische Oper, teils durch die Mendelssohnsche Tradition geformt war. Gleichmaß des Tempos und durchgehend rasche Zeitmaße im Allegro galten Mahler jedoch als empfindungslos. Mit seinen Tempomodifikationen hatte er schon die Leipziger Jugend und die Wagnerianer in Budapest für sich gewonnen. Nichts war ihm unangenehmer, als mit einem »eleganten Dirigenten der Mendelssohnschen Schule« auf eine Stufe gestellt zu werden. Auch im rein instrumentalen Geschehen (wie etwa in der ›Dritten Leonoren-Ouvertüre‹) sollte die aus dem Wagnerschen Musikdrama gewonnene Methode der Ausdruckssteigerung durch Modifikation des Grundzeitmaßes angewandt werden.

Damit widersprach Mahler dem Glauben jener Kritiker, die jede Tempobestimmung des Komponisten als unverändert festzuhaltende Vorschrift ansahen. Einige Londoner Rezensenten beurteilten Mahler in diesem Geiste. Die Aufführung des ›Fidelio‹, so schrieb Mahler an einen Freund nach Hamburg, »ist hier von der Hälfte der Kritik aufs heftigste angegriffen und bekämpft worden. Das Publikum allerdings hat mir durch einen wahren Beifallsorkan Absolution für meine Blasphemie erteilt ... Ich muß faktisch nach jedem Akt vor die Rampe – das ganze Haus brüllt so lange ›Mahler‹ – bis ich erscheine.«

Der Londoner Erfolg und die nächsten Neueinstudierungen in Hamburg festigten Mahlers Stellung. In der Saison 1893/94 brachte Mahler zwei bedeutende Novitäten: Puccinis Oper ›Manon Lescaut‹, die erst im Februar 1893 in Turin uraufgeführt worden war und zu deren Hamburger Aufführung nun der Komponist nach Hamburg kam, und Verdis ›Falstaff‹, dessen Schönheit nach der Mailänder Uraufführung vom Februar 1893 rasch die Begeisterung der deutschen Opernexperten erregte – obgleich das Publikum sich auch damals nicht zu dem bis heute noch wenig populären Meisterwerk bekennen wollte.

Mahler erlebte die Genugtuung, daß jener große Musiker, dem er sich als junger Kapellmeister in Kassel durch einen zudringlichen Brief hatte anbiedern wollen, ihm nun seine Reverenz bezeigte. Bülow erkannte das Genie des Kapellmeisters Mahler. Die Durchdringung von Szene und Musik, die Mahler in seinen Operndarbietungen erreichte, fand Bülows Beifall. So sehr, daß er Mahler – es dürfte wohl bei einer Benefizvorstellung gewesen sein – einen Lorbeerkranz überreichen ließ, der mit einer olivgrünen Schleife geziert war. Auf dieser stand zu lesen:

*Dem Pygmalion der Hamburger Oper*
*Hans von Bülow*

Bülow war Zeuge der durch Mahler bewirkten Metamorphose der Hamburger Oper. Dem »Pygmalion« Mahler, der die Szene durch die Kraft des Taktstocks belebt hatte, galt Bülows Bewunderung, der er bei passenden und unpassenden Gelegenheiten Ausdruck verlieh. Mahler besuchte die Konzerte, die von der Berliner Agentur Wolff in Hamburg veranstaltet und von Bülow dirigiert wurden. Die abstruse Manier, in der Bülow seine Hochachtung für Mahler bei diesen Konzerten bekundete, fand Mahler »komisch«. An seinen Freund Löhr schrieb er darüber: »Er (Bülow) kokettiert mit mir (ich sitze in der ersten Reihe) bei jeder schönen Stelle. Er reicht mir vom Pult die Partituren der unbekannten Werke, damit ich während der Aufführung mitlesen kann. So wie er meiner ansichtig wird, macht er mir ostentativ eine tiefe Verbeugung! Manchmal spricht er auch vom Podium herab mich an ...«

Mahler mußte in Versuchung geraten, dieses Wohlwollen für

sich auszunützen. Hier war die Chance, die D-Dur-Symphonie, die in Budapest noch nicht die verdiente Würdigung erfahren hatte, endlich von einem Meister interpretiert zu hören. Bülow wollte vom Komponisten Mahler nichts wissen – trotz aller Hochachtung, die er für den Dirigenten empfand. Als einmal Orchesterlieder von Mahler auf das Programm eines Konzerts der Agentur Wolff gesetzt wurden, bat Bülow den Veranstalter, er möge Mahler zur Leitung dieses Konzertteils einladen, weil ihm die Lieder »viel zu fremdartig seien«.

Mahler macht den Versuch, Bülow für ein Orchesterwerk in c-Moll zu interessieren, das er schon lange entworfen hatte: Es war die »Totenfeier« für den Helden der Ersten Symphonie, jene Musik, aus der später der erste Satz der Zweiten Symphonie werden sollte. Bülow war bereit, sich diese Komposition von Mahler auf dem Klavier vorführen zu lassen. Schon nach wenigen Takten hielt er sich entsetzt die Ohren zu und rief schließlich aus: »Wenn das noch Musik ist, dann verstehe ich nichts mehr von Musik.«

Mahlers Stellung zu Bülow war ambivalent: Er verehrte ihn und zugleich empfand er die Ablehnung seiner Komposition durch Bülow als feindseligen Akt. Als Bülow erkrankte und sich damit die Möglichkeit abzeichnete, daß er ihn vertreten würde, erklärte Mahler, er wolle »den Wettstreit mit Bülow schon aufnehmen«. Die Ehrerbietung, die er Bülow entgegenbrachte, hatte doppelten Sinn. Er wollte seinem Beispiel folgen und ihm auch nachfolgen – und das wieder hieß: ihn ersetzen.

Die Entstehungsgeschichte der längst begonnenen und nun ins Stocken geratenen Zweiten Symphonie in c-Moll verrät etwas von Mahlers Beziehung zu Bülow. Nicht nur die Tagespflichten des Theaterkapellmeisters hielten Mahler von der Arbeit ab, sondern auch eine innere Hemmung. Erst die Nachricht vom Tod Bülows (er starb am 12. Februar 1894 in Kairo, wo er Heilung von schwerer Krankheit gesucht hatte) und die Hamburger Totenfeier für den großen Dirigenten beseitigten schließlich diese Hemmung. In seiner psychoanalytischen Studie ›The Haunting Melody‹ hat Theodor Reik sogar die These aufgestellt, Mahler hätte in seinem tiefsten Innern den Tod des Mannes gewünscht, der ihm die Anerkennung als Komponist versagte. Auch wenn man sich dieser Deutung nicht anschließen will, wird man die Gewalt nicht verkennen können, mit der der Tod Bülows alle Hindernisse hinwegräumte, die der Vollendung der Zweiten Symphonie entgegenstanden. Drei Jahre nach Bülows Tod sprach sich Mahler selbst über die Wirkung der Totenfeier für Bülow auf seine eigene Kompositionsarbeit aus:

> Ich trug mich damals schon lange Zeit mit dem Gedanken, zum letzten Satz den Chor herbeizuziehen, und nur die Sorge, man möchte dies als äußerliche Nachahmung Beethovens empfinden, ließ mich immer wieder zögern! Zu dieser Zeit starb Bülow, und ich wohnte seiner Totenfeier bei. – Die Stimmung, in der ich dasaß und des Heimgegangenen gedachte, war so recht im Geiste des Werkes, das ich damals mit mir herumtrug. Da intonierte der Chor von der Orgel den Klopstock-Choral »Auferstehn«! Wie ein Blitz traf mich dies, und alles stand klar und deutlich vor meiner Seele!

Die schöpferische Energie, die von diesem Erlebnis ausgelöst wurde, wird uns auch aus anderer Quelle bestätigt. Der Komponist J. B. Foerster, der damals in Hamburg weilte und mit Mahler freundschaftlich verbunden war, hat in seinen 1920 veröffentlichten ›Erinnerungen an Gustav Mahler‹ davon berichtet. Kurz nach der Trauerfeier für Bülow, so erzählt Foerster, fand er Mahler schon mit der Komposition des letzten Satzes seiner Symphonie beschäftigt. In der bisher vorliegenden Mahler-Literatur wird die Bedeutung, welche die Trauerzeremonie in der Hamburger Michaeliskirche für Mahlers »Totenfeier« haben konnte, nur nach ihrem literarischen Aspekt betrachtet. Theodor Reik hat auch das schaffenspsychologische Moment hervorgekehrt: die Geburt der Zweiten Symphonie aus dem Erleben des Todes, aus dem Verhältnis zu Bülow, dem väterlichen Vorbild, dem Mahler im doppelten Sinn des Wortes »folgen« wollte. Reik hätte seine psychoanalytische Deutung von Mahlers ambivalenter Bindung an die Vaterfigur auch auf andere Weise stützen können: durch einen Hinweis auf den aus Iglau mitgebrachten Sessel des Vaters, in dem der Familienerhalter nun Platz nahm. Zum väterlichen Thron, so ließe sich die These fortspinnen, kamen endlich die Insignien der Macht Bülows. Mahler hielt Lorbeerkranz und Schleife in Ehren. Foerster sah die Schleife an der Wand über der bescheidenen Bettstatt in Mahlers erster Hamburger Behausung; Bruno Walter erblickte sie später noch in Mahlers Hamburger Arbeitszimmer.

Doch wir wollen solch tiefenpsychologischen Spekulationen nicht weiter nachgehen und uns mit den kompositorischen Folgen der Totenfeier für Bülow befassen. Dabei soll sich erweisen, daß Klopstocks Wort für Mahler nur ein Stichwort blieb. Mit gutem Recht konnte der Komponist über das Finale seiner Zweiten Symphonie sagen, daß er gezwungen war, seinen Empfindungen und Gedanken selbst sprachlichen Ausdruck zu geben. Die Ode Klopstocks regte ihn zu einem umfassenderen, andersartigen Text an, den er entwarf.

## Wort und Ton: Die Zweite Symphonie

Mahlers Sorge, man könnte seine Zweite Symphonie als »äußerliche Nachahmung Beethovens empfinden«, ist verständlich. Eine Komposition, die Solostimmen, Chor und Orchester fordert und die nach mehr als einstündiger Dauer in einen Schlußchor mündet, mußte die Erinnerung an Beethovens Neunte heraufbeschwören. Mahlers c-Moll-Symphonie ist dem letzten symphonischen Werk Beethovens noch in anderer Hinsicht verwandt. Der philosophische Charakter des Symphonischen – bei Beethoven singulär und ausnahmehaft in der Vertonung von Schillers ›Ode an die Freude‹ – wird bei Mahler zu einem Schaffensprinzip, zum Versuch, in jeder Symphonie »eine Welt aufzubauen«. Für Mahler ist der Text nicht bloß Vorwurf, den er »vertont«. Mahler beginnt mit einer musikalisch-philosophischen Vorstellung und sucht den zu ihr passenden Text. »Mir ging es mit dem letzten Satz meiner II. Symphonie so, daß ich wirklich die ganze Weltliteratur bis zur Bibel durchsuchte, um das erlösende Wort zu finden ...« Glückt dieser Fund, dann manipuliert Mahler das sprachliche Material in der ihm gemäßen Weise. J. B. Foerster hat in seinen Erinnerungen an die Hamburger Zeit aus dem Programm der Totenfeier für Bülow den Text der Ode Klopstocks zitiert, wie er damals gesungen wurde. Es ist lehrreich, diesen Text mit Mahlers Fassung zu vergleichen:

Klopstocks ›Aufersteh'n‹
(Text nach dem Programmheft vom Februar 1894)

Aufersteh'n, ja aufersteh'n wirst du
mein Staub, nach kurzer Ruh',
unsterblich's Leben
wird, der dich schuf, dir geben. Halleluja!

Wieder aufzublüh'n, werd' ich gesä't;
der Herr der Ernte geht
und sammelt Garben
uns ein, die starben. Halleluja!

Tag des Dank's, der Freudenthränen Tag!
Du meines Gottes Tag!
Wenn ich im Grabe genug geschlummert habe,
erweckst du mich.

## Mahlers Fassung

Aufersteh'n, ja aufersteh'n wirst du
Mein Staub, nach kurzer Ruh!
Unsterblich Leben
Wird, der dich rief, dir geben.

Wieder aufzublüh'n, wirst du gesät!
Der Herr der Ernte geht
Und sammelt Garben
Uns ein, die starben.

O glaube, mein Herz, es geht dir nichts verloren!
Dein ist, ja dein, was du gesehnt,
Was vergangen, auferstehen!
O glaube: du wardst nicht umsonst geboren,
Hast nicht umsonst gelebt, gelitten.

Was entstanden ist, das muß vergehen,
Was vergangen, auferstehen!
Hör auf, zu beben!
Bereite dich, zu leben!

O Schmerz, du Alldurchdringender,
Dir bin ich entrungen!
O Tod, du Allbezwinger,
Nun bist du bezwungen!

Mit Flügeln, die ich mir errungen,
in heißem Liebesstreben
Werd' ich entschweben
Zum Licht, zu dem kein Aug' gedrungen.

Mit Flügeln, die ich mir errungen
Werde ich entschweben!
Sterben werd' ich, um zu leben!

Aufersteh'n, ja aufersteh'n wirst du,
Mein Herz, in einem Nu!
Was du geschlagen,
Zu Gott wird es dich tragen.

Mahler verwandelt den gläubig-ergebenen Text in eine Be-
schwörungsformel, die den Tod überwindet: »Hör auf, zu beben,
bereite dich, zu leben!« Das irdische Grab ist aus Mahlers
Dichtung geschwunden. Der Tod löscht das Leben nicht aus,
denn die Auferstehung ist Gewißheit. Alle Mühsal irdischen
Lebens ist sinnvoll. Das Credo lautet: Du wardst nicht umsonst
geboren, hast nicht umsonst gelitten.

Einen »Gottsucher« haben ihn seine Freunde seit jener Zeit
genannt. Das Bekenntnis der Zweiten Symphonie weist Mahler
als Menschen aus, der Gott gefunden hat. Die Beharrlichkeit,
mit der Mahler jahrelang um das Finale dieser Symphonie rang,
ist nur zu begreifen, wenn man die tiefe Überzeugung Mahlers
von seiner eigenen Sendung bedenkt. Er ist von der Idee besessen, sein kompositorisches Schaffen sei im höheren Sinn des
Wortes unverlierbar, und er scheut nicht vor dem Ausspruch
zurück, Kunst und Menschheit wären ärmer ohne seine c-Moll-
Symphonie. Gewiß, auch geringere Musiker haben geringere
Werke in solchem Glauben geschaffen. Ohne schöpferische
Illusion ist künstlerisches Gestalten auch auf unteren Wertstufen
des Ästhetischen nicht denkbar. Bei Mahler aber gewinnt diese
Philosophie kompositorische Relevanz. Sie wird zu einem Werk-
stattprinzip, das Kontinuität des Schaffens gewährleisten soll.
Mahler klammert die Sätze seiner Symphonien durch thema-
tische Bezüge aneinander; er steuert von Anbeginn schon auf das
Finale hin; er läßt sogar ein Werk in das nächste übergehen:
Die Weisen des ›fahrenden Gesellen‹ erscheinen in der Ersten
Symphonie, und der Held der Ersten wird in der Zweiten zu
Grabe getragen, nein, zur Auferstehung geleitet.

Das viersätzige Schema, in der Ersten Symphonie noch gewahrt, wird in der Zweiten gesprengt. Nach dem symphonisch
entfalteten Trauermarsch (erster Satz) fordert die Partitur »eine
Pause von mindestens 5 Minuten«. Sie soll auf die Erinnerung
an einen »seligen Augenblick aus dem Leben dieses teueren
Toten« vorbereiten, auf ein Andante moderato (zweiter Satz),
dessen österreichischer Ländlercharakter von einem reduzierten
Orchester getragen ist, in dem die Streichinstrumente domi-
nieren. Das dritte Kapitel dieses symphonischen Romans drückt

den »Geist des Unglaubens« aus. »Die Welt und das Leben«, so erläutert der Komponist, wird »zu wirrem Spuk«. Die Musik, die Mahler hier komponiert, geht auf ein schon früher entstandenes Orchesterlied zurück. Es ist ›Des Antonius von Padua Fischpredigt‹ aus der Sammlung ›Des Knaben Wunderhorn‹. Auch hier also – ganz wie in der Ersten Symphonie – entwickelt Mahler symphonisches Geschehen aus dem zuvor entworfenen Lied. Vom Text befreit, entfaltet die Musik in dieser symphonischen Fassung ihre latente Energie, erweitert ihre Form über jene des Orchesterlieds hinaus und erreicht eine Klimax verzweifelten Ausbruchs. Der vierte Satz hebt mit dem Solo der Altstimme an: »O Röschen rot, der Mensch liegt in größter Not, der Mensch liegt in tiefster Pein, je lieber möcht' ich im Himmel sein.« Den Text entnimmt Mahler der Sammlung ›Des Knaben Wunderhorn‹. Hier findet er, was er die »rührende Stimme naiven Glaubens« nennt. Wild herausfahrend – so verlangt es die Partitur – bricht in den ersterbenden Ausklang dieses vierten Satzes das Finale ein, dessen Programm der Komponist in den folgenden Worten erläutert:

Es ertönt die Stimme des Rufers: Das Ende alles Lebendigen ist gekommen – das jüngste Gericht kündigt sich an, und der ganze Schrecken des Tages aller Tage ist hereingebrochen.
Die Erde bebt, die Gräber springen auf, die Toten erheben sich und schreiten in endlosem Zug daher. Die Großen und die Kleinen dieser Erde – die Könige und die Bettler, die Gerechten und die Gottlosen – alle wollen dahin – der Ruf nach Erbarmen und Gnade tönt schrecklich an unser Ohr. Immer furchtbarer schreit es daher – alle Sinne vergehen uns, alles Bewußtsein schwindet uns beim Herannahen des ewigen Geistes. Der

### »Große Appell«

ertönt – die Trompeten der Apokalypse rufen; mitten in der grauenvollen Stille glauben wir eine ferne, ferne Nachtigall zu vernehmen, wie einen letzten zitternden Nachhall des Erdenlebens! Leise erklingt ein Chor der Heiligen und Himmlischen: »Auferstehn, ja auferstehn wirst Du.« Da erscheint die Herrlichkeit Gottes! Ein wundervolles, mildes Licht durchdringt uns bis an das Herz – alles ist still und selig! Und siehe da: es ist kein Gericht – es ist kein Sünder,

kein Gerechter, kein Großer – und kein Kleiner – es ist
nicht Strafe und nicht Lohn!
Ein allmächtiges Liebesgefühl durchleuchtet uns mit seli-
gem Wissen und Sein.

In diesem fünften und letzten Satz wird auch ein »Fernorchester«
eingesetzt und damit jene Raumklangidee festgehalten, die
Mahler schon im ›Klagenden Lied‹ entwickelt hat. Mahler
sprengt die formale Konvention auch in dieser Hinsicht. Ihm
will die herkömmliche Gegenüberstellung von Schallquelle und
Publikum nicht mehr genügen. Der Klang soll den lauschenden
Menschen nicht nur vom Podium des Konzertsaals her erreichen,
sondern Allgegenwart gewinnen. Diesem Ziel dient nicht nur die
Verschleierung des Fernklangs, der sich mit einer deutlich ver-
nehmbaren Kantilene vereinigt, welche uns von den auf dem
Podium postierten Instrumenten her erreicht, sondern auch die
explizite Anweisung für die Stereophonie des Jüngsten Gerichts.
Die vier Trompeten der Apokalypse, so fordert die Partitur,
»müssen aus entgegengesetzter Richtung her erklingen«.

Der Chor der Heiligen und Himmlischen (›Aufersteh'n‹) setzt
nach dem letzten Nachtigallenruf der Piccoloflöte unbegleitet
ein. Dieses A-cappella-Vorbild hat Mahler vom Knabenchor in
der Michaeliskirche empfangen und von den Chorälen J. S. Bachs,
mit denen er sich in Hamburg auseinandersetzte.

Der Einfluß der Musik Bachs auf Mahlers Komponierweise
zeigt sich nicht nur in dem choralartigen Einsatz des Aufer-
stehungschors. Die Zweite Symphonie weist die Spuren einer
gründlichen Beschäftigung mit dem Kontrapunktiker Bach auf.
Das Bach-Erlebnis, das für alle österreichischen Meister von
Mozart bis Webern entscheidend war und zur modifizierten
Hereinnahme des Kontrapunkts in die Sonaten- und Symphonie-
gestalt geführt hat, konnte auch Mahlers Setzweise bereichern.
Wenn er aus dem Stadttheater nach Hause kam, wandte er sich
den Werken Bachs zu, die er auf dem Klavier intonierte. Die
kompositorische Sauberkeit war es, die er an Bach bewunderte.
»Hier reinige ich mich«, sagte er einmal zu seinem Freunde
Foerster, »in dieser kastalischen Quelle wasche ich den Kulissen-
schmutz ab.«

Das Wort vom Kulissenschmutz deutet einmal mehr auf die
Theaterfeindlichkeit des Komponisten Mahler hin, der sich so
grundlegend vom Theaterkapellmeister unterschied, daß man
versucht ist, von einer Persönlichkeitsspaltung zu reden. Mahler

bezieht zwar aus dem Musiktheater alle handwerklich-technischen Ausdrucksmittel, die er auch als Symphoniker nützen kann, doch ist er überzeugt von dem »Scheideweg, der die beiden auseinanderlaufenden Pfade der symphonischen und dramatischen Musik ... für immer voneinander trennt«.

Die Symphonie, wie er sie versteht, muß ihre Autonomie wahren. In ihren eigenen Bereich aber nimmt sie alles auf, was der Technik klanglichen Gestaltens sonst irgendwo hinzugewonnen worden ist. Die Sonatenform der Wiener Klassik und die Polyphonie Bachs, die orchestrale Mischtechnik und die Tempomodifikation Wagners, die Klangverfremdung durch ungewohnte Handhabung der Instrumente, das »naturhafte« Klingen der Glocken ebenso wie das Geräuschspektrum von Tamtam, Becken und Ruten. Auch kompositionstechnisch baut er »eine Welt auf«. Der Vorwurf des Eklektizismus, gegen Mahler zu seiner Zeit und auch heute noch erhoben, gründet sich auf dieses Bemühen um Synthese.

Synthetisch ist auch die Weltanschauung der Symphonien Mahlers. Sie amalgamiert in höchst persönlicher Weise philosophische Grundfragen mit ekstatischen Bekenntnissen, expressiven Ausbruch mit der poetischen Unschuld der Wunderhorn-Romantik.

### ›Des Knaben Wunderhorn‹

Spätestens in der Leipziger Zeit (1886–1888), vermutlich jedoch noch früher, befaßte sich Mahler mit der Sammlung »alter deutscher Lieder«, die unter dem Titel ›Des Knaben Wunderhorn‹ zu Beginn des neunzehnten Jahrhunderts von Achim von Arnim und Clemens Brentano herausgegeben worden waren. Von den vierzehn Liedern mit Klavierbegleitung, die Mahler 1892 veröffentlichte und die wir heute als ›Lieder und Gesänge aus der Jugendzeit‹ kennen, sind neun nach Texten komponiert, die auf die ›Wunderhorn‹-Sammlung zurückgehen.

Schon diese frühen Lieder verraten im Klaviersatz Mahlers Streben nach klanglicher Farbigkeit. Durch die häufige Vorschrift »Mit starkem Pedalgebrauch« soll fülliger Klang erreicht werden. Gelegentlich fordert Mahler die Nachahmung anderer Instrumente durch das Klavier. Triller der linken Hand sollen gedämpfte Trommelwirbel vortäuschen; bei einer einfachen Weise steht das Wort »Schalmei«, um den im Text genannten

Hirtenbuben zu charakterisieren. Farbigkeit dieser Art drängt zum Orchesterklang. Als Liederkomponist hat sich Mahler allmählich vom Klavier emanzipiert. Wie sehr ihm die Loslösung von den Fesseln des Klaviers am Herzen lag, erkennen wir aus Ratschlägen, die er in seiner Hamburger Zeit einem befreundeten Musiker erteilte. Stimmungsmusik, so erklärt er dem Kritiker und Komponisten Max Marschalk (dem späteren Schwager Gerhart Hauptmanns), sei »ein gefährlicher Boden«. Der Komponist dürfe sein Werk nicht auf den Klavierklang hin konzipieren, um diesen dann unfrei und im Geiste des Klaviers auf das Orchester zu übertragen, sondern müsse von plastisch und instrumental entworfenen musikalischen Gedanken ausgehen. Mahler bekennt, daß er zu Beginn seiner kompositorischen Arbeit selbst viel zu sehr vom Klavier befangen gewesen sei.

Diesen kritischen Rückblick macht Mahler zu einer Zeit, da er auch als Liederkomponist entscheidende Fortschritte erzielt. Zehn Lieder mit Orchesterbegleitung nach Texten aus ›Des Knaben Wunderhorn‹ legen Zeugnis davon ab. Über die Zeit der Entstehung dieser Lieder scheint wenig Klarheit zu herrschen. Nach H. F. Redlich stammen sie aus den Jahren 1888 bis 1899, während E. Ratz in seinem Werkverzeichnis die Jahre 1892 bis 1895 nennt. Stilistisch wird man diese Lieder jedenfalls mit einiger Sicherheit der Hamburger Zeit (1891 bis 1897) zuordnen können. Schwierigkeiten der Datierung erklären sich zum Teil auch aus Mahlers Arbeitsweise. Vom ersten Entwurf bis zur Drucklegung unterwirft er seine Kompositionen mannigfachen Modifikationen. Das gilt auch für die in der Kasseler Zeit (1883 bis 1885) entstandenen ›Lieder eines fahrenden Gesellen‹, die ihre orchestrale Gestalt nach einer Mitteilung von Natalie Bauer-Lechner erst 1896 erhielten, also in der Periode, der auch die Orchesterlieder nach ›Wunderhorn‹-Texten zugehören.

Wie ist Mahlers Anteilnahme an der romantischen Volksliedsammlung zu erklären? Vergleicht man die Texte, die Mahler zuvor selbst entworfen hat, mit der ›Wunderhorn‹-Poesie seiner Orchesterlieder, dann offenbart sich die innige Verwandtschaft. Bruno Walter meint, daß Mahler die Entdeckung der ›Wunderhorn‹-Sammlung als Begegnung mit seiner eigenen geistigen Heimat empfunden haben muß: »Alles fand er darin, was seine Seele bewegte, und fand es so dargestellt, wie er es fühlte: Natur, Frömmigkeit, Sehnsucht, Liebe, Abschied, Tod, Geisterwesen, Landsknechtsart, Jugendfrohsinn, Kinderscherz, krauser Humor – all das lebte in ihm wie in den Dichtungen, und so strömten seine Lieder hervor – durch die glückliche Vermählung ursprünglicher Poesie mit einer Musik tief verwandter Art entstand eine Reihe reizvollster Kunstwerke, aus denen seine Persönlichkeit nunmehr männlich geschlossen und kraftvoll originell hervortritt.«

Diese Deutung, so überzeugend sie fürs erste klingen mag, kann uns nicht völlig befriedigen, denn sie läßt die Kritik außer acht, die Mahler an den von ihm gewählten Texten geübt hat. Solche Kritik kann sich als Argument auch des Klangs bedienen. Die Unmittelbarkeit und die Härte, mit der in Mahlers ›Wunderhorn‹-Orchester Dur und Moll aufeinanderstoßen, heben die naive Gegenüberstellung von »heiter« und »traurig« auf. Volkstümliche Tonartencharakteristik wird von Mahler ausgebeutet und zugleich auch wieder beseitigt. Das Muntere eines Textes kann bedenklich düsteren Tonfall erhalten, und umgekehrt kann auch das Wörtchen »traurig« – wie am Ende des ersten Liedes (›Der Schildwache Nachtlied‹) – auf dem Durakkord landen, der erst vom nachfolgenden Moll dementiert wird.

Mahler geht mit den Texten auf seine Weise um. Er sucht unter den Hunderten von Liedern jene aus, die seiner Stimmung näherungsweise entsprechen. Wie ein Hausbuch handhabt er die ›Wunderhorn‹-Sammlung, und als Hausbuch zu biederem oder auch inspiriertem Gebrauch wollte diese Sammlung auch Goethe verstanden wissen, dem Achim von Arnim und Clemens Brentano die Texte gewidmet hatten. Anno 1806 schrieb Goethe in seiner berühmten Rezension der ›Wunderhorn‹-Texte:

Von Rechts wegen sollte dieses Büchlein in jedem Hause, wo frische Menschen wohnen, am Fenster, unterm Spiegel, oder wo sonst Gesang- und Kochbücher zu liegen pflegen, zu finden sein, um aufgeschlagen zu werden in jedem Augenblick der Stimmung und Unstimmung, wo man denn immer Gleichtönendes oder Anregendes fände, wenn man auch allenfalls das Blatt ein paarmal umschlagen müßte. Am besten aber läge doch dieser Band auf dem Klavier des Liebhabers oder Meisters der Tonkunst, um den darin enthaltenen Liedern entweder mit bekannten, hergebrachten Melodien ganz ihr Recht widerfahren zu lassen oder ihnen schickliche Weisen anzuschmiegen. Oder wenn Gott wolle, neue bedeutende Melodien durch sie hervorzulocken.

Mahler wird von den Texten inspiriert. Er findet »Gleichtönendes« darin, gelegentlich auch bloß »Anregendes«, das nicht nur seine kompositorische Umdeutung herausfordert, sondern auch sprachliche Abwandlung, Änderung und Ergänzung. Eines der schönsten von Mahlers Orchesterliedern verdankt seine Entstehung einem durchaus radikalen Eingriff. Es geht auf den Text zurück, der in der ›Wunderhorn‹-Sammlung den Titel ›Unbeschreibliche Freude‹ führt. Mahler verwirft diesen Titel. In seiner Werkstatt verwandeln sich die Verse, die von seliger, sinnlicher Liebe reden, in ein melancholisches Orchesterlied. Der Text, der ihn dazu anregt, hat folgenden Wortlaut:

»Wer ist denn draußen und klopfet an,
Der mich so leise wecken kann?« –
»Das ist der Herzallerliebste dein,
Steh auf und laß mich zu dir ein.«

Das Mädchen stand auf und ließ ihn ein
Mit seinem schneeweißen Hemdelein,
Mit seinen schneeweißen Beinen,
Das Mädchen fing an zu weinen.

»Ach weine nicht, du Liebste mein,
Aufs Jahr sollt du mein eigen sein;
Mein eigen sollt du werden,
O Liebe auf grüner Erden.

Ich wollt', daß alle Felder wären Papier,
Und alle Studenten schrieben hier,
Sie schrieben ja hier die liebe lange Nacht,
Sie schrieben uns beiden die Liebe doch nicht ab.«

Mahler streicht die letzte Strophe. Aus der zweiten eliminiert er alles, was der Begegnung der Liebenden triviale Körperlichkeit verleiht: das schneeweiße Hemdelein und die schneeweißen Beine. Die Vereinigung wird in neuen Versen metaphorisch angezeigt: durch den Gesang der Nachtigall. Dazu gesellen sich neue Zeilen, die aus dem Lied der Liebe eine traurige Geschichte machen. Was Hörner und Trompete mit ihrem gespenstisch sordinierten Klang zu Beginn schon andeuten, wird von Mahlers Text zuletzt bekräftigt und in ersterbendem Moll besiegelt. Aus der ›Unbeschreiblichen Freude‹ der ›Wunderhorn‹-Poesie ist ein Orchesterlied geworden, das mit der Textvorlage nicht einmal die Stimmung gemein hat. Es führt den Titel ›Wo die schönen Trompeten blasen‹:

»Wer ist denn draußen und wer klopfet an,
der mich so leise, so leise wecken kann?!« –
»Das ist der Herzallerliebste dein,
steh auf und laß mich zu dir ein!

Was soll ich hier noch länger steh'n?
Ich seh' die Morgenröt' aufgeh'n,
die Morgenröt', zwei helle Stern.
Bei meinem Schatz da wär' ich gern,
bei meinem Herzallerliebe.«

Das Mädchen stand auf und ließ ihn ein;
sie heißt ihn auch willkommen sein.
»Willkommen, lieber Knabe mein,
so lang hast du gestanden!«

Sie reicht ihm auch die schneeweiße Hand.
Von ferne sang die Nachtigall;
das Mädchen fing zu weinen an.

»Ach weine nicht, du Liebste mein,
aufs Jahr sollst du mein Eigen sein.
Mein Eigen sollst du werden gewiß,
wie's keine sonst auf Erden ist!
O Lieb auf grüner Erden.

Ich zieh' in Krieg auf grüne Heid',
die grüne Heide, die ist so weit.
Allwo dort die schönen Trompeten blasen,
da ist mein Haus, mein Haus von grünem Rasen.«

Mahler liefert sich dem Text nicht blindlings aus. Er setzt nicht
Noten zu vorgegebenem Wort, sondern sucht und formt seinen
Text nach dem musikalischen Bild, das ihm vorschwebt. Ist das
Wort aber einmal gefunden, dann entwickelt er seine Kantilene
aus der Sprache selbst. Auch seine Instrumentalmusik verrät
noch die Herkunft aus dem Gesang, aus dem Liedhaften. Das
verleiht seinem symphonischen Schaffen geradezu Sprachähn-
lichkeit. Die sangbare diatonische Plastik seiner Symphonie-
themen hebt sich deutlich ab von der chromatischen, schwülen
Unbestimmtheit, welche viele seiner komponierenden Zeitgenossen anstreben und manche auf meisterliche Weise erreichen.
Man wird Mühe haben, in Mahlers Symphonien die Spuren
seiner Verehrung für den Meister der schmerzlichen, aus allen
Wunden der Enharmonik blutenden ›Tristan‹-Musik zu ent-

decken. Die Welt, die Mahler in jeder seiner Symphonien aufbaut, bezieht ihre Kohärenz aus einem Bauplan, der naturhafte Struktur mit Energie festhält und diese noch durch Signal und Fanfare, Volkstonkantilene und Kadenz bekräftigt.

›Wunderhorn‹-Verse beschäftigen ihn auch später noch. Um 1899 entstehen die Lieder ›Revelge‹ und ›Der Tamboursg'sell‹. Die Vertonung der ›Wunderhorn‹-Texte hat jedoch eine über die einzelnen Kompositionen hinausgehende Bedeutung. Die Lieder stehen nicht bloß für sich ein, sondern sind zugleich Keime des symphonischen Schaffens. Mahlers Idee von der Unverlierbarkeit allen menschlichen Wirkens, seine in der Zweiten Symphonie vorgetragene These »Es geht dir nichts verloren«, hat auch kompositionstechnischen Sinn. In jedem neuen Werk setzt er sich kritisch mit den vorhergegangenen auseinander. Auf den Helden der Ersten Symphonie folgt dessen Totenfeier in der Zweiten. Die Dritte präsentiert sich als Naturphilosophie in sechs Sätzen: Sommer, Blumen, Tiere, Mensch, Engel und Liebe. Für den dritten Satz (»Was mir die Tiere im Wald erzählen«) greift Mahler auf ein früheres ›Wunderhorn‹-Lied zurück (›Ablösung im Sommer‹), dem er instrumentale Gestalt verleiht; für den fünften (»Was mir die Engel erzählen«) setzt er Frauen- und Knabenchor ein, um einen neuen ›Wunderhorn‹-Text zu gestalten, doch für den vierten Satz (»Was mir der Mensch erzählt«) wendet sich Mahler einem Text aus Nietzsches ›Also sprach Zarathustra‹ zu.

Die Riesenpartitur der Dritten Symphonie – sie übertrifft mit ihrer anderthalb Stunden übersteigenden Spieldauer die Ausdehnung der vorangegangenen Symphonien – entsteht während der Sommerferien der Jahre 1893 bis 1896 in Steinbach am Attersee. Im August 1896 ist Mahlers Huldigung an die Natur – seine »Pan«-Symphonie, wie er sie gelegentlich nennt – beendet. Der Naturenthusiast, der die Berge und Seen der Salzkammergutlandschaft über alles liebt und hier Stille und Frieden sucht, hat mit diesem Werk eine Symphonie geschaffen, die er neben der Ersten und Zweiten zu seinen »Hauptwerken« zählt. »Ein Mensch«, so schreibt er ein paar Monate später, »der an die Galeere ›Theater‹ gekettet ist, kann nicht so viel Musik zusammenbringen wie die jetzigen Konzertmatadore. Er kann nur ›am Feiertag‹ schreiben. Aber dann konzentriert sich sein Innenleben in *einem* Werke. Ich kann nicht anders, als mich in *jedem* neuen *ganz* und *gar* geben.«

Im Juni 1894 bot sich die Gelegenheit, ein deutsches Publikum mit der Ersten Symphonie bekannt zu machen. In Weimar dirigierte Mahler das Werk, mit dem er in Budapest vergeblich um die Gunst der Kritik geworben hatte. Die Symphonie wurde teils mit wütender Opposition, teils mit Anerkennung aufgenommen. Daß gegensätzliche Meinungen aufeinanderstießen, behagte dem Komponisten: »Wenn die Hunde bellen, sehen wir, daß wir reiten!« In Weimar erlebte Mahler auch eine Aufführung von ›Hänsel und Gretel‹, die ihn begeisterte. Richard Strauss, der seit ein paar Jahren hier als großherzoglicher Kapellmeister tätig war, hatte Humperdincks Oper im Dezember 1893 herausgebracht. Strauss konnte in Weimar auch seine symphonische Dichtung ›Don Juan‹ und seine Oper ›Guntram‹ zum erstenmal präsentieren. Mahler erneuerte die Freundschaft mit Strauss. Dieser bekundete sein Interesse für die Zweite Symphonie, die er, wie er sagte, im nächsten Jahr in Berlin aufführen wolle. Mahler nahm das Versprechen mit einiger Skepsis auf, obgleich er künstlerische Übereinstimmung mit Strauss in manchen grundsätzlichen Fragen empfinden mußte.

Ein Konzert in Weimar löste zu jener Zeit stärkeres Echo aus als Aufführungen an irgendeinem anderen Ort des Deutschen Reiches. Durch das Wirken von Strauss, durch die Ur- und Erstaufführungen in Konzert und Oper sowie durch die exemplarische Probenarbeit wurde Weimar damals zu einem Mittelpunkt des deutschen Musiklebens. Einer Nachricht von dem, was sich hier ereignete, wurde in anderen Städten Gewicht beigemessen. Solche Nachricht erreichte auch einen noch nicht achtzehnjährigen Jüngling, der mit einer Monatsgage von hundert Mark als Korrepetitor am Kölner Stadttheater tätig war. In Bruno Walter, der die einander widersprechenden Berichte der Aufführung von Mahlers Erster Symphonie las, erwachte der Wunsch, den Komponisten kennenzulernen. Er stellte sich Mahler als »einen neuen Berlioz vor«, als einen musikalischen Feuergeist, dem nachzustreben sich lohnen würde.

Noch im selben Jahr gelang es Bruno Walter, in Mahlers Welt einzutreten. Er wurde ans Hamburger Stadttheater engagiert. Die Gewalt, mit der Mahlers Persönlichkeit auf ihn einwirkte, hat Walter mehr als vierzig Jahre nach dieser ersten Begegnung in den folgenden Sätzen zusammengefaßt: »Meine bisherigen, im bürgerlichen Milieu entstandenen Erfahrungen hatten mich gelehrt, daß man dem Genie nur in Büchern und Noten, im Genuß der Musik und des Schauspiels, in den Kunstschätzen der Museen begegnen könne, daß der lebende Mensch aber mehr oder weniger alltäglich und das reale Leben nüchtern sei. Und nun war mir, als sei ein höheres Reich vor mir aufgetan – Mahler erschien mir in Antlitz und Gebaren als Genie und Dämon: das Leben selbst war plötzlich romantisch geworden, und durch nichts wüßte ich die elementare Wirkung der Mahlerschen Persönlichkeit besser zu kennzeichnen als durch die unwiderstehliche Gewalt, mit der sein Eintritt in die Sphäre des jungen Musikers in kurzer Zeit eine völlige Wandlung des Lebensgefühls in diesem bewirkte.«

Die Wandlung des Lebensgefühls rührte nicht nur von der Theaterarbeit Mahlers her. Bruno Walter hatte das Glück, den ganzen Menschen Mahler kennenzulernen. Er wurde von ihm in die Welt Schopenhauers und Nietzsches eingeführt. Philosophische Gespräche intensivierten die geistige Bindung des jungen Musikers an den sechzehn Jahre älteren Künstler, der ihn schließlich zum Vertrauten seiner Schaffenspläne machte. Dem Bericht Bruno Walters verdanken wir auch die Kenntnis des Arbeitsklimas am Stadttheater und der zunehmenden Spannung zwischen Mahler und Direktor Pollini. Schon 1895 versuchte Mahler, sich über die Möglichkeiten eines Engagements nach Wien zu informieren. Er träumte von der »Berufung zum Gott der südlichen Zonen«, wie er zu sagen pflegte. Doch es blieb einstweilen bei den Wunschgedanken. Mahler begriff, daß dem ersehnten Übertritt vom Kommerztheater Pollinis zu einem Musiktheater vornehmerer Art ein wichtiges Hindernis entgegenstand: »Mein Judentum verwehrt mir, wie die Sachen jetzt in der Welt stehen, den Eintritt in jedes Hoftheater. Nicht Wien, nicht Berlin, nicht Dresden, nicht München stehen mir offen. Überall bläst derselbe Wind.«

Nicht weniger hemmend war die Aussicht, im Bereich des »Gottes der südlichen Zonen« auf eine Musikpraxis zu stoßen, die Mahlers ureigenem Konzept zuwider war. Er machte sich darüber keine Illusionen: »Gesetzt, ich käme nach Wien! Was würde ich mit meiner Art, die Dinge aufzufassen, in Wien erleben? Ich brauchte nur einmal zu versuchen, dem berühmten, vom biederen Hans (Richter) ausgebildeten Philharmonicum meine Auffassung einer Beethovenschen Symphonie beizubringen, um sofort auf den widerwärtigsten Kampf zu stoßen. Habe ich es doch hier erlebt, wo ich durch die rückhaltloseste Anerkennung Brahms' und Bülows eine unbestrittene Position einnehme! Welch einen Sturm muß ich jedesmal über mich ergehen lassen, wenn ich aus der gewöhnlichen Routine heraustretend irgend etwas Eigenes mal aus mir heraus versuche.«

Noch wichtiger als das Ausschauen nach einem würdigeren Platz für seine Arbeit als Operndirigent schien Mahler der in Weimar begonnene Kampf um die Anerkennung als Komponist. Von den fünf Sätzen der Zweiten Symphonie wollte Strauss in einem Berliner Konzert die rein instrumentalen Sätze eins bis drei vorführen. Das damit verbundene künstlerische Risiko war nahezu so groß wie die Glückschance. Welche Garantien hatte Mahler, daß das von ihm entworfene Klangbild auch seinen Träumen entsprechen würde? Anders als der glückliche Strauss, der seine Partituren immer auch selbst dem Test der Aufführung unterwerfen konnte, mußte sich Mahler mit den Schriftzeichen begnügen, die er zu Papier gebracht hatte. Je kritischer er diese betrachtete, um so weniger schienen sie der gefaßten Klangvorstellung zu entsprechen. Mit dem bloßen Ungefähr aber wollte sich Mahler nicht begnügen. Dem Mangel an praktischer Kontrolle der schriftlich fixierten Zweiten Symphonie war nur durch eine probenartige Aufführung zu begegnen. Glücklicherweise gab es in Hamburg gleichgestimmte Freunde, die ihm dazu verhalfen. Hermann Behn, ein Schüler Bruckners, der in seiner Heimatstadt Hamburg auch für Wagners Ideen tatkräftig eintrat, förderte Mahlers kompositorische Tätigkeit durch praktische Anteilnahme. Behn schuf von Mahlers Symphonie eine Bearbeitung für zwei Klaviere, die er mit Mahler im Freundeskreis aufführte. Auch eine Orchesterprobe der ersten drei Sätze wurde veranstaltet. Im Zuschauerraum saßen nur wenige Freunde, unter ihnen Hermann Behn, der Komponist J. B. Foerster, dessen Gattin Bertha Foerster-Lauterer (die als Sopranistin in Mahlers Ensemble tätig war) und ein wohlhabender Hamburger Bürger namens Wilhelm Berken, dessen Name bewahrt zu werden verdient, weil er Mahlers Bemühungen in dieser Zeit auch materiell gefördert hat. Foerster hat uns vom Werkstattcharakter dieser Probe ein Bild gegeben: »Mahler dirigierte, das brave Stadttheater-Orchester spielte. Hinter Mahlers Pult stand der treue, alte Weidlich, mit dem unentbehrlichen Notizbuch, und trug jede Bemerkung, jeden Wink des Komponisten sorgfältig ein: kleine Temponuancen, Vortragszeichen, Änderungen in der Instrumentation. Uns Zuhörern klang alles herrlich schön, der einzig Unzufriedene war Mahler.«

Dieser Bericht ist wertvoll, weil er Mahlers Arbeitsweise kennzeichnet. Die formale Struktur seiner Kompositionen erfuhr im Verlauf solcher Werkstattproben kaum je eine Änderung. Was ihm Sorge bereitete, war das instrumentationstechnische Detail, die Eindeutigkeit der Vortragszeichen, die unmißverständliche Klarheit in bezug auf die Modifikation des Tempos und die Deutlichkeit der melodischen Artikulation. Die Probe war ein Laboratoriumsversuch, den der Orchesterpraktiker Mahler mit dem Werk des Komponisten Mahler anstellte. Auch ohne die Zeugnisse der Zeitgenossen ließe sich dieser Versuch rekonstruieren, denn die gedruckten Partituren melden davon. So enthält die Partitur der Zweiten Symphonie gleich zu Beginn einige Anweisungen, die Mahlers Angst vor Schlamperei und Schlendrian bekunden. Er kann wohl sicher sein, daß die Celli und Kontrabässe den ersten Einsatz kraftvoll genug bringen, doch beim Übergang zum Mezzoforte besteht die Gefahr, daß sich die Artikulation verringert. Darum schreibt Mahler über den achten Takt »Immer wuchtig«. Die ersten und zweiten Geigen werden mit Vorschriften über die »Stricharten« (Abstrich oder Aufstrich) ausgestattet, um das geforderte Anschwellen und Abnehmen der Lautstärke sicherzustellen. Den Trompeten befiehlt er auf dem ersten Höhepunkt »Schalltrichter in die Höhe«. Dazu gibt es zahlreiche Anmerkungen für den Dirigenten. Sie beziehen sich nicht nur auf das »allmählich und unmerklich« zu verändernde Zeitmaß, sondern enthalten auch Warnungen vor Ungenauigkeiten, die gang und gäbe sind und die Mahler ausmerzen will: »Celli und Bässe rhythmisch, nicht Triolen spielen«, kann man an einer Stelle lesen. Eine Harfe soll »sehr deutlich« hervortreten, Tamtam und große Trommel werden an anderer Stelle verpflichtet, »bis zu Unhörbarkeit« zu verklingen, während die ersten Geigen in wieder anderem Zusammenhang »fast unhörbar eintreten«, um im Crescendo ein Maximum der Lautstärke zu erreichen, das aber immer noch über ein Pianissimo nicht hinausgehen darf!

Eine so vielfältig differenzierte Partitur stellt ein Wagnis dar. Mahler muß detaillierte Aufführungsregeln zu Papier bringen, wenn er die Gewähr dafür haben will, daß Strauss mit der geplanten Berliner Aufführung das erzielt, was Mahler beabsichtigt. Strauss hält sein Wort. Im März 1895 erklingen die drei Instrumentalsätze der Zweiten Symphonie in einem Berliner Konzert. Mahler wird dem Freund die hochherzige Tat nicht vergessen. Strauss hat ihn von der Seelenangst befreit, Partitur um Partitur in Schubladen verschwinden zu sehen. Mahler wußte, daß er Strauss nicht allein für diese Unterstützung zu danken hatte, sondern daß es auch die kompositorischen Taten von Strauss waren, die ihm den Weg bereitet hatten. Mahler sagte dazu: »Abgesehen davon, daß ich wohl mit meinen Werken als Monstrum dastehen würde, wenn nicht die Straussischen Erfolge mir die Bahn geöffnet, sehe ich es als meine größte Freude an, daß ich unter meinen Zeitgenossen einen solchen Mitkämpfer und Mitschaffer gefunden.«

## Anna von Mildenburg

Der Frühling des Jahres 1895 ließ Mahler hoffen, daß er nun auch als Komponist mehr Gehör finden würde. Die Nöte des Alltags konnten leichter bezwungen werden, da Justi – wie er seine Schwester Justine nannte – Wien verlassen konnte, um ihm in Hamburg den Haushalt zu führen. Mahler durfte an Konzerte denken und vielleicht gar ans Komponieren, das er sich sonst nur als Ferienluxus am Attersee leisten konnte. Doch da machte ihm das Theater einen Strich durch die Rechnung. Der Zweite Kapellmeister des Hamburger Stadttheaters wurde durch ein Angebot aus Amerika verlockt, kontraktbrüchig zu werden. Er verließ seinen Posten gemeinsam mit seiner Gattin, der Sopranistin Katharina Klafsky. Damit hatte Direktor Pollini einen hochdramatischen Star, die hervorragende Darstellerin der Brünnhilde und Isolde, verloren. Er mußte nach Ersatz Ausschau halten. Um einen Nachfolger für den ungetreuen Zweiten Kapellmeister kümmerte er sich nicht. Es war an Mahler, durch vermehrte Arbeit diesen Verlust wettzumachen. »Ich dirigiere also faktisch täglich«, schrieb Mahler an einen Freund. Damit war er nun wieder an die »Galeere« gefesselt, ähnlich wie in den Leipziger Tagen. Damals in Leipzig aber hatte er sich durch intensiveren Einsatz zur Autorität hinaufgearbeitet, während er nun mit der ganzen Routinearbeit belastet wurde, die ihm weder Gewinn noch Ehre bringen konnte.

Pollini zeigte kein Verständnis für Mahlers Nöte. Das Fehlen eines Zweiten Kapellmeisters hielt er für bedeutungslos im Vergleich zu der Not, die durch den Abgang der hochdramatischen Wagner-Heroine entstanden war. Das Aufspüren von jungen Talenten war Pollinis Stärke. Er holte sie, wo er sie finden konnte. Vor allem aber aus Wien.

Seit ein paar Jahren wirkte am Wiener Konservatorium eine Lehrerin, die zuvor selbst als grandiose Wagner-Sängerin bekanntgeworden war. Der Name Rosa Papier war auch für Pollini ein Begriff. Aus der Schule der berühmten Marchesi hervorgegangen, war sie schon mit zweiundzwanzig Jahren an die Wiener Hofoper gelangt. Ihre Domäne waren die dramatischen Altpartien: Ortrud, Brangäne, Erda. Doch damit gab sich die begeisterte Wagnerianerin nicht zufrieden. Sie wollte »höher hinaus«, zu den jugendlich-dramatischen Sopranpartien der Wagner-Bühne. An den Rollen der Sieglinde (›Die Walküre‹) und Elisabeth (›Tannhäuser‹) zerschellte das Organ, das von den Zeitgenossen gepriesen worden war. »Ihre Sieglinde«, so schrieb der Musikalienhändler Gutmann in seinen Erinnerungen, »war eine Meisterleistung, aber die Partie lag ihr viel zu hoch – die Katastrophe war unvermeidlich.«

Auch Mahler hatte die Sängerin schon kennengelernt, denn Rosa Papier war 1885 eine der Mitwirkenden bei der Aufführung von Mendelssohns ›Paulus‹ gewesen, die Mahler zum Mißvergnügen seiner Kasseler Gegner im Infanterie-Exerzierhaus dirigiert hatte. Es wäre also denkbar, daß Mahler seinen Direktor darin bestärkt hat, mit der nun nur noch im Unterricht tätigen Rosa Papier Kontakt aufzunehmen, um eine für die Hamburger Position geeignete Schülerin dieser einst so großen Wagner-Sängerin aufzuspüren. Rosa Papier konnte die Anfrage des Hamburger Direktors mit einer gewissenhaften Empfehlung beantworten. Eine Schülerin, die von ihr schon seit längerer Zeit betreut wurde, hatte das Zeug zur hochdramatischen Sängerin. Direktor Staegemann in Leipzig hatte mit der hageren, ein wenig ungelenken, jedoch überaus stimmbegabten zweiundzwanzigjährigen Sängerin schon einen Vertrag abgeschlossen. Pollini, der in Karlsbad zur Kur weilte, bat Frau Papier dennoch, mit ihrem Schützling zu ihm zu kommen. Im Stadttheater zu Karlsbad gab es ein Probesingen. Die großen Arien der Donna Anna und der Königin der Nacht, der Fluch der Ortrud und das Hojotoho gelangen so gut, daß Pollini noch am selben Tag seinem Konkurrenten Staegemann die junge Sängerin telegraphisch abhandelte. Pollini äußerte sich befriedigt über den Einkauf. »Nur dicker muß sie werden«, meinte er zu Frau Papier, »eine Walküre braucht Fülle.« Bald darauf stand Anna von Mildenburg – dies war der Künstlername, den die junge Sängerin gewählt hatte – in Hamburg vor ihrem neuen Direktor, dem es mit der Auswertung dieses Stimmkapitals nicht schnell genug gehen konnte. In der ersten Woche schon sollte sie die Partien der Walküre, der Elisabeth und des Fidelio singen. Angsterfüllt sah sie ihren ungewohnten Aufgaben entgegen. Die neuen Kollegen jagten ihr überdies noch Schrecken vor dem Ersten Kapellmeister ein. Mahler, so hieß es, sei ein Tyrann. Man könnte es ihm nie recht machen.

Eine Klavierprobe, bei der sie endlich Mahler gegenüberstand, löste den Bann. »Das Erste, was mir Gustav Mahlers Art gab, war ein von allen Bedenken und Befürchtungen befreiendes, erlösendes Vertrauen. Eine unendliche Geborgenheit kam über mich, gleich damals in der ersten Stunde unseres Zusammenseins. Das Theater und sein Getriebe hatte mich erstaunt und erschreckt. Ich war wirklich in der Fremde und fühlte mich tief in die Seele hinein allein und verlassen. Und da sprach nun auf einmal ein Mensch wahrhaftig gütig und lieb zu mir. Der Mensch, vor dem ich mich doch am meisten zu fürchten hatte, der Kapellmeister...«

Als die Probe beendet war, löste sich die Spannung der jungen Sängerin in einem Tränenausbruch. Mahler beruhigte sie. Sie hätte ihre Sache gut gemacht. Es gäbe keinen Grund zu Tränen. »Heulen müssen Sie erst, bis Sie einmal der allgemeinen Theaterschlamperei verfallen sein werden. Aber da heult dann keine!«

Fräulein von Mildenburg verfiel dieser Schlamperei nicht. Sie wurde, was sie keineswegs von Anfang an war: die große Wagner-Sängerin. Und sie wußte auch, wie sehr sie Mahler dafür zu danken hatte. Es blieb nicht bei der rein künstlerischen Verbindung. Anna von Mildenburg und Gustav Mahler wurden Braut und Bräutigam. So jedenfalls steht es in Ludwig Karpaths Buch zu lesen, das 1934 erschien. Auch die Mildenburg – sie starb 1947 – kannte das Buch ihres Freundes Karpath. Sie hat gegen manche Formulierung, die sich darin findet, Bedenken erhoben, doch das Wort vom Brautstand begegnete nicht ihrem Einspruch. Der dokumentarische Nachweis einer Verlöbniszeremonie ist belanglos. Entscheidend jedoch erscheint uns der Einfluß dieser menschlichen Beziehung auf Mahlers Wollen und Wirken in den Jahren 1895 bis 1897. Mit Rücksicht auf Mahlers spätere Heirat und gewiß auch unter Bedachtnahme auf die Verehelichung von Anna von Mildenburg mit Hermann Bahr (1909) ist die Bedeutung dieser Beziehung für Mahlers Lebensgang in mancher biographischen Darstellung unterdrückt oder verzerrt worden. Sogar höchst seltsame Legenden über diese »Affaire« entstanden noch zu Lebzeiten Mahlers.

Eine dieser Legenden war Anno 1905 in Prag im Umlauf. William Ritter, der erste und leidenschaftlichste Mahler-Enthusiast Frankreichs, hat sie in seinen ›Etudes d'Art étranger‹ aufgezeichnet: »Ich gebe die Legende wieder, so wie sie mir erzählt worden ist und ohne Gewähr für die Richtigkeit. Mahler war vor seiner Wiener Zeit Direktor der Hamburger Oper, deren beste Sängerin er heiratete. Stand sie als Isolde auf der Bühne und er vor dem Orchester, dann geriet Wagners Partitur in Brand... Sie starb. Seither singt dieser Mann von der Freude und von der Heraufkunft des Übermenschen.«

Die wenigen Sätze enthalten viel Unzutreffendes. Mahler war nicht Direktor der Hamburger Oper, sondern deren Erster Kapellmeister. Er hat die Mildenburg nicht geheiratet, und sie war 1905 noch nicht gestorben. Dennoch vermittelt die überlieferte Mär den emotionellen Tatbestand getreuer als die verfügbaren Quellen, ja sie setzt uns erst in Stand, die Quellen richtig zu lesen.

*Durchbruch in Berlin: 13. Dezember 1895*

Von dem Augenblick, in dem Anna von Mildenburg in sein Leben tritt, gewinnt Mahlers Kampf um seine Geltung als Komponist erhöhte Energie. Die Mildenburg ist – soweit wir sehen können – die erste Frau, die Mahler als vollwertigen geistigen Partner betrachtet. Auf sie überträgt sich alles Zutrauen, das er bis dahin zumeist nur Männern geschenkt hat. Endlich kann er all das, was den Gesprächen mit Foerster und Behn und den Briefen an die Wiener Freunde vorbehalten war, einem gleichgestimmten weiblichen Wesen zum Ausdruck bringen, einer Frau, die er ohne Zweifel aus ganzem Herzen liebt. Die Briefe und Billetts, die er ihr sendet und die sehr oft detaillierte künstlerische Ratschläge enthalten, manchmal auch »Manöverkritik« nach getaner Theaterarbeit, geben Zeugnis davon. Spätestens im Dezember 1895, wahrscheinlich aber schon früher, weicht das förmliche »Sie« dem vertraulichen »Du«. Anna von Mildenburg weiß auch vom Kampf, den Mahler um seine Zweite Symphonie führt. Die Kostprobe, die Strauss den Berlinern vorgesetzt hat, will ihm nicht genügen. Er setzt alles daran, eine vollständige Aufführung des Riesenwerkes zustande zu bringen. Das wird Geld kosten. Doch es gibt Freunde, auf deren Hilfe er zählen kann. Der Physiker Arnold Berliner streckt Mahler

Geld vor, wenn dessen eigene Mittel nicht ausreichen, um eine Aufführung in der deutschen Hauptstadt zustande zu bringen. Die Berliner Konzertagentur Wolff – die sich für Bülow engagiert hatte und nun auch Strauss zu ihren Stars zählt – wird für die Veranstaltung des Konzerts bemüht. Saalmiete, Orchester und Chor verschlingen viel Geld, doch Mahler setzt alles auf eine Karte. Wie sorgfältig er sein Berliner Konzert vorbereitet, ist einem Brief zu entnehmen, den er am 8. Dezember 1895 aus Berlin an Anna von Mildenburg richtet. Darin heißt es:

Ich brauche zu meiner Symphonie (der Zweiten), wie Du weißt, am Ende des letzten Satzes Glockentöne, welche jedoch durch kein musikalisches Instrument ausgeführt werden können. Ich dachte daher von vornherein an einen Glockengießer, daß der allein mir helfen könnte. Einen solchen fand ich nun endlich; um seine Werkstatt zu erreichen, muß man per Bahn ungefähr eine halbe Stunde weit fahren. In der Gegend des Grunewald liegt sie. Ich machte mich nun in aller Frühe auf und es war herrlich eingeschneit, der Frost belebte meinen etwas herabgestimmten Organismus, denn auch in dieser Nacht fand ich nur wenig Schlaf. Als ich in Zehlendorf, so heißt der Ort, ankam und durch Tannen und Fichten, ganz von Schnee bedeckt, meinen Weg suchte, alles ganz ländlich, eine hübsche Kirche im Sonnenschein fröhlich funkelnd, da wurde mir wieder weit ums Herz, und ich sah, wie frei und froh der Mensch sofort wird, wenn er aus dem unnatürlichen und unruhevollen Getriebe der großen Stadt wieder zurückkehrt in das stille Haus der Natur. Du bist ja auch in einer kleinen Stadt aufgewachsen und mußt es mir nachfühlen. Nach längerem Suchen fand ich die Gießerei; mich empfing ein schlichter, alter Herr mit schönem weißen Haar und Bart, so ruhevollen freundlichen Augen, daß ich mich gleich in die Zeiten der Meisterzunft versetzt fühlte. Alles war mir so lieb und schön. Ich sprach mit ihm, er war mir Ungeduldigem freilich etwas weitschweifig und langsam. Er zeigte mir herrliche Glocken, unter anderen eine große, mächtige, die er auf Bestellung des Deutschen Kaisers für den neuen Dom gegossen. Der Klang war geheimnisvoll mächtig. So etwas Ähnliches hatte ich mir für mein Werk gedacht. Aber die Zeiten sind noch fern, wo das Kostbarste und Bedeutendste gerade gut genug sein wird, um einem großen Kunstwerk zu dienen. Indessen suchte ich mir einige etwas bescheidenere, aber immerhin meinen Zwecken genügende Glokken aus und verabschiedete mich nach meinem Aufenthalt von etwa zwei Stunden von dem lieben Alten. Der Weg zurück war wieder herrlich. Jetzt aber in die Generalintendanz: da ging nun das Antichambrieren los. Diese Gesichter! Diese knöchernen Menschen! Jeder Zoll auf ihrem Gesicht trug die Spuren des sich selbst peinigenden Egoismus, der alle Menschen unselig macht! Immer ich und ich – und nie du, du, mein Bruder!

Die Aufführung der Zweiten Symphonie, die am 13. Dezember 1895 in Berlin stattfand, schuf die Grundlage für Mahlers Anerkennung als Symphoniker. Bruno Walter, der bei dieser Aufführung zugegen war, bezeichnete diesen Tag als einen für den Komponisten entscheidenden: »Gewiß gab es auch Gegnerschaft, Verkennung, Verkleinerung, Verhöhung. Aber doch war der Eindruck von der Größe und Originalität des Werkes, von der Gewalt des Mahlerschen Wesens so tief, daß man von diesem Tag an seinen Aufstieg als Komponist datieren kann.«

Im März 1896 präsentierte sich Mahler neuerlich dem Berliner Publikum mit einem Konzert, in dem er ausschließlich eigene Werke zur Aufführung brachte. Den Beginn machte der erste Satz der Zweiten Symphonie. Darauf folgten die ›Lieder eines fahrenden Gesellen‹, eine Uraufführung also, für die der Holländer Anton Sistermans als Solist verpflichtet worden war; den Abschluß machte die Erste Symphonie. Der Durchbruch schien gelungen. Weingartner verlangte nach Mahlers Partituren. Nicht nur Berlin, auch Dresden und Leipzig boten Gelegenheit für Mahlers Musik. Dabei liebte man es, einzelne Sätze gesondert aufzuführen. Mahler, der in seinen Symphonien immer »Welten« aufzubauen dachte, hätte sich dagegen sträuben müssen. Die Zerstückelung dessen, was er unter Mühsal zu einem Ganzen gefügt, war ihm ein Greuel. Doch er gab seine Einwilligung zu solcher Entstellung, so bereitwillig wie »Marsyas, da er geschunden werden sollte«. Sein Prinzip änderte er wohl nicht, doch er schloß Kompromisse, wenn es darum ging, aufgeführt und gehört zu werden. »Was bleibt uns übrig?« fragte er scheinbar resigniert.

Doch er resignierte nicht. Es war an der Zeit, die längst begonnene Dritte Symphonie zu beenden. Die Anteilnahme, die man seinem Werk nun entgegenbrachte, mußte genützt werden. Und da war auch endlich eine Gefährtin, die ihn verstand. Was er von jetzt an vollbringen wollte, sollte auch für sie getan sein.

## Kritik an Nietzsche: Die Dritte Symphonie

In seiner Dritten Symphonie verwendet Mahler Texte aus ›Des Knaben Wunderhorn‹ und aus Nietzsches ›Also sprach Zarathustra‹. Nietzsches Ideen hat Mahler gewiß schon früher durch seinen Wiener Freund Lipiner kennengelernt. In den neunziger Jahren aber sind Nietzsches Gedanken so recht modern geworden. Auch die Musiker entzogen sich dieser Wirkung nicht. Während Mahler an seiner Dritten arbeitete, machte Richard Strauss mit seiner symphonischen Dichtung ›Also sprach Zarathustra‹ den seltsamen Versuch, einen philosophischen Traktat in Musik zu übersetzen.

Ob Nietzsche diese Übertragung in die Sprache des Orchesters nötig hatte, ist keine müßige Frage. Nietzsche hat selbst einmal erörtert, unter welche Rubrik eigentlich sein ›Zarathustra‹ gehöre, und gleich die Antwort dazu geliefert: »Ich glaube beinahe unter die Symphonien.« Das Eingeständnis ist bemerkenswert. Es deutet auf die klingende und klingelnde Botschaft hin, die der ›Zarathustra‹ enthält, auf die Entfesselung des geordneten Sprachflusses zum Katarakt, auf den Verzicht logischer Deduktion, auf die Degradation des Wortes zum Stimmungsträger. Die Schrift Nietzsches nimmt Techniken des Films voraus, Montage, Überblendung, Schnitt. Einzelne Einstellungen seiner Kamera ergeben begeisternde Bilder, einzelne Formulierungen prägen sich durch ihre aphoristische Kraft ein. Doch die Totale – die Szenerie des »Übermenschen« – hat eine schwebende Unbestimmtheit, die jeden schwindlig macht, der sie ordnend zu analysieren sucht. Strauss analysiert nicht. Er entwirft geniale Stimmungsmusik auf symphonischer Grundlage, ein Orchesterplakat, wie schon der Untertitel andeutet, den er ursprünglich verwenden wollte: »Symphonischer Optimismus in Fin-desiècle-Form, dem zwanzigsten Jahrhundert gewidmet.«

Nicht nur die Orchestertechnik von Strauss, auch die Nietzsche-Welle der neunziger Jahre verhilft dem Werk zum Erfolg. Die späte Popularität des längst verstummten, todkranken Nietzsche ist von einer Bewegung getragen, die zu den peinlichsten und zugleich kraftvollsten Phänomenen der deutschen Kulturgeschichte gehört. Man wird in wohlanständigen Darstellungen des deutschen Geisteslebens dieser Zeit vergeblich nach dem Namen des Protagonisten dieser Bewegung suchen. Julius Langbehn, dessen wirr und lächerlich anmutende Publikation mit dem Titel ›Rembrandt als Erzieher‹ damals in aller Munde war, wird heute nur noch als kuriose Gestalt erwähnt. Sein Buch erschien in Dutzenden von Auflagen. Zu seiner Pseudophilosophie, in der er Deutschtümelei, Wissenschaftsfeindlichkeit, Irrationalismus, Verachtung der Technik und Antisemitismus amalgamierte, bekannten sich Hunderttausende im Deutschen Reich. Langbehns zorniger Ausbruch gegen den demokratisierenden Geist, den er »nivellierend« nannte, entsprach der Stimmung einer Nation, die die Misere ihres historischen Provinzialismus nicht überwunden, einer Nation, die sich als solche nicht auf eigenem Boden, sondern im Spiegelsaal von Versailles konstituiert hatte. Nicht demokratische Staatlichkeit galt solchem Provinzialismus als Bekräftigung des Volkstums, sondern der Schwertstreich des Mächtigen. Berlin, die seit 1870 rasch aufstrebende Metropole des neuen Reiches, war für diesen Ungeist die Inkarnation des Modernen, des Technischen, des Wissenschaftlichen und damit des Bösen schlechthin. »Man muß«, so heißt es in Langbehns Buch, »politisch wie geistig die Provinzen gegen die Hauptstadt aufbieten, ausspielen, marschieren lassen.« Daß dieser in antikapitalistischer Vermummung auftretende Vorläufer einer teuflischen Bewegung des nächsten Jahrhunderts auch schon die Thesen gegen »entartete Kunst« vorwegnahm, überrascht nicht mehr. Selbst einen Komponisten wie Richard Wagner bezeichnete Langbehn als Künstler zweiten Ranges, und er tadelte ihn, weil er »nervös« sei und »nervös mache«. Der ganze Haß von Langbehns überaus populärer Antiästhetik wandte sich gegen den Naturalismus. Mit Abscheu und Verachtung stellte er sich gegen Emile Zola, der sein Romanschaffen auf soziologische Einsichten und medizinische Diagnosen zu basieren suchte. Die deutsche Kunst habe wissenschaftlichen Geist und soziale Tendenz zu meiden. Ihr Heil liege im volkhaft Bäuerlichen.

Von der massenhaften Wirkung dieser unseligen Ideologie machen wir uns heute keine rechte Vorstellung. Bestürzend erlebt man beim Blättern in den Zeitschriften der neunziger Jahre, daß die deutsche Intelligenz dem Schwulst Langbehns die Ehre wohlgesetzter Rezensionen erwies, in denen neben Vorbehalten auch Anerkennung zu finden ist. »Niemand wird bereuen, mit diesem vornehmen Sonderling Bekanntschaft gestiftet zu haben«, schrieb Georg Brandes. Der Artikel dieses Nietzsche-Kenners erschien in der Zeitschrift ›Freie Bühne für Modernes Leben‹, die von Otto Brahm geleitet wurde, dem Vorkämpfer für Ibsen und Hauptmann! Es fehlte offenbar in sehr weiten Kreisen das Kriterium für die Unterscheidung zwischen den pubertären Ergüssen Langbehns und den Wortsymphonien Nietzsches. Wir müssen allerdings zugeben, daß die Verwandtschaft beider nicht zu übersehen ist. Wenn Nietzsche in seiner Schrift ›Schopenhauer als Erzieher‹ (1874) mehr sprach- als sachkundig gegen spezialisiertes Gelehrtentum und reine Wissenschaft zu Felde zieht, dann gibt Langbehn in seinem Buch ›Rembrandt als Erzieher‹ das ordinäre Echo zurück: »Der Professor ist die deutsche Nationalkrankheit.«

Langbehn hat die Ideen, die in der Luft Deutschlands lagen, heruntergeholt und massenhaft konsumierbar gemacht. Nietzsches »Übermensch« – das Ergebnis schöpferischer Willensanstrengungen – konnte danach populärer verstanden werden: als Produkt des Sozialdarwinismus, als »rassische Auslese«. Dem humanistisch Gebildeten – wie Richard Strauss einer war – mußte diese primitive Deutung fremd bleiben. Die symphonische Dichtung von Strauss präsentiert sich sogar optimistisch. Strauss läßt sich von einigen Kapitelüberschriften der Wortsymphonie Nietzsches inspirieren. Der Hörer mag dazu denken, was ihm einfällt ...

Anders Mahler. Ihm ist Stimmungsmusik ebenso fremd wie Vertonung im herkömmlichen Sinn. Was er Nietzsches Text entnimmt, bestimmt sich nach den vorgegebenen Zielen seiner Symphonie. Gewiß, der Mensch nimmt in dieser musikalischen Dichtung die Mitte ein; doch es ist nicht der Übermensch. Für Mahler ist alles Menschliche in die Natur gebettet. Die befreiende Kraft, die von der Natur ausgeht – sei es nun die winterliche Landschaft Zehlendorfs oder die sommerliche des Attersees –, bringt ihn nicht in einen antizivilisatorischen Erregungszustand. Er weiß, was er der Stadt schuldet. Doch das ist nicht verwunderlich, denn nirgendwo in Österreich hätte sich irgend jemand dazu verstanden, die Provinz zum Aufstand gegen die Metropole Wien aufzurufen. Solche Losungen waren Deutschen vorbehalten, die in ihr Reich noch nicht hineingewachsen waren und denen die traditionslose Hauptstadt Berlin als technisches Artefakt erscheinen mußte. Für Mahler bedeutet Natur das Rückzugsgebiet, in dem er – wie der Riese Antäus bei der Berührung mit der Mutter Erde – neue Kraft gewinnt. Damit aber ist Mahlers Naturbegriff noch keineswegs erschöpft. Er faßt ihn weiter, als Ahnung vom Allzusammenhang und von jener unverlierbaren Ganzheit, die seine Zweite Symphonie als Lehrsatz verkündet hat. Diese Ganzheit gestaltet die Dritte Symphonie. Ihre sechs Sätze hatten ursprünglich programmatische Titel:

1. Pan erwacht: Der Sommer marschiert ein.
2. Was mir die Blumen auf der Wiese erzählen.
3. Was mir die Tiere im Walde erzählen.
4. Was mir der Mensch erzählt.
5. Was mir die Engel erzählen.
6. Was mir die Liebe erzählt.

Der erste und zweite Satz sind reine Instrumentalstücke. Ebenso der dritte, doch geht dieser Satz auf ein frühes ›Wunderhorn‹-Lied zurück (›Ablösung im Sommer‹), das nun den Text verloren hat und aus dem kargeren Klavierpart reichere Orchestergestalt gewinnt. Für den vierten Satz endlich wählt Mahler aus Nietzsches ›Zarathustra‹ das aus, was seinem Menschenbild entspricht:

O Mensch! Gib acht!
Was spricht die tiefe Mitternacht?
Ich schlief, ich schlief –,
Aus tiefem Traum bin ich erwacht: –
Die Welt ist tief,
Und tiefer als der Tag gedacht.
Tief ist ihr Weh –,
Lust – tiefer noch als Herzeleid:
Weh spricht: Vergeh!
Doch alle Lust will Ewigkeit –,
– will tiefe, tiefe Ewigkeit!

Mit dem Gesang, den er einer Altstimme anvertraut, hat Mahler einen Stein aus Nietzsches Bau gebrochen, gerade jenen Stein, der von der Konstruktion des Übermenschen nichts erkennen läßt. Der Rest ist verworfen. Darüber läßt der weitere Gang der Symphonie keinen Zweifel. Sollte noch irgend etwas an ›Zarathustra‹ erinnern, so wird dies vom Glockenklang und vom »Bim-bam« des Knabenchors ausgelöscht, mit dem der fünfte Satz anhebt, und durch die Worte aus ›Des Knaben Wunderhorn‹, die naive Frömmigkeit künden. Vergessen ist der Misterioso-Taktwechsel, das verschleierte Metrum, der dumpfe Untergrund geteilter Kontrabaß- und Cellostimmen und die Exaltationen der Solovioline. An deren Stelle tritt der frische, rhythmisch klar gegliederte, kecke Cantus der Frauenstimmen: »Es sungen drei Engel einen süßen Gesang.« Auch der letzte Satz (»Was mir die Liebe erzählt«) dementiert jedes Gerücht, Mahler habe eine Nietzsche-Symphonie komponiert. Siebenmal wiederholt Nietzsches Zarathustra die Worte: »Nie noch fand ich das Weib, von dem ich Kinder mochte, es sei denn dieses Weib, das ich liebe: denn ich liebe dich, o Ewigkeit!« Mahler wäre nicht imstande, sich dazu zu bekennen. Sein Finale ist der Liebe gewidmet. Damit meint er freilich nicht die zehrende Sehnsucht, die der Zaubertrank auslöst, sondern allumfassende Erfüllung. Seine Liebesphilosophie schließt jedoch auch irdische Liebe mit ein. Chromatische Ekstasen, die das Zentrum des Finales bilden, sind in den strömenden diatonischen Gesang gebettet. »Ruhevoll« und »Empfunden« beginnt der Schlußsatz, für dessen letzte Takte Mahler vorschreibt: »Nicht mit roher Kraft. Gesättigten, edlen Ton.«

Die Dritte Symphonie ist keine Abwendung von dieser Welt, sondern Bekenntnis zu ihr, zur Natur, also auch zur Natur des Menschen. Damit übt diese Symphonie zugleich auch Kritik an Nietzsche. Das Finale ist der bis dahin kühnste symphonische Abschluß, ein ruhevolles Geborgensein.

Man hat dieses Symphonieende mit dem langsamen Schlußsatz von Tschaikowskys ›Pathétique‹ verglichen. Doch Tschaikowskys drei Jahre früher entstandene Symphonie in h-Moll endet so unerfüllt und quälend wie der von Eugen Onegin tödlich getroffene Schwärmer Lenski, von dessen Arie das Symphoniefinale seine melodische Intonation entlehnt. Am Ende von Tschaikowskys Symphonie steht ein Fragezeichen. Seine Musik hat ein Programm, das dem Hörer ein Rätsel bleiben muß, weil der Komponist es nicht verraten darf. Mahler geht wohl vom Programm aus, doch will er zuletzt jede Worterklärung vermieden wissen. Die Musik soll für sich selbst sprechen. Sie hat ihren Kontrakt mit jeglicher Metaphysik gekündigt. »Im Adagio (dem letzten Satz) ist alles aufgelöst in Ruhe und Sein«, sagte Mahler.

Drei Sommer hat Mahler in Steinbach am Attersee an seiner Dritten Symphonie gearbeitet. Im August 1896, im selben Monat, in dem Strauss seinen ›Zarathustra‹ fertigstellte, war Mahler beim letzten Takt angelangt. Wir sind über den Fortgang der Arbeit Mahlers durch Briefe und Erinnerungen seiner Freunde sehr genau unterrichtet. Schon am 2. Juli war Mahler des Gelingens so sicher, daß er Bruno Walter aus Hamburg an den Attersee einlud. Walter langte mit dem Dampfer, der ihn über den See geführt hatte, in Steinbach an. Schon am Landungssteg wurde er von Mahler empfangen. Als Walter die Landschaft in Augenschein nahm und seinen Blick dem Höllengebirge zuwandte, das den Hintergrund der anmutigen Gegend bildet, meinte Mahler: »Sie brauchen gar nicht mehr hinzusehen – das habe ich schon alles wegkomponiert.«

Mahler wohnte mit seiner Schwester Justi in einem Gasthof. Für seine Arbeit hatte er sich ein eigenes »Komponierhäuschen« bauen lassen. Es stand auf einer Wiese zwischen dem Gasthof und dem Seeufer. In dem kleinen Raum hatten Tisch, Sessel, Sofa und ein aus Wien herbeigebrachtes Klavier Platz. Schon am frühen Morgen suchte er dieses Arbeitssanktuarium auf und blieb dort bis zum Mittag. Es war »bei Todesstrafe« verboten, ihn dort zu stören. Natalie Bauer-Lechner, die im Sommer bei Justi und Gustav weilte, erzählt, welche Mühe es oft kostete, die von Mahler geforderte Ruhe zu gewährleisten. »Um die zahlreichen Dorfkinder für ihn unschädlich zu machen, hatten wir ein ganzes System ausgesonnen, sie fern und still zu halten. Es war ihnen nicht nur verboten, einen Fuß auf Mahlers Wiese zu setzen oder am See bzw. im See zu spielen und zu baden, sondern auch auf der Straße und in den Häusern durften sie sich nicht mucksen, was wir durch Bitten und Versprechungen, Naschwerk und Spielzeug erreichten. Kam ein Leiermann oder wandernde Musikanten, so stürzte man sogleich mit einem ›Abfindungszehnerl‹ auf sie los, daß sie mitten im Ton verstummten. Aber auch jedes Getier: Hunde, Katzen, Hühner und Gänse konnten ihres Lebens in unserer Nähe nicht froh werden.«

Bruno Walter, der von Mahler Einzelheiten über das Werk erfuhr, noch ehe er es hören durfte, konnte diese Angaben ergänzen. Mahler, so berichtete Walter, blieb nicht die ganze Zeit in seinem Komponierhäuschen – er wanderte auf der Wiese umher, lief auch oft hügelauf und machte größere Spaziergänge, kehrte aber jedesmal wieder zurück, um »die Ernte in die Scheune zu bringen«. Höchst angeregt kam er dann zum gemeinsamen Mittagessen, das unter lebhaften Gesprächen verlief.

Die Isolierung, die der Komponist für seine Arbeit suchte und fand, war nicht bloß äußerlicher Natur. Bruno Walter erklärt geradeheraus, daß Inspiration und Schaffensprozeß mit Mahlers Dirigententätigkeit unvereinbar waren. Um komponieren zu können, mußte Mahler sich zeitweise nicht nur von der unmittelbaren Umgebung abschließen, sondern auch Menschen und Dinge wegrücken, die ihm sonst nahe waren. Sogar das Verhältnis zu Anna von Mildenburg wurde davon berührt. Während des Sommers in Steinbach, der der Dritten Symphonie gewidmet war, richtete Mahler zahlreiche Briefe an seine Braut. Neun Brieffragmente sind uns zugänglich. Man darf annehmen, daß die Zahl weit größer war, denn einige Textstellen und Datierungen sprechen dafür, daß Mahler nahezu täglich an Anna von Mildenburg schrieb. Mitte Juli aber muß sie sich über ein Nachlassen der Korrespondenz beklagt haben. Mahlers Antwort auf diese Beschwerde ist aufschlußreich. Sie zeigt nicht nur seine Schaffenspsychologie, sondern kündigt auch den Anspruch an, den er an einen Menschen stellt, der »mit ihm leben soll«:

Aber ich habe es Dir doch geschrieben, daß ich an einem großen Werke arbeite. Begreifst Du nicht, wie das den ganzen Menschen erfordert und wie man da oft so tief drin steckt, daß man für die Außenwelt wie abgestorben ist. Nun aber denke Dir ein so großes Werk, in welchem sich in der Tat die ganze Welt spiegelt – man ist sozusagen selbst nur ein Instrument, auf dem das Universum spielt. Ich habe es Dir doch schon so oft erklärt – und Du mußt es akzeptieren, wenn Du wirklich Verständnis für mich hast. Sieh, das mußten alle lernen, die mit mir leben sollen. In solchen Momenten gehöre ich nicht mehr mir ... Es sind furchtbare Geburtswehen, die der Schöpfer eines solchen Werkes erleidet, und bevor sich das alles in seinem Kopfe ordnet, aufbaut, und aufbraust, muß viel Zerstreutheit, Insichversunkensein, für die Außenwelt Abgestorben sein, vorhergehen ... Meine Symphonie wird etwas sein, was die Welt noch nicht gehört hat! Die ganze Natur bekommt darin eine Stimme und erzählt so tief Geheimes, das man vielleicht im Traume ahnt! Ich sage Dir, mir ist manchmal selbst unheimlich zumute bei manchen Stellen, und es kommt mir vor, als ob ich das gar nicht gemacht hätte.

Was Alma, die spätere Gattin Mahlers, sein »Missionsgefühl« nannte und was sie dafür verantwortlich machte, daß er sie »jahrelang übersah«, ist hier schon vorweggenommen. Für Anna von Mildenburg, der er in echter Liebe zugetan ist, bleibt schwer zu begreifen, was solche Abkapselung bedeuten soll, auch wenn Mahler beteuert, er habe es »doch schon geschrieben« und »doch schon so oft erklärt«. Man begreift die Intensität der Bindung Mahlers an seine Schwester Justi. Sie hatte längst gelernt, was Mahler forderte. Sie führte mit ihrem Bruder »eine Art Ehe«. Sie kannte seine existenzielle Spaltung: Da war der Kapellmeister, der die Theaterroutine zu hassen schien und sich ihr doch mit ganzer Kraft und ohne Rückhalt hingab; und da war auch ein anderer, der Komponist, launenhaft und verschlossen zuweilen, ausgelassen und übersprudelnd wiederum, wenn ihm die Ausführung eines Planes gelang oder wenn – wie er sagte – das Universum auf ihm gespielt hatte. Denn Mahler komponierte nicht – es komponierte in ihm.

Bruno Walter empfand bei diesem Aufenthalt in Steinbach an jedem Nachmittag die Nachwirkung der »vormittägigen Ekstasen«. Als das Werk endlich fertig war, durfte Walter es hören. Mahler spielte ihm die Symphonie auf dem Klavier vor. »Die Gewalt und Neuheit der Tonsprache betäubten mich förmlich – auch überwältigte mich, in seinem Spiel die schöpferische Glut und die Erhebung zu fühlen, aus denen das Werk entstanden war. Jetzt erst und erst durch diese Musik glaubte ich ihn erkannt zu haben; sein ganzes Wesen schien mir eine geheimnisvolle Naturverbundenheit zu atmen; wie tief, wie elementar sie war, hatte ich immer nur ahnen können und erfuhr es nun unmittelbar aus der Tonsprache seines symphonischen Weltentraums.«

Das Wort, das Bruno Walter wählt – symphonischer Weltentraum –, bezeichnet ungemein treffend Mahlers Auffassung der gesellschaftlichen Rolle des Symphoniekomponisten und der sozialen Funktion der Symphonie. Mahler will sich nicht damit begnügen, einen Beitrag zum Konzertrepertoire zu leisten. Die Welt, die er in einer Symphonie aufbaut, soll den Hörer ganz und gar gefangennehmen. Von den rund zwei Stunden, die einem Orchesterkonzert gewidmet sind, muß Mahler der Hauptanteil zufallen, wenn er sein Ziel erreichen soll. Mozarts › Jupiter-symphonie‹ rollt in einer knappen halben Stunde ab, und Beet-hovens Erste dauert nicht länger. Doch schon in der ›Eroica‹, der er ausdrücklich einen beherrschenden Platz im Konzert-programm eingeräumt wissen wollte, hat Beethoven den Totali-tätsanspruch des Weltanschauungssymphonikers angemeldet: sie braucht zwar noch keine Stunde wie die Neunte, doch immer-hin mehr als fünfzig Minuten. Brahms begnügte sich bei seinen vier Symphonien noch mit einer Durchschnittsdauer von zwei-undvierzig Minuten. Bruckner erreichte in der Achten Sympho-nie ein Maximum von achtzig Minuten. Die Dritte Symphonie Mahlers fordert etwa anderthalb Stunden lang die Aufmerksam-keit des Publikums. Sie duldet kaum mehr andere Musik neben sich. Sie will den Hörer in die Abgeschiedenheit des Welten-traums geleiten.

## Die Eroberung

Die Berufung eines neuen und der Abgang eines amtierenden
Operndirektors ist für die Wiener auch heute noch ein populäres
Spiel, das die Gemüter hier stärker erhitzt als den Spanier
der Stierkampf. Auch wer das Operngebäude nur von außen
kennt, nimmt an diesem Spiel teil. Jeder tut das nach seiner
sozialen Stellung. Es gibt eine Statisterie, die durch ihr Volks-
gemurmel öffentliche Meinung markiert; Kenner dürfen sich in
Soloauftritten produzieren, um ihre Meinung kundzutun; einige
hochmögende Persönlichkeiten inszenieren das Spiel, während
andere zumindest so tun, als stünde ihnen irgendein Einfluß auf
die Regie der Komödie zu, denn ihre gesellschaftliche Reputation erlitte eine Schmälerung, wenn sie ihre Machtlosigkeit ein-
bekennen wollten; in der Hoftheaterintendanz, die heute anders
heißt und doch dasselbe ist, genießt man das Vergnügen, Szene
um Szene zum Akt zu fügen; und die Journalisten extemporieren
ihre Nachricht, der vom Charakter des sorgfältig gesetzten
Stichworts nichts anzumerken ist.

Im Jahre 1897 versagten die Journalisten. Mit einer einzigen
Ausnahme – es war Ludwig Karpath, den Mahler zum Schweigen verpflichtet hatte – ahnte in den Wiener Redaktionen
niemand, daß der Hamburger Kapellmeister seinen Handstreich
auf die Wiener Oper vorbereitete. Wer logisch überlegte, konnte
an Felix Mottl denken, der in München wirkte, an Ernst von
Schuch in Dresden oder an sonst irgendeinen Mann mit Hof-
theateransehen. Es war einfach sinnlos, einen Stadttheaterkapell-
meister, der noch dazu Jude war, in die Wiener Kombination
einzubeziehen. Das Signal zum Beginn der wienerischen Komödie war jedoch schon gegeben. Direktor Wilhelm Jahn war ein
kranker Mann. Es war kein Geheimnis, daß man ihm einen
tüchtigen Kapellmeister zur Seite stellen wollte. Unbekannt
aber blieb der Plan des Hoftheaterintendanten Josef von
Beseczny, den neuen Kapellmeister, sobald er einmal gefunden
war, in kurzer Frist zum Direktor aufsteigen zu lassen. Für
Beseczny war die Verabschiedung Jahns beschlossene Sache.
Die reibungslose Durchführung sollte Kanzleidirektor Eduard
Wlassack besorgen. Wlassack war – wie der damals schon ein-

geweihte Karpath sich ausdrückt – der Kapellmeister der Komödie. Die Regie lag in den Händen der Lehrerin Anna von Mildenburgs, der Kammersängerin Rosa Papier.

Mahlers Traum von der »Berufung zum Gott der südlichen Zonen« war zumindest so alt wie sein Zerwürfnis mit Pollini und gewann an Intensität durch die zunehmende Spannung im Verhältnis zu seinem Hamburger Direktor. Mahler war schon lange entschlossen, von Hamburg bei erster Gelegenheit Abschied zu nehmen. In einem (undatierten) Brief, den er an Ödön von Mihalovich nach Budapest richtete (und der sich in der von Alma Mahler herausgegebenen Briefsammlung nicht findet), kommt dieser Wille klar zum Ausdruck. Dabei wird auch deutlich, daß es vor allem künstlerische Motive waren, die ihn bestimmt haben. »So viel ich weiß«, schrieb er aus Hamburg lange vor seiner Bewerbung um den Wiener Posten, »sind schon Unterhandlungen mit Strauss in Weimar angeknüpft, welcher, wie er mir sagte, Lust hätte, mein Nachfolger zu werden. Ich bedaure den armen Kerl schon jetzt, denn soweit ich diesen famosen Menschen kenne, ist auch er nicht der Mann der Konzessionen.« Mahler begnügte sich nicht damit, von einer besseren Position zu träumen. Er ließ die ungarischen Freunde wissen, daß eine Rückkehr nach Budapest in Frage käme. Während der Sommerferien schloß er sich nicht nur in sein Komponierhäuschen am Attersee ein, sondern suchte seinen Kontakt mit dem Grafen Apponyi zu erneuern, der seinen Urlaub in Aussee verbrachte, und fuhr gelegentlich auch auf dem Fahrrad von Steinbach nach Ischl, dem Ort der damals fashionablen Sommerresidenz des Kaisers. Hier konnte er bei Brahms Aufnahme finden, der trotz seines Entsetzens über die Partitur der Zweiten Symphonie die Achtung für den Dirigenten Mahler bewahrt hatte, und hier war auch die Meinung des allmächtigen Kritikers Eduard Hanslick und mancher seiner minder einflußreichen Wiener Kollegen zu erkunden.

Wie Mahler seinen kühnen Plan schließlich verwirklichte, ist von vielen, allzu vielen schon geschildert worden. Analysiert man die Berichte und Erinnerungen, dann kann man sich des Eindrucks nicht erwehren, Dutzende von fördernden Gönnern hätten ihm den Weg gebahnt. Wir werden daraus erst klug, wenn wir erkennen, daß Mahler selbst diese Verwirrung gestiftet hat. Sobald sich die Hoffnung auf eine Wiener Position auch nur undeutlich abzeichnete, setzte Mahler alle und alles in Bewegung, um sein Ziel zu erreichen. Er bemühte Künstler und

Politiker, Einheimische und Ausländer, Bürger und Aristokraten, Freunde und Fremde. Jeder, den Mahler emphatisch um Unterstützung anging, mußte zuletzt meinen, er und nur er habe das für Mahler Entscheidende getan. Im Grunde aber waren alle, die an der Komödie mitwirkten, von Mahler dirigiert. Kanzleidirektor Wlassack erhoffte sich von der Bestellung eines sechsunddreißigjährigen Kapellmeisters den Einzug eines gefügigen jungen Mannes, den er später auch als Direktor würde lenken können. Mahler ließ ihn in diesem Glauben, um ihn erst zu enttäuschen, als er selbst bereits fest im Sattel saß. Der kranke Direktor Jahn durfte meinen, daß man ihm einen Helfer an die Seite stellen wolle. In diesem Glauben förderte Jahn das Engagement Mahlers als Kapellmeister.

Auch Anna von Mildenburg war in dieser Hinsicht nur Figur auf Mahlers Schachbrett. Nein, wir unterstellen keineswegs, daß Mahlers Liebe zu ihr eigennützig und oberflächlich gewesen sei. Das Gegenteil war der Fall. Um dies zu beweisen, bedürfen wir nicht einmal der bisher unpublizierten Briefe, die Mahler an seine Braut gerichtet hat. Auch aus den veröffentlichten Dokumenten geht hervor, daß Mahler von seinen Reisen an den Attersee, nach Wien, Berlin und Moskau (wo er als Konzertdirigent auftrat) nahezu täglich an die Mildenburg schrieb. Daß er später den Kraftakt einer Lösung von der Mildenburg vollführte, hatte andere Gründe, von denen noch zu reden sein wird. Im Kampf um die Wiener Position war Anna von Mildenburg jedenfalls treue Helferin. Sie bemühte ihre Lehrerin Rosa Papier, die mit Kanzleidirektor Wlassack befreundet war.

Am 21. Dezember 1896 konnte Mahler seine Bewerbung um die Stelle eines Kapellmeisters an der Wiener Hofoper zu Papier bringen. Das formelle Gesuch war an den Intendanten Beseczny gerichtet. Das Wiener Haus-, Hof- und Staatsarchiv bewahrt diesen Brief ebenso auf wie ein mit dem 23. Dezember datiertes Schreiben, das keinen Adressaten nennt. Man darf annehmen, daß es an Kanzleidirektor Wlassack gerichtet war. Mahler bittet ihn, »seinen mächtigen Einfluß« in die Waagschale zu werfen, und teilt in einer Nachschrift noch mit, daß ein Hindernis, welches seinem Engagement im Wege stehen könnte, weggefallen sei: »Bei den gegenwärtigen Verhältnissen in Wien halte ich es nicht für überflüssig, Ihnen zu erwähnen, daß ich vor geraumer Zeit einem alten Vorhaben gemäß zum Katholizismus übergetreten bin.«

Bei dem Versuch, die Gunst der Wiener Stellen zu erwirken,

mußte Mahler auch mit der Schwierigkeit rechnen, die sich aus seinem Ruf als eigenwilliger und unerbittlicher Orchesterleiter und Theaterpraktiker ergab. In Budapest und Prag, in Leipzig und Hamburg hatten zahllose Künstler mit Mahlers Probenstrenge Bekanntschaft gemacht. Mahler wußte, daß man ihm »Nervosität und Exzentrizität« vorwarf. Erkundigungen, die Wlassack zweifellos einholen würde, mußten in dieser Hinsicht entkräftet werden. Mahler sandte seinen Freund Lipiner zu Wlassack, der im Anschluß an das Gespräch auf dem Briefpapier des Abgeordnetenhauses noch ein »offiziell« anmutendes Schreiben an den Kanzleidirektor schickte, in dem es hieß: »Ich werde darauf aufmerksam gemacht, daß über Mahlers Temperament, seine Art, widerstrebende Elemente zu behandeln, nicht immer in freundlichem Sinne gesprochen wird. Nichts kann ungerechter sein. Mahler ist eine geniale, also leidenschaftliche Natur, das ist richtig; aber seine Leidenschaft hat mit jener auf Oberflächlichkeit beruhenden Heftigkeit gar nichts zu tun. Möglichst viel leisten und von anderen möglichst viel geleistet wissen: das will er . . .«

Besonderes Gewicht für den Beamten der Hoftheaterintendanz mußten die Referenzen aus Budapest haben. Mahler provozierte auch ungarische Empfehlungen. Ödön von Mihalovich entkräftete in einem Schreiben zwei Einwände, die von Mahler-Gegnern vorgebracht werden: daß er Jude sei – was nicht mehr zutreffe – und daß er verrückt und überspannt sei. Dies müsse als böse Verleumdung der Gegner betrachtet werden, die Mahler auf andere Weise nicht beikommen konnten.

Vorsichtiger äußerte sich der ehemalige Budapester Intendant Franz von Beniczky in einem Schreiben, das im Januar 1897 in Wien eintraf: »Ich muß gestehen, daß ich Mahler als einen in gewisser Beziehung nervösen Menschen kenne, der in seinem Beruf seine Erklärung findet; doch bin ich in der Lage ihn Ew. Excellenz auf das wärmste zu empfehlen, da ich ihn als einen Mann kenne, der neben seiner hohen Begabung als Musiker, als Dirigent und Direktor auch ein gesundes Urteil für die geschäftlichen Seiten eines Kunstinstituts besitzt; vor allem aber ein durch und durch ehrenwerter Charakter ist, so daß ich aus Überzeugung behaupten kann, daß seine Vorzüge diese Schwäche bei weitem aufwiegen.«

Die eindrucksvollste Befürwortung aber, die sich im Akt Nr. 1610 findet, trägt das Datum 10. Januar 1897. Der Verfasser dieses Schriftstücks ist Graf Albert Apponyi. Er spricht wohl

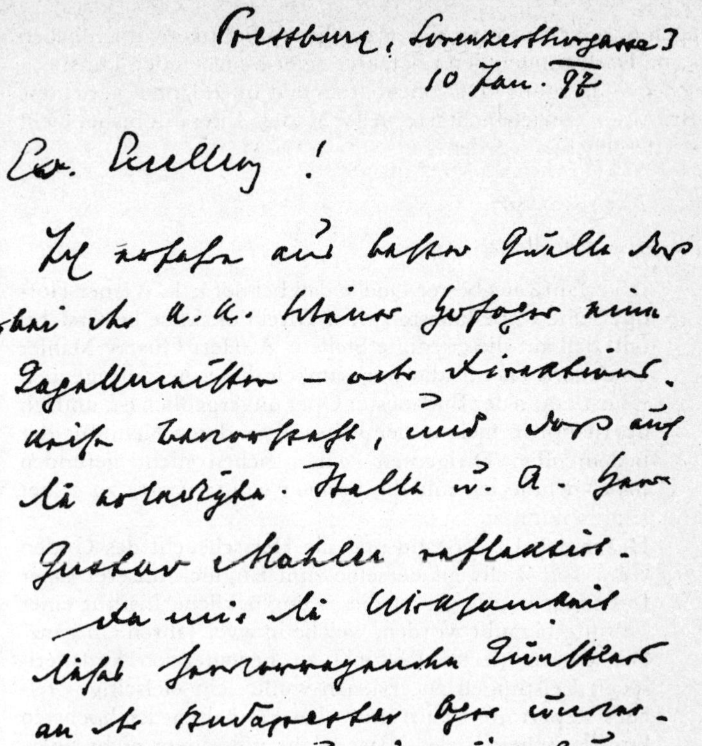

Pressburg, Lorenzerthorgasse 3
10 Jan. 97

Ew. Excellenz!

Ich erfahre aus bester Quelle, daß bei der k. k. Wiener Hofoper eine Kapellmeister- oder Directions-Wechsel bevorsteht, und daß auf die betreffende Stelle u. A. Herr Gustav Mahler reflectirt. Da nun die Wirksamkeit dieses hervorragenden Künstlers an der Budapester Oper unvergeßlich ist, und ich überhaupt in meiner ziemlich vollständigen Kenntniß der bedeutenden Dirigenten seinesgleichen nicht gefunden habe, nehme ich mir die Freiheit einige Worte zu seiner Empfehlung zu sagen.

*Brief Graf Apponyis an die Hoftheaterintendanz (erste Seite)* auch mit der Autorität des angesehenen Politikers, doch haben seine Darlegungen den Charakter einer umfassenden künstlerischen Würdigung. Der offenbar an den Intendanten gerichtete Brief ist, wenn ich nicht irre, in der Mahler-Literatur bisher nicht wiedergegeben worden:

Akt 1610/1897

Ew. Excellenz!

Ich erfahre aus bester Quelle daß bei der k. k. Wiener Hofoper eine Kapellmeister- oder Direktionskrise bevorsteht, und daß auf die erledigte Stelle u. A. Herr Gustav Mahler reflektiert. Da mir die Wirksamkeit dieses hervorragenden Künstlers an der Budapester Oper unvergeßlich ist, und ich überhaupt in meiner ziemlich vollständigen Kenntnis der bedeutenden Dirigenten seinesgleichen nicht gefunden habe, nehme ich mir die Freiheit einige Worte zu seiner Empfehlung zu sagen.

Durch den Unverstand und die Herrschsucht des Grafen Géza von Zichy als derselbe zum Unglück unserer Oper Intendant wurde ... ist dieses unglückliche Institut einer Leitung beraubt worden, welche in zwei Jahren ein gänzlich diskreditiertes Personal zu bedeutenden künstlerischen Leistungen zu erziehen wußte, ein vielseitiges reiches Repertoire schuf und – bei Festhalten der höchsten künstlerischen Ziele – das 2. Jahr mit einem nicht unerheblichen finanziellen Überschuß abschloß. Mahler ist nicht bloß – wie auch andere berühmte Dirigenten, die ich leicht nennen könnte – Orchestermusiker, sondern er beherrscht bei den Werken, die er leitet, mit souveräner Gewalt die Bühne, das Spiel, die Mimik, die Bewegungen der Darsteller und des Chores, sodaß eine von ihm vorbereitete und dirigierte Vorstellung etwas nach jeder Richtung künstlerisch Vollendetes ist. Sein Blick erstreckt sich über die ganze Regie, auf die Dekorationen, die Maschinerien, die Beleuchtung. Ich habe nie eine so harmonisch-abgerundete Künstlernatur gefunden. Ich bitte Ew. Excellenz zur Bestätigung dieses meines Urteils Brahms zu fragen, was er über die von Mahler geleitete Don-Juan-Veranstaltung denkt, welcher er in Budapest beiwohnte; ich bitte Goldmark zu fragen, wie ihn Lohengrin unter Mahlers Leitung impressioniert hat. Beide werden sich an diese

Eindrücke erinnern; denn dieselben gehören zu jenen, die man zeitlebens nicht vergißt.

Indem ich hinzufüge, daß Mahler auch als Mensch ein hochachtbarer, eminent anständiger Charakter ist, so habe ich das Bild vervollständigt, aus welchem hervorgeht, daß die Oper ein großes Los ziehen würde, wenn sie ihn gewänne.

Albert Apponyi

Im Februar 1897 waren die Verhandlungen so weit gediehen, daß Mahler nicht nur mit dem baldigen Abschluß eines Vertrages als Kapellmeister der Wiener Hofoper rechnen konnte, sondern auch mit der Einlösung einer nur mündlich und heimlich gegebenen Zusage der Wiener Intendanz, ihn bald danach zum Direktor zu machen. Pollinis kaufmännischer Assistent Max Bachur hat in seinen Theatererinnerungen erzählt, wie energisch Mahler schon zu Beginn des Jahres auf die vorzeitige Lösung seiner Hamburger Verpflichtungen drängte. »Wenn ich am 1. Juni wegkomme, dann kann ich die Wiener Stellung übernehmen«, soll Mahler gegenüber Bachur erklärt haben. Auf Bachurs Frage, ob nicht sein Judentum einer solchen Berufung entgegenstünde, gab Mahler zur Antwort: »Das macht nichts, das sind Kleinigkeiten, sehen Sie nur zu, daß ich morgen Bescheid habe.« Bachur erwirkte das Einverständnis Pollinis, der Mahler ohnehin loswerden wollte. Schon am 15. April 1897 unterschrieb Direktor Jahn in Wien den Vertrag, mit dem Mahler als Kapellmeister vom 1. Juni an für ein Jahr verpflichtet wurde. Die Ratifizierung des Kontrakts durch die kaiserliche und königliche Generalintendanz – eine Prozedur, die sonst immer längere Zeit in Anspruch nahm – erfolgte noch am selben Tag. Direktor Jahn konnte nicht ahnen, daß er mit der Unterzeichnung des Dokuments seinem Nachfolger das Tor geöffnet hatte. Mahler war im Bilde. Fünf Tage danach schrieb er an Max Marschalk: »... am allermeisten habe ich mich vor einer Direktionsstellung gefürchtet; und nun ist gerade *das* gekommen. Aber: vederemo!« Er hatte auch ein wenig Angst vor diesem taktischen Erfolg. Er wußte, daß er sich »auf einen Tanz gefaßt machen« mußte, doch er war entschlossen, »selbst den Takt dazu anzugeben«. Dazwischen gab es auch Stimmungen der Entmutigung, der Sehnsucht nach einem »unbeachteten und ruhigen Dasein in einem stillen Winkel der Erde« und Furcht vor der »entsetzlichen Tretmühle des Theaters«.

Am 11. Mai 1897 dirigierte Mahler seine erste Aufführung im Wiener Opernhaus. ›Lohengrin‹ stand auf dem Programmzettel. Man hatte Mahler nur eine einzige Probe zugebilligt. Dennoch stellte sich der Erfolg ein, den Mahler nicht nur der eigenen Bemühung zuschrieb: »Das Hauptverdienst hat doch das österreichische Musikantentum: der Schwung und die Wärme und die große natürliche Veranlagung, die jeder mitbringt.«

Mahler war endlich »zu Hause«. Das allein hätte ihn schon beglückt. Doch dazu kamen noch die Ovationen junger Musikenthusiasten, die ihn nach der Vorstellung am Bühneneingang erwarteten, und höchst freundliche Rezensionen. In diesem Freudenrausch unterließ es Mahler sogar, seine täglichen Bulletins an die Mildenburg nach Hamburg zu senden. Am 17. Mai entschuldigte er sich bei ihr: »Gestern und vorgestern kam ich nicht einmal dazu, Dir ein Wort zu sagen. Es war ein schreckliches Wirrwarr von Gratulationen, Besuchern usw. Gott sei Dank! ist nun alle Not vorüber! Ganz Wien hat mich geradezu mit Enthusiasmus begrüßt. Jetzt kommen nächste Woche Walküre, Siegfried, Figaros Hochzeit und Zauberflöte. Es ist kaum mehr daran zu zweifeln, daß ich in absehbarer Zeit Direktor werde . . .«

Schon im Juli 1897 wurde Mahler mit den Agenden des kranken Direktors Wilhelm Jahn betraut. Am 12. Oktober wurde die Ernennung Mahlers zum »artistischen Direktor« bekanntgegeben. Die sorgfältig geplante Eroberung der Hofoper war geglückt. Rosa Papier, die durch ihre taktischen Ratschläge entscheidend zu Mahlers Sieg beigetragen hatte, wollte auch ihre Schülerin nicht vergessen – Anna von Mildenburg, die in Hamburg auf das Signal wartete, das ihr den Weg nach Wien öffnen sollte. Sie bemühte sich, auch für die Frau, die Mahler liebte, ein Engagement in Wien zu erwirken. Als Mahlers Schwester Justine von diesem Plan erfuhr, bot sie alle Kräfte auf, um Mahlers Vereinigung mit der Mildenburg zu verhindern. Es scheint, daß auch Mahler unter dem Eindruck sehr realistisch klingender Argumente in seinem Eintreten für die Mildenburg wankend wurde. Zu diesen Argumenten gehörte auch die Warnung vor Komplikationen, die aus der innigen Beziehung des Direktors zu einem Mitglied des Ensembles der Oper entstehen konnten, zumal eine Wiener Zeitung schon zu berichten wußte, daß Mahlers erste Amtshandlung darauf abziele, seine »Freundin« nach Wien zu bringen. Die Akten der Generalintendanz melden allerdings weder von Mahlers Befürwortung noch von Mahlers

Ablehnung des Engagements der Mildenburg. Er ließ den Dingen ihren Lauf. Im Februar 1898 wurde die Sängerin nach einem Gastspiel zu einem Mitglied des Wiener Ensembles. Dem Bericht von Ludwig Karpath ist zu entnehmen, daß Mahler beim ersten Erscheinen der Mildenburg in seinem Wiener Büro »zwischen sich und ihr eine unüberbrückbare Mauer aufgerichtet hatte«. Dieser Darstellung hat die große Sängerin Jahrzehnte später deutlich widersprochen. Auch Karpaths Behauptung, die beiden hätten ihr Verlöbnis schon vor dem Abgang Mahlers aus Hamburg gelöst, wird durch die veröffentlichten Briefe nicht erhärtet. Was sich wirklich bei der Wiederbegegnung der beiden in der Direktionskanzlei der Hofoper zugetragen hat, bleibt im Dunkel. Fest steht jedoch, daß sich die private Bindung lockerte und daß bis zuletzt tiefes künstlerisches Einverständnis bestehen blieb. Noch im Dezember 1907, als Mahler von der Hofoper Abschied nahm, richtete er an seine »liebe, alte Freundin« einen Brief, in dem er sie »alter Anhänglichkeit und Sympathie« versicherte. »Jedenfalls wissen Sie«, so heißt es in diesem Brief, »daß ich Ihnen auch in der Ferne ein Freund bleibe, auf den Sie zählen können.«

Auch die Mildenburg hat in ihren 1921 veröffentlichten ›Erinnerungen‹ dem Freund und Lehrer gehuldigt. Mit Begeisterung schilderte sie, was sie der Anleitung Mahlers zu danken hatte, und mit vornehmem Takt vermied sie dabei jede Anspielung auf eine Beziehung, die weder in Mahlers noch in ihrem Leben bloß Episode gewesen sein kann.

Die Trennung, die sich keineswegs plötzlich, sondern allmählich vollzog, ist durchaus zu begreifen, wenn wir Mahlers emotionelle Bindung an die beiden Schwestern Justine und Emma in Rechnung stellen. Das psychologische Moment wurde von Mahler überdies »rationalisiert«, indem er die Verpflichtung und Verantwortung gegenüber den unverheirateten Geschwistern in den Vordergrund stellte. Dazu kam jedoch noch ein durchaus egozentrisches Motiv: Justine hatte nach Mahlers eigenen Worten das gelernt, was alle lernen mußten, die mit ihm leben sollten; sie war bereit, sich den Forderungen anzupassen, die sich aus Mahlers wechselhaftem Missionsgefühl – einmal als Dirigent und Direktor, dann wieder als Komponist – ergaben. Sie bot ihm den Vorteil weiblicher Fürsorge ohne jene emotionellen Gegenansprüche, die eine Ehepartnerin geltend gemacht hätte. Ob sie wirklich so schlecht zu wirtschaften verstand, wie Mahlers spätere Gattin behauptet, ist schwer zu entscheiden. Auf den seelischen Haushalt des Bruders wußte sie Rücksicht zu nehmen, und das war es offenbar, was für ihn vor allem zählte.

Im Februar 1898 bezog Mahler eine Wohnung im Hause Auenbruggerstraße 2 im dritten Wiener Gemeindebezirk. Hier wurde ein Diensttelephon installiert, das Mahler die dauernde Verbindung mit dem Opernhaus ermöglichte. Die Generalintendanz stellte ihrem Direktor auch einen Dienstwagen zur Verfügung. Der begeisterte Radfahrer Mahler, der in den Ferien das Salzkammergut oft durchfahren hatte, entdeckte bald seine Liebe zum Auto, an der er bis zuletzt festhielt. Man brauste dahin – mit einer Durchschnittsgeschwindigkeit von 20 Stundenkilometer –, entweder mit einem Elektromobil oder mit dem Benzinmotorfahrzeug, das sich schließlich durchsetzte. Schon 1899 gab es in Wien ein internationales Automobilrennen. Zehn Jahre später wurden von der Behörde mehr als 3000 Erkennungszeichen für Autos ausgegeben, und die Zahl der Todesopfer im Straßenverkehr betrug 61.

Eine neue Epoche hatte begonnen. Ihr Beginn war durch die Vorbereitung zu den Feiern des fünfzigjährigen Regierungsjubiläums des Kaisers Franz Josef (1898) markiert. In diesem mächtigen und allem Anschein nach noch lange friedlichen Aufschwung der Hauptstadt des Reiches hatte Mahler eine beherrschende Position erobert. 1898 wurde der Operndirektor von den Wiener Philharmonikern zu ihrem Dirigenten erwählt. Obgleich auch schon heftige Anfeindungen einsetzten und Mahler sogar bei der Generalintendanz die Disziplinaruntersuchung gegen einen Anonymus beantragen mußte, der »abfällig kritisierende und injuriöse Artikel« in die Presse brachte, fehlte es keineswegs an Anerkennung und Macht, an Glanz und Geld. 1899 konnte Mahler ein Grundstück in Maiernigg am Wörther See erwerben, auf dem er später eine Villa errichten ließ.

*Schatten*

Die Epoche, die mit Mahlers Eintritt in die Wiener Operngeschichte begann, wird erst seit kurzem in ihrer kulturellen Bedeutung gewürdigt. Wir haben endlich jene Distanz zu den letzten Friedensjahren der österreichisch-ungarischen Monarchie gewonnen, die einer gerechteren Einschätzung förderlich ist. Von der antidynastischen Emotion der demokratischen Linken in der Ersten österreichischen Republik nach 1918 war die fruchtbare Bewältigung der Vergangenheit ebensowenig zu erwarten gewesen wie von großdeutschen Wahnvorstellungen, die in nahezu allen politischen Lagern lebendig blieben. Daß die nationalen Bestrebungen in den nach 1918 vom österreichischen Kern gelösten Nachfolgestaaten die historische Funktion Wiens zuerst einmal negieren mußten, um sich ideologisch zu legitimieren, ist durchaus verständlich. Die Weisheit politischen Wägens, die auch unter monarchischer Hülle die Schönheit der kulturellen Landschaft des Donauraums zu erkennen vermochte, war selten anzutreffen. Der geistige Habitus eines Thomas G. Masaryk, der seiner Nation dienen wollte, ohne sich nationalem Vorurteil zu beugen, blieb rühmenswerte Ausnahme. Unter den österreichischen Politikern und Historikern waren nur wenige zu finden, die sich mit dem großen Tschechen in dieser Hinsicht auf eine Stufe stellen ließen. Über den Völkerrechtslehrer Heinrich Lammasch (1853–1920), der als Pazifist dem letzten Ministerrat der Monarchie präsidierte, ist die österreichische Geschichte ebenso hinweggegangen wie über den Gelehrten Josef Redlich (1869–1936), der als Mitglied des Kabinetts Lammasch von der Erneuerung Österreichs aus dem Geist des englischen Parlamentarismus und der englischen Lokalverwaltung träumte.

Erst in der Zweiten österreichischen Republik, die aus einem Zweiten Weltkrieg hervorgegangen ist, besinnt man sich ohne Affekt auf die kulturellen und künstlerischen Taten, die um und nach 1900 gesetzt wurden: auf die Inspiration, die von der Secession (1897) ausging; auf Gustav Klimts erhabene Sinnlichkeit, die Makarts Wollust des Malens überwand; auf Otto Wagners Baukunst, die einem verstandstrotzenden Jahrhundert gemäß sein wollte; auf den ornamentfeindlichen Funktionalismus eines Adolf Loos; auf die Wesensverwandtschaft von Sigmund Freuds ›Traumdeutung‹ (1900) mit der klinischen Studie ›Leutnant Gustl‹, die der Arzt Dr. Arthur Schnitzler im selben Jahre vorlegte.

Die Nennung dieser Taten beschwört die Gefahr einer neuerlichen Idealisierung der Epoche herauf. Die Verklärung, die damit angerichtet würde, ließe das Bild Gustav Mahlers in verfälschtem Licht erscheinen. Gewiß hat auch ihn der künstlerische Aufschwung angespornt. Der Leitspruch der Secession (»Der Zeit ihre Kunst – der Kunst ihre Freiheit«) wurde auch zu seinem Motto, wie Mahlers künstlerisches Einverständnis mit der Klimt-Gruppe und vor allem mit dem Maler Alfred Roller (1864–1935) beweist, den er später zu seinem »Ausstattungschef«

im Opernhaus machte. Dennoch wäre es verfehlt, nur vom künstlerischen Glanz der Epoche zu reden und ihre düsteren Schatten unerwähnt zu lasssen.

Um die Beklemmung der europäischen Intelligenz jener Jahre zu begreifen, müssen wir keine besonderen Anstrengungen machen. Die ekelhafte Verbindung ordinären Antisemitentums mit der verbrecherischen Technik des politischen Schauprozesses ist uns aus rezenten Beispielen bekannt. Nichts anderes war die berühmte Dreyfusaffäre, jener Pariser Prozeß von 1894, in dem ein französischer Hauptmann jüdischer Abstammung wegen des angeblichen Verrats militärischer Geheimnisse verurteilt wurde, den eine Kamarilla konstruiert hatte. Der Kampf um die Rehabilitierung des degradierten, auf der Teufelsinsel gefangengehaltenen Hauptmanns Dreyfus dauerte Jahre. Als im Januar 1898 die von Georges Clémenceau herausgegebene Zeitung ›L'Aurore‹ den offenen Brief Emile Zolas an den Präsidenten der französischen Republik unter dem Titel ›J'accuse‹ veröffentlichte, teilte sich nicht nur die Intelligenz Frankreichs, sondern ganz Europas in »Dreyfusards« und »Antidreyfusards«. Die Gestalt des Georges Picquart, der es als Oberst im Generalstab gewagt hatte, für die Wahrheit und damit für Dreyfus einzutreten, und der diese Kühnheit mit der Freiheit bezahlte, wurde zum Idol all jener, die Gerechtigkeit forderten.

Den Spuren der Auseinandersetzung um Dreyfus begegnen wir nicht nur in den Journalen und Pamphleten jener Zeit, sie finden sich auch in der späteren Literatur. Marcel Prousts großer Romanzyklus legt davon Zeugnis ab, ebenso wie Arthur Schnitzlers Roman ›Der Weg ins Freie‹. Schnitzler hat in diesem Buch, das gewiß nicht zu seinen besten gehört, das geistige Klima Wiens im Jahre 1898 in einer Weise beleuchtet, die uns Mahlers Umwelt besser verstehen läßt. Im Zentrum der ideologischen Auseinandersetzungen, die diesen Roman füllen und ihn eben dadurch künstlerisch fragwürdig und zugleich historisch bedeutsam machen, steht die Diskussion zwischen jenen Juden, die den europäischen Weg der Assimilation fortsetzen, und den anderen, die in Palästina den Grundstein zu dem Haus legen wollen, das »dereinst die jüdische Nation beherbergen wird«. Diese Formulierung des ersten Zionistenkongresses, der im August 1897 in Basel stattfand, war von einer kurz zuvor in Wien erschienenen Schrift Theodor Herzls inspiriert. Herzl, der als Korrespondent der Wiener ›Neuen Freien Presse‹ in Paris den Dreyfusprozeß mitverfolgt hatte, stellte der Assimilation des europäischen Judentums eine Alternative entgegen. Sein Buch über den ›Judenstaat‹ wollte eine »moderne Lösung der Judenfrage« präsentieren.

Schnitzlers Roman resümiert die Verteidigung sowohl als auch die Ablehnung der zionistischen These durch Angehörige der jüdischen Intelligenz Österreichs. »Mein Instinkt«, so läßt Schnitzler einen österreichischen Dichter jüdischer Herkunft sprechen, »sagt mir untrüglich, daß hier, gerade hier meine Heimat ist und nicht in irgendeinem Land, das ich nicht kenne, das mir nach den Schilderungen nicht im geringsten zusagt und das mir gewisse Leute jetzt als Vaterland einreden wollen, mit der Begründung, daß meine Urahnen vor einigen tausend Jahren gerade von dort aus in die Welt verstreut worden sind.« Diesem Satz hält der Vertreter des Zionismus entgegen, der persönliche Instinkt des Künstlers sei unmaßgeblich. Es handle sich vor allem um die Massen des östlichen Judentums, von denen der in Wien assimilierte Künstler jüdischer Herkunft keine Ahnung habe: »Sie denken immer an sich und an den nebensächlichen Umstand, daß Sie ein Dichter sind, der zufällig, weil er in einem deutschen Land geboren, in deutscher Sprache und, weil er in Österreich lebt, über österreichische Menschen und Verhältnisse schreibt.«

Die Diskussion, in die Schnitzler die Gestalten seines Romans verwickelt, unterstreicht ein historisches Dilemma des österreichischen Künstlers jüdischer Abkunft. Sein Heimatgefühl wird durchaus von der künstlerischen Tradition bestimmt, an die er anknüpft, und von der Stätte seines künstlerischen Wirkens. Daran vermag das Ausgestoßensein oder Ausgestoßenwerden nur in Ausnahmefällen etwas zu ändern. Mahler spürte die Abweisung, die er oft erleiden mußte. Doch selbst der Gedanke politischer und sozialer Heimatlosigkeit, dem er Ausdruck gab, vermochte sein im künstlerischen Sinne österreichisches Heimatgefühl nicht zu untergraben. Mahlers Musik ist auf dem Boden dieser Heimat gewachsen. Zu dieser Heimat gehören allerdings nicht nur Wien und Österreich im Sinne der heutigen politischen Geographie, sondern auch andere Landstriche des Habsburgerreiches, die sein Wirken geprägt haben.

Max Brod hat aus der Musik Mahlers – sehr zum Erstaunen vieler Mahlerianer – jüdische Melodien und Rhythmen herausgehört. Ich kann die Verwunderung über diese These nicht teilen, denn sie widerspricht dem universellen Charakter der altösterreichischen Kultur keineswegs. Wäre es nicht umgekehrt überraschend und geradezu unbegreiflich, wenn sich von jüdischer Musiziertradition in Mahlers Kunst überhaupt keine Spuren finden ließen? Die Polemiken gegen die von Max Brod schon im Jahre 1915 vorgetragene Auffassung übersehen die vielfältigen nationalen Quellen, aus denen die österreichische Musik seit der Wiener Klassik gespeist worden ist. Selbst Max Brod, der von der »jüdischen Grundkomponente« im Schaffen Mahlers spricht, verkennt den österreichischen Charakter seiner Musik nicht: Schuberts Musik zählt er zu »Mahlers Fundamenten«, Bruckner nennt er einen »Hauptanreger Mahlers«, an Smetana erinnert ihn das »böhmische Element«, und auch das Fortwirken der Wiener Klassiker Haydn, Mozart und Beethoven erkennt er in der Symphonik Mahlers.

Mahlers Zuordnung zur »jüdischen Musik« schlechthin ist falsch – nicht etwa nur, weil sie von der dummdreisten Musikrassentheorie des Hitler-Reiches vertreten wurde. Sie ist wissenschaftlich unhaltbar, denn sie vermag nichts von dem zu erklären, was an Mahlers geistiger Physiognomie und in Mahlers Schaffen zutiefst österreichisch ist. Mahlers Verhältnis zum Judentum ist allerdings so komplex, daß es nicht auf eine einfache Formel gebracht werden kann. Die Religion seiner Vorfahren machte er nicht zu seiner eigenen. Er fühlte sich zum Christentum hingezogen, doch verleugnete er seine Abstammung keineswegs. Er bekannte sich zu seiner jüdischen Herkunft, doch verabscheute er manche jüdisch-wienerische Gepflogenheit: etwa das Erzählen von jüdischen Witzen; jüdische Witze waren ihm ein Greuel. Sein Christentum war tief empfunden, doch gelangte es nie zu dogmatischer Manifestation, die ihm erlaubt hätte, eine Messe zu komponieren. Christliches Denken amalgamierte sich bei ihm mit einem Pantheismus, dem er schon in seinen Kommentaren zur Dritten Symphonie Ausdruck gab. Das religiöse Moment war für ihn Teil eines Gesamtbekenntnisses zur europäischen Kultur, zur »Assimilation« an die dem Künstler vorbestimmte Heimat.

Auch vom Schaffen und nicht etwa bloß von der Karriere her ist also Mahlers Entscheidung zu begreifen. Der Übertritt zum Katholizismus, wenige Monate vor dem Antritt der Wiener Stellung, war das äußere Zeichen dieser Entscheidung. Er entzog sich damit nicht dem Mitgefühl für die Erniedrigten und Beleidigten dieser Erde, zu denen auch die armen jüdischen Massen des Ostens gehörten. Der Dostojewski-Enthusiast Mahler beobachtete auch die Kämpfe des vierten Standes zumindest mit

Sympathie. Der Aufstieg der österreichischen Arbeiterbewegung, der Kampf um das allgemeine Wahlrecht und die Demokratisierung des öffentlichen Lebens imponierten ihm. Die Entwicklung, die Österreich trotz virulenter antisemitischer Kräfte nahm, mußte ihn darin bestärken, daß er sich einer aufgeklärten und tolerant-christlichen Gemeinschaft zurechnen durfte. Jene Aufrechten, die in der Dreyfusaffäre für die Wahrheit eingetreten waren, gehörten später zu seinen engsten Freunden. In Paris gab es bald eine Gruppe von Mahlerianern. Sie hießen Paul Clémenceau (der Bruder von Georges), Oberst Picquart, Hauptmann L'Allemand und Paul Painlevé (der berühmte Mathematiker und spätere Ministerpräsident). Diesen »Dreyfusards« fühlte sich Mahler verbunden, und sie wieder ehrten nicht nur den Wiener Operndirektor, sondern auch den Komponisten. Von 1900 an, so berichtet Berta Zuckerkandl, die Wiener Schwägerin von Paul Clémenceau, wohnten die französischen Mahler-Freunde nahezu jedem Konzert bei, das Mahler im Ausland dirigierte. Sie fuhren ihm überallhin nach. Picquart und L'Allemand pflegten Mahlers Symphonien auf dem Klavier zu spielen.

Mahler konnte noch den Triumph seiner französischen Freunde erleben. Georges Clémenceau wurde 1906 Ministerpräsident, im Juli erfolgte die Rehabilitierung von Dreyfus und die Reaktivierung von Picquart im Rang eines Brigadegenerals. Für den Herbst kündigten Picquart und seine Freunde ihren Besuch in Wien an. Als Mahler davon erfuhr, entschloß er sich, seinen Freunden »geheime Festwochen« zu bereiten. Er entwarf ein Programm mit vorzüglichen Sängern. Auch Picquarts Herzenswunsch wurde berücksichtigt: eine Aufführung von ›Tristan und Isolde‹ mit Anna von Mildenburg und Erik Schmedes in den Titelpartien. Doch Picquart sollte diese Freude nicht genießen. Ein Telegramm von Clémenceau, der Picquart zum Kriegsminister ausersehen hatte, erreichte Picquart in der Direktionsloge der Hofoper. Der Gast aus Paris mußte abreisen, ohne Mahlers ›Tristan‹ -Deutung kennengelernt zu haben.

*Drei Etappen der Opernleitung*

Mahlers Tätigkeit als Direktor und Dirigent der Wiener Hofoper ist sowohl apologetisch als auch kritisch mehrfach dargestellt worden. Die meisten Gesamtberichte verraten sehr deutlich die

Parteinahme der Verfasser. Versucht man, das umfangreiche Material ein wenig zu ordnen und mit den aktenmäßigen Befunden in Einklang zu bringen, dann zeigt sich, daß es durchaus unmöglich ist, der rund zehnjährigen Wiener Opernarbeit Mahlers mit einer globalen Charakteristik gerecht zu werden. Es gilt heute als ausgemacht, daß die Ära Mahler eine »Glanzzeit« der Wiener Oper gewesen sei. Damit ist jedoch über die künstlerische Besonderheit der Darbietungen dieser Epoche noch wenig ausgesagt. Selbst der so häufig strapazierte Begriff des »Ensembletheaters« – im Gegensatz zur Sängerbühne, die dem Solisten Vorrechte einräumt – vermag in diesem Zusammenhang keine Dienste zu leisten. Gewiß, Mahler legte auf Ensemblestudium und Ensemblewirkung größten Wert. Er ersetzte die Starwirtschaft, die unter der Direktion Jahn herrschte, durch ein Verfahren, das jedem einzelnen Werk gerecht werden sollte. Die Energie, mit der Mahler beim Aufbau des Ensembles verfuhr, fand nahezu allgemeine Anerkennung. Doch Mahler war so sehr Feind der Routine, daß er sich nicht damit begnügen konnte, das jeweils Erreichte bloß festzuhalten. Besser, schöner, vollkommener – das blieb auch dann seine Devise, wenn er etwas erreicht hatte, das den Beobachtern gut und schön genug erschien. Mahler, so lesen wir in einem Rückblick, der Anno 1902 im Jahrbuch ›Deutsche Thalia‹ erschien, sei »ein Mann der Sensationen, der Explosionen. Was er nicht vertragen kann, ist: Ruhe.« Der Verfasser dieses Berichtes, der junge Kritiker Max Graf, gibt auch ein Beispiel für diese Unruhe, indem er ausführt: »Wenn in den ersten Jahren von Vorstellung zu Vorstellung die Besetzung geändert worden ist, hat man sich immer über die Unermüdlichkeit gefreut, mit der Mahler an der Verbesserung des Ensembles gearbeitet hat. Allein man glaubte hoffen zu dürfen, daß dieses nervöse Herumexperimentieren und Herumprobieren schließlich zu einem bestimmten Ziele führen müsse, und sieht heute erstaunt, daß diesem Künstler das fortwährende Herumtasten an Vorstellungen Selbstzweck ist. So haben wir heute vier Wotans, drei Evas, eine unzählbare Menge zweiter und dritter Damen in der Zauberflöte, allein sehr wenig Vorstellungen, die – wie es im Theaterjargon heißt – ›stehen‹. Bei diesem unermüdlichen Geduldspiel von Besetzungen wechselt das Bild der Vorstellungen ohne Ende. Und wenn man so lange zugesehen hat, wie Mahler das Feld fortwährend um- und umpflügt, so wünscht man endlich, die Getreideernte ruhig aus dem Boden sprießen zu sehen.«

Die sachliche Information, die in dieser Kritik enthalten ist, läßt sich auch zur Glorifizierung Mahlers verwenden. Wie großartig, so könnte man sagen, muß doch ein Opernhaus gewesen sein, das über vier Sänger verfügte, die der Partie des Wotan gewachsen waren, und über drei Sopranistinnen, die man als Eva auf die Bühne stellen konnte! Solche Umkehrung des Urteils erfolgte in der Tat schon zu Mahlers Zeit. Das sollte uns davor bewahren, summarischen Verdikten zu trauen. Um so wichtiger sind manche Einzelzeugnisse, denen wir uns zuwenden wollen. Sie entkräften durchaus nicht das Bild des experimentierenden Direktors und Dirigenten, der auf lange Sicht »nie zu seinem Wort stehen will« – wie die Gegner sagen – und der »stets von neuem nach Vervollkommnung strebt« – wie seine Anhänger sich ausdrücken.

Die stete Wandlung, der sich Mahler als nachschaffender Künstler unterwirft, steht in Widerspruch zu jener Auffassung, die der Oper museale Funktion zuschreibt. Es gehört nicht zu Mahlers Absicht, eine Vorstellung dorthin zu bringen, wo sie – im Theaterjargon gesprochen – »stehen« kann. Er will nicht stehenbleiben. Das Musiktheater, als Gesamtkunstwerk verstanden, soll seine Wirkung auf das Publikum aus immer neuen Impulsen beziehen. Dazu gehört nicht nur die szenische Erneuerung, sondern auch das Experimentieren mit neuen Sängern. Dem Operndirektor kreiden die Kritiker im Laufe der Jahre immer stärker die zahlreichen Gastspielengagements an. Mahler sucht nicht etwa »schöne Stimmen an sich«. Ihm geht es um formbare Individualitäten von Singschauspielern, die sich seinen Ensembleideen einordnen können. Das nicht nur zu Jahns Zeiten, sondern bis heute noch dem kulinarischen Belkantoideal anhängende Wiener Publikum vermag dieser Bemühung nicht immer Geschmack abzugewinnen. Man schätzt natürlich die Gesamtstimmung der von Mahler geleiteten Aufführungen, deren Wirkung vor allem in den ersten Jahren seiner Tätigkeit gepriesen wird, doch man spricht gelegentlich schon vom »Ensemble der häßlichen Stimmen«. Das ist nicht Kritik an Mahlers Taktik, sondern Einspruch gegen seine Opernstrategie, gegen seinen Versuch, die Bühne singender Stars in einen geweihten Ort zu verwandeln, von dem die Botschaft des Komponisten ausgeht. Mahler fühlt sich als Stellvertreter des Komponisten, betrachtet sich als eifernden Diener des Kunstwerks, der auch vor diktatorischen Maßnahmen nicht zurückschrecken darf, wenn er dem Kunstwerk zum Sieg verhelfen soll. Der Sänger

# K. K. Hof=Operntheater.

Samstag den 21. Februar 1903.

Bei aufgehobenem Abonnement.

Neu in Scene gesetzt:

# Tristan und Isolde

## von Richard Wagner.

### Handlung in 3 Aufzügen.

| | | |
|---|---|---|
| Tristan | | Hr. Schmedes. |
| König Marke | | Hr. Mayr. |
| Isolde | | Frl. v. Mildenburg |
| Kurwenal | | Hr. Melms. |
| Melot | | Hr. Breuer. |
| Brangäne | | Frl. Kittel. |
| Ein Hirt | | Hr. Preuß. |
| Ein Steuermann | | Hr. Stehmann. |

Schiffsvolk, Ritter und Knappen.

Schauplatz der Handlung:

Erster Aufzug: Auf dem Verdeck von Tristan's Schiff, während der Ueberfahrt von Irland nach Kornwall. — Zweiter Aufzug: In der königlichen Burg Marke's in Kornwall. — Dritter Aufzug: Tristan's Burg in Bretagne.

Die Dichtung ist an der Kassa für 1 Krone zu haben.

---

**Während der Aufzüge bleiben die Saalthüren geschlossen.**

---

**Der freie Eintritt ist heute ohne Ausnahme aufgehoben.**

---

Der Beginn der Vorstellung sowie jedes Aktes wird durch ein Glockenzeichen bekanntgegeben.

---

**Nach jedem Akt tritt eine Pause von 25 Minuten ein.**

---

Abendkassen-Eröffnung gegen halb 7 Uhr. Anfang 7 Uhr. Ende nach ¼12 Uhr.

---

| | |
|---|---|
| Sonntag | den 22. Die Hugenotten. |
| Montag | den 23. Bei aufgehobenem Abonnement. Hoffmann's Erzählungen |
| Dienstag | den 24. Die lustigen Weiber von Windsor |
| Mittwoch | den 25. Wiener Walzer. Hierauf: Die Puppenfee. Zum Schluß: Sonne und Erde. |

### Preise der Plätze:

| | | | |
|---|---|---|---|
| Eine Loge im Parterre oder ersten Rang | K 50.— | Ein Sitz 3. Galerie 1. Reihe | K 5.50 |
| Eine Loge im zweiten Rang | K 30.— | Ein Sitz 3. Galerie 2. Reihe | K 4.50 |
| Eine Loge im dritten Rang | K 20.— | Ein Sitz 3. Galerie 3.—4. Reihe | K 2.50 |
| Ein Logensitz im Parterre oder ersten Rang | K 12.— | Ein Sitz 3. Galerie 5.—6. Reihe | K 2.— |
| Ein Logensitz im zweiten Rang | K 8.— | Ein Sitz 4. Galerie 1. Reihe, Mitte | K 4.— |
| Ein Logensitz im dritten Rang | K 6.— | Ein Sitz 4. Galerie 1. Reihe, Seite | K 3.— |
| Ein Sitz Parquet 1. Reihe | K 12.— | Ein Sitz 4. Galerie 2. und 3. Reihe | K 3.— |
| Ein Sitz Parquet 2.—5. Reihe | K 9.— | Ein Sitz 4. Galerie 4.—6. Reihe, Mitte | K 2.50 |
| Ein Sitz Parquet 6.—9. Reihe | K 8.— | Ein Sitz 4. Galerie 4.—6. Reihe, Seite | K 2.— |
| Ein Sitz Parquet 10.—13. Reihe | K 7.— | Eintritt in das Parterre (nur Herren gestattet) | K 2.— |
| Ein Sitz Parterre 1. Reihe | K 7.— | Eintritt in die 3. Galerie | K 1.60 |
| Ein Sitz Parterre 2.—4. Reihe | K 6.— | Eintritt in die 4. Galerie | K 1.20 |

**Zum Dienstgebrauche.**

K. k. Hoftheater-Druckerei, IX., Berggasse 7.

---

*Theaterzettel der ersten Gemeinschaftsarbeit Mahler-Roller* muß die Stimme »zurücknehmen«, wenn es der Ausdruck verlangt; er muß auf applaustreibende Spitzentöne verzichten, wenn diese von der Partitur nicht vorgeschrieben sind; er muß von liebgewordenen Koloraturen Abschied nehmen, wenn Mahler es von ihm fordert. Im Orchester wünscht Mahler abgeblendete Pultbeleuchtung, damit die Lichtwirkung der Bühne nicht beeinträchtigt wird. Sogar das Publikum wird von ihm tyrannisiert. Ähnlich wie Toscanini, der 1898 seine Reformen an der Mailänder Scala erzwingt, verpflichtet Mahler sein Publikum zur bedingungslosen Hingabe an das Werk: Wer zu spät kommt, findet keinen Einlaß; die Lichtintensität im Zuschauerraum wird reduziert; über störenden Beifall wird hinwegmusiziert.

Alle diese Maßnahmen kennzeichnen die Grundhaltung des Operndirektors Mahler. Ihm geht es um die Integrität des für das Musiktheater geschaffenen Kunstwerkes. Die Durchsetzung dieses Anspruchs vollzieht sich jedoch im Laufe der zehn Jahre seiner Wiener Operndirektion nicht immer auf die gleiche Weise und nicht durchwegs mit derselben Intensität. Wir können deutlich drei Etappen wahrnehmen. Die erste – sie reicht etwa von 1897 bis 1902 – ist durch das Bemühen um musikalische Integrität gekennzeichnet. Wagners Bühnenwerke werden in dieser Periode endlich ungekürzt dargeboten. Die zweite Etappe beginnt mit der Erneuerung der Szene im Verein mit dem Bühnenbildner Alfred Roller. Die Neuinszenierung von ›Tristan und Isolde‹ (Premiere am 21. Februar 1903) markiert den Beginn dieses Abschnitts, dessen Höhepunkt mit der Premiere der ›Fidelio‹-Inszenierung am 7. Oktober 1904 anzusetzen wäre. Den dritten Abschnitt bilden die Jahre 1906 und 1907; es ist eine Zeit, in der die Energie des Operndirektors Mahler gewiß nachläßt zugunsten des Einsatzes, den die Komposition des Monumentalwerkes der Achten Symphonie ihm abfordert. Daß Mahler in diesen beiden Jahren zahlreiche Konzerte im Ausland dirigiert, trägt auch nicht zu seiner Konzentration auf den Opernbetrieb bei. Doch auch diese letzte Etappe, in die das Mozart-Jubiläumsjahr 1906 fällt, beschert dem Opernpublikum noch die Herrlichkeiten von Mozart-Opern, vor allem des ›Don Giovanni‹ in Rollers Szenerie.

Die hier vorgeschlagene zeitliche Gliederung der Ära Mahler an der Wiener Oper wird es uns leichter machen, Verständnis für die Taten Mahlers zu erwecken und zugleich in der Kritik, die am Operndirektor Mahler geübt wurde, die rechthaberisch-affektiven Motive von den sachlichen Einwänden zu sondern.

Schon im Herbst 1897 fügt Mahler dem Spielplan der Hofoper
Novitäten hinzu. Smetanas ›Dalibor‹, am 4. Oktober zum erstenmal aufgeführt, fällt noch in die Periode des mit den Agenden
der Direktion betrauten Kapellmeisters Mahler, der erst einige
Tage nach der Premiere zum souveränen Direktor befördert
wird. Eine Übersicht über die weiteren Novitäten bis zum Jahre
1902 gibt uns einigen Aufschluß über das Konzept des Operndirektors:

1897    Tschaikowsky: ›Eugen Onegin‹

1898    Bizet: ›Djamileh‹
        Leoncavallo: ›Bohème‹
        Reznicek: ›Donna Diana‹

1899    Haydn: ›Der Apotheker‹
        Lortzing: ›Die Opernprobe‹
        Siegfried Wagner: ›Der Bärenhäuter‹
        Anton Rubinstein: ›Der Dämon‹

1900    Zemlinsky: ›Es war einmal‹
        Tschaikowsky: ›Jolanthe‹
        Giordano: ›Fedora‹
        Josef Reiter: ›Der Bundschuh‹

1901    Thuille: ›Lobetanz‹
        Offenbach: ›Hoffmanns Erzählungen‹

1902    Richard Strauss: ›Feuersnot‹
        Josef Förster: ›Der Dot Mon‹
        Mozart: ›Zaide‹
        Tschaikowsky: ›Pique-Dame‹

Vergleicht man diese Liste mit den Novitäten, die Mahlers
Vorgänger Wilhelm Jahn in das Repertoire aufgenommen hat,
dann ergibt sich durchaus nicht das Bild einer entscheidenden
Wendung. Unter Jahn hatten bedeutende Werke Eingang in
den Spielplan gefunden: ›Manon‹ und ›Werther‹ von Massenet,
›Cavalleria rusticana‹ und ›Freund Fritz‹ von Mascagni, ›Der
Barbier von Bagdad‹ von Cornelius, ›Hänsel und Gretel‹ von
Humperdinck und sogar (seit 1894) ›Die Fledermaus‹. Nicht
das Neue allein, so wichtig es auch sein mochte, bildet den ent-
scheidenden Beitrag Mahlers zum Wiener Opernleben dieser

Zeit, sondern die kritische Sorgfalt, die er dem vorhandenen Repertoire angedeihen läßt. Vor allem dem Werk Wagners gilt die ganze Energie des Operndirektors. Das Bestreben, die Originalgestalt der Musikdramen Wagners zu rekonstruieren, richtet sich vorerst auf die Musik. Von den vier Partituren, aus denen Wagners ›Ring des Nibelungen‹ besteht, ist vor Mahlers Ankunft in Wien nur ›Rheingold‹ ohne Kürzungen aufgeführt worden. Im Februar 1898 beginnt Mahlers Rekonstruktion mit der ersten ungekürzten Aufführung von ›Siegfried‹. Im Herbst endlich wagt er eine völlig strichlose Aufführung der ganzen ›Ring‹-Tetralogie. Am 20. September wird ›Rheingold‹ gegeben, am folgenden Tag ›Die Walküre‹ mit Anna von Mildenburg als Brünnhilde. Nach einem Ruhetag folgt am 23. September ›Siegfried‹ mit Erik Schmedes in der Titelpartie und am 25. die Aufführung der ›Götterdämmerung‹ mit der bis dahin immer weggebliebenen Nornenszene.

Das Risiko, das Mahler mit diesem für Wien neuen Verfahren eingeht, ist noch in den Rezensionen fühlbar. »Es läßt sich mancherlei für und mancherlei gegen solche strichlose Nibelungen-Zyklen sagen«, schreibt der Wiener Wagnerianer Theodor Helm in einem Gesamtbericht, der die Erfolgsmeldung zusammenfaßt: »Das praktisch Entscheidende bleibt dabei immer, ob es möglich ist, für dieselben auf einer gewöhnlichen Opernbühne ein ausreichend zahlreiches und den großen physischen und geistigen Anstrengungen gewachsenes Auditorium zu gewinnen. Nun in dieser Hinsicht hat der Erfolg Direktor Mahler unbedingt Recht gegeben: Abend für Abend total ausverkauftes Haus, andachtsvolle, ja wahre Festspielstimmung der Zuhörer, nach den Aktschlüssen begeisterter Beifall, kulminierend bei dem erhabenen Ausklingen des Ganzen in den Schlußakkorden der Götterdämmerung. Den stets von Direktor Mahler persönlich geleiteten Aufführungen merkte man deutlich an, daß jede einzelne von Grund aus neu einstudiert war... Schon nach zehn Tagen wiederholte Mahler den Nibelungen-Zyklus mit in der Hauptsache ganz gleichem künstlerischen, wie selbst materiellen Erfolg.«

Ende Oktober folgte der ungekürzten ›Ring‹-Tetralogie die erste strichlose ›Tristan‹-Aufführung, auch diese »von Grund aus neu einstudiert«. Die musikalische Restauration erstreckte sich auch auf andere Werke des Repertoires. Detaillierte Probenarbeit kam dem ›Freischütz‹ zugute, an dessen Ouvertüre Mahler – zum Mißvergnügen einiger Mitglieder des Orchesters – ungewöhnlich lange feilte. Das musikalische Ergebnis fand allgemeine Zustimmung, während Mahlers Versuch, die Wolfsschluchtszene zu entrümpeln und zu stilisieren, auf Widerspruch stieß. Mahler beugte sich der Kritik, die das vom Textbuch vorgeschriebene zoologische und sonstige dekorative Beiwerk forderte. Die ›Freischütz‹-Reprisen brachten wiederum das den naiveren Gemütern vertraute Gruselbild.

Mahler billigte nicht nur sich selbst intensive Probenarbeit zu. Auch dem Bruckner-Schüler Ferdinand Löwe, der zu jener Zeit als Dirigent des Münchner Kaim-Orchesters und als Leiter der Wiener Singakademie wirkte, bot er für ein Operndebüt günstige Bedingungen. Zur großen Überraschung der Routiniers wurden Löwe für die Vorbereitung von ›Hänsel und Gretel‹, einer Oper, die zum häufig gespielten Bestand gehörte, zwei vollständige Proben zugebilligt. Das Beispiel zeigt, wie sehr Mahler daran gelegen war, auch das Niveau jener Darbietungen zu heben, die nicht unter seiner unmittelbaren Kontrolle standen. Er selbst wandte sich vor allem Mozart und Wagner zu. Seine Art, Wagners Musik zu interpretieren, mußte den an Hans Richters Darstellungsstil gewöhnten Wienern ungewöhnlich und neuartig erscheinen. Richter, der seit mehr als zwei Jahrzehnten als Dirigent der Wiener Hofoper wirkte und auch unter Mahler anfangs noch die Position eines Ersten Kapellmeisters innehatte, durfte den Wiener Wagnerianern als authentischer Interpret gelten. Wagner selbst hatte Hans Richter 1876 zu seinem ersten ›Ring‹-Dirigenten im Bayreuther Festspielhaus gemacht. Es ist also zu verstehen, daß man Mahlers Interpretation mit dem vertrauten Stil Hans Richters verglich.

Nach den vollständigen ›Ring‹-Aufführungen im Herbst 1898 hat ein Wiener Kritiker, dem Kompetenz nicht abgesprochen werden kann, einen solchen Vergleich versucht. Gustav Schönaich, der nicht nur die Wiener Wagner-Konzerte von 1872 und 1875 und die Bayreuther Proben von 1875 und 1876 miterlebt hatte, sondern auch mit Hans Richters Wiener Aufführungspraxis innig vertraut war, stellte in der ›Wiener Allgemeinen Zeitung‹ fest, daß Mahler eine ganze Anzahl von Zeitmaßen anders wählte »als der Meister selbst und Richter, der sich ihrer stets unter dessen unbedingter Billigung bediente«. Lehrreicher als dieses Pauschalurteil ist die eingehende Erläuterung, die der Rezensent daran schließt:

Nicht Mahlers Neigung für langsame oder schnelle Tempi – vielmehr seine Vorliebe dafür, mit allzu drastischen Gegensätzen zu wirken, verleitet ihn, stellenweise das Zeitmaß über Gebühr zu verlangsamen oder vorwärtszutreiben. Solche Gegensätze herauszuarbeiten gelingt ihm oft in überraschendem Grade – freilich selten ohne das Vorher und Nachher in seiner Wirkung auf den Zuhörer leise zu schädigen. In unmittelbarem Zusammenhang damit steht, daß er gern detailliert und gewisse versteckte Einzelheiten zu besonderer, vielleicht nicht ganz ihnen zukommender Bedeutung erhebt. Nicht alle Themen sind ihm gleich wesensverwandt. Dem Vortrag des Walhall-Motivs fehlt es bei ihm – nicht an Breite – aber an Ruhe, in die schwülen Mysterien des Tarnhelm-Motivs freilich gibt er uns einen Einblick, der sich bis zu grausiger Bedrohlichkeit steigert. Sollte ich eine durchgehende Neigung an Mahlers Zeitmaß feststellen, so wäre es weit eher die zu hasten als zu verschleppen. Zweifellos nicht im Sinne Wagners nimmt er die Reden der Götter in der zweiten Szene des ›Rheingold‹. Hier nähert er das durchaus melodische Rezitativ Wagners durch Übereilung oft bedenklich dem Secco-Rezitativ. So vieles er glänzend, geistreich und wohlverstanden herausbringt, stellenweise läßt Mahler die schöne Ausgeglichenheit in der Führung der Vortragslinie und jene Herrscherruhe vermissen, welche die Stärke des Richterschen Orchestervortrages bildet.

Dieser kritische Bericht, der an Bedeutung noch durch sein grundsätzliches Wohlwollen für Mahler gewinnt, erhält zusätzliches Gewicht durch seine Übereinstimmung mit den Beobachtungen über Mahlers Leipziger Wagner-Interpretation. Mahlers Tempomodifikation steht im Gegensatz zur gelasseneren Darstellung Richters. Dem ruhevolleren Stil des bärtigen, fünfundfünfzigjährigen Richter stellt der achtunddreißigjährige Mahler eine »Nervenkunst« gegenüber, der selbst ein verständnisvoller Freund Hans Richters nicht Glanz und Geist absprechen will. Wir haben es hier nicht bloß mit einer Differenz des Individualstils zu tun, sondern mehr noch mit einem Wandel des Zeitstils.

Nicht alle Rezensenten und Musikfreunde haben diesen Übergang vom Zeitalter Richters zur Ära Mahlers so abwägend gerecht beurteilt wie der hier zitierte Kritiker. Auch Mahler kann nicht zu jenen gezählt werden, die Richters Verdienste um Wagners Kunst immer zu würdigen wußten. Als man Mahler einmal darauf hinwies, daß Richter seine Tempi von Richard Wagner gelernt habe, meinte Mahler spöttisch: »Vielleicht hat er sie damals gekannt. Jetzt hat er sie vergessen.«

Das Verhältnis Mahlers zu Hans Richter beschäftigte die Öffentlichkeit gleich zu Beginn von Mahlers Wiener Tätigkeit. Anfangs näherte sich Mahler dem von ihm zweifellos verehrten Dirigenten mit dem schuldigen Respekt. Es scheint, daß Mahler sich der Hoffnung hingab, diesen ungemein beliebten Musiker auch in dem nun von ihm geleiteten Institut halten zu können. Richter hatte eine dominierende Stellung im Wiener Musikleben. Als Kapellmeister war er zwar nominell dem Operndirektor Wilhelm Jahn unterstellt gewesen, doch Jahn hatte sich als Dirigent auf die französische und auf die italienische veristische Oper beschränkt. Die Bühnenwerke Mozarts, Beethovens ›Fidelio‹ und das Wagner-Repertoire hatte er Hans Richter überlassen, der überdies von 1875 an die Konzerte der Wiener Philharmoniker und einige Jahre auch die Konzerte der Gesellschaft der Musikfreunde leitete. Der Direktionswechsel in der Hofoper mußte für Richter zwangsläufig eine Einschränkung seines Arbeitsgebietes bedeuten. Richter wußte, daß Mahler ihm die großen Meisterwerke des Repertoires nicht in ebenso uninteressierter Weise überlassen würde wie dessen Vorgänger Jahn. Was ihm vorher ohne Anstrengung zugefallen war, hätte Richter nun kämpfend behaupten müssen. Der junge, energische Mann, den man ihm vor die Nase gesetzt hatte, nahm als Direktor jetzt auch eine gesellschaftlich bedeutendere Stellung ein. Dazu kam, daß Richter mit seinen Bezügen als Hofkapellmeister nicht zufrieden war. Als ihm 1897 aus Manchester ein Angebot zukam, spielte er offenbar schon mit dem Gedanken, die Wiener Position aufzugeben. Im Herbst 1898 trat Richter von der Leitung der philharmonischen Konzerte zurück. Mit einem wirklichen oder bloß vorgeschützten Armleiden entschuldigte er seinen allmählichen Rückzug aus Wien. Mahler machte noch einige Anstrengungen, Richter an die Oper zu binden, indem er bei der Generalintendanz einen Vertrag erwirkte, der Richter erhöhte Bezüge sicherte, doch zu Beginn des Jahres 1900 begehrte Richter in einem aus Manchester einlangenden Schreiben die »bedingungslose Enthebung vom Dienst in der k. k. Hofoper«, die ihm gewährt wurde. Mahler konnte nach neuen, jüngeren Kräften Ausschau halten, die ihm als Dirigenten zur Seite stehen sollten. Noch 1900 wurde der Bruckner-Jünger und Bruckner-Freund

Franz Schalk als Kapellmeister engagiert, und ein Jahr danach konnte Mahler endlich den jungen Freund, den er seit der Hamburger Zeit nicht mehr aus den Augen verloren hatte, nach Wien ziehen: Bruno Walter, der in der Zwischenzeit in Breslau, Preßburg, Riga und Berlin gewirkt hatte, wurde im Juli 1901 an die Hofoper verpflichtet.

*Mit den Wiener Philharmonikern*

Als Hans Richter kurz vor Beginn der Saison 1898/99 von der Leitung der philharmonischen Konzerte zurücktrat, trug das Orchester dem Hofoperndirektor Mahler die Konzerte an. Am 6. November 1898 stand Mahler im großen Saal der Gesellschaft der Musikfreunde zum erstenmal vor der musizierenden Gemeinschaft, die sich »Wiener Philharmoniker« nennt, obgleich er die Musiker, die hier seinem Taktstock folgten, in Wahrheit schon seit mehr als einem Jahr dirigierte. Diese Feststellung bedarf der Erläuterung für jene Leser, die mit den Verhältnissen des Wiener Musiklebens nicht vertraut sind. Die Instrumentalisten, die die Schar der Wiener Philharmoniker bilden, sind Mitglieder des Orchesters der Wiener Oper. Im Opernhaus sind sie der Direktion untertan. Ein paar Straßen weiter, im Gebäude der Gesellschaft der Musikfreunde, bilden sie eine Konzertrepublik, die sich ihre Gesetze selbst gibt. Das war auch schon in der Kaiserzeit so. Die Wiener Philharmoniker hätten sich also Anno 1898 auch einem anderen Kapellmeister anvertrauen können. Doch sie wollten zuerst einmal den Herrn, dem sie in der Hofoper zu dienen hatten, auch in ihrer Republik erproben. Die Zusammenarbeit Mahlers mit den Philharmonikern währte kaum drei Jahre. Man ist geneigt, rückblickend zu sagen, daß sie nicht länger dauern konnte. Der autokratische Probenfanatismus Mahlers vertrug sich schlecht mit der traditionellen Spontaneität des berühmten Orchesters. Mahler, so heißt es in einem klugen Rückblick, den Max Graf 1921 auf diese Zeit machte, war »eine tyrannische Natur, ein Mann der in den Nerven zusammengepreßten Willenskraft. Er konnte es nicht verstehen, daß dieses Orchester das Schönste nur in freier Begeisterung hergeben könne, und wollte ihm vollständig seinen Willen aufzwingen; das Orchester sollte im Dienste seines eigenen, unerbittlichen Kunstwillens seine Persönlichkeit, seine ›Freizügigkeit‹ aufgeben. Damit hat Gustav Mahler Wertvolles verkannt, aber auch das Orchester hat Wertvolles in Gustav Mahler verkannt.«

Der Konflikt begann schon beim ersten Konzert. In den Redaktionen der Wiener Zeitungen langten anonyme Schreiben ein mit der Behauptung, Mahler hätte an Beethovens ›Coriolan‹-Ouvertüre und an der ›Eroica‹ Veränderungen der Instrumentation vorgenommen. Da die Proben zum Konzert, das neben Mozarts Symphonie in g-Moll auch die beiden Werke Beethovens bringen sollte, nicht öffentlich stattfanden, konnte diese Information wohl nur aus den Kreisen der Musiker kommen. Mahler hat tatsächlich an bedeutenden Werken Instrumentationsretuschen vorgenommen. Diese Manipulationen waren jedoch keineswegs bedenkenlose Willkürakte, sondern Ergebnisse gründlicher Überlegung. Daß er dieses Verfahren schon in seinem ersten Konzert mit den Philharmonikern anwandte, trug nicht wenig zu den Schwierigkeiten bei, die man ihm bereitete. Nur allmählich und von Satz zu Satz (man klatschte damals noch nach jedem Satz einer Symphonie) setzte sich Mahler durch. Ein zeitgenössischer Bericht – er stammt von Theodor Helm – zeigt deutlich, wie zäh Mahler bei seinem ersten philharmonischen Konzert um den Sieg ringen mußte:

Seinen großen Erfolg mußte sich Mahler wider eine Majorität Zweifelnder, worunter nicht wenige feindlich beeinflußt, buchstäblich erst erobern. Beim Vortreten des neuen Dirigenten eisiges Schweigen und auch noch nach der ersten Programmnummer, der gewaltigen Coriolan-Ouvertüre – so hinreißend dramatisch sie interpretiert wurde – nur spärlicher Beifall. Mahlers Auffassung des ersten Satzes der Mozartschen g-Moll-Symphonie – im Grunde die herkömmliche, auch schon von Richter betätigte – schien einzuleuchten. Nun aber gar das reizende, schwebend vorübergleitende Andante derselben Symphonie mit dem zarten An- und Abschwellen: da waren gewiß auch die hartnäckigsten Zweifler besiegt, da brach der erste herzlichere, allgemeinere Applaus los. Er wiederholte sich bei dem nächsten Satze, Menuett mit Trio, ersterer mit stolz zusammengehaltener Kraft, letzteres entzückend diskret, beide aber langsamer als sonst genommen. Das Finale schien mir, aufrichtig gestanden, etwas zu langsam und stimmte diesfalls wohl auch die Mehrzahl der Hörer mit mir überein. Den Höhepunkt des Konzerts nach Seite des äußeren Erfolges bildete

der erste Satz der Eroica (obgleich gerade hier über die
Auffassung des Dirigenten *nach* dem Konzerte die Ansich-
ten am meisten differierten). Die unmittelbare Wirkung der
geistvollen Direktion Mahlers und des grandiosen Spieles
der Philharmoniker war eine überwältigende, sich in frene-
tischen Beifallsstürmen äußernd, welche endlich – wie freilich gar oft unter Richter! – die trefflichen Musiker zwangen,
sich *in corpore* von ihren Plätzen dankend zu erheben.

Der Bericht spiegelt getreulich die Vorbehalte eines Publikums
wider, das in Treue zu dem zu stehen meinte, was Mahler zu
negieren schien. Da war die Treue zu Hans Richter, an dem man
durch vorzeitigen Beifall für den jungen Operndirektor nicht
Verrat üben wollte; und da war die Loyalität gegenüber Beethoven, dessen Schöpfung Mahler anzutasten wagte. Der Wirkung,
so zeigen die Berichte und Kritiken, vermochte sich zuletzt
kaum einer zu entziehen. Doch die Bedenken, von einer sich
allmählich formierenden Anti-Mahler-Partei genährt, blieben
bestehen. Die Mehrheit des Orchesters stützte Mahler noch.
Seine Experimentierlust aber fachte den Widerspruch der Gegner weiterhin an. Mahlers erste philharmonische Saison lieferte
das geeignete Material hierzu. Einmal ließ er ein Streichquartett
von Beethoven (Opus 95 in f-Moll) vom gesamten Streich-
orchester spielen. Es half wenig, daß er sich dabei auf Hans
von Bülows Beispiel berufen konnte. Noch intensiver wurde der
Widerstand, als sich der probenfanatische Dirigent Mahler für
ein Werk des Komponisten Mahler einsetzte und für die Aufführung seiner Zweiten Symphonie (April 1899) die Erhöhung
der Zahl der Kontrabässe von zehn auf vierzehn forderte. Darin
erblickte man eine »Maßlosigkeit der aufgebotenen Mittel«, die
man weder dem Komponisten noch dem Interpreten zugestehen
wollte. Instrumentationsretuschen an Beethovens Fünfter Symphonie (die im November 1899 auf dem philharmonischen Programm stand) stachelten die Opposition noch mehr an, bis diese
endlich bei Mahlers Wagnis, auch Beethovens Neunte einer
Revision zu unterziehen, zum Angriff vorging.
  Die Aufführung von Beethovens Neunter unter Mahlers
Leitung fand im Februar 1900 statt. Mehrere Rezensenten be-
schwerten sich bitter über Mahlers Eingriffe in die Partitur. So
schrieb der Komponist Richard Heuberger in der ›Neuen Freien
Presse‹ nach dem Konzert: »In der Musik werden gerade in
unserer Zeit Versuche gemacht, das durchaus verwerfliche

System der ›Übermalung‹ an den Werken unserer Klassiker zur Anwendung zu bringen. Was uns gestern als ›Neunte Symphonie von Beethoven‹ vorgeführt wurde, ist ein bedauerliches Beispiel für diese Verirrung, für diese Barbarei. Eine ganze Unzahl von Stellen erschien förmlich uminstrumentiert, dadurch dem Klang und somit auch dem Sinne nach geändert, gegen den klar ausgesprochenen Willen Beethovens geändert, dessen Genius gerade in der Neunten Symphonie den höchsten, unerhörtesten Aufschwung nahm.«

Auch heute wird an Mahlers Aufführungspraxis in ähnlicher Weise Kritik geübt. Wir leben in einer Epoche musikalischer Archäologie, die uns durchaus rühmenswerte »Urtexte« der Meisterwerke älterer Zeit beschert. Doch mit dieser Bemühung um das »garantiert Echte« ist leider auch eine fragwürdige Urtextmode aufgekommen, die ihre Ideologie – ohne Bewußtsein der Beteiligten offenbar – aus der Markengläubigkeit der Konsumgesellschaft bezieht. Daß Mozart es nicht verschmähte, seine erfolgreichsten »Nummern« aus der ›Entführung‹ für Blasorchester zu instrumentieren, um sie populär zu machen und den »Profit davon zu haben«, dünkt manchem Urtextenthusiasten ebenso seltsam wie Beethovens Bemühung, seine Symphonien in kammermusikalischen Arrangements in die Häuser der Musikliebhaber zu bringen. Daß die Etablierung des originalen Notenbildes noch nicht die Gewähr für eine der Entstehungszeit entsprechende Klangwirkung bietet, ist noch keineswegs allgemein bekannt. Selbst wenn wir die alten Instrumente verwenden, selbst wenn wir über die Räume verfügen, deren Akustik die Komponisten jeweils im Ohr hatten, bleibt immer noch die von Wilhelm Furtwängler gestellte Frage offen: Können wir mit den Menschen rechnen, die heute so hören, wie man vor anderthalb Jahrhunderten gehört hat? Mahler ging bei seinen Orchesterretuschen keineswegs von seiner eigenen Klangvorstellung aus. Er basierte seine Korrekturen (die sich in recht engen Grenzen hielten) auf die von der Partitur ablesbare Intention des Komponisten. Er stellte dabei nicht nur die gewandelte Bauweise und Spieltechnik einzelner Instrumente in Rechnung, sondern bedachte auch das historische Wachstum des Orchesters. In der Epoche der Wiener Klassik gehörten dem Konzertorchester, wie die Untersuchungen von H. Becker und A. Carse zeigen, etwa fünfundzwanzig Streicher an – manchmal sogar wesentlich weniger. Im Laufe des neunzehnten Jahrhunderts wurde der Streicherapparat gelegentlich bis zu sechzig Instrumenten aufgebläht. Es leuchtete ein, daß dadurch das von den Klassikern angestrebte Verhältnis zwischen Streichern und Bläsern radikal verändert wurde. Mahlers »Korrekturen« zielten unter anderem darauf ab, dieses Mißverhältnis durch Instrumentationsretuschen wieder aufzuheben. Auch unter den vielen Freunden der Musik Mahlers findet man heute noch einige, die sich bei Erwähnung der Retuschen, die Mahler an den Partituren anderer Komponisten vornahm, in verlegenes Schweigen hüllen, so als handelte es sich dabei um den bedauerlichen Fehltritt eines Genies. Mahlers Instrumentationskorrekturen mögen im einzelnen wohl kritisierbar sein, insgesamt liegt ihnen eine ebenso neuartige wie notwendige Auffassung von den Aufgaben des interpretierenden Künstlers zugrunde. Die Bewahrung des originalen Notentextes bei gleichzeitiger Veränderung nahezu aller Faktoren, die die klangliche Realisierung und die Wahrnehmung durch das Publikum bestimmen, kann nicht sinnvoll sein. Die großen Konzertsäle, die im neunzehnten Jahrhundert entstanden und zu denen auch der Große Musikvereinssaal gehört, in dem die Wiener Philharmoniker seit 1870 musizieren, haben das Klangbild auch der klassischen Symphonie verändert. Sie haben das modifiziert, was wir heute Klangbalance nennen. Sie haben die in Beethovens Partituren geforderte Deutlichkeit der Einzelstimme verringert zugunsten eines spätromantisch-hallenden Mischklangs. Sie haben mit der zahlenmäßigen Verstärkung der Geigen, Bratschen und Violoncelli zu einer völlig unvertretbaren Verdrängung der Holzbläserpassagen aus dem Klangbild beigetragen und damit wieder zur gelegentlichen »Verdoppelung« der Holzblasinstrumente herausgefordert.

Nur Musikphilologen, die gebannt auf das Notenbild der Autographen starren, weil ihnen die Fähigkeit abgeht, dem realen Klang zu lauschen, können sich mit der bloßen Bewahrung des »Urtextes« zufriedengeben. Mahler war kein Schriftgelehrter. Er war Musiker und konnte hören, daß man Beethoven im Laufe der Jahrzehnte – ohne es zu wollen und zu merken – in den neuen Sälen verunstaltet hatte. Also machte er sich an die Rekonstruktion der Klangbalance, deren Grundsätze er aus Beethovens Partituren herleitete. Das Ergebnis mußte seine Zeitgenossen schockieren. Sie beriefen sich auf eine Tradition, die sie für »echt« hielten, während Mahler im Gegenteil den verzerrenden Effekt dieser Tradition entdeckte. Sie pochten auf das Recht, Beethovens Symphonien in romantisierendem, halligem Mischklang zu erleben, während Mahler das »verwirrende

Tongewühl« bekämpfte, in dem die klassische Klarheit Beethovenscher Stimmführung zu einem Klangbrei verschwimmen mußte.

Mahler hat uns kein Lehrbuch klanggerechter Aufführungspraxis hinterlassen. Wir müssen seine Intentionen, deren Ergründung gerade in unserem Zeitalter elektroakustisch gespeicherter und vermittelter Musik von brennender Aktualität ist, aus den noch zugänglichen Partituren erschließen. Nur ein einziges Mal hat sich Mahler zur theoretischen Begründung seines Verfahrens entschlossen. Nach dem ersten Versuch mit Beethovens Neunter Symphonie, der auf Widerspruch und Unverständnis stieß, entwarf er gemeinsam mit seinem Freund Lipiner einen Text, den er drucken und bei der Wiederholung des Konzertes verteilen ließ. Das Konzertflugblatt hatte folgenden Wortlaut:

Da infolge gewisser öffentlich gefallener Äußerungen bei einem Teil des Publikums die Meinung entstehen könnte, als wären seitens des Dirigenten der heutigen Aufführung an den Werken Beethovens, und insbesondere an der Neunten Symphonie, willkürliche Umgestaltungen in irgend welchen Einzelheiten vorgenommen worden, so scheint es geboten, mit einer aufklärenden Bemerkung über diesen Punkt nicht zurückzuhalten.

Beethoven hatte durch sein in völlige Taubheit ausartendes Gehörleiden den unerläßlichen inneren Kontakt mit der Realität, mit der physisch tönenden Welt gerade in jener Epoche seines Schaffens verloren, in welcher ihn die gewaltigste Steigerung seiner Conceptionen zur Auffindung neuer Ausdrucksmittel und zu einer bis dahin ungeahnten Drastik in der Behandlung des Orchesters hindrängte. Ebenso bekannt wie diese Tatsache ist die andere, daß die Beschaffenheit der damaligen Blechblasinstrumente gewisse zur Bildung der Melodie nötige Tonfolgen schlechterdings ausschloß. Gerade dieser Mangel hat mit der Zeit eine Vervollkommnung jener Instrumente herbeigeführt, welche nunmehr nicht zu möglichst vollendeter Ausführung der Werke Beethoven's auszunützen, geradezu als Frevel erschiene.

Richard Wagner, der sein ganzes Leben hindurch in Wort und That leidenschaftlich bemüht war, den Vortrag Beethoven'scher Werke einer nachgerade unerträglichen Verwahrlosung zu entreißen, hat in seinem Aufsatz ›Zum

Vortrag der Neunten Symphonie Beethoven's‹ (Ges. Schriften, Bd. 9) jenen Weg zu einer den Intentionen des Schöpfers möglichst entsprechenden Ausführung dieser Symphonie gewiesen, auf dem ihm alle neueren Dirigenten gefolgt sind. Auch der Leiter des heutigen Concertes hat dies in vollster, aus eigenem Durchleben des Werkes gewonnener und gefestigter Überzeugung getan, ohne im Wesentlichen über die von Wagner angedeuteten Grenzen hinauszugehen.

*Von einer Uminstrumentirung, Änderung, oder gar* »*Verbesserung*« *des Beethoven'schen Werkes kann natürlich absolut nicht die Rede sein.* Die längst geübte Vervielfachung der Streichinstrumente hat – und zwar ebenfalls schon seit Langem – auch eine Vermehrung der Bläser zur Folge gehabt, die ausschließlich der Klangverstärkung dienen sollen, *keineswegs aber eine neue orchestrale Rolle zugetheilt erhielten.* In diesem, wie in jedem Punkte, der die Interpretation des Werkes im Ganzen wie im Einzelnen betrifft, kann an Hand der Partitur (und zwar je mehr in's Detail eingehend, desto zwingender) der Nachweis geführt werden, daß es dem Dirigenten überall nur darum zu thun war, fern von Willkür und Absichtlichkeit, aber auch von keiner »Tradition« beirrt, den Willen Beethoven's bis in's scheinbar Geringfügigste nachzufühlen und in der Ausführung auch nicht das Kleinste von dem, was der Meister gewollt hat, zu opfern, oder in einem verwirrenden Tongewühl untergehen zu lassen.

Wien, im Februar 1900.        Gustav Mahler.

Dieses Dokument sollte der Verteidigung von Mahlers Absichten dienen. Seine Bedeutung geht darüber weit hinaus. Der Hinweis auf die »physisch tönende Welt« bildet die Grundlage für ein neues musikalisches Denken. Die Musikwissenschaft, aus der Musikphilologie hervorgegangen, ringt sich erst im zwanzigsten Jahrhundert zu einer Betrachtung der tönenden Realität durch. Der Dirigent Mahler ist der Wissenschaft vorangegangen. Das Flugblatt vom Februar 1900 gilt uns als das erste Manifest einer Auffassung, die sich zur Analyse der klingenden Realität bekennt im Gegensatz zu bloßer Notengelehrsamkeit. Längst weiß der erfahrene Kapellmeister, daß ein vom Gesamtorchester gefordertes Mezzoforte nicht für alle Instrumente dasselbe bedeutet, daß konkrete Spielanweisungen einem seiner Natur nach starken Instrument Zurückhaltung auferlegen und dem schwächeren Instrument Entfaltung gestatten müssen. Wagner und Verdi haben in ihren Partituren solch differenzierte Dynamik vorzuschreiben gewußt. Komponisten früherer Epochen sahen davon noch ab, sei es, weil sie ihre Spielvorschriften nicht so präzise fixieren wollten, sei es, weil sie sich auf eine allen vertraute Aufführungsmanier, einen bestimmten »Goût« verlassen durften. Der moderne Interpret wird das, was sich an Spielweise näher bestimmen läßt, im Interesse der Gesamtwirkung nicht dem Zufall überlassen. Rückblickend entdeckt er in mehr als einem Werk der Vergangenheit Passagen, die näherer Definition bedürfen. Fast allen großen Dirigenten unserer Zeit ist – um nur ein Beispiel zu nennen – die Darstellung der Symphonien Schumanns immer wieder zum Problem geworden. Auch Mahler hat sich intensiv mit Retuschen an Schumanns Partituren befaßt. Mosco Carner, der die (ungedruckten) Schumann-Bearbeitungen Mahlers untersucht hat, faßt die Retuschen Mahlers in folgender Weise zusammen:

1. Auflockerung der dichten Instrumentaltextur
2. Verdeutlichung thematischer Linien und rhythmischer Muster
3. Änderungen der Dynamik und Neuinstrumentation bestimmter dynamischer Effekte
4. Verbesserung der Phrasierung
5. Änderungen der Spielweise
6. Thematische Änderungen
7. Vorschläge für Kürzungen.

Mit Ausnahme der letzten zwei Gruppen handelt es sich bei diesen Retuschen immer um Versuche, die Absichten des Komponisten deutlicher hervortreten zu lassen. Deutlichkeit ist für Mahler ein Grunderfordernis musikalischer Kommunikation. Wenn eine Absicht des Komponisten, die sich in den Noten kundtut, durch »getreue« Spielweise nicht an das Ohr des Hörers gelangt, dann erachtet er es als seine Pflicht, den Klang so zu modifizieren, daß die originale Absicht unmißverständlich hervortritt.

Diese wohlüberlegte Methode auf die Werke Beethovens anzuwenden war Anno 1900, und zumal in Wien, nicht ohne Risiko. Das Verfahren trug Mahler den Vorwurf der Originalitätssucht ein. Viele Kritiker, unter ihnen auch solche, die dem Operndirektor und dem Komponisten Mahler Anerkennung zollten, wandten sich gegen ihn. Bei den Philharmonikern, denen er mit revidiertem Notenmaterial zusätzliche Mühe bereitete, verlor Mahler an Sympathie. Es war abzusehen, daß sich die Musiker bald mit einem bequemeren Dirigenten verbinden würden. Im Februar 1901 leitete Mahler zum letztenmal ein philharmonisches Konzert, im April 1901 teilte er dem Orchester mit, daß er sich mit Rücksicht auf die große Arbeitslast und auf seine geschwächte Gesundheit »nicht mehr in der Lage fühle, die philharmonischen Konzerte zu dirigieren«.

*Pariser Weltausstellung 1900*

Während seiner relativ kurzen Verbindung mit dem philharmonischen Orchester hat sich Mahler um diese Institution in einer Weise verdient gemacht, die auch von den Musikern anerkannt wurde. Im Juni 1900 sollte das Orchester zur Weltausstellung nach Paris reisen. Da die Philharmoniker nach den damals geltenden Satzungen ihrer Vereinigung Konzerte nur unter der Leitung ihres ständigen Dirigenten gaben, luden sie Mahler ein, an der von Wiener Mäzenen finanzierten Reise teilzunehmen. Mahler war davon nicht entzückt. Die Konzertreise fiel in seine Ferienzeit (die Hofoper war damals immer im Juni und Juli geschlossen), und Mahler befürchtete überdies, daß man zu dieser Zeit in Paris kein musikinteressiertes Publikum finden würde. Zuletzt gab Mahler nach. Seine Befürchtungen sollten sich jedoch zum Teil bewahrheiten. Die von einem »Garantiefonds« bereitgestellten Mittel waren in Paris rasch aufgezehrt, und es bestand die Gefahr, daß man für die Kosten der Rückreise nicht mehr würde aufkommen können. Mahler gelang es, von der Familie Rothschild für die Philharmoniker das fehlende Geld zu erhalten. Der Beifall, den das Orchester ihm aus diesem Anlaß spendete, war stärker als die Ovationen, zu denen sich das Pariser Publikum bereit fand. Die Konzerte standen unter keinem guten Stern. Schon der Druckfehler auf den Ankündigungsplakaten (Gustav *Malheur* wurde der Direktor der Wiener Hofoper genannt) verhieß nichts Gutes. Die Presse versäumte es, auf die bevorstehenden Konzerte aufmerksam zu machen. Im Trubel der zahlreichen Veranstaltungen drohte das Gastspiel unterzugehen. Drei Konzerte fanden im Théâtre Châtelet statt, zwei in dem riesigen Palais du Troca-

déro, das aus jedem Fortissimo des Orchesters ein mattes Mezzoforte machte.

Über das erste der beiden Konzerte liegt uns die Rezension
eines illustren Franzosen vor. Catulle Mendés, Weggefährte von
Verlaine, Mallarmé und Debussy, einer der führenden Wagnerianer und Wagner-Kenner seines Landes, sandte einen Bericht
an das ›Neue Wiener Tagblatt‹, der in deutscher Übersetzung
in der Ausgabe vom 22. Juni 1900 erschien. Der knappe Essay
des mit der deutschen wie mit der französischen Orchesterkultur
vertrauten Poeten ist ungemein aufschlußreich:

> Das Orchester des Herrn Mahler hat uns sofort durch die
> Augenfälligkeit einer vollendeten Disziplin erobert und
> durch seine seltene, bald machtvolle, bald zarte Klangfülle.
> Die Streicher vibrieren in einem wunderbaren Ensemble...
> Für das, was Empfindung ist, in welcher nach dem Willen
> des Kapellmeisters die Werke ausgeführt wurden, haben
> Viele wahren Enthusiasmus bekundet. Andere zeigten Er-
> staunen – namentlich bei der Mozartschen G-moll-Sympho-
> nie – über gewisse Rallentandi, über einiges Zuviel des
> Raffinements an Nuancen, über zu schroffen Gegensatz
> zwischen Pianissimo und Fortissimo. Es ist ja sicher, daß
> seit einiger Zeit eine gewisse Anzahl von Orchesterchefs
> – darunter kompetenteste und berühmteste – in dem ehren-
> vollen Eifer, sich vor ihren Kollegen auszuzeichnen, »per-
> sönliche« Interpretationen selbst genialer Werke suchen.
> Soll man sie darum tadeln? Ich glaube, daß man zugestehen
> kann, in der Originalität, zu der sie sich zwingen, nicht die
> Hoffnung zu sehen, als Sonderlinge aufgefaßt zu werden,
> sondern das vornehme Bedürfnis, in die Intimität von
> Meisterwerken tiefer einzudringen; und sie sind wie An-
> dächtige, die in ihrer brünstigen Frömmigkeit die Kultus-
> formen detaillieren bis in die Kleinlichkeiten des Aber-
> glaubens. Aber niemand vermöchte Gustav Mahler zu er-
> reichen mit seiner einfachen Haltung, der reinen Geste, die
> plötzlich zu einem prächtigen Ungestüm sich verstärkt –
> und dessen ganze Erscheinung von einem mächtigen ner-
> vösen Willen Zeugnis gibt, mit seiner Art, aufzufassen und
> zu dirigieren; so feierlich und so populär zugleich, mit
> einem so feinen Verständnis für die Verbindung und für
> das Hervorheben der Hauptthemen führte er die Ouvertüre
> zu den ›Meistersingern‹ vor (Richter selbst könnte das nicht

# Théâtre Municipal du Châtelet

——◆——

*LUNDI 18 JUIN 1900, à 2 heures 1/2*

SOUS LE HAUT PATRONAGE DE

## Madame la Princesse de METTERNICH SÁNDOR

## 1er Concert Philharmonique

DONNÉ PAR LA

## Société Philharmonique
### DE VIENNE

**(WIENER PHILHARMONIKER)**

*Dont tous les Artistes sont Membres de l'Opéra
I. et R. de la Cour*

SOUS LA DIRECTION DE

## M. Gustav MAHLER

**Directeur de l'Opéra I. et R. de la Cour**

---

*Programmheft des ersten Pariser Konzerts (Titelseite)*

besser), und so poetisch die Freischütz-Ouvertüre, so zart, so leicht, so feenhaft könnte man sagen die Ouvertüre zu Oberon. Herr Mahler hat einen Erfolg davongetragen, der sich bis zum Triumph erhob.

Vier Tage später veröffentlicht Pierre Lalo, der Sohn des Komponisten Edouard Lalo, sein Feuilleton über die Konzerte der Wiener Gäste in der Zeitung ›Le Temps‹. Auch ihm fällt der originelle, persönliche Zug von Mahlers Darstellung auf. »Bei uns«, so schreibt Lalo, »denkt man über die Partituren der Meister zu wenig nach; bei unseren Nachbarn meditiert man darüber zuviel. Man entdeckt in jeder Note eine Absicht; man verdeutlicht alles; und man kompliziert die Struktur schließlich so sehr, daß man den Grundriß zerstört . . .«

Unabhängig von der positiven oder negativen Beurteilung entdecken Mendès und Lalo doch die charakteristischen Züge von Mahlers Dirigierstil. Besonders auffallend aber ist ein Satz in Lalos Rezension, der auf den Komponisten Mahler hinweist: »Wir möchten das Bedauern darüber aussprechen, daß Herr Mahler, einer der bemerkenswertesten Symphoniekomponisten, den die deutsche Schule besitzt, es nicht für richtig gehalten hat, eines seiner eigenen Werke aufzuführen.«

Man weiß zu dieser Zeit also auch in Paris schon Bescheid über den Komponisten Mahler, und man fragt mit einigem Recht, ob dieser Komponist nun hinter dem emsigen Operndirektor und Dirigenten verborgen bleiben würde. Doch davon kann keine Rede sein. Aus Paris flüchtet Mahler nach Kärnten, um wieder die Einsamkeit zu finden, die er braucht, wenn er seine Gedanken zu Papier bringen will. Im Sommer 1900 vollendet er in Maiernigg den Entwurf seiner Vierten Symphonie.


*Die Vierte Symphonie*

»Mit meiner Vierten bin ich also fertig. Und im Winter mache ich die Reinschrift.« Im August 1900 meldet der Komponist seinem Freunde Lipiner das Ergebnis seiner sommerlichen Arbeit. Der Brief, der diese Mitteilung enthält, ist voll von Erläuterungen über formale und schaffenspsychologische Fragen. Sie gelten dem dramatischen Werk des Freundes, an dem Mahler innigen Anteil nimmt. Mahler verrät in seinen Anmerkungen nicht nur Vertrautheit mit den dramaturgischen Notwendigkeiten der

Sprechbühne, sondern auch seine Kenntnis des Theaters von der Klassik hin bis zu Ibsen und den »anderen modernen Herren«. Er spart nicht mit Ratschlägen. Lipiner möge, wenn er an einem Punkt seines breit angelegten Dramenzyklus ›Christus‹ nicht weiterfände, getrost eine spätere Etappe vorwegnehmen; die Zwischenglieder würden sich dann leichter ergeben.

Mahler hat dieses Verfahren soeben selbst angewandt. Er spricht von Lipiner und meint sich selbst, wie er zuletzt gesteht. Ihm gehe es auch oft so. Wenn irgendein Satz einer Symphonie keine Gestalt gewinnen will und wenn er sich einfach entschließe, »die anderen vorerst fertig zu machen, so kommt sehr oft zum Schluß der ›Rechenfehler‹ heraus und ich finde dann den toten Punkt. Immer liegt es daran, daß ich in der Entwicklung von diesem Punkte da einen falschen Weg einschlage.«

Der Plan der Vierten Symphonie ist vom Finale her entworfen, einem Liedfinale, das auf eine Komposition des Jahres 1892 zurückgeht. ›Das himmlische Leben‹ hieß diese Partitur für eine Singstimme und Orchester, deren Text aus ›Des Knaben Wunderhorn‹ stammt. Mahler macht sie zum Schlußsatz seiner neuen Symphonie. Dadurch bestimmt er den Gesamtcharakter des Werkes. Nach den monumentalen Symphonien II und III, deren Aufführungsdauer eine Stunde weit überschreitet, rückt Mahler die Proportionen wieder zurecht. Auch im Klanglichen, denn der Orchesterapparat ist gegenüber den vorangegangenen Partituren bedeutend reduziert.

Die Vierte ist unter allen Symphonien am schnellsten populär geworden. Dazu haben gewiß auch die technisch bescheideneren Anforderungen beigetragen, vor allem aber die freundlichere, verbindlichere Tonsprache. Den Klangexperimentator Mahler entdeckt man hier nicht gleich beim ersten Anhören. Instrumentationstechnische Kühnheit – gewandter ausgeführt als in den früheren Werken und darum hinter ihrer Faktur nur vom lauschenden Ohr zu agnoszieren – steht im Dienste einer Musik, die auch unbefangen genossen werden kann. Der erste Satz hat freie Sonatenform. Der zweite, scherzoartig, verrät nur in den Episoden einer seltsam klingenden Solovioline Mahlers Hang zum Skurrilen und Gespenstischen. Die Saiten dieses Soloinstrumentes sind um einen Ganzton höher gestimmt. Sie geben der Geige fahlen und zugleich erregenden Klang. »Wie eine Fidel«, schreibt Mahler in die Partitur, und er denkt dabei an den Tod, der zum Weg ins Jenseits aufspielt. »Freund Hein« – so lautet der ursprüngliche Titel des Satzes – wirkt nicht furchterregend. Unheimliches wird von Behaglichem abgelöst. Die mystische Skordatur der barockisierenden Geige ist in den Ländler gebettet.

Der dritte Satz steht in ruhevollem Zeitmaß. Dieses Adagio gehört dem Typus der Variation in mehr als dem üblichen Sinne an, denn es variiert auch thematisches Material, welches schon zu Beginn der Symphonie exponiert ist. Wer mit Mahlers Musik Freundschaft geschlossen hat, wird in den »himmlischen Freuden« des letzten Satzes mindestens *eine* melodische Formel erkennen, die ihm aus der Dritten Symphonie vertraut ist: die Sopranstelle »Sankt Peter im Himmel sieht zu« ist melodisch verwandt mit dem Altsolo in der Dritten Symphonie, »Ich hab' übertreten die zehn Gebot«. Diese offenkundige thematische Gemeinsamkeit soll Mahler, als man ihn darauf aufmerksam machte, merkwürdig und befremdlich erschienen sein. Das Phänomen ist jedoch in Mahlers Schaffensprozeß durchaus verständlich. Mahler bezog ja selbst fast jedes Werk auf das ihm vorangegangene. Er hat den Helden der Ersten Symphonie in der Zweiten zu Grabe getragen und in der Vierten Symphonie, seinem eigenen Worte nach, die Welt der Dritten von ihrer humorigen Seite betrachten wollen.

Die Vierte empfinden wir heute als »freundliches« Werk. Sie fand bei der Uraufführung, die Mahler mit dem Münchener Kaim-Orchester im Herbst 1901 leitete, keineswegs freundliche Aufnahme. Beim ersten Satz, so berichtet Natalie Bauer-Lechner, wunderten sich die Hörer zuerst über die Einfachheit der Themen, weil sie von Mahler etwas »Ausgefallenes« erwartet hatten. Das Publikum quittierte diesen Satz teils mit Zischen, teils mit Beifall, der von den Mahlerianern kam. Auch die folgenden Sätze erregten heftigen Widerspruch, und das Finale brachte keine einhellige Zustimmung. Zu denen, die in München am lautesten protestierten, gehörte eine Gruppe französischer Wagnerianer, die auf deutschem Boden nach Neuem fahndeten. Unter ihnen befand sich ein damals vierunddreißigjähriger, längst welterfahrener Kunstfreund, der bald zu den enthusiastischen Anhängern Mahlers werden sollte. William Ritter, in der französischen Schweiz geboren, in Paris aufgewachsen, wohnte der Münchener Uraufführung bei. Er stieß im Kaim-Saal heftige Pfiffe gegen Mahler aus. Seine Animosität war genährt durch das Wissen von Mahlers jüdischer Abstammung, denn Ritter gehörte keineswegs zu den »Dreyfusards«, sondern eingestandenermaßen zur Gegenpartei. Die Erregung, welche Mahlers Vierte

Symphonie in ihm auslöste, stimmte ihn zuletzt nachdenklich. Später hat Ritter die Gedanken zusammengefaßt, die ihn damals beschäftigten. Sein Selbstgespräch schloß mit den Sätzen: »Ich revoltiere gegen diese Musik. Ich verurteile sie aus Überlegung und Überzeugung. Aber ich kämpfe gegen mein Vergnügen. Ich liebe im Grunde nichts als diese Musik. Ich bin besiegt. Ich bewundere sie ...« Der Gewissenskonflikt veranlaßte Ritter, einen Brief an Mahler zu schreiben, in dem er sein Dilemma darlegte. Mahler beschränkte seine Antwort auf ein einziges Argument: Er sandte den Korrekturabzug der noch ungedruckten Partitur und den noch unveröffentlichten Klavierauszug der Vierten Symphonie. Die Musik selbst, so meinte Mahler, sollte den Konflikt in der Seele des seltsamen Kunstjüngers lösen.

William Ritter gehörte von da an zu den Vorkämpfern Mahlers. Auch er schloß sich den Enthusiasten an, die Mahler und seinen Symphonien nachreisten. Im Pariser ›Courrier musical‹ und in der ›Revue musicale de Lyon‹ veröffentlichte er seine respektvollen Berichte. Im Jahre 1905 verfaßte er einen Essay über Mahler, der den Titel ›Un symphoniste viennois‹ führte. Keine Pariser Redaktion wollte diese allzu emphatische Liebeserklärung veröffentlichen. In Ritters Deklaration – sie erschien später in dem Sammelband ›Etudes d'Art étranger‹ – lesen wir:

> Gezwungen oder freiwillig und sicherlich mehr unter Zwang als aus freiem Entschluß akzeptiere ich von heute an das Genie Mahlers in seiner Totalität. Diese Zeilen enthalten das Dokument, in dem ich als Traditionalist und Antisemit die Waffen strecke vor dem Werk dieses jüdisch-nietzscheanischen Zauberers. Man muß sich fragen, ob er seinen verdächtigen Namen nicht auf jener einzigen Seite eintragen wird, die am Anfang des goldenen Buchs der Musik aller Zeiten steht und die sogar Vorrang vor der Seite mit dem einzigen Namen Wagner hat, auf jenem Blatt, das bisher nur die dreimal geheiligten Namen von Bach, Beethoven und Bruckner aufweist.

Die Ergüsse dieses zu Mahler Bekehrten stehen in der nichtdeutschsprachigen Literatur jener Zeit einzigartig da. William Ritter vermochte Einblicke in das Wesen Mahlers zu gewinnen, die sonst nur den engsten Freunden des Komponisten gegönnt waren. Er erfaßte auch sehr früh den autobiographischen Charakter von Mahlers kompositorischem Schaffen. Als er dem Komponisten gegenüber einmal eine Bemerkung in diesem Sinne machte, zeigte sich Mahler äußerst überrascht, doch gab er ihm durchaus recht. Sein weiter kunst- und musikästhetischer Horizont befähigte Ritter, den historischen Ort der Kunst Mahlers näher und besser zu bestimmen, als dies manchem deutschen oder österreichischen Kommentator jener Ära gelingen wollte. Ritter, der sich mit der Kunst tschechischer und rumänischer Maler, mit der Musik des Russen Rimski-Korsakow, des Tschechen Karel Kovařović, mit dem Werk von Arnold Böcklin und Edvard Munch auseinandergesetzt hatte und der auch die kulturelle Szenerie Wiens aus eigener Anschauung kannte, begriff schon zu Beginn unseres Jahrhunderts, daß Mahler kein »Spätromantiker« war, kein Nachzügler jener Truppe, die einst Berlioz, Liszt und Wagner angeführt hatten, sondern ein Neuerer schlechthin, eine Gestalt, die sich anschickte, das zwanzigste Jahrhundert zu erobern. Mahlers Musik, so schrieb William Ritter, gehe mit dem Jahrhundert einher, das sie getreulich widerspiegle. »Man spiele diese Musik im architektonischen Raum Otto Wagners, den Klimt und Kolo Moser ausstatten, und sie wird das moderne Wien symbolisieren.« Ritter begriff die Verwandtschaft Mahlers mit der Wiener Secession.

## Secession

Im Jahre 1875, als Mahler zum erstenmal aus Iglau nach Wien kam, um das Konservatorium zu besuchen, hatte die Einwohnerzahl der Hauptstadt noch nicht eine Million erreicht. Ein Vierteljahrhundert später zählte Wien schon 1 675 000 Einwohner. Die Bauwerke der Ringstraße waren fertiggestellt. Die Schauspieler des Burgtheaters hatten seit 1888 ihr neues, großes Haus. Die Elektrifizierung der Straßenbahn war begonnen und die Vorstädte allmählich in das Verkehrsnetz einbezogen. Das Stadtbild hatte sich verändert. Der Weg vom Konservatorium der Gesellschaft der Musikfreunde zur Karlskirche führte nicht mehr über eine Brücke, unter der der Wienfluß dahinzog: der Wasserlauf war überwölbt, und unter dem Straßenniveau fuhr die (noch heute betriebene) Wientallinie der Stadtbahn, damals freilich noch eine Dampfeisenbahn. Das Konzept dieses städtischen Verkehrsmittels war eng mit den architektonischen Planungen des bedeutendsten Wiener Architekten jener Epoche verbunden: Otto Wagner. Auch die Stadtbahnstationen auf dem Karlsplatz (von deren Abbruch gerade die Rede ist, während diese Zeilen geschrieben werden) sind von Wagner entworfen. Sie dokumentieren einen Kunstwillen, der sich vor allem vom Zweck und vom Material inspirieren ließ. Davon legen auch die Bauwerke der Wiener Postsparkasse und der Kirche am Steinhof, beide von Wagner geschaffen, Zeugnis ab.

Spaziert man vom Karlsplatz zur Wienzeile, so gelangt man zu einem Gebäude, das ein Schüler Otto Wagners, der Architekt Joseph Olbrich, entworfen hat. Die 1898 eröffnete »Secession« war der Kunsttempel jener Maler, Bildhauer und Architekten, die sich von hergebrachter Schule und Routine befreien wollten. »Weg von den ausgeborgten Stilformen«, war ihre Parole, und sie redeten damit keineswegs einem gemeinsamen neuen Stil das Wort, sondern forderten, daß jeder Künstler es wage, seine »eigene Sprache zu sprechen«. Der spätere Begriff eines Secessionsstils – einer österreichischen Variante der Bewegung, die anderswo »Jugendstil« oder »Art Nouveau« hieß – entspricht darum nicht ganz den Ideen, welche die Protagonisten der Wiener Bewegung vertraten. Was sie anstrebten, ist in dem Motto zusammengefaßt, das seit 1898 die Stirnwand des Gebäudes der Secession ziert: »Der Zeit ihre Kunst – der Kunst ihre Freiheit.« (Nur in den Jahren der Hitler-Herrschaft war dieser Leitspruch getilgt.) Das Gesetz, nach dem die Secession angetreten war, sollte die Entfaltung unterschiedlicher Individualstile gewährleisten. Auch der Kunst anderer Nationen gegenüber wollte man ein freies, schöpferisches Verhältnis wahren: »Wir wollen eine Kunst ohne Fremdenhaß. Die ausländische Kunst soll uns anregen, uns auf uns selbst besinnen, wir wollen sie anerkennen, bewundern, wenn sie es wert ist; nur nachmachen wollen wir sie nicht.«

Das Programm der Secession, das in der Zeitschrift ›Ver sacrum‹ (Heiliger Frühling) niedergelegt war, klang selbstbewußt, doch es war nicht beschränkt oder gar provinziell zu verstehen. Cézanne, Rodin und Munch, Hodler und Segantini fanden ihren Platz in den Ausstellungen der Secession. Zu den bedeutenden Mitgliedern der Künstlervereinigung zählten unter anderen Gustav Klimt (1862–1918), Carl Moll (1861–1945), Kolo Moser (1868–1918), Alfred Roller (1864–1935) und Emil Orlik (1870–1932).

Von 1902 an war Mahler mit dieser Künstlergruppe verbunden. Im April dieses Jahres trat er sogar als musikalischer Bearbeiter und Dirigent in der Secession hervor. Den Anlaß hierzu bildete eine Max-Klinger-Ausstellung, bei der Klingers

Beethoven-Plastik zum erstenmal gezeigt wurde. Die Künstler der Secession bereiteten dem Gast einen dekorativen Rahmen, der ein ästhetisches Konzept besonderer Art verrät. Ihr Ausstellungsverfahren, das Plastik, Malerei und Musik zur Einheit verbinden sollte, mag auf die Idee des »Gesamtkunstwerks« im Sinne Richard Wagners zurückgeführt werden. Mit ebensolchem Recht aber ließe sich behaupten, daß die Wiener Secession damit einen Bauhaus-Gedanken der zwanziger Jahre vorwegnahm. Wie anders sollte man den Wiener Versuch von 1902 deuten, der Fresken von Klimt und anderen mit der Musik Beethovens vereinte, um dem Beethoven-Denkmal Klingers die passende »Bühne« zu schaffen. Der Beethoven-Fries von Gustav Klimt, der sich thematisch an die Neunte Symphonie anschloß, hat sich erhalten. Verloren aber ist die Ausstellungsmusik, die Mahler dirigierte. Gewiß, auch diese rührte von Beethoven her, doch hat Mahler sie nicht unerheblich umgestaltet. Mahler wählte einen Abschnitt aus dem Schlußsatz der Neunten, die Chorstelle mit dem Text:

> Ihr stürzt nieder, Millionen?
> Ahnest du den Schöpfer, Welt?
> Such ihn überm Sternenzelt!
> Über Sternen muß er wohnen.

Nicht in der vertrauten Weise erklang dieser mächtige Singabschnitt der Chorsymphonie, sondern von Bläsern intoniert, an Beethoven wohl gemahnend und doch so weit von ihm entfernt wie Klingers Plastik und Klimts Fresken.

Emil Orlik schuf in diesem Jahr ein Bild Mahlers. Die Künstler der Secession wurden seine Freunde. Mahler, der ein paar Jahre zuvor noch erklärt hatte, daß »der Musiker für die bildende Kunst nur ein geringes Interesse« bekunde, öffnete die Augen. Er kam ins Gespräch mit Alfred Roller, der als Präsident der Secession bei der Klinger-Feier die Festrede gehalten hatte, und es dauerte nicht lange, bis er erfaßte, was die neue bildende Kunst der Bühne des Musiktheaters bieten konnte. Alfred Roller setzte die funktionalistischen Ideen der Architektur Otto Wagners in szenische Direktiven um. Die Bühne, so meinte er, habe keine »Bilder«, sie brauche »Räume«. Im Gespräch über die Gestaltung von ›Tristan und Isolde‹ fanden Mahler und Roller zueinander. Der Hofoperndirektor trug Roller die Ausstattungsarbeit für eine neue ›Tristan‹-Inszenierung an, die im Februar 1903 ihre Premiere haben sollte. Damit begann ein neuer Abschnitt – der glänzendste – im Wirken des Opernchefs. Wie aber war Mahler in diesen Kreis geraten? Was hatte den »Ohrenmenschen« zur bildenden Kunst geführt? Wer hatte ihn zum Schauen veranlaßt?

## Alma

Zu Beginn des Jahres 1901 machte Mahler ein schon chronisches, schmerzhaftes Leiden zu schaffen, das zu schweren Blutverlusten führte. Operative Eingriffe wurden notwendig. Mahler mußte danach einen Krankenurlaub antreten, den er in Abbazia verbrachte. Obgleich er sich einige Monate lang nur auf zwei Stöcke gestützt fortbewegen konnte, scheint es sich um eine nach heutigen medizinischen Begriffen triviale Angelegenheit gehandelt zu haben, die Mahler bald überwand. Im Sommer schon begann er in Maiernigg mit der Komposition einer neuen Symphonie, der Fünften, und vertonte Gedichte von Rückert. Die im August beginnende Opernsaison fand ihn völlig wiederhergestellt.

Seit Beginn des Jahres 1898 wohnte Mahler im Hause Auenbruggerstraße 2 im dritten Wiener Gemeindebezirk. Die Schwester Justine führte ihm den Haushalt. Sie umsorgte ihren Bruder und schirmte ihn zugleich in sehr eigenwilliger Weise von der Umwelt ab. Es muß zwischen den beiden ein unausgesprochenes Abkommen gegeben haben, dem zufolge sie einander zur »Treue« verpflichtet waren. Nicht anders ist es zu verstehen, daß Justine dem Bruder ihre Neigung für Arnold Rosé, den Konzertmeister der Wiener Philharmoniker, lange Zeit verheimlichte.

Nach der Parisreise von 1900 hatte sich Mahlers Freundeskreis ein wenig erweitert. In der österreichischen Botschaft zu Paris war Mahler mit Sophie Clémenceau, der Schwägerin von Georges Clémenceau, und mit deren Schwester Berta Zuckerkandl bekannt geworden. Berta war die Gattin des angesehenen Anatomen Emil Zuckerkandl, eine musikalisch geschulte und auch der bildenden Kunst zugetane Dame der Wiener Gesellschaft. Durch Clémenceau, den Jugendgefährten Manets und späteren Freund Rodins, hatte sie nähere Kenntnis von der künstlerischen Entwicklung Frankreichs. In Wien fühlte sie sich zu den Secessionisten Kolo Moser und Gustav Klimt hingezogen. Über Klimt, der im Seziersaal des Anatomen Zuckerkandl Zeichenstudien machte, schrieb Berta Zuckerkandl auch eine Abhandlung. Diese steht in einer Reihe von künstlerischen Aufsätzen, die sie zwischen 1901 und 1907 veröffentlichte.

Der in Paris entstandene Kontakt blieb auch in Wien bestehen. Mahler lernte im November im Haus von Emil und Berta Zuckerkandl eine junge Dame kennen, die ihn vom ersten Augenblick an für sich einnahm: Alma Maria Schindler. Sie lebte im Haus ihres Stiefvaters, des Malers Carl Moll (1861 bis 1945), der dem Kreis der Secession angehörte. Bei Carl Moll fanden die ersten Konventikel statt, die zur Abwanderung der Avantgarde aus dem Künstlerhaus und zur Gründung der Secession führten. Hier lernte Alma auch Klimt kennen, der sich in die Sechzehnjährige verliebte. Stiefvater Moll trat der Verbindung entgegen. In den Erinnerungen der späteren Gattin Mahlers, die nach Mahlers Tod eine Ehe mit dem Bauhaus-Architekten Walter Gropius einging und 1929 den Dichter Franz Werfel heiratete, wird von den Prominenten, die ihrer Schönheit gehuldigt haben, ohne Umschweife gesprochen. Es genügt, davon hier summarisch zu berichten. Die Faszination, die von Alma Schindlers Wesen ausging, darf jedoch nicht unerwähnt bleiben, denn sie läßt auch Mahlers rasch entfachte Zuneigung verstehen. Es scheint, daß eine Zeitlang nicht nur der amtierende Operndirektor um Alma warb, sondern auch der 1898 vom Amt des Burgtheaterdirektors zurückgetretene Max Burckhard. Der geistige Einfluß Burckhards, der in den acht Jahren seiner Direktionstätigkeit das Repertoire des Burgtheaters durch Werke von Gerhart Hauptmann und Ibsen, Anzengruber und Schnitzler bereichert hatte, muß für Alma Schindler ein bestimmender gewesen sein. Durch ihn, den sie als ihren Lehrer betrachtete, fand sie zu Nietzsche und Schopenhauer. Daß solche Belesenheit einer Zwanzigjährigen auf Mahler mächtigen Eindruck machte, ist leicht zu begreifen. Noch intensiver aber wurde Mahlers Empfindung durch die musikalische Bildung angestachelt, die Alma genossen hatte. Im Kontrapunkt war sie von dem blinden Komponisten und Organisten Josef Labor gründlich unterwiesen worden. Als sie Mahler zum erstenmal gegenübertrat, war Alexander von Zemlinsky ihr Kompositionslehrer. Mahler schätzte den Komponisten Zemlinsky, dessen Oper ›Es war einmal‹ er 1900 uraufgeführt hatte. Als Lehrer ist Zemlinsky wohl noch bedeutender gewesen, denn Arnold Schönberg, der nur kurze Zeit seinen Unterricht genossen hatte, erklärte später,

*Euerer Excellenz*

*erlaube ich mir, ... meine Verlobung mit Frl. Alma Schindler anzuzeigen.*

*Euerer Excellenz*

*ganz ergebenster*

*Gustav Mahler*

Mahler teilt dem Intendanten seine Verlobung mit

daß er Zemlinsky fast all sein Wissen von der Technik und den Problemen des Komponierens zu verdanken habe.

Die Kompositionen der zwanzigjährigen Alma Schindler sind keineswegs unbedeutend. Neun Lieder, die später veröffentlicht wurden, verraten zumindest Geschmack und technische Versiertheit. Die Texte, die Alma wählte, stammen von Heine, Rilke, Dehmel, Otto Julius Bierbaum, Otto Erich Hartleben und Gustav Falke. In einer Studie, die W. S. Smith im Jahre 1950 den Liedern widmete, wird der charakteristische Unterschied zwischen Mahlers diatonischer Melodik und dem chromatisch-wagnerischen Melos der Lieder, die Alma komponiert hat, hervorgehoben und mit gutem Grund auf die Problematik der »komponierenden Frau« hingewiesen. Almas Lieder, so meint W. S. Smith, verdienen es nicht, nahezu vergessen zu sein. Man müsse allerdings zugeben, daß sie insgesamt »vom Sänger, vom Pianisten und vom Hörer viel verlangen«.

Schon wenige Wochen nach der ersten Begegnung war die Verbindung des Hofoperndirektors mit Alma Maria Schindler beschlossene Sache. Am 28. Dezember 1901 wurde der Generalintendanz die Verlobung mitgeteilt. Kurz vorher war es noch zu einer für Alma schmerzlichen Auseinandersetzung gekommen. Mahler hatte ihr das Komponieren »verboten«. Sie erklärte sich unter Tränen bereit, Mahlers Willen zu entsprechen. »Ich habe damals«, so schrieb sie viele Jahre nach Mahlers Tod, »meinen Traum begraben. Vielleicht ist es besser so gewesen ... Irgendwo aber brannte eine Wunde in mir, die niemals ganz verheilt ist.«

Am 9. Februar 1902 fand in der Karlskirche die Hochzeit statt, am folgenden Tag schloß Mahlers Schwester Justine die Ehe mit dem Konzertmeister Arnold Rosé. Im Mai dirigierte Mahler seine Beethoven-Bearbeitung in der Klinger-Ausstellung der Secession. Endlich bot sich auch Gelegenheit, die bisher noch nie vollständig aufgeführte Dritte Symphonie erklingen zu lassen. Begleitet von seiner jungen Gattin begab sich Mahler, einer Einladung des Allgemeinen Deutschen Musikvereins folgend, im Juni nach Krefeld, um dort die Aufführung zu leiten. Das Werk fand begeisterte Aufnahme und wurde noch im selben Jahr in vier anderen Städten aufgeführt.

Den Sommer verbrachte das junge Paar in Maiernigg am Wörther See. Mahler arbeitete an seiner Fünften Symphonie. Ähnlich wie zuvor am Attersee hatte Mahler auch hier sein kleines Waldhäuschen, in das er sich zurückzog, wenn er Musik zu Papier brachte. Alma, die ein Kind erwartete, kopierte die Noten für ihn. Am 3. November 1902 kam ein Mädchen zur Welt, dem die Eltern den Namen Maria Anna gaben.

*Hofoper 1903–1905*

Der von Franz Hadamowsky redigierte Katalog der Ausstellung »Gustav Mahler und seine Zeit« (sie war im Gebäude der Secession im Jahre 1960 zu sehen) verzeichnet im Anhang die Novitäten der Hofoper. Für den hier behandelten Abschnitt ergibt sich das folgende Bild:

1903   Charpentier: ›Louise‹
       Puccini: ›Bohème‹

1904   Hugo Wolf: ›Der Corregidor‹

1905    d'Albert: ›Die Abreise‹
        Leo Blech: ›Das war ich‹
        Wolf-Ferrari: ›Die neugierigen Frauen‹
        Pfitzner: ›Die Rose vom Liebesgarten‹.

Bemerkenswerter als die Erweiterung des Spielplans sind in diesen Jahren die Versuche szenischer Erneuerung im Zusammenwirken mit Alfred Roller. Mahler hat das Verdienst, die künstlerische Potenz Rollers für die Bühne entdeckt zu haben. Bald danach zog auch Max Reinhardt diesen Szenengestalter heran. Noch für unsere Generation ist Rollers Arbeit lebendiger Begriff – zumindest durch die 1911 für den Wiener ›Rosenkavalier‹ geschaffene Szenerie, deren Grundkonzept sich in Wien mehr als ein halbes Jahrhundert lang behauptet hat.

Das Zusammenwirken Mahlers mit Roller begann mit einer Neueinstudierung von ›Tristan und Isolde‹, die im Februar 1903 zum erstenmal gezeigt wurde. Oscar Bie hat das Bild in einer Rezension zu schildern versucht. Er kam zu dem Schluß: »Die Örtlichkeiten kann man beschreiben, das Licht nicht. Wenn das Zelt sich hebt, wenn der Morgen graut, wenn Isolde ins Licht sinkt – das ist genial. Hier ist etwas von Lichtmusik.«

Auch die Reproduktionen von Szenenbildern vermitteln nur einen ungenügenden Begriff von dem, was diese neue ›Tristan‹-Bühne zu bieten hatte. »Licht und Luft musizieren mit dem Wagnerischen Orchester«, heißt es in einer Besprechung, die im März 1903 erschien. Die Berichte stimmen darin überein, daß aller Naturalismus der herkömmlichen Theaterdekoration über Bord geworfen wurde. Das entsprach den Grundsätzen der Secession. »Zwei Menschenalter lang hat die ganze Natur Modell gestanden, sie ist müde. Ein allgemeines Bedürfnis nach Stil geht durch die Welt.« Der hervorragende Kunstkritiker Ludwig Hevesi prägte diesen Satz zur Klimt-Ausstellung des Jahres 1903. Er gilt auch für Rollers Theaterszene. Nach dem Willen Mahlers und Rollers sollte alles, was die Bühne zeigte, nicht »etwas sein«, sondern »etwas bedeuten«. Gründliche künstlerische Praxis, die auch Gebrauchsgraphik einschloß, hat den aus Brünn, der Hauptstadt Mährens, stammenden Alfred Roller zur Konvergenz mit Mahlers Ästhetik bestimmt. Roller war vier Jahre jünger als Mahler. Als Lehrer an der Kunstgewerbeschule (seit 1899) und als führendes Mitglied der Secession, die er zusammen mit den von Klimt angeführten aktivsten Künstlern der Gruppe 1905 wieder verließ, hatte er jene funktionelle

Kunstanschauung entwickelt, die der Auffassung Mahlers vom musikalischen Theater entsprach. Mahler, so schrieb Roller lang nach dessen Tod, hatte die »tiefste Verachtung für jeden bloß äußerlichen Aufputz der Bühne, für alles lediglich dekorative, nicht mit innerer Notwendigkeit aus der großen Konzeption entspringende Detail, mochte es noch so prächtig und bestechend sein«.

Die funktionelle Architektonik der Bühne deckte sich mit der musikalischen Formung durch Mahler. Fünfzig Jahre nach der denkwürdigen ›Tristan‹-Aufführung hat Erwin Stein die Erinnerung an das künstlerische Ereignis zusammengefaßt, das er damals als Achtzehnjähriger erlebte. Die dramatischen Höhepunkte, so schrieb Erwin Stein, dienten Mahler als Angelpunkte der Form. »Für Mahler war die Klimax nicht nur ein Mittel des Ausdrucks, sondern auch ein architektonisches Werkzeug. In jedem Musikstück, das er aufführte, in jedem Akt einer Oper gab es einen Punkt, an dem die Dynamik und Spannung der Musik kulminierte, während geringere Höhepunkte dazwischen lagen; es gab sozusagen einen Hauptschwerpunkt und andere, nebengeordnete Zentren. Im ›Tristan‹ fand der erste Akt mit Isoldes Liebestrank seinen Höhepunkt; der zweite gipfelt nicht in Tristans Ankunft, sondern im letzten Crescendo des Duetts vor der Antiklimax von Markes Auftritt; im dritten Aufzug wurde der Höhepunkt im Fortissimo beim Erscheinen Isoldes erreicht, das alle Steigerungen der vorangegangenen Monologe Tristans weit übertraf.«

Die Integration von Szene und Musik hat Mahler auch veranlaßt, die Lichtarchitektur des gesamten Theaterraumes neu durchzudenken. Vertraut mit der wohltuenden Wirkung, die der tiefliegende, überdachte Orchesterraum des Bayreuther Festspielhauses auf die Szene ausübte, forderte Mahler im ersten Jahr der Zusammenarbeit mit Roller die Tieferlegung des Orchesters der Hofoper. Auch aus klanglichen Gründen, die wir noch näher behandeln wollen, entschloß er sich zu diesem Experiment, das von der Wiener Kritik heftig umkämpft war. Nicht minder wichtig aber erschien Mahler die optische Erwägung. In einem Interview wies er auf die Vorteile der Tieferlegung des Orchesters hin: »Ich denke da gerade an ›Tristan und Isolde‹ und an die großen, leider nicht zu beseitigenden Störungen, die uns die elektrischen Lampen oberhalb der Pultstände des Orchesters bei der einheitlichen Lichtstimmung der Bühne verursachen. Wenn wir uns noch so sehr mühten, einen harmonischen, der Stimmung entsprechenden Beleuchtungston auf der Bühne hervorzubringen – der grelle nüchterne Streifen von den Orchesterlampen drohte alles zu verpatzen. Dieser empfindliche Übelstand würde natürlich beim unsichtbaren Orchester ganz entfallen.«

Tatsächlich war der Orchesterraum während der Ferien im Sommer 1903 tiefer gelegt worden. Neuerungen dieser Art verursachten bei den traditionsgewohnten Wienern einige Aufregung. Man vermutete, daß Mahler ein Freund von Änderungen um jeden Preis war. Routiniers, die sich auf die Tradition beriefen, schenkte Mahler keine Beachtung. Das in vielen Abwandlungen zitierte Wort von Mahlers Traditionsfeindlichkeit muß spätestens 1902 bekannt gewesen sein, denn Hans Richter hielt es für notwendig, in einem Interview, das er dem ›Neuen Wiener Tagblatt‹ gewährte, gegen Mahlers Standpunkt ausdrücklich aufzutreten. Mahler hat sich davon nicht beirren lassen. Davon legt die Arbeit an Beethovens ›Fidelio‹ Zeugnis ab, die er dem Publikum am 7. Oktober 1904 zum erstenmal vorführte. Es ist freilich unrichtig, wenn behauptet wird, Mahler habe Tradition mit Schlamperei identifiziert. Eine Formulierung, die Roller schriftlich überliefert hat, lautet: »Was Ihr Theaterleute Tradition nennt, das ist nichts anderes als Eure Bequemlichkeit und Schlamperei.«

Dies Wort fiel bei ›Fidelio‹-Proben des Jahres 1904. In der alten Inszenierung hatte sich der Gefangenenchor im Kerkerhof des ersten Aufzugs so abgespielt, daß der gesamte Chor aus den Zellen rechts und links auftrat, auf der hellerleuchteten Bühne einen Halbkreis bildete und danach loslegte: »O welche Lust, in freier Luft den Atem leicht zu heben ...« Roller hielt diese primitive Lösung für unvereinbar mit dem erschütternden Gehalt der Musik. Er legte Mahler seine Modelle vor und schilderte ihm, wie er sich den Auftritt dachte: Die Gefangenen sollten zu zweit oder zu dritt aus der Tiefe dem Licht entgegentaumeln, des Gehens ungewohnt, geblendet vom Tageslicht, benommen von der Luft, an den Mauern tastend, erdfarbene, leidende Menschen. Mahler stimmte zu. Er forderte bloß aus musikalischen Gründen, daß für das rechtzeitige Erscheinen eines Doppelquartetts gesorgt würde. Bei den Proben protestierte der Chordirektor gegen diese Methode. Auch der Herr, der den Titel eines Regisseurs führte und der sich in Anwesenheit des Direktors auf die Funktion eines »Inspizienten« beschränkt sah, suchte Mahler umzustimmen: Die »Nummer« sei ein Glanzstück

des Chors, den man so um seinen Erfolg bringe. In diesem Zusammenhang wurde Mahler die »Tradition« entgegengehalten,
und hier formulierte Mahler seine von Roller überlieferte, be-
richtigende These.

Mahlers ›Fidelio‹-Konzept war ähnlich wie seine schon ge-
schilderte ›Tristan‹-Auffassung auf eine Hauptklimax angelegt:
der Heroismus der liebenden Gattin sollte herausgearbeitet werden. Die teils unterwürfige, teils biedere Gestalt des Rocco wollte
sich in dieses Konzept nicht fügen. Mahler eliminierte den
rechtschaffen-familiären Zug, indem er Roccos Arie »Hat man
nicht auch Gold beineben« wegließ. Noch einschneidender war
Mahlers Handhabung der Ouvertüre. Ehe Mahlers Reformwerk
begann, spielte man in Wien lange Jahre zu Beginn nicht die von
Beethoven zuletzt für das Werk bestimmte »kleine« Ouvertüre
in E-Dur, sondern die ›Dritte Leonoren-Overtüre‹ in C-Dur.
Dieses groß angelegte dramatische Stück paßte schlecht zum
Beginn von ›Fidelio‹, der ja bis zum Auftritt Pizarros noch den
Charakter der Spieloper hat. Mahler entschloß sich, die kurze
E-Dur-Ouvertüre wieder an die Spitze zu stellen. Damit wären
die Wiener Musikfreunde freilich um den Verlust einer liebgewordenen Attraktion gekommen. Als Roller nun erklärte, daß
er für die Verwandlung vor dem Finale, welches den Paradeplatz
des Schlosses zeigen soll, Zeit benötige und deswegen auf eine
Umbaupause nicht verzichten könne, kam Mahler auf die Idee,
die große Leonoren-Ouvertüre während dieses Umbaus spielen
zu lassen. Als Kenner der Wiener Verhältnisse hütete er sich
wohl davor, von diesen theatertechnischen Motiven etwas ver-
lauten zu lassen. Ihm war klar, daß sich ein vornehmlich musikalisch interessiertes Publikum und eine in der Theatertechnik wenig bewanderte Kritik mit solchen Argumenten nicht überzeu-
gen ließen. Darum ließ er die Meinung kolportieren, die große
C-Dur-Ouvertüre sei an dieser Stelle, nämlich vor dem Finale,
am besten untergebracht, weil sie »eine Rekapitulation des ganzen Dramas« enthalte. Die Wiener glaubten es gern, und mancher
Opernenthusiast wäre noch jetzt verärgert, wollte man die ihm
liebgewordene ästhetische Legende durch den nüchternen
Tatsachenbericht ersetzen. Mahlers Placierung der ›Dritten
Leonoren-Ouvertüre‹ hat sich jedenfalls nicht nur in Wien behauptet, sondern auch in anderen Opernhäusern Nachahmung
gefunden.

Verwandlungsprobleme waren es auch, die bei der Neuinszenierung von Mozarts ›Don Giovanni‹ im Dezember 1905 zu

ungewohnten Lösungen drängten. Ludwig Hevesi, der verständnisvolle Chronist der Secession, hat auch Rollers Bühnenarbeit verfolgt. Über ›Don Giovanni‹ schrieb er am Tag nach der Aufführung:

> Bei Direktor Mahler und Alfred Roller ist die musikalischdramatische Dichtung die eine und ganze Hauptsache, in deren Dienste alle Gestaltungsmühe steht. Ich kann mich nur wundern, daß ein großer Teil des Publikums bei früheren Mahler-Rollerschen Neuleistungen der Ansicht war, das Werk werde von szenischen Zutaten erdrückt ... Was am Anbeginn dieser Bestrebungen von »Ausstattungsoper« geredet wurde, zeigt bloß von Mangel an Trainierung für bildende Kunst. Die Rollersche Idee ist natürlich nicht als etwas ein für allemal Fertiges aus seinem Hirn entsprungen. Sie entwickelt sich vielmehr, sie formuliert sich, und die Formel, die sie in »Don Giovanni« hat, ist noch nicht einmal die letzte. Hier sehen wir ein schon merklich stilistisches Bühnenbild. Einige architektonische Stützpunkte, in Gestalt von hölzernen »Türmen« oder Pylonen, die den Raum ausstecken und den Raum dann rückwärts durch einen farbigen Prospekt abgeschlossen. Bei einfachen Szenen genügen zwei Paar Türme rechts und links im Proszenium. Bei entwickelteren Vorgängen werden nach Bedarf ihrer mehr verwendet. So in der Festszene, mit den drei Orchestern und mehreren Auftritten und Abgängen. Die Türme sind ganz einfache, praktikable Gebilde, mit den Öffnungen im ersten Stock, die als Fenster von Wohnungen, als Erker, Balkone dienen können, gelegentlich mit Teppichen geschmückt werden, oder auch, wenn sie nichts leisten, durch Vorhänge geschlossen sind. Also eine ideale Architektur, eine Art bauliches Passepartout, wodurch ein idealer Raum gebildet wird. Dieser Raum ist genau so breit und tief, als es der jedesmalige Zweck erfordert. Es kann also nicht vorkommen, daß die Bühne zu einer weiten Einöde wird, in der ein einzelner Mensch ungeheure Gebärden macht, weil er instinktiv so viel Raum als möglich ausfüllen möchte. Diese Karikatur von opernhafter Aktion wird, so nebenbei, das Handwerk gelegt.

Die Anmerkungen des Kunstkritikers Hevesi weisen nicht nur auf ein Charakteristikum der historischen Mahler-Roller-Bühne hin, sondern haben – leider, möchte man sagen – immer noch aktuellen Lehrwert, denn der innige Zusammenhang zwischen der Raumgestaltung der Bühne und der Aktion des Darstellers versteht sich nach wie vor nicht von selbst. Es kommt heutzutage häufig vor, daß Bühnenbildner ihre »Bildchen« an den Ort der Neuinszenierung senden und die Umsetzung ihrer ebenso eindrucksvollen wie funktionslosen Skizzen in den Bühnenraum anderen überlassen. Mahler und Roller haben Beispiele für verantwortliche Szenengestaltung geliefert, die mehr als bloß historische Würdigung verdienen. Sie hatten dabei die Kommunikation mit dem Publikum im echten Sinn des Wortes »im Auge«, sie strebten nach einer audiovisuellen Wirkung, die sich nicht bloß auf den besten Parkett- und Logenplätzen einstellen sollte, sondern möglichst im ganzen Haus. Bei ›Tristan und Isolde‹ war dies Roller noch nicht restlos gelungen. Auch er war bei diesem ersten Versuch noch mit einem vorgefaßten »Bild« an die Bühnenarbeit herangegangen. Später experimentierte er in seiner Werkstatt an einem exakt ausgeführten Theatermodell, das alle Platzdistanzen zeigte, so daß man an diesem Modell die voraussichtliche Wirkung auf einzelne Zuschauergruppen studieren konnte. Während der Probenarbeit setzte Roller diese Kontrolle fort. »Unermüdlich«, so erzählt Emil Lucka, »stellte er Versuche an, er wanderte von der Bühne ins Parkett, vom Parkett auf die Galerie, experimentierte mit Blenden, Buntscheiben, Lichtstärken, änderte, besserte, sah Nuancen ...«

Die ›Don Giovanni‹-Inszenierung, die ihren Farbenreiz nicht aus gemalten Prospekten, sondern aus schwarzem und farbigem Samt bezog und die jeder Szene den für ihre Aktion gemäßen Raum bieten konnte, muß auch theatertechnisch als Errungenschaft bezeichnet werden: sie gestattete die zahlreichen Verwandlungen, ohne den Fluß des Geschehens zu hemmen. Kein Szenenumbau beanspruchte mehr als dreißig Sekunden. Damit war die von Mahler angestrebte Einheitlichkeit gesichert. Mahlers Bemühung um die Integration von Aktion und Raum, Farbe und Licht, Wort und Ton ging noch weiter: er veranlaßte eine neue deutsche Textfassung, die Max Kalbeck lieferte. Auch hier lag ihm nicht an Änderungen um jeden Preis. Textabschnitte, die »durch ihre Popularität sich Bürgerrecht erworben haben«, durften unmodifiziert beibehalten werden. Wo aber die musikalische Logik und auch die dramatische Folgerichtigkeit verletzt schien, ließ Mahler Neues versuchen. ›Don Juan‹, wie die Oper früher auf dem Theaterzettel geheißen hatte, wollte er sie freilich nicht mehr genannt wissen, denn warum sollte man den italienischen Titel ins Spanische übersetzen, wenn man deutsch sang? Und welchen Sinn sollte es haben, dem viersilbigen Anruf des steinernen Gastes (»Don Gio-vanni«), von Mozart so und nicht anders komponiert, das häßliche dreisilbige »Don Ju-an« zu unterlegen?

Das Mozart-Bild, das Mahler entworfen hat, weist einen einzigen Zug auf, von dem sogar die Anhänger Mahlers nicht immer mit Anerkennung oder gar Beifall gesprochen haben. Ich meine Mahlers Umgang mit den Appoggiaturen, den verzierenden Vorhalten und Vorschlägen, die in den Noten zumeist nicht ausgeschrieben sind und die von einem werktreuen Interpreten doch gefordert werden müssen. Mahler scheint diese Appoggiaturen weitgehend eliminiert zu haben. Erwin Stein drückt sich in seinem schon erwähnten Bericht sehr schonungsvoll aus: »Mahler hatte die zusätzlichen Spitzentöne und Kadenzen, welche die Sänger einzufügen pflegten, schon ausgemerzt, doch behielt er jene Appoggiaturen bei, die er als vereinbar mit dem Stil der Musik betrachtete.« Diese Formulierung deutet an, daß Mahler nicht die Aufführungspraxis der Mozart-Zeit zum Kriterium seiner Entscheidung machte, sondern nach subjektivem Empfinden vorging. Die Bedeutung Mahlers als Mozart-Interpret wird, so meine ich, keineswegs gemindert, wenn wir die Diskrepanz zwischen dem historisch treuen und dem Mahlerschen Mozart-Stil offen deklarieren. Analysiert man die Beweggründe, die Mahler im Umgang mit Appoggiaturen bestimmt haben können, dann gelangt man vielleicht sogar zu dem Schluß, daß in einer bestimmten Etappe der Operngeschichte Mahlers Verfahren unerläßlich war, wenn die dramaturgische Bedeutung der Musik Mozarts wieder bewußt gemacht werden sollte. Für das Empfinden des Musikfreundes jener Epoche war jedes Element des Ziergesanges unlöslich mit der Vorstellung des Rokokohaften verbunden. Man unterschied nicht zwischen einer Koloratur, die den Stil sprengen mochte, und einer Verzierung, die von eben diesem Stil gefordert wurde. Da Mahler die Werke Mozarts aus der entstellenden Rokokoschablone lösen wollte, mußte er gegen das musikalische Ornament schlechthin auftreten. Er tilgte aus der Musik das, was er selbst und sein Publikum für »äußerlichen Aufputz« und »dekoratives Detail« halten mußten, um das Essentielle der Musik hervortreten zu lassen, ihren Ausdruck, ihre dramatische Funktion, ihre geistige Kraft. In diesem Sinne nähert sich Mahlers Ästhetik den Kunstanschauungen von Adolf Loos, der 1908 schrieb: »Ornamentlosigkeit ist ein Zeichen geistiger Kraft.«

Es mag gewagt erscheinen, daß wir hier den österreichischen Pionier schmuckloser Raumplanung, den ornamentfeindlichen Kulturkritiker Adolf Loos in Beziehung zu Mahler setzen. Der 1870 geborene Adolf Loos gehörte zwar kurze Zeit auch der Secession an, doch wandte er sich bald mit Vehemenz gegen die im Kreise der Secessionisten fortwirkende Vorliebe für funktionslosen, wenn auch »modernen« Zierat. Durch die Zusammenarbeit mit Roller erscheint Mahler nun vielleicht als treuer Bundesgenosse der Secessionisten. Dieser Schein trügt. Mahler ist dieser Richtung gefolgt und zugleich über sie hinausgewachsen. Alle sachkundigen Berichte von Musik- und Kunstkritikern deuten darauf hin, daß Mahlers Musiktheater nicht einer bestimmten Kunstrichtung verpflichtet war, sondern sich aus der freien Verfügbarkeit der von der neuen Kunst erarbeiteten Mittel entwickelt hat. In der bisher vorliegenden Mahler-Literatur scheint dieses Moment noch kaum dargestellt worden zu sein. Es ist der Forschung bisher offenbar entgangen, daß sich Mahler sogar selbst sehr präzise zu dieser Frage geäußert hat. In einer Erklärung, die Mahler der Redaktion des ›Illustrierten Extrablatts‹ gab und die am 9. September 1903 in dieser Zeitung erschien, heißt es unter anderem: »Die gesamte moderne Kunst hat der Schaubühne zu dienen. Moderne Kunst, ich sage nicht Secession. Auf das Zusammenwirken aller Künste kommt es an. Mit der hergebrachten Schablone geht es nicht weiter, die Moderne hat sich auch auf Kostüme, Requisiten, auf die ganze Belebung des Kunstwerkes zu erstrecken.«

Das war die Grundsatzerklärung des Szenengestalters Mahler. Sie zeigt, wie weit sich Mahler von jenem Dirigententypus entfernt hatte, der auch im Opernhaus nur an die Musik denkt. Mahler wurde der erste moderne Opernregisseur. Gewiß knüpfte er dabei an Wagners Idee vom Gesamtkunstwerk an, doch während sich das Wagnerianertum jener Epoche sonst in der Konservierung einiger Momente des Bayreuther Konzepts erschöpfte, verfolgte Mahler die Wagnersche Idee des Musiktheaters über ihren eigenen Bereich hinaus. Zwanzig Jahre nach Wagners Tod konnte bloßes Bewahren nicht genügen. Neue bühnentechnische Errungenschaften waren der musikdramatischen Idee ebenso dienstbar zu machen wie die Ausdrucksmittel der neueren Kunst. Mahler ging noch einen Schritt weiter, indem er die Idee der Einheit von Musik und Szene nicht nur auf die Darstellung der Werke Wagners anwandte, sondern zum Gesetz für das gesamte Musiktheater machte. Damit etablierte er die Kunst der Opernregie im modernen Sinn und antizipierte eine spätere Etappe des Musiktheaters.

Hätten die Programmzettel der Opernaufführungen jener Zeit dieser Tatsache Rechnung getragen, dann wäre auf ihnen auch der Name des Regisseurs Mahler vermerkt gewesen. Doch auf den Programmzetteln blieb damals der Szenengestalter ebenso unerwähnt wie der Dirigent! Die Ideologie der Sängeroper – des »Startheaters«, wie wir heute sagen würden – verdeckte die Revolutionierung des Musiktheaters, die sich unter Mahler vollzog. Erst rückblickend begreift man, daß Mahler – wie neben ihm bloß noch Toscanini – den Aufstieg des Kapellmeisters zum Herrscherrang des Dirigenten modernen Stils bewerkstelligt hat. Die Zeit, so belehrt uns die Lebensgeschichte Mahlers, war noch nicht reif für diesen Wandel. Doch Mahler war Zeitgenosse der Zukunft.

Der Versuch, die Oper als Gesamtkunstwerk zu gestalten, mußte in Wien unausweichlich die Opposition jener hervorrufen, die den Rang einer Vorstellung und eines Operninstituts überhaupt nach dem Glanz berühmter Stimmen beurteilten. Die Einbeziehung neuer Kunstmittel begeisterte nur einen Teil der Opernfreunde. Die Geschlossenheit der Darstellung entschädigte die Opernhabitués nicht, die nur Belkanto mit Beifall quittieren wollten. Unverzeihlich schien der ballettfreudigen aristokratischen Gesellschaft Wiens, daß Mahler dem Ballett keine neuen Impulse gab, ja daß er an der Ballettkunst überhaupt wenig interessiert zu sein schien. Aus einem im März 1904 veröffentlichten Bericht Ludwig Karpaths geht hervor, daß sich Mahler über die Erneuerung des Balletts sehr wohl Gedanken machte. Das phantastische und das Genreballett hatten sich nach Mahlers Anschauung überlebt. Er sehnte also »einen neuen Mann herbei, der Neues bringt. Da aber dieser ungeduldig erwartete Messias nicht auftauchen wollte, so griff er in den letzten Jahren einfach wieder nach dem alten. Er tat es, weil er spät aber doch zu der Erkenntnis gelangte, daß man in einem großen Operntheater, dessen Publikum zuweilen einen ganz internationalen Charakter annimmt, auch die minderwertige Kunstgattung nicht missen will. Der Künstler Mahler hat also eingesehen, daß er mit dem Direktor Mahler kompromittieren müsse ... Daß er die Schablone begnadigte, nur weil er sein hohes Ziel nicht erreichen konnte, glauben ihm nur die wenigen, die die wirkliche Triebfeder seiner Handlungsweise kennen.«

Der Verzicht auf Erneuerung des Balletts in einem Sinn, der

der Erneuerung der Oper entsprach, mag auch aus Mahlers mangelnder Erfahrung auf diesem Gebiet zu erklären sein. Dennoch darf eine taktische Erwägung Mahlers nicht übersehen werden: er war gewiß nicht bereit, den Kampf um die Modernisierung des Theaters an mehreren Fronten zugleich zu führen. Auf dem Ballettsektor sicherte er sich mit konventionellen Produktionen ab. Als Oskar Nedbal mit seiner ersten Ballettmusik (›Pohádka o Honzovi‹) 1902 im Prager Nationaltheater Erfolg erzielte, übernahm Mahler das Werk in den Wiener Spielplan. Unter dem Titel ›Der faule Hans‹ kam diese Ausstattungspantomime im April 1903 auf die Bühne der Hofoper, inszeniert von dem seit 1869 als Mentor der Wiener Ballettschule wirkenden Josef Hassreiter. Das Publikum war mit Produktionen dieser Art zufrieden, wie die Kassenrapporte über das in der Direktionszeit Mahlers fünfunddreißigmal aufgeführte Ballett beweisen.

Die Tänzer ließ Mahler also gewähren. Mit der Arbeit, die ihm das Opernrepertoire bereitete, war seine Kraft vollauf in Anspruch genommen. Den Angriffen der konservativen Opernfreunde schenkte er wenig Beachtung. Sie waren freilich längst am Werk, um eine Eindämmung der Macht des Hofoperndirektors zu erwirken. Es fehlte nicht an Interventionen jener hochmögenden Persönlichkeiten, die sich in Wien immer schon für kompetent hielten, Expertisen über die reichlich komplizierte Arbeit eines Opernchefs abzugeben. Selbst in den Akten der Hoftheaterintendanz gibt es Spuren dieser Intrigen. Unter der Aktenzahl 3587/1904 finden wir einen Brief, den zwanzig Besucher des Hofoperntheaters an den Generalintendanten gerichtet haben. Darin wird Beschwerde über das Fehlen von geeigneten »Vertretern der ersten Rollenfächer« geführt und anderseits wieder beklagt, daß Sänger ersten Ranges in ganz unzureichender Weise, »nämlich in kleinen Partien oder gar nicht beschäftigt werden«. Die Petition dieser Opernbesucher unterstreicht in durchaus zutreffender Weise Mahlers Abweichen vom traditionellen Besetzungsprinzip. Fehlerhaft sind bloß die Schlüsse, die diese Traditionalisten daraus ziehen. Sie erkennen nicht, daß die schöne Stimme für Mahler nicht das alleinige Kriterium für die Besetzung ist; daß er mehr als vokalen Einsatz verlangt, nämlich musikalische Aktion, Variation in der Farbgebung der Stimme und Einordnung in das Ensemble. Die Beschwerdeführer, die sich mit Mahlers Opernästhetik nicht befreunden wollen, billigen ihm zwar ausgezeichnete Fähigkeiten als Musiker und Dirigent zu, werfen ihm jedoch vor, er ließe sich bezüglich der Rollenbesetzung »vielleicht mehr von subjektiven Neigungen als von seiner künstlerischen Überzeugung leiten«. Die Unterzeichner des Schriftstückes verraten überdies, daß sie nicht ausschließlich als »Opernbesucher« zu diesen Fragen Stellung nehmen, sondern wohl auch im Interesse einiger Sänger, die sich von Mahler benachteiligt fühlen. »Man hört«, so heißt es in der Petition, »von dem Künstlerpersonale so häufig Klagen darüber, daß der Direktor im persönlichen Verkehr mit demselben sehr oft auch die primitivsten Gebote der Höflichkeit außer acht läßt. Es ergeben sich daraus naturgemäß öfter Konflikte, welche für die Hofoper den Verlust schon so mancher schätzenswerten und bisher nicht ersetzten Kraft zu Folge hatten.« Die Petition gipfelt schließlich in dem Verlangen, die Macht des Operndirektors dadurch zu beschränken, daß ihm »ein sachkundiger und vorurteilsfreier Mann an die Seite gestellt wird, welcher mit dem nötigen Pouvoir ausgerüstet, in der Lage wäre, den Genannten vor schädlichen Irrtümern und Mißgriffen abzuhalten und die oft allzu durchsichtigen Konsequenzen seiner Sympathie und Antipathie in entsprechender Weise zu paralysieren«.

In der Mantelnote, die der Sachbearbeiter der Generalintendanz diesem Schreiben hinzufügte, wird der Meinung Ausdruck gegeben, »Herr Direktor Mahler sollte von diesen nicht ganz ungerechtfertigten Bemerkungen verständigt werden«. Auch der zuständige Referent war also nicht abgeneigt, die Angelegenheit zu verfolgen. Der Intendant scheint die Sache nicht weiter beachtet zu haben. Er griff in die Führung der Operngeschäfte kaum ein, denn Mahler hatte sich längst den direkten Zutritt zum Herrn über alle Hoftheaterangelegenheiten verschafft: zum ersten Obersthofmeister Fürst von und zu Liechtenstein, dem auch die Intendanz unterstellt war.

Der Obersthofmeister versicherte jedem, der es hören wollte, in bestimmtester Weise, daß er nicht daran denke, Mahlers Machtbefugnisse abzubauen oder ihn gar aus dem Amt zu weisen. Alle Versuche, Mahler schon 1904 aus der Hofoper zu verdrängen, scheiterten an dieser Entschlossenheit. Mahler wußte, welch mächtige Stütze er in der Person des Obersthofmeisters hatte, zumal der Kaiser selbst sich jeder Einmischung in die Amtsgeschäfte enthielt. Die Hofoper war zwar aus der kaiserlichen »Privatschatulle« bezahlt, doch wollte Franz Josef daraus keine unmittelbaren Ansprüche ableiten. Als der Kaiser einmal einen Wunsch äußerte, der die Hofoper betraf, und Mahler diesem Wunsch nicht entsprechen wollte, sich jedoch bereit erklärte, einem ausdrücklichen Befehl des Kaisers nachzukommen, soll Franz Josef gesagt haben: »Ich wünsche zwar, doch ich befehle nicht.«

Das Vertrauen, das der Obersthofmeister dem Operndirektor entgegenbrachte, gründete sich nicht zuletzt auf die materiellen Erfolge Mahlers. Es war die Pflicht des Direktors, seine Aufgaben im Rahmen eines limitierten Budgets zu erfüllen, ohne daß irgendwelche Zuschüsse in Anspruch genommen wurden, die über die vorgesehenen Leistungen aus der Privatschatulle des Kaisers hinausgingen. Im Budgetplan waren auch die zu erwartenden Einnahmen aus dem Kartenverkauf berücksichtigt. Diese Einnahmen wurden nach Schätzung im vorhinein festgesetzt (»präliminiert«). Es gelang Mahler im Laufe der Jahre, die tatsächlichen Einnahmen gegenüber dem Präliminare nicht unwesentlich zu steigern. So waren die Einnahmen für das Jahr 1903 – das erste Jahr der Zusammenarbeit mit Roller – mit 1 485 900 Kronen präliminiert. Tatsächlich erzielte die Oper Mehreinnahmen in der Höhe von 58 765 Kronen. Im März 1904 wurde dieser Aspekt von Mahlers Tätigkeit in einem Feuilleton behandelt, das in einer Münchner Zeitung erschien. Die aktive Bilanz des Wiener Operndirektors, so hieß es in diesem Bericht, gelte in höchsten Kreisen als maßgeblich, und dagegen kämen »weder Angehörige des Hofes noch hochstehende Aristokraten auf, die dem gegenwärtigen Leiter der Hofoper nicht gerade wohlwollen. Daß es sich Mahler mit ihnen allen verdarb, darf man ihm als Verdienst anrechnen. Denn es beweist, daß sein steifer Nacken sich niemals beugt, daß er den hohen Herrschaften nicht gefällig ist. Noch nie hat es ein Direktor gewagt, den vermögendsten Leuten so vor den Kopf zu stoßen, wie es Gustav Mahler unaufhörlich tut. Er führt niemandem zuliebe eine neue Oper auf und verschmäht es selbst, durch das Engagement einer nur kleinen Sängerin einen hohen Herrn zu seinem Verpflichteten zu machen. Hierbei kommt ihm freilich der konstitutionelle Sinn des Monarchen, der nichts unternimmt, ohne seine Räte zu befragen, sehr zu statten.«

Auch im Jahre 1904 hielt die günstige finanzielle Entwicklung an. Schon im Frühling konnte der Generalintendant in einem Interview die Öffentlichkeit darüber informieren, daß die Oper in den ersten viereinhalb Monaten einen Überschuß von 48 909 Kronen erzielt habe. Mahlers Bedachtnahme auf seine finanzielle

Verantwortung weist ihn einmal mehr als klugen Taktiker aus. Ihm war klar, daß er seine ambitionierten Pläne nur realisieren konnte, wenn er in manchen Bereichen Kompromisse schloß. Einige Kritiker erhoben schon in jener Zeit den Vorwurf gegen Mahler, er berücksichtige das zeitgenössische österreichische und deutsche Opernschaffen aus Opportunität viel zuwenig. Die Chronik der Opernereignisse und der Bemühungen Mahlers ist dazu angetan, diesen Tadel zu entkräften. Er versuchte schon im Sommer 1905 die eben erst fertiggestellte Partitur der ›Salome‹ für die Wiener Hofoper zu sichern, obgleich er mit der Aufführung der Oper ›Feuersnot‹ von Strauss im Jahre 1902 keinen Erfolg erzielt hatte. Damals schon glaubte er an die eminente musikdramatische Begabung von Richard Strauss. Als das erwartete freundliche Echo der Wiener ausblieb, schrieb er an den Komponisten: »Ich bin so angeekelt von der Haltung der Wiener Presse, und vor allem, daß das Publikum sich so ganz in's Schlepptau nehmen ließ.«

Die Erfahrungen mit ›Feuersnot‹ und manch anderen zeitgenössischen Produktionen mahnten Mahler auch zur Vorsicht. Er wollte sich nur für jene Werke einsetzen, die er selbst für theaterwirksam hielt und denen er eine erfolgreiche Darstellung angedeihen lassen konnte. Dieser Grundsatz bestimmt auch sein Verhältnis zum ›Corregidor‹, der Oper seines Jugendfreundes Hugo Wolf, der schon im September 1897 den eben erst in sein Amt eingeführten Operndirektor zur Aufführung seines Werkes hatte bestimmen wollen. Damals kam es zum ersten Wahnsinnsausbruch Wolfs, der Freunden gegenüber erklärte, er sei der neue Operndirektor und im Begriff, Mahler seiner Stelle zu entheben. Die Geisteskrankheit war eine Folge der Infektion, die sich Wolf in jungen Jahren zugezogen hatte. Warum ihre erste Äußerung mit Mahler in Zusammenhang stand, begriffen Wolfs Freunde erst, als sie erfuhren, was die Tragödie unmittelbar ausgelöst hatte. Wolf hatte Mahler in der Oper aufgesucht. Auf Mahlers Pult, so berichtet Frank Walker in seiner Wolf-Biographie, lag die Partitur von Rubinsteins Oper ›Der Dämon‹. Wolf hatte »einige abfällige Bemerkungen über das Werk gemacht und beide gerieten in einen Streit, in dessen Verlauf Mahler sich nicht gerade schmeichelhaft über den ›Corregidor‹ äußerte und, entgegen seinem Versprechen, die Oper aufzuführen, eine baldige Aufführung derselben in Wien überhaupt in Zweifel zog. Aufs äußerste erregt und erbittert verließ Wolf die Direktionskanzlei. In das vom Schaffensfieber ergriffene Gehirn schlug nun diese neuerliche, ihn zutiefst erschütternde Enttäuschung wie ein zündender Funke, der die Glut zum Aufflackern – den seit langem drohenden Wahnsinn zum Ausbruch brachte. Rachebrütend entsprang seiner kranken Phantasie der Gedanke, sich selbst zum Operndirektor zu machen und durch Mahlers Entlassung das letzte Hindernis zu beseitigen, das dem Erfolg des ›Corregidor‹ im Wege stand. Und diesem furchtbaren Wahngedanken war er von nun an verfallen.«

Das Schicksal des Gefährten der Konservatoriumszeit muß Mahler tief beeindruckt haben. Die Presse schenkte dem Wahnsinn des todkranken Komponisten mehr Aufmerksamkeit, als je zuvor seinem Schaffen gewidmet worden war. An die Episode der letzten Begegnung von Mahler und Wolf knüpften sich Gerüchte, die nicht nur in den Journalen ihren Niederschlag fanden, sondern teilweise auch noch in Alma Mahlers Erinnerungen an Gustav Mahler wiedergegeben sind. Daß Mahler den ›Corregidor‹ lange Zeit nicht aufführen wollte, trug ihm manchen Tadel ein. Mahler konnte sich von dem Werk, das schon bei seinem Amtsvorgänger Jahn eingereicht worden war und das weder bei der Uraufführung in Mannheim (1896) noch bei der Aufführung einer revidierten Fassung in Straßburg (1898) Beifall gefunden hatte, keinen Erfolg versprechen. Als Wolf im Februar 1903 endlich von seinen Leiden erlöst wurde, entschloß sich Mahler, den ›Corregidor‹ auf das Programm zu setzen. Die Premiere am 18. Februar 1904 konnte nicht mehr sein als eine Huldigung für den Gefährten der Jugend. Der Operndirektor Mahler vermochte der Oper – Frank Walker nennt sie »ein Liederbuch mit Orchesterbegleitung« – keinen dauernden Platz im Repertoire zu sichern. Der Komponist Mahler stand dem Liedschöpfer Wolf keineswegs nur mit Sympathie gegenüber. Es sind sogar kritische Äußerungen Mahlers über den Liedmeister Hugo Wolf bekannt. Mahler hat – auch in seinem Liedschaffen – ganz andere Wege eingeschlagen. Seine schöpferische Energie aber widmete er – anders als Hugo Wolf – längst der Entfaltung einer neuen Orchestersprache. Der Traum einer Opernkomposition, den er in seiner Jugend noch zusammen mit Hugo Wolf geträumt hatte, war vergessen. Mahler entwickelte nun ein revolutionäres Orchesteridiom, das ein vertrautes Vokabular von Fanfaren und Märschen, Ländlern und Walzern, Liedweisen und unendlichen Melodien in neuer melodischer Syntax, ungewohnter polyphoner Grammatik und erregendem klanglichem Stil präsentierte. Zwischen 1901 und 1905 – in der Epoche der angespanntesten und erfolgreichsten Tätigkeit des Operndirektors – entstanden drei Symphoniepartituren, die auf Rang und Anerkennung in der Musiköffentlichkeit lange warten mußten und die erst in jüngster Zeit das Verständnis breiterer Kreise finden konnten.

## Die Symphonien V, VI und VII

Der lang anhaltende Widerstand gegen das neue symphonische Idiom Mahlers ist durchaus zu verstehen. Was er mit dieser Neuerung bewirkt hat, läßt sich nur annäherungsweise mit dem Bruch vergleichen, den die Secession in der bildenden Kunst hervorgerufen hat. Mahlers symphonische Secession geht noch weit darüber hinaus. Sie begreift Momente des Expressionismus ein, ohne daß sie darum das österreichische Formerbe der Sonate verriete. Unsere Epoche beginnt erst, den Expressionismus Egon Schieles ebenso zu würdigen wie den eigenartigen »Jugendstil« Gustav Klimts. Es leuchtet ein, daß Mahlers symphonische Eröffnung des zwanzigsten Jahrhunderts nicht rascher begriffen werden konnte als deren Entsprechungen auf dem Gebiet der Malerei und Graphik. Die unterschiedliche Zähigkeit optischer und akustischer Wahrnehmungsgewohnheiten vermag auch den Zeitabstand zu erklären. Neuerungen der Musik haben es schwerer als solche der bildenden Kunst. Das Ohr ist träger als das Auge. Unser Gehörsinn ist eingeschliffenen Formen der Wahrnehmung stärker verhaftet als das Gesicht.

Was wir an den Symphonien V bis VII vordergründig wahrnehmen, ist die romantische oder spätromantische Attitüde. Dieser Schein gehört zum Wesen dieser Symphonien. Dennoch trügt er, solange uns nicht gelingt, das zu erlauschen, was sich hinter der Fassade einer oft ins Monströse gesteigerten Orchesterarchitektur verbirgt.

Mahler errichtet sein Symphoniegebäude auf neue Art. Das Finale beherrscht den Plan. Schon 1921 schrieb Paul Bekker über die Sechste Symphonie: »Entscheidender noch als bisher wird alles Wesentliche der symphonischen Handlung dem Finale überwiesen.« Die expansive Anlage dieses ungewöhnlichen Schlußsatzes – er dauert etwa eine halbe Stunde – erschwert das Verständnis. Kein Wunder also, daß sich die Sechste am längsten gegen Popularität gesperrt hat und daß ihre Baugeheimnisse zu Deutungen herausforderten. Wer bloß an ein faßliches Thema denkt, wenn vom »Einfall« des Komponisten die Rede ist, dem verschließt sich der Sinn dieses Finalesatzes. Das Einzelthema, das sich in wohliger Erinnerung aus dem Konzert nach Hause tragen läßt, verrät nichts vom Konzept, denn Mahlers Finale-einfall ist hier die Formidee selbst, wie Theodor W. Adorno in seiner Schrift ›Mahler‹ (Frankfurt 1960) gezeigt hat. Auch Erwin Ratz hat bezeichnenderweise das Finale der Sechsten gewählt, um in einer ausführlichen Darstellung – sie findet sich in dem Sammelband ›Gustav Mahler‹, Tübingen 1966 – die Entstehung der neuartigen Symphoniestruktur aus der von Mahler meister-haft gehandhabten Variationstechnik zu beleuchten.

Eng verbunden mit dem formalen Sondercharakter der drei Werke, die die Symphoniegeschichte unseres Jahrhunderts ein-leiten, sind zwei bedeutende Errungenschaften, die hier hörbar werden: die Herausbildung einer ungewöhnlichen Polyphonie und die unwiderrufliche Emanzipation des Orchesterklangs vom Klavier. Von diesen Momenten muß hier ausführlicher die Rede sein, denn sie weisen den angeblichen Spätromantiker Mahler nicht bloß als Secessionisten aus, sondern auch als hervorragen-den Pionier einer musikalischen Neuorientierung, die Geschichte gemacht hat.

Die meisten Komponisten des neunzehnten und auch viele des zwanzigsten Jahrhunderts haben ihre Orchesterwerke »am Kla-vier entworfen«. Auch Mahler verfuhr nicht anders. Ihm galt ein Werk als im wesentlichen fertiggestellt, wenn er einen auf dem Klavier näherungsweise ausführbaren Entwurf niederge-schrieben hatte. Diese eigentlich schöpferische Arbeit, die er während der Ferien leistete, wurde danach während des Theater-winters »instrumentiert«. Ich unterstelle hier keineswegs, daß Mahlers Entwürfe nicht auch schon instrumental und der Klang-farbe nach durchdacht gewesen wären. Das Gegenteil ist der Fall. Dennoch betrachtete Mahler in der ersten Periode seines symphonischen Schaffens den »Klavierauszug« als eine für die Kenntnis der Grundzüge des Werkes ausreichende Quelle. Er hat seinen jungen Freund Bruno Walter mit der Dritten Sym-phonie dadurch bekannt gemacht, daß er sie ihm in seinem Komponierhäuschen am Attersee auf dem Klavier vorspielte. Im Jahre 1905 verstand er sich sogar dazu, den Schlußsatz der Vierten Symphonie auf dem von der Firma Welte gebauten Flügel zu spielen. Das von Welte angewandte Verfahren gestat-tete es, Mahlers Spiel auf gestanzten Papierrollen festzuhalten und beliebig oft zu reproduzieren, so daß wir heute diese Interpretation des Pianisten Mahler von einer Schallplatte hören können. Noch beim Finale der Vierten ist eine solche Klavierdarstellung denkbar. Von der Fünften an wäre ein solcher Versuch zum Scheitern verurteilt. Was Mahler von hier an orchestral entwirft, ist völlig aus dem Geist und der Technik des Orchesters geschaffen. Um diese Methode hat Mahler lange gerungen. Schon im April 1896 erläutert er sie in einem Brief an einen Rat und Hilfe suchenden Komponisten: »Sie müssen den Klavierspieler loswerden! Das ist alles kein Orchestersatz – sondern für das Klavier gedacht...«

Das Bemühen, die Herrschaft des Klaviers abzuschütteln, läßt sich bei Mahler gewiß auch schon vor der Fünften feststellen. Es ist ablesbar an dem immer stärker zutage tretenden Verzicht auf sogenannte »Füllstimmen«, an dem Versuch, jeder instrumentalen Linie ihre eigene Bedeutung zu verleihen. Die Dritte dokumentiert in großen Abschnitten diese »unklavieristische«, polyphone Idee, am schönsten in der Vielstimmigkeit des letzten Satzes, der nur ausnahmsweise einzelne Instrumentalgruppen auf bloß akkordische, melodisch zweitrangige Funktion beschränkt. Die Vierte stellt in dieser Hinsicht einen Rückzug auf ältere Positionen dar (was auch zu ihrer frühen Popularität beigetragen hat), doch von der Fünften an ist nahezu alles harmonische Geschehen vom Handgriff und der Spielfigur des Pianisten befreit. »Die einzelnen Stimmen«, so sagte Mahler während der Arbeit an der Fünften, »sind so schwierig zu spielen, daß sie eigentlich lauter Solisten bedürften. Da sind mir, aus meiner genauesten Orchester- und Instrumentenkenntnis heraus, die kühnsten Passagen und Bewegungen entschlüpft.«

Der kompositorischen Idee fügt sich auf diese Weise ein Farbelement ein, das zum integrierenden Bestandteil des Werkes wird. Das Inventar der Klangwerkzeuge, die Mahler in der Sechsten verwendet, bestätigt die Emanzipation vom Klavier. Diese Symphonie verlangt nicht nur den herkömmlichen, zahlenmäßig noch aufgeblähten Orchesterapparat, sondern braucht überdies Glockenspiel, Herdenglocken, tiefe Glocken, zwei Harfen, Celesta, Rute und einen Hammer, dessen Aufgabe der Komponist in folgenden Worten beschreibt: »Kurzer, mächtig, aber dumpf hallender Schlag von nicht metallischem Charakter (wie ein Axthieb).«

Die expressionistischen Züge dieser Musik treten so deutlich hervor, daß sie keiner näheren Erläuterung bedürfen. Weniger vertraut ist der Hörer mit einem Element, das in trockener

Rubrizierung dem »Impressionismus« zugezählt werden müßte. Wer den Beginn des letzten Satzes der Sechsten zum erstenmal unbefangen hört, wird an Debussy gemahnt werden, denn die Aufgliederung eines jeder tonalen Bestimmtheit entbehrenden Akkordes (c-es-fis-as-b-d') auf Celesta, Harfen, Hörner, Holzblasinstrumente, streichende Kontrabässe, Pizzikato der Celli und die Verschleierung dieses Farbflecks durch die große Trommel und durch ein mit dem Schwammschlegel angetöntes Becken würde – für sich allein genommen – nicht die kontrapunktische und formale Strenge erwarten lassen, die für Mahlers architektonische Planung dieses mächtigen Finalbaues der Symphonie kennzeichnend ist.

Die totale Emanzipation vom Klavieristischen ist – musikhistorisch gesehen – die letzte Konsequenz einer Entwicklung, die in der österreichischen Musik von den Wiener Klassikern angebahnt wurde. Das ältere musikalische Denken war vom Generalbaß her bestimmt. Das »Ausfüllen« des Stimmgewebes auf der Grundlage einer »bezifferten Baßlinie«, die nach geradezu mathematischen Regeln zu bestimmen hatte, welche Tasten man in den Griff nahm, wurde von der sogenannten durchbrochenen Arbeit der Klassiker überwunden. Danach bekamen auch die Mittelstimmen ihr jeweils individuelleres, vom Tasteninstrument losgelöstes Profil. Einheitlicher Zusammenklang, der den Gesetzen einer »Harmonielehre« gehorchte, verschränkte sich kunstvoll mit polyphoner Konstruktion im Sinne des »Kontrapunkts«. Um 1900 bahnten einige Komponisten ein neues Verhältnis zu Polyphonie und Harmonik an. Es ist lehrreich, Mahler in diesem Zusammenhang dem zwei Jahre jüngeren Claude Debussy gegenüberzustellen. Der Franzose revoltierte gegen die überlieferte Harmonielehre, gegen die Gesetze, die die Verknüpfung verschiedener Akkorde bestimmen sollten. Als Einundzwanzigjähriger demonstrierte Debussy seinen Mitschülern am Conservatoire ein paar Akkordverbindungen, die in einem Bericht als »tolle Eskapaden« bezeichnet werden. Den erschrockenen Kollegen rief Debussy zu: »Seid ihr nicht fähig, Akkorde zu hören, ohne ihre Herkunft und ihre Bestimmung zu kennen! Woher kommen sie? Wohin gehen sie? Müßt ihr das unbedingt wissen? Hört zu: das genügt! Wenn ihr's aber nicht verstehen wollt, lauft doch zu eurem Direktor und sagt ihm, daß ich euer Gehör verderbe.«

Mahler verfuhr anders. Freiere, »impressionistische« Verbindung von Klanggebilden wandte er freilich auch an, doch konnte

Band III. — Nr. 68    Wien - Leipzig, 19. Jänner 1907    Preis 32 Heller.

# DIE MUSKETE

Alle Rechte vorbehalten
Nachdruck verboten

## Humoristische Wochenschrift

Preis im Abonnement
vierteljährlich K 6.— o.

(Zeichnung von Fritz Schönpflug.)

„Tragische Sinfonie."

«Herrgott, daß ich die Huppe vergessen habe! Jetzt kann ich noch eine Sinfonie schreiben.

*Satire auf das Instrumentarium von Mahlers Sechster Symphonie*

er die Logik des Harmonischen, auch wenn er sie noch so weit faßte, nie völlig entbehren. Die Symphonie bedurfte dieser Logik. Debussy sagte der Symphonie den Kampf an. Während er an der Partitur von ›Pelleas et Melisande‹ arbeitete, veröffentlichte Debussy seine Kriegserklärung: »Seit Beethoven scheint mir der Beweis für die Nutzlosigkeit der Symphonie erbracht zu sein.« Als dieser Satz in der Pariser ›Revue Blanche« erschien – es war im Jahre 1901 –, bekannte sich Mahler mit der Niederschrift seiner Fünften gerade mit ganzer Vehemenz zu diesem »nutzlosen« Genre. Der Rückzug auf den Bezirk der reinen Instrumentalsymphonie, die Text und Singstimme entbehren konnte, hatte jedoch keineswegs konservativen Charakter. Schon die äußere, formale Anlage der hier betrachteten Symphonien zeigt Elemente der Neuerung.

*Symphonie Nr. 5 cis-Moll*

Fünf Sätze
Satz I und II sind nicht bloß äußerlich zum »ersten Teil« zusammengefaßt, sondern auch der Konstruktion nach: der zweite Satz bildet die expansive Durchführung des ersten. Auf den dritten Satz (Scherzo) folgt als vierter ein romanzenhaftes Adagietto, an dem nur Streichinstrumente und Harfe teilnehmen. Der Schlußsatz ist ein Rondo-Finale.

*Symphonie Nr. 6 a-Moll*

Vier Sätze
I: Allegro energico, ma non troppo
II: Scherzo (Wuchtig)
III: Andante
IV: Finale (Allegro moderato)

*Symphonie Nr. 7 e-Moll*

Fünf Sätze
I: Langsam-Allegro
II: Nachtmusik I
III: Scherzo
IV: Nachtmusik II
V: Rondo-Finale

Weit über die formale Neuordnung des Symphonischen geht Mahlers revolutionäre Neuschöpfung der Polyphonie hinaus. Er begnügt sich nicht mit Vielstimmigkeit, sondern schreitet zu komplexer Verschiedenstimmigkeit fort. Um diese gegeneinander drängenden, aneinander zerrenden, miteinander verschmelzenden und immer von neuem sich auffächernden instrumentalen Linien zu beschreiben, brauchten wir hier eine musikwissenschaftlich einwandfreie und zugleich einprägsame Terminologie. Wir müssen uns mit Gleichnissen aus dem optischen Bereich behelfen: Mahlers Verschiedenstimmigkeit hat etwas vom Charakter der Collage in der bildenden Kunst. Im akustischen Klebebild erscheinen Linien unterschiedlicher Farbtönung zu einem symphonischen Ganzen montiert. Das sind mühselige Metaphern, die nur andeuten, was sich dem Ohr erschließen kann. Wer nur die Fassade der orchestralen Architektur wahrnimmt, wird freilich das wesentlich Neue dieser Symphonien nicht vernehmen und wird vielleicht sogar der hier versuchten Deutung widersprechen wollen. Doch Mahler selbst hat diese These in so lebendigen Worten verfochten, daß wir uns ohne Hemmung zu ihr bekennen dürfen. Als er einmal – es war im Sommer des Jahres 1900 – mit Freunden einen Waldspaziergang unternahm, kam er zu einem festlichen Rummelplatz mit Werkelmusik von Ringelspielen, Schaukeln, Schießbuden und Kasperltheatern, in die sich noch die Klänge einer Militärkapelle und eines Männerchors mischten, die alle auf derselben Waldwiese »ohne Rücksicht aufeinander ein unglaubliches Musizieren vollführten«. In diesem Augenblick, so heißt es in einem durchaus verläßlichen Bericht, rief Mahler aus: »Hört ihr's? Das ist Polyphonie, und da hab' ich sie her! Schon in der ersten Kindheit im Iglauer Wald hat mich das so eigen bewegt und sich mir eingeprägt. Denn es ist gleich viel, ob es in solchem Lärme oder im tausendfältigen Vogelsang, im Heulen des Sturmes, im Plätschern der Wellen oder im Knistern des Feuers ertönt. Gerade so, von ganz verschiedenen Seiten her, müssen die Themen kommen und so völlig unterschieden sein in Rhythmik und Melodik (alles andere ist bloß Vielstimmigkeit und verkappte Homophonie): nur daß sie der Künstler zu einem zusammenstimmenden und -klingenden Ganzen ordnet und vereint.«

Die Vertreter der in den fünfziger Jahren in Paris unter der Führung von Pierre Schaeffer gebildeten Schule der »Musique concrète« haben versäumt, sich auf diesen Ausspruch Mahlers zu berufen. Ihre »konkrete Musik«, die sich aus elektronisch umgeformten Klängen und Geräuschen der realen Welt aufbaut, hätte man unter die geistige Patronanz Mahlers stellen können, zumal es bei Mahler auch naturhaft-reale Elemente (Herdenglocken, Hammer) gibt. Sie bilden bei ihm jedoch bloß die Ausnahme, denn sein gesamtes Schaffen ruht immer noch auf dem festen Fundament des traditionellen Orchesters.

Den Gebrauch der Orchesterwerkzeuge aber hat Mahler entscheidend verändert. Gabriel Engel, einer der enthusiastischen Vorkämpfer für die Musik Mahlers in Amerika, hat dies am Beispiel der Fünften Symphonie dargelegt: Die Soloflöte, früher Trägerin süßlicher Melodien, erklingt bei Mahler ätherisch, frei von jedem Pathos und wie aus unendlicher Ferne; die in der Symphonie vor Mahler nicht verwendete scharfe, kleine Es-Klarinette tritt schelmisch, grotesk und oft geradezu skurril hervor; die Oboe beschränkt sich nicht auf die Melancholie der hohen Lage, sondern erklingt ungehemmt im natürlichen mittleren Register; aus dem komischen Fagott kommt plötzlich die Stimme unterdrückten Schmerzes in höchster Lage; dem Kontrafagott sind solistische, grob-bizarre Einwürfe gestattet; das Horn scheint nie zuvor eine so wichtige Rolle gespielt zu haben.

Auch für die übrigen Instrumente ließe sich dieser Katalog der ungewöhnlichen Verwendungsweise in Mahlers Orchesterkunst nachweisen. Die Methode zielt auf vielfältige Klang- und Farbdifferenzierung ab. Wo die traditionellen Instrumente nicht ausreichen, da zögert Mahler nicht, Reserven heranzuziehen. So setzt er im ersten Satz der Siebenten Symphonie das Tenorhorn ein und unterstreicht den Nachtmusik-Charakter des vierten Satzes durch die Verwendung von Gitarre und Mandoline neben der Harfe.

Die zweite Nachtmusik der Siebenten Symphonie zeigt, daß Mahler nicht bloß auf Monumentalisierung des Orchestralen bedacht war. Ähnlich wie in manchen Abschnitten der Sechsten und im Adagietto der Fünften antizipiert Mahler in dieser Nachtmusik den symphonischen Kammerstil, den Arnold Schönberg – zu Mahler aufblickend – mit seiner Kammersymphonie für fünfzehn Instrumente im Jahre 1906 etablierte. Sogar die für Schönbergs Kammersymphonie charakteristische Methode des Aufbaus von Akkorden aus Quartintervallen ist in Mahlers Siebenter vorweggenommen.

Die Vielfalt individualisierter Einzelstimmen und der Wechsel von Monumentalem und Subtilem im Verlauf einer einzigen Symphonie haben sehr bedeutsamen und zum Teil sogar verhängnisvollen Einfluß auf die Darstellungsweise dieser Werke gehabt. Die in der zweiten Hälfte des neunzehnten Jahrhunderts errichteten Konzertsäle begünstigten den spätromantischen Mischklang. Mahlers Musik will sich diesem Mischklang widersetzen. Sie fordert zumeist äußerste Profilierung der Einzelstimme. Um dies zu erzielen, bemüht sich der Komponist, in seine Partituren sehr detaillierte Spielanweisungen einzutragen. Fast jede Partiturseite legt Zeugnis ab von Mahlers geradezu verzweifelter Forderung nach »Deutlichkeit«. Da wird einer Bläsergruppe, die aus dem starken Orchesterklang hervortreten soll, vorgeschrieben: »Schalltrichter auf«; da wird im Verlauf eines einzigen Taktes dem Fortissimo der hohen Holzbläser und dem Piano der tiefen Holzbläser ein Mezzopiano der Streicher gegenübergestellt; da gibt es Anweisungen wie »hervortretend«, »rufend«, »antwortend«, »verklingend«. Immer wieder begegnen wir dem Wort »deutlich«, das auch in konkrete Spielanweisungen umgesetzt wird, welche die Bogenführung und Phrasierung der Streicher betreffen oder die »Luftpausen« angeben, die einen Akkord vom anderen, einen Ton vom nächsten merklich absetzen sollen.

Auch die Tempovorschriften sind zahlreich. Man darf sie nicht wörtlich verstehen, sondern immer im Hinblick auf das Ziel, das Mahler anstrebt. Dieses Ziel hat er definiert: »Ein Tempo ist richtig, wenn alles noch klingen kann. Wenn eine Figur nicht mehr erfaßt werden kann, weil die Töne ineinandergleiten, dann ist das Tempo zu schnell. Bei einem Presto ist die äußerste Distinktgrenze das richtige Tempo: darüber hinaus verliert es an Wirkung.«

Diese Distinktgrenze, das heißt die Grenze, die nicht überschritten werden darf, wenn die symphonische Polyphonie erfaßt werden soll, hängt von der Akustik des Raumes ab. Im spätromantischen Konzertsaal (sein Typus ist im Wiener Großen Musikvereinssaal zu erblicken) widerspricht die Akustik dem Ziel, das sich Mahler spätestens 1901 gesetzt hat. Die vielschichtigen Klangcollagen der Symphonien V bis VII verlieren hier an Deutlichkeit und damit an Wirkung. Der Widerstand gegen diese Werke, der sich so lange und so zäh behauptet hat, ist also nicht nur als Phänomen des Geschmacks zu begreifen. Er hat seine Motive auch im Mißverhältnis zwischen der funktionellen Klangarchitektur jener Symphonien Mahlers, die dem zwanzigsten Jahrhundert angehören, und dem Klangschicksal, das die Konzertsaalarchitektur des neunzehnten Jahrhunderts seinem Werk bereitet hat. Erst die neuen Konzertsäle und weit mehr noch die vom realen Raum relativ unabhängige elektroakustische Aufnahme haben diesen Symphonien den Weg zum Hörer geöffnet. Mahlers Ausspruch »Meine Zeit wird kommen« wird oft zitiert. Man denkt dabei an die obligatorische Wartezeit, die verstreichen muß, bis das Genie erkannt wird. Ich möchte diesen Satz auch anders verstanden wissen: Dem Ideal der Deutlichkeit einer Musik, deren Themen »von verschiedenen Seiten« kommen und die »in Rhythmik und Melodik« völlig unterschieden sind, vermag heute die auf dem Weg über das Mischpult integrierte Stereoaufnahme besser zu entsprechen als die meisten »Live«-Aufführungen im Konzertsaal. Die Symphonien V, VI und VII sind durch die Schallplatte erlöst worden. Mahler entwarf sie nicht für einen vorgestellten, manipulierten Raum. Er hat von diesem variablen Klangraum geträumt, obgleich er von den Möglichkeiten elektroakustischer Klangmanipulation und -speicherung noch nichts ahnen konnte. Auch in dieser Hinsich war Mahler Zeitgenosse der Zukunft – wie noch zu zeigen sein wird.

*Auf der Höhe der Macht*

»Vor allem glaube ich, daß Mahler schwer unter der Hypnose der Macht leidet . . . « Dieser Satz steht in einem Essay, den die ›Revue de Paris‹ am 1. Juli 1905 veröffentlicht. Der Autor ist Romain Rolland. Er hat Mahler kurz zuvor als Dirigenten des Elsässischen Musikfests in Straßburg erlebt und dabei auch Mahlers Fünfte Symphonie kennengelernt. Rolland nennt die Fünfte »ein Gemisch von Strenge und Zusammenhanglosigkeit«. Er will dennoch von Mahler nicht unehrerbietig reden, denn er glaubt an Mahlers Sendung. Man dürfe vom Komponisten Mahler Gutes erwarten, wenn er sich entschließen könnte, seine Ämter niederzulegen. Die Kunst, so argumentiert Rolland, verlange restlose Hingabe. Mahler müsse sich von fremden Partituren ebenso trennen wie von den ihn bedrückenden administrativen Pflichten. Rolland resümiert: »Von einer fieberhaften Aktivität und mit schweren Aufgaben überladen, arbeitet er ohne Unterlaß und hat keine Zeit zu träumen.«

Dem unbefangenen Beobachter mußte sich Mahler in diesem Jahr so und nicht anders darstellen. Daß Mahler in dieser Zeit aufreibender Opernarbeit und rastloser Tätigkeit als Konzertdirigent auch noch über Zeit und Energie zur Realisierung kompositorischer Träume verfügt haben soll, übersteigt unser Vorstellungsvermögen. Freunde warnten ihn längst vor solcher Überbeanspruchung. Sie konnten nicht begreifen, daß die vielfältige Tätigkeit auf Mahler wie ein belebendes Wechselbad wirkte. Wer ihn unter Hinweis auf irgendeine eben geleistete schwere Arbeit zur Ruhe mahnte oder gar auf seinen Erschöpfungszustand aufmerksam machte, dem entgegnete Mahler, dies sei doch nur »eine ganz ordinäre körperliche Müdigkeit«. Sein Geist schien nicht zu erlahmen. Im Gegenteil. Die Erfahrungen, die er im Opernhaus und im Konzertsaal, bei Aufführungen und bei Proben sammelte, schienen ihn zu eigenem kompositorischem Schaffen so sehr anzustacheln, daß er ohne dieses Stimulans vielleicht gar nicht als Komponist hätte wirken können. Er brauchte, wie er sich einmal ausdrückte, eine praktische Betätigung unbedingt »als Gegengewicht gegen die ungeheuren inneren Ereignisse beim Schaffen«.

Romain Rollands Diagnose, wonach Mahler unter der Hypnose der Macht gelitten hätte, ist also unzutreffend. Mahler bedurfte dieser Machtentfaltung – auch als Komponist. Versteht man diesen besonderen seelischen Mechanismus, dann begreift man auch, daß das Jahr 1905, welches ihn auf der Höhe der Macht fand, sein glücklichstes Lebensjahr wurde. Der Hofoperndirektor durfte sich – trotz mancher nicht aufhören wollender Angriffe und Intrigen – gesichert fühlen. Der Dirigent Mahler war in Österreich und Deutschland, in Rußland (wo er mehrmals konzertiert hatte) und in Frankreich bekannt. Sechs Symphonien des Komponisten Mahler lagen gedruckt vor, die Partitur der Siebenten war vollendet. In Holland hatte sich seit 1903 eine ansehnliche Gemeinde von Mahler-Freunden gebildet, die von dem Dirigenten Willem Mengelberg angeführt wurde, der mit dem Concertgebouw-Orchester die Sache Mahlers verfocht. Mahler war Vater zweier gesunder Mädchen, der 1902 geborenen Maria Anna und der 1904 geborenen Anna Justine. Er erfreute sich der Freundschaft bedeutender Künstler, nicht nur in Wien. Mahlers Musik war freilich in der Presse nach wie vor umstritten, doch gab es bereits in mehr als einem Land Fachleute, Journalisten und Schriftsteller, die für ihn eintraten. In Wien würdigten die Universitätsprofessoren Guido Adler und Richard Wallaschek sein Schaffen. Aus Königsberg meldete sich die Stimme von Ernst Otto Nodnagel, der in der ›Ostpreußischen Zeitung‹ von Mahler schwärmte, im Berliner ›Kunstwart‹ für Mahler warb und Analysen der Symphonien II, III und V veröffentlichte. Ludwig Schiedermair, der später als Musikwissenschaftler hervortrat, hatte schon 1900 in Leipzig eine Studie über Mahler veröffentlicht. Der Wiener Richard Specht ließ 1905 in Berlin seine erste Schrift über Mahler erscheinen.

Auch in Wien selbst hat Mahler nicht vor und nicht nach dem Siegesjahr 1905 kräftigere Würdigung erlebt. Die Fünfte Symphonie erklang in Wien am 5. Dezember 1905 unter Mahlers Leitung. Alle späteren Werke sind in Wien zu Lebzeiten Mahlers nicht gespielt worden. Die Sechste erklang erst 1933 unter der Leitung von Clemens Krauss. Die Siebente wurde in Wien zum erstenmal 1916 unter Felix von Weingartner gespielt; mit der Achten Symphonie, der Neunten Symphonie und dem ›Lied von der Erde‹ machte Bruno Walter die Wiener im Jahre 1912 bekannt.

Zum glücklichen Verlauf des Jahres 1905 trug gewiß auch die Veränderung der politischen Szenerie bei. Der Nationalitätenkonflikt und der im deutschsprachigen Teil der Monarchie am heftigsten grassierende Antisemitismus traten hinter dem Kampf zurück, den die Arbeiterschaft um das allgemeine Wahlrecht führte. Das organisierte Auftreten der Sozialdemokratie, der Kampf der ungarischen Opposition gegen die Magnatenherrschaft und nicht zuletzt die revolutionäre Erhebung in Rußland hatten auch eine Sinnesänderung des Kaisers zur Folge. Sein Ministerpräsident, Freiherr von Gautsch, erklärte im Parlament, daß »der Heranziehung neuer Bevölkerungsschichten zur Bildung des Volkswillens grundsätzlich Berechtigung nicht abgesprochen werden könne«. Österreichs Demokratisierung schien sich anzubahnen. Das neue Wahlrecht sollte bald danach der Sozialdemokratie als zweitstärkste Partei den Einzug ins Parlament ermöglichen.

Mahlers Sympathie für diese Bewegung ist durch eine Tagebucheintragung seiner Frau bezeugt. Über die Datierung dieser Eintragung mögen wir Zweifel hegen, weil die Erwähnung des »1. Mai« mit der Erwähnung der Probe zu Pfitzners Oper ›Die Rose vom Liebesgarten‹, deren erste Aufführung schon Anfang April 1905 stattfand, nicht übereinstimmt. Sachlich aber ist die Notiz dennoch bedeutsam. Alma Mahler berichtet, daß Pfitzner, der sie besuchte, auf der Ringstraße einem Zug demonstrierender Arbeiter begegnet sei und sich sehr ärgerlich über die »proletenhaften« Gesichter geäußert habe. Bald danach sei auch Mahler zu Hause erschienen und habe von seinem Ringstraßenerlebnis erzählt. Alma Mahler schreibt: »Er war dem Arbeiterzug auf dem Ring begegnet, war eine Zeitlang mitgewandert – alle hätten ihn so brüderlich angesehen –. Das eben wären seine Brüder! Diese Menschen seien die Zukunft!«

Andere Hinweise auf ein unmittelbares politisches Engagement Mahlers fehlen uns. Die Ringstraßenepisode gestattet nicht, ihn als »Sozialdemokraten« anzusehen. Sie fügt sich jedoch zwanglos in das Bild einer Persönlichkeit, die von sozialer Anteilnahme geprägt war. Mahler liebte es, Dostojewski zu zitieren, vor allem den Satz, daß niemand glücklich sein könne, solange noch ein einziger Mensch auf dieser Erde leiden müsse. Vieles spricht dafür, daß Mahler damit sein ethisches Prinzip umschrieb und nicht seiner Überzeugung von der Verpflichtung zu praktischem politischem Wirken Ausdruck geben wollte. Seine Musik drückt – wenn wir uns hier ein einziges Mal solch anfechtbare Hermeneutik gestatten wollen – dieses Mit-Leiden wohl aus. Wir haben kein Indiz dafür, daß Mahler sich zu einer bestimmten Methode der Behebung sozialer Not bekannt hätte. Wir können jedoch nicht daran zweifeln, daß diese Not ihm Kummer bereitet hat.

Im engeren Kreise hat er auch Taten gesetzt, Menschen ermuntert, Freunden materielle Hilfe gewährt. Die veröffentlichten Briefe lassen an einigen, oft diskret redigierten Stellen manches davon ahnen. Von einer besonders wichtigen Stützungsaktion ist hier ausführlicher zu melden, denn sie gehört der Musikgeschichte an.

Im Jahre 1903 lernte Mahler den Komponisten Arnold Schönberg kennen. Mahlers Schwager Arnold Rosé, Konzertmeister der Philharmoniker und Primarius der nach ihm benannten Quartettvereinigung, war im Begriff, sich für die Musik des noch nicht dreißigjährigen Schönberg einzusetzen. In einem Raum des Hofoperngebäudes veranstaltete Rosé Proben für die Uraufführung von Schönbergs Streichsextett ›Verklärte Nacht‹. Bei dieser Gelegenheit wurde Schönberg dem Direktor vorgestellt, der sich von da an lebhaft für Schönbergs Schicksal interessierte. Schönberg gehörte damals noch keineswegs zu jenen Musikern, die den Komponisten Mahler uneingeschränkt bewunderten. In einer Gedenkrede, die Schönberg nach dem Tode Mahlers hielt, hat er selbst darauf aufmerksam gemacht, daß er der Zweiten Symphonie Mahlers zu Beginn zwar mit Ergriffenheit, doch auch mit Skepsis begegnet war und daß er Mahlers Themen anfangs »banal« nannte. »Ich halte es für wichtig zu bekennen«, so erklärte Schönberg Anno 1912, »daß ich Saulus war, ehe ich Paulus wurde.«

Mahler erkannte Schönbergs Begabung. Als Schönberg und dessen Freund Zemlinsky im Jahre 1904 darangingen, in Wien ein Forum für zeitgenössische Musik zu schaffen, durften sie mit der Hilfe Mahlers rechnen. Mahler willigte ein, das Ehrenpräsidium des im März 1904 gegründeten »Vereins schaffender Tonkünstler« zu übernehmen. Aufgabe des Vereins sollte es sein, »der Musik der Gegenwart in Wien eine ständige Pflegestätte zu bereiten, das Publikum in fortlaufender Kenntnis über den jeweiligen Stand des musikalischen Schaffens zu halten«. Mahler selbst dirigierte Konzerte des Vereins. Schon im November 1904 erklang unter Mahlers Leitung die neue ›Sinfonia domestica‹ von Richard Strauss, ein Werk, das Strauss selbst während seiner Amerikatournee im März desselben Jahres in New York uraufgeführt hatte. Durch seinen Einsatz ebnete Mahler die Bahn für ein neues Werk von Schönberg. Im Januar 1905 konnte Schönberg die Uraufführung seiner symphonischen Dichtung ›Pelleas und Melisande‹ dirigieren.

Der »Verein schaffender Tonkünstler« funktionierte trotz der von Mahler gewährten Hilfe nur eine Saison lang, doch das Interesse Mahlers an Schönberg blieb lebendig, obgleich Mahler gestand, daß er dem Jüngeren nicht überallhin zu folgen vermochte. Als das Rosé-Quartett im Jahre 1907 Schönbergs Erstes Streichquartett in d-Moll uraufführte und einige Hörer ihren Protest durch Zischen kundgaben, soll Mahler sehr energisch für Schönberg eingetreten sein. »Sie haben nicht zu zischen!« rief Mahler einem Unzufriedenen zu, der ihm erwiderte: »Ich zische auch bei Ihren Symphonien!«

Szenen dieser Art mögen zur Solidarisierung Mahlers mit Schönberg beigetragen haben. Daß sich Mahler jedoch im Falle Schönbergs mit bloßer Kundgebung der Sympathie begnügte, bezeugt ein Schriftstück, das er im Jahre 1910 verfaßte und in dem er von Schönberg sagte, er gehöre »zu jenen unbedingt Opposition, aber auch ebenso sicher Anerkennung und Bewegung erweckenden Feuerköpfen, die seit jeher befruchtend und fördernd auf die Geister gewirkt haben«.

Nicht minder energisch bemühte sich Mahler um die Musik von Richard Strauss. Der weltgewandte und auch geschäftlich ungemein tüchtige Strauss zog ihn persönlich gewiß nicht an, doch versagte Mahler seine Anerkennung auch nicht der Geschicklichkeit dieses Künstlers, der es nicht verschmähte, in einem amerikanischen Warenhaus zu dirigieren und organisatorische Maßnahmen zum Schutz des musikalischen Urheberrechts einzuleiten. Für Mahler behielt Musik auch inmitten aller Routine immer noch etwas »Heiliges«. Als er sich während eines Konzerts einmal dabei ertappte, daß er nur des Geldes wegen dirigierte, erschrak er so sehr, daß er diese »Sünde« zum Gegenstand einer brieflichen Beichte machte. Straussens Umgang mit der Musik unterschied sich davon sehr deutlich. Strauss war kaum je von Zweifeln gepeinigt. Sein Selbstvertrauen schien unerschütterlich. »Ich sehe nicht ein, warum ich keine Symphonie auf mich selbst machen sollte. Ich finde mich ebenso interessant wie Napoleon oder Alexander.« Die Symphonie, die er auf sich selbst gemacht hat, ist die ›Sinfonia domestica‹, ein musikalischer Familienfilm mit »kindlichem Spiel«, »Elternglück«, mit dem Schlag der Uhr, den Zwischenrufen von Onkeln und Tanten. Man kann sich keinen stärkeren Gegensatz zu den in ganz anderem Sinne autobiographischen Symphonien Mahlers vorstellen. Mahlers Fünfte Symphonie etwa in einem Konzert neben die ›Domestica‹ zu setzen, würde einem Programmgestalter oder Dirigenten heute kaum einfallen. Die häusliche Freundlichkeit der ›Domestica‹ nähme sich neben Mahlers Orchesterroman bloß biedermännisch aus; der Trauermarsch, mit dem Mahlers Fünfte anhebt, das blechgepanzerte Scherzo, das romanzenhafte Adagietto und das gewaltige Rondo-Finale, müßten neben der wohlgeordneten Klanglandschaft der ›Domestica‹ wie die Eruption eines musikalischen Vulkans anmuten.

Ein solches Nebeneinander wurde in dem Konzert vom 21. Mai 1905 versucht, das den Mittelpunkt des Elsässischen Musikfestes in Straßburg bildete. Mahler eröffnete das Konzert mit seiner Fünften, Strauss beschloß es mit der ›Domestica‹. Dazwischen gab es noch – man war damals längere Programme gewohnt als heute – die Altrhapsodie von Brahms und ein Violinkonzert von Mozart! Auch wenn Brahms und Mozart beschwichtigend zwischen den beiden Antipoden der Neuen Musik standen, muß der Kontrast in aller Stärke empfunden worden sein. Romain Rolland nannte die ›Domestica‹ »vollkommen«, während er gegen Mahlers Musik Einwände erhob.

Die Beurteilung verkehrt sich in unseren Tagen, so scheint es, in ihr Gegenteil. Die ›Domestica‹ ist verblaßt, die Wirkung, die Mahlers Fünfte auf das Publikum ausübt, nimmt zu.

Es berührt uns eigenartig, daß Mahler, dessen musikalische Physiognomie sich von derjenigen seines weltmännischen Zeitgenossen so sehr unterschied, doch in der Lage war, den Bereich zu erkennen, in dem Strauss Wesentliches und Bleibendes leisten konnte. Den Entwurf seiner Oper ›Salome‹ hatte Strauss schon im Herbst 1904 vollendet. Als er Mahler in Straßburg begegnete, näherte sich auch die Arbeit an der Partitur den letzten Takten. Mahler wußte von der Entstehung des neuen Werkes schon seit einiger Zeit. Er hatte Strauss sogar von dem Libretto abgeraten. Nicht nur aus ethischen Gründen, sondern weil er die Unaufführbarkeit einer solchen Oper in katholischen Ländern befürchten mußte. Dennoch war Mahler begierig, das Werk kennenzulernen. In Straßburg spielte Strauss, der selbst dazu sang, einiges vor. »Mahler war hingerissen«, schreibt Alma Mahler in ihren Erinnerungen. »Wir kamen zum Tanz. Er fehlte. ›Dös hab i no net g'macht!‹ sagte Strauss und spielte nach der großen Lücke weiter bis zum Schluß. Mahler meinte: ›Ist das nicht gefährlich, den Tanz einfach so auszulassen und später, wenn man nicht mehr in der Stimmung der Arbeit steckt, ihn zu machen?‹ Aber Strauss lachte sein leichtsinniges Lachen: ›Dös krieg i schon.‹«

Mahler entschloß sich, die Erlaubnis zur Uraufführung des Werkes in Wien zu erkämpfen. Ihm war klar, daß es große Mühe kosten würde, der Zensurbehörde das Einverständnis abzuringen. Wann aber, wenn nicht jetzt – im Augenblick seiner größten Machtfülle –, sollte er solchen Kampf wagen? »Das ist der Wahnsinn!« hatte Cosima Wagner ausgerufen, nachdem Strauss ihr einige Stellen aus der Partitur vorgespielt hatte. Mahler, der gegen das Buch opponiert hatte, begeisterte sich für die Musik. Im September 1905 meldete er Strauss den Stand des Kampfes mit der Hoftheaterzensur: »Wenn ich auch noch nicht die Zusage erlangen konnte, so kann ich doch schon das verheißungsvolle ›Schwanken‹ konstatieren.« Wenige Wochen später fiel die Entscheidung. Sie war negativ. Am 11. Oktober schrieb Mahler an Strauss: »Ich kann nicht umhin, Ihnen von dem hinreißenden Eindruck zu sprechen, den mir Ihr Werk bei der neuerlichen Lesung macht! Das ist Ihr Höhepunkt bis jetzt! Ja, ich behaupte, daß sich nichts damit vergleichen läßt, was Sie sogar bis jetzt gemacht haben ... Was ich schon lange gewußt habe: Sie sind der berufene Dramatiker!«

Zwei Jahre später, als Mahler von der Wiener Oper Abschied nahm, meinte ein Kritiker, Mahler hätte den Augenblick eines ruhmvollen Rücktritts versäumt. Nach der Ablehnung der ›Salome‹ hätte er beim Obersthofmeister seine Entlassung erbitten sollen. Ein solcher, rein künstlerisch motivierter Schritt hätte ihm die Aura des Märtyrers verschafft.

Mahler war kein Heiliger – obgleich seine Jünger ihn als solchen bezeichneten –, und er strebte nicht nach der Rolle des Märtyrers – obgleich er es gern geschehen ließ, wenn ihn die Umstände als solchen erscheinen ließen. Im Jahre 1905 dachte er noch nicht ernsthaft daran, der Wiener Hofoper den Rücken zu kehren. Freilich verschmähte er es auch nicht, die Wiener Position zu nutzen, um dahin und dorthin zur Verteidigung seiner Werke auszuschwärmen. Er wußte, daß das Schicksal seiner Symphonien mit der Niederschrift noch keineswegs gesichert war. »Wir Musiker sind ja übler dran als die Dichter. Lesen kann jeder. Aber eine gedruckte Partitur ist ein Buch mit sieben Siegeln. Selbst die Dirigenten, die's enträtseln können, bringen es mit ihren verschiedenen Auffassungen durchtränkt vor das Publikum. Da gilt es, eine Tradition zu schaffen, und das kann doch nur ich selber.«

In den Amtsbüchern der Wiener Generalintendanz finden sich auch die Urlaubsansuchen Mahlers. Für das Jahr 1905 sind folgende Konzertreisen verzeichnet: sieben Tage nach Hamburg, zehn Tage Straßburg, Berlin, Triest und Breslau. Mahler will »eine Tradition schaffen«. Er spielt auch schon gelegentlich mit der Idee, daß ihm die Aufführung seiner Werke vielleicht materiellen Rückhalt bieten könnte. Und er macht Freunden gegenüber sogar schon das Geständnis: »Ich fange, ehrlich gesagt, auch schon an, meine Theaterpflichten zu vernachlässigen.« Wir dürfen vermuten, daß der Maßstab, den Mahler in diesen Dingen anlegte, ein sehr strenger war, denn auch im folgenden Jahr war wenig von Vernachlässigung zu spüren. Mahler war noch ganz bei der Sache.

Das politisch turbulente Jahr 1905 ging in Wien zu Ende, wie es Wien geziemte: mit einer neuen Operette. Am 30. Dezember fand im Theater an der Wien die Uraufführung von Lehárs ›Lustiger Witwe‹ statt. Mahler kannte die Musik. Zum Walzer ›Lippen schweigen‹ tanzte er gern mit seiner Frau. Allerdings nur heimlich und ohne Zeugen. Hätte Alma in ihren Erinnerungen nicht davon berichtet, dann wüßten wir nichts davon.

Im glückhaften Jahr 1905 veröffentlichte Mahler zwei Reihen von Liedkompositionen, die in auffallendem Gegensatz zu den machtvoll instrumentierten Symphonien stehen. ›Sieben Lieder aus letzter Zeit‹ ist der Titel der einen Reihe, die zwei Vertonungen von ›Wunderhorn‹-Texten und fünf Lieder nach Gedichten von Friedrich Rückert (1788–1866) enthält. Die Rückert-Texte kontrastieren mit dem Bild des realistischen Operndirektors und des Kommandanten gewaltiger Orchestertruppen. Sie dokumentieren den Wunsch nach einem Rückzug aus der lärmenden Welt. ›Ich bin der Welt abhanden gekommen‹ heißt eine der Kompositionen, in der die Weltentrücktheit der Liebe und des Liedes – eine schon für den jungen Mahler charakteristische Verbindung – wiederaufgenommen wird:

> Ich bin gestorben dem Weltgetümmel
> und ruh in einem stillen Gebiet'.
> Ich leb allein in meinem Himmel,
> in meinem Lieben, in meinem Lied.

Das Adagietto der Fünften Symphonie spielt in seiner melodischen Linie auf dieses Lied an. Mahler setzte also auch hier die Methode fort, vom Ausdruckscharakter des Liedes die melodische Physiognomie eines symphonischen Satzes herzuleiten. Dennoch weisen die Rückert-Lieder völlig neue Züge auf, die im früheren Liedschaffen noch nicht nachweisbar sind. In einer knappen Formel ließe sich sagen: Die neuen Lieder sind vom Klavier restlos emanzipiert, auf intimeren Klang abgestellt, durch Individualisierung der instrumentalen Stimme ausgezeichnet, und sie beziehen schließlich die vokale Linie in den übergreifenden und zugleich transparenten Kontrapunkt ein.

›Kindertotenlieder‹ heißt der zweite Zyklus der 1905 veröffentlichten Kompositionen. Das Neuartige, Zukunftsträchtige dieser erschütternden Orchestergesänge nach Gedichten von Rückert ist unverkennbar. In ihrem Tonfall nehmen sie, wie H. F. Redlich zutreffend feststellt, die Sprache vorweg, die Mahler später im ›Lied von der Erde‹ gefunden hat. Das Orchester der ›Kindertotenlieder‹ ist – im Vergleich mit dem der gleichzeitig entstandenen Symphonien – stark reduziert. Das erste Lied (›Nun will die Sonn' so hell aufgeh'n‹) beginnt in ungewohnter Klangaskese: eine »klagende« Oboe über einer Hornstimme; die piano einsetzende Singstimme wird mit quälenden Fagott-

und Hornakzenten versehen, ihr Timbre von den in hoher Lage sordiniert spielenden Violoncelli umgefärbt ...

Mahlers Wahl der Texte – Klagen über den Tod der eigenen Kinder – hat psychologische Rätsel gestellt. Man konnte nicht begreifen, daß der Vater zweier Kinder solche Lieder veröffentlichte und aufführte. Das mußte wie eine Herausforderung des Schicksals erscheinen, das sich – nach dieser Auffassung – wirklich ein Jahr danach mit dem Tod von Mahlers älterer Tochter erfüllte. Spekulationen dieser Art, sosehr sie sich auch aufdrängen mochten, führen jedoch in die Irre, denn Mahler hat mit der Komposition dieser Lieder schon 1901, also vor seiner Eheschließung, begonnen. Wenn irgendein psychologisches Motiv bei der Wahl der Gedichte Rückerts mitspielte, dann rührte es aus Mahlers eigener Kindheit her: aus der Erinnerung an den Tod des geliebten Bruders Ernst, dessen Zeuge er zu Hause in Iglau gewesen war, an vier jüngere Geschwister, die im Kindesalter gestorben waren, an den frühen Tod der verheirateten Schwester Leopoldine und an den talentierten Otto, dem er hatte Vater sein wollen und der seinem Leben selbst ein Ende bereitet hatte. Mahler hatte also manche Ursache, von den lyrischen Totenklagen ergriffen zu sein, die der Romantiker Friedrich Rückert angestimmt hatte und die erst nach dessen Tod veröffentlicht wurden. Die zwei letzten Gesänge des Zyklus entstanden freilich erst im Sommer 1904, als Mahler schon Vater zweier gesunder Kinder war. Man kann durchaus begreifen, daß die Mutter dieser Kinder durch die Komposition in Schrecken versetzt wurde und den späteren Tod einer Tochter als Strafe für diesen Frevel auffaßte.

Im Programmheft jeder Aufführung dieser ›Kindertotenlieder‹ und im Begleittext jeder Schallplattenaufnahme wird auf diese biographischen Bezüge der Komposition gerne hingewiesen. Die Erschütterung, die dadurch im Hörer ausgelöst wird, scheint der unmittelbaren Wirkung – so seltsam dies klingen mag – sogar abträglich zu sein. Die Assoziation mit dem tragischen Ereignis in Mahlers Familienleben trübt unseren Blick und unser Gehör für das historisch Ereignishafte der Musik. Die ›Kindertotenlieder‹ leiten eine neue Ära des Komponierens ein. Die Musik Mahlers, die hier von allen Merkmalen seiner früheren Liedkunst befreit ist (von simpler Folklore und vom Marschrhythmus, vom Militärsignal und vom Volkstümlich-Tänzerischen), erreicht eine Höhe, von der aus schon Schönbergs ›Herzgewächse‹ (1911) und dessen ›Pierrot Lunaire‹ (1912),

Anton Weberns Rilke-Lieder (1910) und Alban Bergs Altenberg-Lieder (1912) wahrnehmbar werden.

Die Uraufführung der ›Kindertotenlieder‹ fand am 29. Januar 1905 in einem Konzert des Vereins schaffender Tonkünstler statt, dem auch Bruno Walter angehörte, in dessen Besitz sich später das Autograph der Komposition befand. Walter hat die Atmosphäre dieser von Mahler geleiteten Veranstaltung in lebendiger Erinnerung bewahrt: »Die hohe Verehrung, die die jungen Komponisten, führend unter ihnen Schönberg und Zemlinsky, ihm entgegenbrachten, erwiderte Mahler mit herzlicher Sympathie. So wurde der Abend, an dem nur Gesänge mit Orchester zur Aufführung gelangten, recht eigentlich zu einer Mahler-Feier ... An diesem Abend war Mahler wirklich beglückt – er fühlte in der unbegrenzten Ergebenheit der ihn umringenden jungen Musiker, schöner und ihm erfreulicher als im lauten Jubel eines großen Publikums, die Antwort der Herzen auf den Ruf des eigenen Herzens in seinen Gesängen. Alle diese aufstrebenden begabten Anhänger haben von ihren gelegentlichen Begegnungen mit Mahler immer nur den Eindruck der Sympathie, des Interesses und der gönnenden Güte erhalten.«

*Physiognomie und Erscheinung*

Zwischen monumentaler Symphonik, die sich mitteilen will, und entrücktem Liedmonolog, der sich dem Weltgetümmel entringt, scheint ein Widerspruch zu bestehen. Mahler ist der Mensch des Widerspruchs, der blitzschnellen Wandlung. Das gilt nicht nur für den schöpferischen Künstler Mahler, sondern auch für den Theaterpraktiker und den Dirigenten. Am Dirigentenpult, so räumten auch seine Feinde ein, sei er ein Gott, am Direktionsschreibtisch »ein Teufel«. Gegner behaupteten, er habe den Künstlern, mit denen er arbeitete, Unzumutbares abverlangt, um sogleich hinzuzufügen, Mahler habe von sich selbst noch weit mehr gefordert. Freunde bewunderten die überlegene, durchdachte Arbeitsökonomie seiner Proben und gerieten auch wieder ins Staunen, wenn sie Mahler in anderen Momenten als selbstvergessenen, launischen oder inkonsequenten Menschen kennenlernten. Da wird berichtet, er habe keinen Spaß verstanden – dort wieder von seiner unbändigen Heiterkeit erzählt.

Die Vielfalt der Einzelbeobachtungen läßt sich nicht immer durch die Subjektivität der Berichterstatter erklären. Sie weist

*Karikatur aus ›Der Morgen‹, 12. September 1910*

auch auf die vielfältig wechselnde Manier hin, in der Mahler seinen Zeitgenossen gegenübertrat. Die meisten überliefern uns nur »Momentaufnahmen« – ähnlich wie die Mahler-Karikaturen –, denn sie lernten den an überraschenden Montagen, Schnitten und Überblendungen so reichen Film dieses Lebens nicht in seiner Totalität kennen.

Manches wußten die Beobachter auch nicht recht zu deuten. So etwa das oft störende Zucken und Stampfen des rechten Beines, über das schon in den Akten der Kasseler Theaterintendanz Klage geführt wird. In Alfred Rollers Darstellung von Mahlers äußerer Erscheinung ist auch von diesem »Zuckfuß« die Rede. Leo Slezak, der berühmte Tenor, erwähnt Mahlers »synkopierten« Laufschritt. Eine Erklärung dieser unkontrollierten Bewegung fehlt uns. Einiges spricht dafür, daß sie nur psychologisch zu verstehen ist: als seltsame Erinnerungsbindung an die hinkende Mutter, die Mahler innig geliebt hat. Organischen Charakter dürfte das Leiden nicht gehabt haben, denn Mahler war imstande, dieses Zucken durch Willensanspannung auszuschalten. Sowie die Konzentration nachließ, stellte sich das Zucken wieder ein. Dabei war gleichgültig, ob das Nachlassen der Selbstbeherrschung durch Ärger oder Freude verursacht wurde. Der verbreiteten Auffassung, Mahler hätte nur aus Zorn und Ungeduld mit dem Fuß »aufgestampft«, ist Roller, der ihn gut gekannt und mit geschultem Blick beobachtet hat, entgegengetreten. Diese Deutung, so meinte Roller, zeige nur, »daß Mahler viel häufiger mit Leuten sprechen mußte, die ihn ärgerten oder langweilten, als mit solchen, mit denen er fröhlich sein konnte«.

In frühen Jahren war die spontane Bewegung des rechten Beines sehr auffallend. Später konnte Mahler seinen Körper besser beherrschen. Seine Dirigierbewegungen erreichten sogar kontrollierte Funktionalität, wenn man den Berichten glauben darf. Schiedermair, der Mahler noch vor 1901 auf dem Konzertpodium beobachtete, hebt dies hervor: »Mahlers Art und Weise der Führung des Taktstocks unterscheidet sich von der der meisten seiner Kollegen schon äußerlich in starker Weise. Es fehlt ihm jenes Spezifikum, das vielen als Hauptsache dient: Die Berechnung auf den Effekt. Mahler kennt, wenn er einmal am Dirigentenpult steht, kein nervöses Hin- und Herfuchteln, kein übermäßiges, gespreiztes Auf- und Abfahren, keine Bewegung des Körpers, die zur theatralischen Pose herabsinkt und leider einem Teil unseres Publikums Bewunderung entlockt.«

*Mahler-Karikatur aus den › Fliegenden Blättern‹, März 1901*

Alle Quellen betonen die geradezu magische Kommandogewalt, die Mahler auf die Orchestermusiker ausübte. Der Übergang zu einer weniger impulsiven Dirigierweise war, wie Bruno Walter ausführt, durch die Stärkung dieser stillen Autorität des Dirigenten Mahler möglich geworden: »Äußerlich hatte sich das Bild des Mahlerschen Dirigierens im Laufe der Jahre unendlich vereinfacht. Die vortrefflichen Boehlerschen Schattenrisse zeigen die Heftigkeit und Drastik seiner Bewegungen in den ersten Wiener Jahren. Obgleich er in der Oper immer sitzend dirigierte, war doch seine Beweglichkeit in dieser Zeit wie auch vorher in Hamburg erstaunlich. Doch niemals wirkte sie übertrieben und überflüssig – wohl eher in der Art einer fanatischen Beschwörung. Immer ruhiger wurden allmählich Haltung und Geste, seine Dirigiertechnik hatte sich so vergeistigt, daß er Freiheit des Musizierens in Verbindung mit unfehlbarer Präzision mühelos durch seinen einfach scheinenden Taktschlag – bei sonst fast unbeweglicher Haltung – erreichte. Sein gewaltiger Einfluß auf Sänger und Musiker erzielte mit Blick und sparsamster Gestik, worum er sich früher mit heftiger Beweglichkeit bemüht hatte. In der letzten Zeit bot sein Dirigieren das Bild einer fast unheimlichen Ruhe, ohne daß die Intensität des Ausdrucks darunter gelitten hätte. Ich entsinne mich einer Aufführung der Sinfonia Domestica von Strauss unter Mahlers Leitung, in welcher der Kontrast zwischen dem Toben des Orchesters und der Unbewegtheit dessen, der es entfesselte, fast einen gespenstischen Eindruck machte.«

Man muß die Karikaturen, die den Eindruck eines wild gestikulierenden Kapellmeisters erwecken, mit solchen Zeugnissen konfrontieren, um zu einem getreuen Bild der Erscheinung Mahlers zu gelangen. Ähnliche Schwierigkeiten bereitet es, sich die körperliche Konstitution des Mannes vorzustellen, der viele Jahre lang intensive Dirigentenarbeit leistete, administrative Pflichten als Operndirektor erfüllte, Neuinszenierungen leitete und die Ferien mit nicht minder anstrengender Kompositionsarbeit ausfüllte. Man ist versucht, sich den kleinen Mann (Mahler war nicht mehr als 160 Zentimeter groß) mit dem oft unregelmäßig stapfenden Schritt als einen körperlich wenig entwickelten Menschen zu denken. Wer Mahler sah, wenn dieser sich unbeobachtet fühlte und an seinen Fingernägeln biß (was er erst unter Almas Einfluß aufgegeben haben soll), der mußte ihn für einen naturfernen Zimmermenschen halten, dem jede Art von Sport fremd war. Wenn Mahler aber bei einer Probe aus dem Orchesterraum mit einem Sprung auf die Bühne turnte und einen Sänger, der auf dem unrichtigen Platz stand, aufhob und in die richtige Position trug, staunten die Leute über so plötzliche Kraftentfaltung. Nur die engeren Freunde wußten, daß Mahler den trainierten Körper eines Sportmenschen hatte. Schon in seiner Jugend war er gern gewandert, und die Gewohnheit, raschen Schritts durch Wälder und über Wiesen zu streifen, blieb ihm ein Bedürfnis. Die Ferien, die der Hamburger Kapellmeister im Salzkammergut verbrachte, waren nicht nur mit Fußwanderungen ausgefüllt, sondern auch mit Fernfahrten auf dem Fahrrad. Auf dem Attersee und später auf dem Wörther See pflegte er gerne zu rudern, meist so kräftig und schnell, daß wenige mit ihm mithalten wollten. Einen schönen Sommertag begann Mahler mit einem Kopfsprung in den See. Dann schwamm er unter Wasser noch ein Stück weiter und kam weit draußen wieder zum Vorschein, »sich behaglich im Wasser wälzend wie eine Robbe«. Beim Sonnenbad, das Mahler liebte, sah ihn Roller nackt und machte dabei eine überraschte Bemerkung über die Muskelpracht, die er an Mahler entdeckte. »Mahler lachte gutmütig«, erzählt Roller, »da er merkte, daß auch ich durch das allgemeine Geschwätz über seine dürftige Körperlichkeit beeinflußt worden war.« Mahler machte den Eindruck eines kerngesunden Menschen. »Er schlief vortrefflich, liebte seine Zigarre und genoß gern des Abends ein Glas Bier. Schnäpse mied er gänzlich. Wein trank er nur bei besonderen Anlässen. Besonders Mosel, Chianti oder Asti. Ein oder zwei Glas machten ihn schon aufgeräumt, und er brachte dann Wortwitze vor, über die er, um Frau Almas Worte zu gebrauchen, sich selbst fabelhaft unterhielt. Aber bei aller Sinnenfreudigkeit, die er auch den Genüssen der Tafel entgegenbrachte, war er von großer Mäßigkeit. Nie merkte man an ihm ein Zuviel. Trunkenheit war ihm ein Abscheu ebenso wie jede Unfläterei oder Anstößigkeit. Die strenge Reinlichkeit, die er an seinem Körper pflegte, bewahrte er, ohne jede Prüderie, auch im Gespräch und sicher auch in seinen Gedanken.«

Mahlers Liebe zur Natur entsprang nicht der Sehnsucht des naturfremden Stadtmenschen. Die Bergwelt war ihm vertraut. Die Herdenglocken der Sechsten und Siebenten Symphonie rühren aus dem befreienden Erleben der Landschaft österreichischer Hochalmen her. Ich weiß nicht, ob Freunde der Musik Mahlers, die mit diesem Erlebnis nicht vertraut sind, die Symbolkraft dieser Symphoniepassagen erfassen können: die Einsamkeit, die

Freiheit, die Ruhe und das gelöste Atmen unter segnendem Himmel. Ihnen muß die naturhafte Religiosität des Es-Dur-Adagios der Sechsten Symphonie verborgen bleiben, und sie können nur das aller Assoziation beraubte Raffinement der Klangmischung von trillernden Flöten und Hörnerrufen, Harfen und Celesta, Triangel und Herdenglocken bewundern. Mahler hätte in mein Bedauern über den Verlust assoziativer Momente nicht eingestimmt. Er war der Meinung, seine Musik müsse auch ohne deklariertes Programm verstanden werden, obgleich er – mit nicht geringerer Emphase – auch die Auffassung vertrat, jedes bedeutende Werk der »absoluten Musik« habe ein heimliches Programm.

Auch dieser unaufgelöste Widerspruch gehört zum Wesen Mahlers. Er war nicht beim Wort zu nehmen. Alma Mahler erzählt von einer sonderbaren Verabredung, die zwischen den Eheleuten bestand. Was er an einem Tag als richtig bezeichnet hatte, mußte am folgenden Tag nicht unbedingt von ihm anerkannt werden. Es war für Alma also unmöglich, einer überraschenden These ihres Gatten mit den Worten entgegenzutreten: »Aber Gustav, du hast doch gestern das Gegenteil gesagt.« Mahler nahm für sich das Recht in Anspruch, »inkonsequent sein zu dürfen«. Man kann verstehen, daß solch radikale Wendung alle, die mit Mahler zu tun hatten, ratlos machte. Auch die Sänger, die auf der Opernbühne standen, hatten mit der sprunghaften Veränderung der Direktiven Mahlers zu rechnen. Selbst jene Sänger, die bewundernd zu ihm aufblickten und sich seinen Weisungen fügen wollten, fanden sich nicht leicht zurecht. Glaubten sie einmal, irgendeine »Methode«, irgendein »Rezept« Mahlers entdeckt zu haben, dann geschah es oft, daß Mahler die nun gesichert erscheinende szenische oder musikalische Lösung wieder änderte. Marie Gutheil-Schoder, die nahezu sieben Jahre unter Mahler an der Wiener Oper sang, erzählte, daß gerade die fügsamsten Sänger ratlos waren, weil sie das Gesetz nicht entdecken konnten, von dem sich Mahler leiten ließ.

Mahlers Theaterarbeit folgte keinem ein für allemal feststehenden Kanon. Das Einimpfen bestimmter, feststehender Auffassungen, denen die musikalische Interpretation zu folgen habe, betrachtete er als einen Schaden für jeden Musiker. Sein Ankämpfen gegen routinierte Tradition ist auch in diesem Sinne zu verstehen. »Mahler«, so schrieb Schiedermair Anno 1900, »gehört als Dirigent keiner Schule, keiner Richtung an. Dies beweist auch die Wiedergabe der Werke Mozarts, Beethovens,

Wagners. Wenn Mahler auf eine Richtung schwören würde oder der getreue Verfechter einer Schule wäre, dann müßten die Darbietungen Mozarts wie die Richard Wagners gemeinsame Punkte haben. Dies läßt sich aber bei Mahler nicht behaupten. Es gibt nur wenige starke Naturen, die, obwohl durch die Zeit und Geschichte gebildet, trotzdem auch auf diesen Standpunkt gelangen. Das Geheimnis des Stils liegt darin verborgen.«

Es ist erstaunlich, daß der Mahler-Biograph, der damals erst vierundzwanzig Jahre alte Ludwig Schiedermair, diesen Wesenszug der Interpretationskunst Mahlers so deutlich erkennen konnte. Mahler gehörte keiner Schule an, und er hat – wie man bedauernd sagen wird – nicht Schule gemacht. Es gibt, wenn ich die Berichte und Kritiken, die Briefe und Abbildungen richtig zu deuten verstehe, keinen Mahlerschen Interpretationsstil. Mahler spürte dem besonderen Stil eines jeden Werkes nach, das er darzustellen wünschte. Als Interpret war er eine »feminine« Natur. Diese von Wyzewa und St. Foix auf den Komponisten Mozart gemünzte Charakteristik gilt auch für Mahler – freilich nur für den Interpreten, nicht für den Komponisten Mahler. Wenn er sich einem Werk des musikalischen Theaters hingab, ging er darin so restlos auf, daß er nicht nur sich selbst, seine ureigene kompositorische Intention vergaß, sondern auch jeden Maßstab für Vergleiche zu verlieren schien. Einmal überraschte der überzeugende und überzeugte ›Tristan‹- und ›Ring‹-Interpret Mahler seine Mitarbeiter mit dem enthusiastischen Ausruf: »›Rienzi‹ ist doch Wagners größtes Werk!« Niemand konnte diese Begeisterung für Wagners Jugendoper verstehen, bis man endlich entdeckte, daß Mahler kurz zuvor begonnen hatte, die ›Rienzi‹-Partitur zu studieren, weil er eine Aufführung plante. (›Rienzi‹ wurde während der Direktionszeit Mahlers insgesamt siebenundzwanzigmal gespielt.)

Die Fähigkeit und der Wille, sich in das jeweils darzustellende Werk zu versenken, bestimmte die intellektuelle Physiognomie Mahlers. Er mußte »Ferienkomponist« werden, denn nur abseits vom Opern- und Konzertbetrieb nahm er sich die Freiheit, »er selbst« zu sein. Männlich, ja herrisch gebärdete er sich nur in seinem Komponieren und als Dirigent seiner eigenen Werke. Der Interpret fremder Partituren trat wohl auch tyrannisch auf, doch fühlte er sich hier nur als Vollstrecker fremden Willens, als »Stellvertreter des Komponisten«, wie er zu sagen pflegte.

Viele der überlieferten und zum Teil sehr seltsamen Werturteile, die Mahler gelegentlich über Komponisten und deren Werke abgab, sind aus dieser emotionellen Bindung an eine bestimmte Aufgabe zu verstehen. Vielleicht hat Mahler wirklich gesagt, daß »Schuberts Können lange nicht an seine Empfindung und Erfindung heranreicht«, wie Natalie Bauer-Lechner erzählt; vielleicht ließ er tatsächlich von Hugo Wolfs Liedern nur wenige gelten; und vielleicht hat er Wagners ›Parsifal‹ wirklich spöttisch als das Werk eines Wagnerianers bezeichnet. Dennoch wäre es verfehlt, diesen spontanen Äußerungen zuviel Bedeutung zuzuschreiben. Sie spiegeln bloß auf negative Manier die positive Versenkung in einen jeweils eng umgrenzten musikalischen Bezirk wider. Die Anerkennung von Werten, die jenseits dieser Grenzen lagen, war dadurch zeitweilig ausgeschlossen.

Mit dem Hinweis auf den femininen Charakter der Interpretation und den maskulinen der Komposition ist die Beschreibung der emotionellen und intellektuellen Physiognomie Mahlers noch keineswegs erschöpft. Es gibt – neben dem Komponisten und dem Interpreten Mahler – noch einen Denker Gustav Mahler. Ihm ist die Literatur, soweit ich sehen kann, bisher kaum gerecht geworden, obgleich die veröffentlichten Briefe und manche Berichte mit genügender Deutlichkeit darauf hinweisen. Von Mahlers Belesenheit, von seiner Vertrautheit mit der klassischen Dichtkunst wie mit dem Roman und dem Theater seiner Zeit, von seinem geistigen Umgang mit Schopenhauer, Nietzsche und Dostojewski war schon die Rede. Bruno Walter hat auf Mahlers umfassende philosophische Interessen hingewiesen. Diese Anteilnahme erstreckte sich keineswegs auf bloß geisteswissenschaftliche oder gar nur modische Aspekte, sondern auch auf die Naturwissenschaft. Eine Schlüsselfigur zum Verständnis des Denkers Gustav Mahler – wie ich ihn hier ohne Hemmung nennen möchte – ist Arnold Berliner, den Mahler in Hamburg kennengelernt hat. Berliner, zwei Jahre jünger als Mahler, war ein bedeutender Physiker, arbeitete zuerst im Laboratorium der AEG, sammelte dann Erfahrungen in Schenectady (USA) bei der General Electric Company und wurde später Leiter der Glühlampenfabrik der deutschen AEG. Als Mahler von Hamburg aus sein Gastspiel in London vorbereitete, brachte ihm Berliner einige Kenntnis des Englischen bei. Auch materielle Förderung hat Mahler dem musikliebenden Berliner zu danken, der ihm durch Darlehen die Verwirklichung einiger Konzertpläne in Hamburg und Berlin ermöglichte. Die Intensität der geistigen Beziehung zu Berliner vermögen wir nur abzuschätzen. In Mahlers Briefen ist das Interesse für Berliners ›Lehrbuch der Physik‹ bekundet. Noch als Hofoperndirektor in Wien findet Mahler Zeit, Kontakt mit dem Physiker zu halten. Berliner scheint sich allerdings über die Spärlichkeit und Kürze der Briefe beschwert zu haben, denn Mahler schreibt ihm einmal: »Ich hoffe, daß ich im Laufe des heurigen Winters nach Berlin komme. Ich werde Sie dann sicher aufsuchen, und ich bin überzeugt, daß wir im ersten Augenblick uns wieder erkennen werden.« Die Fortsetzung dieses Briefes deutet auf die besondere Natur der Freundschaft hin: »Dafür bürgt mir die Genesis unseres Verhältnisses; da es eben die Gesinnung und die Geistesanlage war, die uns zusammengeführt und nicht irgend eine Empfindung oder Stimmung, die ganz junge Menschen aneinander knüpft.«

In diesen Worten grenzt Mahler die Freundschaft mit Berliner von den Stimmungs- und Empfindungsfreundschaften der Jugend und zugleich von künstlerischen Freundschaftsbindungen (Lipiner, Roller, Bruno Walter u. a.) ab. Die Gespräche mit Berliner müssen vornehmlich naturwissenschaftlichen Gegenständen gegolten haben. Dies läßt sich unter anderem aus einem Büchergeschenk erschließen, das Berliner seinem Freund in den Urlaubsort sandte. Mahler bestätigte den Empfang einer ganzen »Bibliothek« und dankte Berliner dafür, daß er Bildung unter seinen Freunden verbreite. Alma, so schrieb Mahler, hatte beim Anblick der Bücher die Befürchtung, daß sie leer ausgehen würde. Nur eine Goethe-Miniaturausgabe, die sich darunter befand, habe sie versöhnt. Alle anderen Schriften dieser Sendung setzten also offenbar Kenntnisse oder Interessen voraus, die nur Mahler hatte, nicht aber seine Frau.

Der Gedankenaustausch Mahlers mit Berliner, der als Achtzigjähriger in Berlin (1942) Selbstmord beging, weil ihn die Nationalsozialisten aus seiner Wohnung weisen wollten, ist leider nicht erforscht, obgleich die Existenz geeigneter Quellen zu vermuten ist. Ein undatierter, möglicherweise 1907 geschriebener Brief Mahlers, der an einen dem Beruf nach nicht näher bezeichneten Empfänger gerichtet ist, gibt jedoch einigen Aufschluß über die intensive Beschäftigung Mahlers mit Problemen der neuen Physik. In diesem Brief, der sich auf einen Zeitungsartikel über Materie, Äther und Elektrizität bezieht, ist von einer Diskussion die Rede, die Mahler vorher mit dem Empfänger des Briefes geführt hatte. Im Verlauf dieser Diskussion war Mahler zu der Formulierung gelangt, daß die Naturgesetze konstant bleiben, die Anschauungen des Menschen über diese Gesetze sich jedoch ändern würden. Sich selbst korrigierend, fügt nun Mahler hinzu, daß ihm auch dies nicht ganz sicher sei. »Es ist eine Denkmöglichkeit, daß sich im Laufe von Äonen (etwa infolge eines natürlichen Evolutionsgesetzes) selbst die Naturgesetze ändern können; daß also beispielsweise die Gravitation nicht mehr statthaben wird – wie ja Helmholtz schon jetzt annimmt, daß auf unendlich kleinen Distanzen das Gravitationsgesetz seine Gültigkeit verliert. Vielleicht (setze ich hinzu) auch auf unendlich große Entfernungen – zum Beispiel höchst entfernte Sonnensysteme. Denken Sie einmal das alles bis ans Ende.«

Diese Briefstelle verrät eine ungewöhnliche Vertrautheit mit einem gerade zu jener Zeit höchst aktuellen Problem der Physik. In seiner auf Arnold Berliners Anregung und zu dessen Andenken geschriebenen ›Geschichte der Physik‹ (1947) erläutert der deutsche Physiker Max von Laue, daß gerade zu Beginn unseres Jahrhunderts die Auffassung von der »Fernwirkung der Gravitation« an Kredit verloren hat und daß dieser Prozeß durch Einsteins spezielle Relativitätstheorie (1905) beschleunigt worden ist. Mahlers Denken stand also auch in dieser Hinsicht auf der Höhe seiner Zeit. Ich wüßte keinen bedeutenden Komponisten dieser Epoche anzugeben, den man darin mit Mahler vergleichen könnte.

Mahler hat mit diesem Wissensreichtum nicht geprahlt. Mit Musikern, die für solche Probleme nur selten echtes Interesse aufbringen, sprach er darüber nicht. Es überrascht also nicht, daß in den Berichten der Musikerfreunde Mahlers kaum Spuren von Mahlers philosophischen und naturwissenschaftlichen Gedanken zu finden sind. Unser Versuch, die intellektuelle Physiognomie nachzuzeichnen, kann an diesem Wesenszug nicht vorbeigehen. Mahlers geistige Entwicklung – auch als Musikdenker – kann nur aus diesem übergreifenden intellektuellen Bemühen verstanden werden. Der Wechsel scheinbar launischer Emotionen, die subjektivste Parteilichkeit des ins nachzuschaffende Werk versunkenen Interpreten und die Erhebung einer ästhetischen Detailanweisung zum pointierten Prinzip, dem sich Mahler im nächsten Augenblick ebenso pointiert widersetzt: all das sind die widersprüchlichen Elemente eines Geistes, den auch die besten Freunde für rast- und ruhelos halten müssen. Das Beständige dieses Intellekts tritt erst bei gründlicher Analyse und aus historischer Distanz zutage. Diese Konstante ist Mahlers Streben, Bescheid zu gewinnen, und ein daraus resultierender

Charakterzug, den ohne entschuldigende Umschweife zu nennen, ich Bedenken habe. Ich meine Mahlers Bescheidenheit, Mahlers ästhetische Toleranz, seinen Widerwillen gegen unkritische Parteinahme auf dem musikalischen Kampfboden.

Diese Toleranz erkennen wir, wenn wir an einige sehr zeitbedingte Zwistigkeiten und Kämpfe denken, an denen Mahler auffallenderweise nicht teilgenommen hat. Er war ein Bruckner-Enthusiast, genau wie Hugo Wolf. Doch hat er deswegen – im Gegensatz zu Wolf – kein böses Wort über Brahms gesagt. Er begriff die Größe beider Komponisten, und er hat Werke von Brahms und Bruckner in Europa und später in Amerika dirigiert. Mahler sah die Wesensverschiedenheit seiner eigenen Musik und der Musik von Richard Strauss, doch die billige Art, in der manche Kritiker sich entweder zu ihm selbst oder zu Strauss bekannten, wollte ihm nicht behagen. Mahler begrüßte nicht alles, was die jungen Leute um Zemlinsky und Schönberg im »Verein schaffender Tonkünstler« vorführten – doch er versagte ihnen seine Unterstützung nicht. Mahler war von Pfitzners Persönlichkeit – aus mehr als einem Grunde – nicht gerade begeistert, doch er führte Pfitzners Werke auf. Debussys Musik kann dem Komponisten Mahler, seiner ganzen »symphonischen Mentalität« nach, nicht restlos behagt haben, doch das hinderte den Dirigenten Mahler nicht, Debussys ›Iberia‹ und ›Rondes de Printemps‹ die amerikanische Erstaufführung zu bereiten.

Kritische Duldsamkeit bestimmte schließlich auch Mahlers Verhältnis zu Richard Wagner. Er hatte seinen Weg als Wagnerianer begonnen. Sein von Empfindung und Stimmung getragenes Bekenntnis zu Wagner hatte sich bis in das triviale Befolgen äußerlicher Lehrsätze gesteigert, so als wäre das Einhalten vegetarischer Lebensregeln die Voraussetzung nicht nur für die sachgerechte Darstellung der ›Ring‹-Musik, sondern auch für die Erlösung des Menschengeschlechts. Einem denkenden Menschen, der sich mit den Ideen der Philosophie und den neuen Theorien der Physik vertraut gemacht hatte, mußten viele Lehrsätze Wagners bald suspekt erscheinen. Mahler hat Wagners Schriften, soweit diese andere als musikalische Fragen betrafen, schließlich verworfen: »Man muß sie geradezu erst vergessen, um das Genie Wagners gebührend zu lieben.«

Die Besessenheit, mit der Mahler für jedes Werk eintrat, dem er zum Klingen verhalf, und der Furor, mit dem er, auch in Worten, sein eigenes Schaffen verteidigte, haben den Zeitgenossen die Einsicht in Mahlers kritisch-überlegenes Denken genommen. Er war gescheiter, als die gewiß wohlmeinenden Mahlerianer ihn während der letzten Jahre seines Lebens und kurz nach seinem Tod geschildert haben. Er kannte sogar seine eigenen Schwächen und sah seine Fehler.

## Hofoper 1906–1907

Die Darstellung von Mahlers Leben, wie sie bis zu diesem Kapitel versucht wurde, orientierte sich zwar am zeitlichen Ablauf, doch war sie bemüht, jeweils besondere Aspekte der Psychologie oder der Komposition, des Dirigierens oder des Inszenierens in den Vordergrund zu rücken. Es gibt eine Phase in diesem Künstlerleben, wo diese Darstellungsweise versagen müßte. Wollten wir bei der Betrachtung der Jahre 1906 und 1907 die verschiedenen Lebens- und Schaffensbereiche sorgfältig voneinander absondern, dann verschwände ein wesentlicher Zug aus dem Bild, das hier zu entwerfen ist. Mit geruhsam abwägendem Betrachten ist hier nichts getan, wenn die schwindelerregende, atemraubende Hast dieser Zeit empfunden werden soll. Was Mahler in diesen Jahren leistete, mutet selbst in nüchterner Darstellung wie ein mit dem Zeitraffer willkürlich beschleunigter Lebensfilm an. Die bloße Chronologie – ansonsten geeignet, den Leser zu langweilen – vermittelt den Eindruck eines in beklemmend raschem Tempo arbeitenden Künstlers.

1906 war das Jahr der hundertfünfzigsten Wiederkehr von Mozarts Geburtstag. Mahler setzte den im Dezember 1905 mit ›Don Giovanni‹ begonnenen Mozart-Zyklus fort. Am 29. Januar präsentierte er ›Die Entführung aus dem Serail‹ in Rollers Bühnenbild. Auch ›Lohengrin‹, die Oper, mit der Mahler als Dirigent seine Tätigkeit in diesem Hause begonnen hatte, wurde neu gestaltet. Am 27. Februar ging der Vorhang über den neuen Bildern Rollers auf. Am 1. März verließ Mahler Wien, um in Antwerpen und Amsterdam zu dirigieren. Zehn Tage später kehrte er zurück und leitete die Vorbereitungen zum neuen ›Figaro‹ in der Textfassung, die Max Kalbeck geschaffen hatte. Am 30. März 1906 lernten die Wiener diesen ›Figaro‹ kennen. Richard Mayr, bis dahin vornehmlich als Interpret schwerer Wagner-Partien eingesetzt, sang seinen ersten Figaro. Im Mai weilte Mahler in Graz, um Zeuge einer Erstaufführung zu sein, die er in Wien nicht hatte durchsetzen können: Richard

Strauss dirigierte seine ›Salome‹. Auf diese Dienstreise folgte wieder ein Konzerturlaub, den er in Essen verbrachte. Hier dirigierte er auf dem Tonkünstlerfest des Allgemeinen Deutschen Musikvereins die Uraufführung seiner Sechsten Symphonie. Wenige Tage nach Mahlers Heimkehr, am 1. Juni, wurde der Mozart-Zyklus durch eine Rollersche ›Zauberflöte‹ ergänzt – mit Selma Kurz als Königin der Nacht, Georg Maikl als Tamino, Marie Gutheil-Schoder als Pamina und Anton Moser als Papageno.

Nach einer so arbeitsamen Saison, die auch eine Neuinszenierung von ›Così fan tutte‹ einschloß und damit fünf Mozart-Produktionen umfaßte, hätte Mahler gewiß einen geruhsamen Sommerurlaub verdient. Als er in Maiernigg am Wörther See einlangte, wollte er sich keine Rast gönnen. Ein Kompositionsplan beschäftigte ihn. Auf dem Arbeitstisch lag der Text einer lateinischen Hymne aus dem neunten Jahrhundert: ›Veni creator spiritus‹. Um ihn zu vertonen, wollte Mahler sicher sein, daß er den Sinn auch richtig verstand. Er sandte Eilbriefe an seinen Freund Löhr nach Wien, fragte um Auskunft über die Betonung einiger lateinischer Wörter und wollte sich die seltsame Syntax eines Satzes erklären lassen. Löhr, der die Zeitnot des komponierenden Freundes allzu gut kannte, kabelte seine Antworten nach Maiernigg. Mahler, so erzählt Alma, »arbeitete in diesem Sommer übermenschlich, spielte mir damals oft aus dem neuen Werk vor, war unerhört glücklich und erhoben. Leider mußte er die Arbeit unterbrechen, um in Salzburg (es war ein Musikfest) ›Figaros Hochzeit‹ zu dirigieren.«

Der Kaiser hatte eine Ehrung Mozarts durch das von Mahler geleitete Ensemble der Hofoper befohlen. »Über allerhöchste Anordnung Seiner Majestät« dirigierte Mahler eine ›Figaro‹-Festaufführung in Mozarts Geburtsstadt. Bernhard Paumgartner, der berühmte Sohn jener Sängerin Rosa Papier, die Mahler einst zu seinem Einzug in Wien verholfen hatte, kennzeichnet den Rang dieser Aufführung: »... wunderbar bis aufs letzte vorbereitet, die erste bedeutsame Ensembleleistung der Salzburger Festwochen, vielleicht der neueren Operngeschichte überhaupt.« Julius Korngold, Kritiker der ›Neuen Freien Presse‹, meinte noch zwanzig Jahre nach dem Ereignis: »Figaro wurde in Salzburg der Ideal-Figaro: in der bezaubernden Grazie, im leichten, beschwingten Halbton-Parlando, in der unvergleichlichen Abtönung der Ensembles. Niemand, der diese Aufführung erlebt hat, kann sie je vergessen.« Dieser Berichterstatter wußte noch ein wichtiges Detail zu melden: Mahler sei sehr glücklich gewesen. Aus seiner Rocktasche habe ein abgegriffenes Büchlein hervorgelugt, Goethes ›Faust‹.

Der kurze Aufenthalt in Salzburg hatte Mahlers Bindung an die in Maiernigg begonnene Komposition nicht gelöst. Die lateinische Hymne bildete den ersten Teil der neuen Symphonie, Abschnitte aus ›Faust‹ sollten in ihren zweiten Teil eingehen. In den Ferienort zurückgekehrt, nahm Mahler die Arbeit wieder auf. Am 18. August konnte er die Siegesmeldung zur Post geben. Sie war an den Freund in Holland, Willem Mengelberg, gerichtet: »Ich habe eben meine Achte vollendet – es ist das Größte, was ich bis jetzt gemacht. Und so eigenartig in Inhalt und Form, daß sich darüber gar nicht schreiben läßt. Denken Sie sich, daß das Universum zu tönen und zu klingen beginnt. Es sind nicht mehr menschliche Stimmen, sondern Planeten und Sonnen, welche kreisen. – Näheres mündlich.«

An eine Aufführung dieses Werkes, das rund tausend Mitwirkende forderte, war in absehbarer Zukunft kaum zu denken. Mahler war froh, daß er das Riesenwerk (Aufführungsdauer etwa neunzig Minuten) zu Papier gebracht hatte. In Wien erwarteten ihn die Pflichten des Direktors. Anfang Oktober brachte Mahler die Oper ›Der polnische Jude‹ von Camille Erlanger heraus. Er war ein Mißerfolg. Die Einnahmen erreichten nicht das Präliminare. Das ruhmreiche Mozart-Jahr – heute zur Glanzzeit der Wiener Oper gerechnet – war keine Glanzzeit des Wiener Publikums. Mahler mußte an »Zugstücke« denken, die zudem nicht viel kosten sollten. Taktische Kompromisse schienen empfehlenswert. Auf Novitäten (darunter Opern von Max von Schillings und Alexander von Zemlinsky), die Mahler in den Spielplan aufnehmen wollte, verzichtete er, zumal er in diesem Herbst reichlich Gelegenheit hatte, seine eigene Sache in anderen Städten zu vertreten. Im Oktober wohnte er in Berlin einem Konzert der Philharmonie bei, in dem Oskar Fried die Sechste dirigierte. Kurz darauf leitete er in Breslau seine Dritte und im November in München die Sechste.

Als Weihnachtspremiere setzte er Rossinis ›Barbier von Sevilla‹ an. Mit alten Dekorationen aus dem Depot. Es war ein Kassenerfolg, den der Direktor vor allem den Koloratureinlagen zu danken hatte, die Selma Kurz als Rosina sang.

Zu Beginn des Jahres 1907 erbat der Hofoperndirektor neuerlich Urlaub von der Intendanz. Er reiste zu Konzerten nach Berlin, Amsterdam und Frankfurt. Während seiner Abwesenheit setzte eine Pressekampagne ein. Sie wurde von der Mitteilung ausgelöst, die in einer ihm freundlich gesinnten Zeitung erschien und in der es hieß, Mahler wolle sich von jedweder Dirigententätigkeit zurückziehen, um ganz der Komposition zu leben. Rasch formierte sich die Front der Gegner, die nun erklärten, daß Mahler nicht zu demissionieren wünsche, sondern demissionieren müsse.

Davon konnte angesichts des Vertrauens, das Mahler beim Obersthofmeister immer noch genoß, keine Rede sein. Dennoch verstummten die Angriffe nicht. Selbst in einem auf wohlwollenden Grundton gestimmten Feuilleton, das Julius Korngold in der ›Neuen Freien Presse‹ am 26. Januar 1907 erscheinen ließ, wurden die Argumente der Gegner resümiert. Ein Abschnitt dieses Aufsatzes, der »kein Beschwerdebuch, noch weniger ein Anklagelibell sein will«, beleuchtet die durch Anerkennung gemilderten Einwände gegen Mahler:

> Bedeutendes hat Mahler bei der Erneuerung der Sängerschar geleistet. Er hat das ganze Personal verjüngt; eine der wichtigsten Missionen des Operndirektors, angesichts des starken Verbrauchs an großen schönen Stimmen, ihres unvermeidlichen Abwelkens. Erste Kräfte und Stützen des Ensembles wie die Damen Kurz, Gutheil-Schoder, von Mildenburg, Hilgermann, Förster-Lauterer, Bland, Weidt und andere; die Herren Slezak, Schmedes, Demuth, Weidemann, Mayr und andere wurden von Mahler dem Institut zugeführt. Neue Lieblinge des Wiener Publikums traten an Stelle der alten, aussichtsreiche Anwärter auf Ehrenplätzchen im Kalender der Wiener Sängerheiligen. Daneben grünt allerdings auch weniger versprechende, ja recht entbehrliche Hofopernjugend. Mahlers Vorliebe für die Werdenden, für weiches Wachs, das für das Ensemble gut knetbar ist, hat auch eine Ansammlung von Mittelmäßigkeiten begünstigt ... Es wimmelt von kleinen Leuten in der Mitgliederschar, von einsprungbereiter Ersatzmannschaft, während es mitunter an denen zu gebrechen scheint, für die sie einspringen könnten. Wie viel halbe Tenoristen und halbe Bassisten, von denen zwei zusammen noch keinen ganzen geben!

Diese Kritik an Mahlers Direktion deckt sich zum Teil mit dem Inhalt jenes Memorandums von zwanzig Opernbesuchern, das schon zitiert wurde. Andere Zeitungen gingen schärfer ins

Zeug. Die Vorwürfe ließen Mahler, der seine ganze Arbeit auf die geschlossene Ensembleleistung hin orientiert hatte, letztlich als »Zerstörer des Ensembles« erscheinen. Stars, die um ihrer selbst willen bewundert werden wollten, hatten in der Tat im Ensemble Mahlers keinen Platz. Die These, Mahler habe »weiches Wachs« gesucht, das »gut knetbar« sei, kann nicht widerlegt werden. Wer die bloße Summe schöner und großer Stimmen als »Ensemble« bezeichnete, der hatte freilich von Mahlers Ensembleidee keinen Begriff.

Er demonstrierte diese Idee neuerlich mit einer Einstudierung von Wagners ›Walküre‹ am 4. Februar 1907. Was Ludwig Hevesi in zwei Essays, die diesem Ereignis gewidmet sind, berichtet, bedürfte einer gründlichen theaterwissenschaftlichen Würdigung. Sie könnte – knapp formuliert – den Beweis dafür liefern, daß Roller und Mahler Gestaltungsideen entwickelt haben, die nicht nur in den Lehren von Adolphe Appia, sondern auch in Inszenierungen zutage getreten sind, welche Bayreuth mehr als ein halbes Jahrhundert danach gewagt hat. »Das Panoptikum hat dem Gesamtkunstwerk gegenüber den kürzeren gezogen.« Mit diesen Worten schließt Hevesi seinen Bericht, den er am Tag nach der ersten Aufführung schrieb.

Am 18. März 1907 präsentierte Mahler Glucks ›Iphigenie in Aulis‹. Hier war die Reduktion auf das szenisch Wesentliche radikal durchgesetzt. Die Schaulust der Konservativen mußte enttäuscht werden. Sogar die Mahler-Enthusiasten im Publikum scheinen die edle Simplizität der Rollerschen Szene und des Rollerschen Kostüms weniger gewürdigt zu haben als die Beseelung der Partitur durch Mahler. Mahler selbst bestimmte den Rang dieser ›Iphigenie‹ mit den Worten: »Ich glaube, daß sie das Beste ist, was Roller und ich bisher geleistet haben.«

›Iphigenie in Aulis‹ war die letzte Wiener Gemeinschaftsarbeit Mahlers und Rollers. Mahler erkannte allmählich, daß er den Angriffen der Gegner, die sich in den Zeitungen immer deutlicher vernehmen ließen, auf die Dauer nicht würde standhalten können. Am Tag nach der Gluck-Aufführung verließ er Wien, um Konzerte in Rom, danach auch in Brünn und Petersburg zu dirigieren. Im Zusammenhang mit dem hierfür notwendigen Urlaubsansuchen oder vielleicht schon einige Wochen vorher machte der zweite Obersthofmeister Fürst Montenuovo eine Bemerkung, die Mahler den bevorstehenden Meinungsumschwung ahnen ließ. Montenuovo erklärte, daß die Qualität der Darbietungen und die Höhe der

*Schallplattenwerbung Anno dazumal: Mahler und seine Stars*

Einnahmen durch allzu häufige Abwesenheit des Direktors beeinträchtigt worden seien.

Schon im April 1907 muß Mahler die Konsequenzen daraus gezogen haben. Dafür spricht ein Brief, den Alfred Roller am 29. April an seine Frau schrieb. Darin heißt es: »In der Oper ist wirklich ein großes Durcheinander, durch die Wiener Lausbubenhaftigkeit. Ich bewundere Mahler, der sich nicht aus dem Gleichgewicht bringen läßt und seines Weges Schritt für Schritt geht ... Es scheint, daß jetzt alle Kräfte vereinigt werden sollen, um seinen Sturz herbeizuführen. Wenn die Leute wüßten, wie gerne er geht!«

Er muß schon in diesen Tagen Angebote erhalten haben, die ihn locken konnten. Eine dieser Einladungen, sie kam aus New York, muß spätestens im Mai vorgelegen haben. Heinrich Conried, seit 1903 Manager der Metropolitan Opera, war darauf aus, Mahler zu gewinnen. Conried, der aus Bielitz stammte, zu Beginn seiner Laufbahn Schauspieler am Wiener Burgtheater gewesen und 1888 nach New York ausgewandert war, verstand sich darauf, attraktive Künstler und attraktive Werke in seine

Pläne einzubeziehen. Er hatte Caruso schon 1903 an die »Met« gebracht und im Januar 1907 sogar die amerikanische Erstaufführung von ›Salome‹ gewagt. Daß der Protest religiöser Kreise ihn zwang, diese Oper nach der ersten Vorstellung wieder vom Spielplan abzusetzen, nahm er nicht tragisch. Er verfügte über die Hälfte des Kapitals der Metropolitan Opera Company und bezog ein Gehalt von 20000 Dollar jährlich. Vorverhandlungen mit diesem Manne mußten Mahler aussichtsreich erscheinen.

Im Juni traf Mahler in Berlin mit ihm zusammen, und beide erzielten grundsätzliche Übereinstimmung. Zu dieser Zeit war auch zumindest eine der Wiener Redaktionen über die Verhandlungen informiert. In einem Artikel, der unter dem Titel ›Unmusikalische Bemerkungen über den Fall Mahler‹ am 16. Juni 1907 in der ›Neuen Freien Presse‹ erschien, heißt es: »Kaum ist Mahler in der Alten Welt frei geworden, so greift die Neue nach ihm. Das bekannte Sirenenlied, von einem findigen Impresario auf der goldenen Leier mit den goldenen Saiten begleitet, tönt über das Wasser herüber, lockt und lockt und dürfte nicht vergebens locken. Wir aber lassen den Mann ziehen. Mit leichtem Herzen lassen wir den Mann ziehen, es muß ja wieder einmal dargetan werden, wie sorglos wir unser geistiges Kapital verwalten.«

Pressestimmen dieser und ähnlicher Art mußten den Eindruck erwecken, es hätte eine Chance gegeben, Mahler in Wien zu halten. Dieser Eindruck geistert durch die spätere Mahler-Literatur. Es muß jedoch festgehalten werden, daß es Mahler auf seinen »Sturz« erst ankommen ließ, als er seine New Yorker Chance schon wahrgenommen hatte.

Fürst Montenuovo war ihm zwar nicht mehr so zugetan wie ehedem, doch hatte der zweite Obersthofmeister gute Gründe, Mahler versöhnlich zu stimmen. Seine Bemühungen, andere Dirigenten (unter ihnen Felix Mottl) für Wien zu gewinnen, waren fehlgeschlagen. Er trat also an Mahler heran, um ihm zu sagen, daß er sich zu dessen Standpunkt durchgerungen und gegen Mahlers Urlaubsansuchen grundsätzlich keine Bedenken habe. Mahler hatte die Genugtuung, den Spieß nun umdrehen zu können. Er selbst, so erklärte er, stünde jetzt auf dem Standpunkt, den Montenuovo zuvor eingenommen hatte, und er hielte seine Bemühung um das Ensembletheater auf gleichbleibend hohem Niveau für vergeblich. In einem Interview, das er dem ›Neuen Wiener Tagblatt‹ gewährte und das am 5. Juni 1907 erschien, finden sich die folgenden Sätze: »Es ist ... völlig unwahr, daß mich irgendwelche ›Affären‹ gestürzt hätten. Ich bin überhaupt nicht gestürzt worden, ich gehe aus eigenem Antrieb, weil ich meine völlige Unabhängigkeit erreichen will. Und dann auch, und dies in erster Reihe, weil ich zu der Erkenntnis gekommen bin, daß die Opernbühne an sich eine Institution ist, der für die Dauer nicht beizukommen ist ... Kein Theater der Welt ist auf einer solchen Höhe zu erhalten, daß eine Vorstellung der andern gleiche. Das ist es aber, was mich vom Theater abstößt. Denn ich wünschte natürlich Vorstellungen auf gleicher Höhe zu sehen, also ein Ideal zu erreichen, welches aber nicht zu erreichen ist. Das hat vor mir keiner können, das wird nach mir keiner fertig bringen.«

Von einem Ablaufen des Vertragsverhältnisses zwischen Mahler und der Hofoper oder von einer »Kündigung« konnte nach der damaligen Rechtslage nicht die Rede sein. Mahler war ernannter Beamter. »Ich habe gar nicht das Recht«, erklärte Mahler, »um meine Entlassung zu bitten. Ich kann nur um meine Pensionierung bitten. Und wenn diese verweigert wird, so muß ich eben bleiben.«

Erklärungen dieser Art hatten bloß den Charakter von Verdunklungsmanövern. Die Angelegenheit war zwischen Montenuovo und Mahler zu diesem Zeitpunkt längst abgesprochen, obgleich formell die »Allerhöchste Entscheidung« über Mahlers Enthebung erst im Herbst 1907 erfolgen sollte. In den ersten Julitagen waren die Verhandlungen mit Conried abgeschlossen. Dem besorgten Freunde Arnold Berliner, der für Mahler eine ungewisse Zukunft befürchtete, sandte Mahler die beruhigende Botschaft: »Mein Vertrag ist von einem Advokaten gemacht; ich werde Ihnen, sowie alles erledigt ist, denselben zur Ansicht einschicken. Sie können ganz beruhigt sein! Es ist alles wohlweislich überlegt. Ich riskiere nur, mich drei Monate im Jahr unbehaglich zu fühlen, dagegen habe ich binnen vier Jahren rein 300000 Kronen verdient. So steht die Geschichte.«

Mahler hatte Wien also aufgegeben, ehe die Öffentlichkeit davon noch Genaueres wußte. Die Pressekampagne gegen ihn war immer noch im vollen Gang. Mahlers prinzipielle Erklärungen zu den Problemen des Operntheaters klangen resigniert. Leute, die auch heute gern den Standpunkt vertreten, man könne kein Repertoiretheater auf gleichbleibend hohem Niveau führen, mögen sich auf ihn berufen, wenn es ihnen paßt. Doch sie sollten nicht vergessen, welchen Kraftakt Mahler in den hier geschilderten achtzehn Monaten vollbracht hat, ehe er resignierte: fünf

Mozart-Neuinszenierungen, die Geschichte gemacht haben; eine wegweisende Wagner-Darbietung und eine Gluck-Einstudierung; daneben zahlreiche Konzerte, die er auch nicht gerade schlecht dirigiert haben soll; und schließlich – wir wollen diese Kleinigkeit nicht ganz vergessen – die Komposition der Achten Symphonie. Wer unter den Theaterdirektoren von heute ähnliche Aktivposten in seiner künstlerischen Bilanz aufzuweisen hat, dem mag das Recht eingeräumt werden, Mahlers pessimistisches Resümee über das Ensemble- und Repertoiretheater zu zitieren.

Die übermäßige Anstrengung dieser achtzehn Monate blieb nicht ohne Folgen. In dem Brief, den Mahler am 4. Juli 1907 an Berliner schrieb, finden sich nach der Mitteilung über den Kontrakt mit Conried noch die Sätze: »Wir haben furchtbar Pech! Davon mündlich. Jetzt hat meine Ältere Scharlach-Diphtherie!«

Am folgenden Tag, es war der 5. Juli 1907, starb die ältere Tochter Maria Anna. Mahler, der das Kind innig geliebt hatte, erlitt wenige Tage später einen Herzkollaps. Die Diagnose lautete: »Doppelseitiger, angeborener, obwohl kompensierter Klappenfehler.« Der Arzt riet zu äußerster Schonung.


## Abschied von Wien

Von Maiernigg, wo seine Tochter gestorben war, nahm Mahler für immer Abschied. Als Fürst Montenuovo im Besitz der Zusage Felix von Weingartners war, daß dieser Mahlers Nachfolge als Operndirektor antreten werde, konnten auch die letzten Formalitäten des Abschieds von Wien geregelt werden. Am 5. Oktober erfolgte Mahlers Enthebung durch eine Entschließung des Kaisers, die ihm eine einmalige Abfertigung in der Höhe von 20000 Kronen und eine jährliche Pension von 14000 Kronen zusicherte. Kurz darauf nahm Mahler Urlaub, um zuerst in Deutschland, dann in Rußland zu dirigieren. An den Vorsatz, sich zu schonen, hielt er sich wenig. Am 24. November verabschiedete sich Mahler von seinem Wiener Publikum in einem außerordentlichen Konzert der Gesellschaft der Musikfreunde mit einer Aufführung seiner Zweiten Symphonie. Nach jedem Satz, so heißt es in einem Pressebericht, wurde Mahler »durch kolossalen Applaus ausgezeichnet, der nach dem Schluß orkanartig anwuchs und dem dirigierenden Komponisten Tränen erpreßte. Das Hofopernorchester und der Singverein beteiligten sich an den großartigen Ovationen. Das ganze Publikum blieb

auf den Plätzen; das Hervorrufen Mahlers fand gegen dreißig
Mal statt. Viele Damen weinten und schwenkten die Tücher; die
Hochrufe wollten kein Ende nehmen.«

Anfang Dezember übergab Mahler seine Amtsgeschäfte als
Direktor. Die Orden, zahlreiche in- und ausländische Auszeich-
nungen, die ihm während seiner Amtszeit verliehen worden
waren, ließ er in der Schublade seines Direktionstisches liegen.
Das offizielle Wien ließ dem scheidenden Mahler keine Ehrung
zuteil werden. Ein Komitee von Mahler-Enthusiasten aber
sandte an Nahestehende durch die Post Zettel, auf denen zu
lesen war:

---

**Euer Hochwolgeboren !**

Die Verehrer Gustav Mahlers versammeln sich zum Abschied
am Montag d. 9. vor ¼ 9 Uhr früh am Perron des Westbahnhofs und laden Sie
ein, dort zu erscheinen und Gleichgesinnte davon zu verständigen. Da
Mahler mit dieser Kundgebung überrascht werden soll, erscheint es
dringend geboten, Personen, die der Presse nahestehen, nicht ins Vertrauen zu ziehen.

Dr. Anton v. Webern.     Dr. Paul Stefan.
Dr. Karl Horwitz      Heinrich Jalowetz.

---

Etwa zweihundert Menschen kamen, um Mahler ein letztes Mal
die Hand zu drücken. Was sich da auf dem Bahnsteig versammelte, war wohl ein entscheidender Teil des österreichischen
Geistesparlaments. Als sich der Zug in Bewegung setzte, sprach
Gustav Klimt, der sich unter den Abschiednehmenden befand,
das Wort, das alle empfanden: »Vorbei.« Eine Kunstepoche, so
meinten alle, war zu Ende gegangen.

Am Tag der Abreise Mahlers wurde im Operngebäude der
Abschiedsbrief des Direktors an die »geehrten Mitglieder der
Hofoper« angeschlagen:

> Die Stunde ist gekommen, die unserer gemeinsamen
> Tätigkeit eine Grenze setzt. Ich scheide von der Werk-
> statt, die mir lieb geworden, und sage Ihnen hiermit Lebe-
> wohl.

Statt eines Ganzen, Abgeschlossenen, wie ich geträumt, hinterlasse ich Stückwerk, Unvollendetes, wie es dem Menschen bestimmt ist.

Es ist nicht meine Sache, ein Urteil darüber abzugeben, was mein Wirken denjenigen geworden ist, denen es gewidmet war. Doch darf ich in diesem Augenblick von mir sagen: ich habe es redlich gemeint, mein Ziel hoch gesteckt. Nicht immer konnten meine Bemühungen von Erfolg gekrönt sein. Dem Widerstand der Materie, der Tücke des Objekts ist niemand so überantwortet wie der ausübende Künstler. Aber immer habe ich mein Ganzes daran gesetzt, meine Person der Sache, meine Neigungen der Pflicht untergeordnet. Ich habe mich nicht geschont und durfte daher auch von den anderen die Anspannung aller Kräfte fordern.

Im Gedränge des Kampfes, in der Hitze des Augenblicks blieben Ihnen und mir nicht Wunden, nicht Irrungen erspart. Aber war ein Werk gelungen, eine Aufgabe gelöst, so vergaßen wir alle Not und Mühe, fühlten uns alle reichlich belohnt – auch ohne äußere Zeichen des Erfolgs. Wir alle sind weiter gekommen und mit uns das Institut, dem unsere Bestrebungen galten.

Haben Sie nun herzlich Dank, die mich in meiner schwierigen, oft nicht dankbaren Aufgabe gefördert, die mitgeholfen, mitgestritten haben. Nehmen Sie meine aufrichtigen Wünsche für Ihren ferneren Lebensweg und für das Gedeihen des Hofoperntheaters, dessen Schicksale ich auch weiterhin mit reger Anteilnahme begleiten werde.

Gustav Mahler

Mahlers Brief löste den Zorn eines Unbekannten aus, der ihn von der Anschlagtafel riß. Der Täter gehörte zum Kreis der Mahler-Gegner, deren blinder Eifer nur zu verstehen ist, wenn man das hämische Vergnügen kennt, das sich in Wien nach alter Tradition an einer »Hetz« entfacht. Das Wort, das ursprünglich die Hetzjagd auf Tiere bezeichnete, ist in Wien nicht ohne Grund zum Synonym für ein Massengaudium geworden. Wien hat auch nach Mahler und bis in die jüngste Zeit mehr als eine »Opernhetz« dieser Art erlebt: die Entfaltung häßlichen Intrigenspiels und widerlicher Pressekampagnen als Massenbelustigung. Faßt man alle dabei wirksam werdenden Techniken der Verdächtigung und der privaten Sudelei, alle Methoden der Verbindung scheinbar sachlicher Argumente mit persönlichen

Invektiven zusammen, dann gewinnt man ein annähernd exaktes Bild des gegen Mahler entfesselten Feldzugs. Selbst über Mahlers Absicht, die Villa in Maiernigg zu verkaufen, um nicht an den schmerzlichen Verlust des Kindes erinnert zu sein, konnte ein Wiener Feuilletonist damals abgeschmackte Witze machen, die zwei Spalten seiner Zeitung füllten.

Alle, die damals Mahler die Treue hielten, wurden verächtlich als »Mahler-Clique« abgetan. Wer gehörte zu dieser Mahler-Clique? Wir kennen einige Namen. Sie finden sich auf einer Huldigungsadresse, die Mahler auf dem Höhepunkt der Wiener Krise zugegangen war. Peter Altenberg und Hermann Bahr, Hugo von Hofmannsthal und Arthur Schnitzler, Jakob Wassermann und Stefan Zweig gehörten zu den Unterzeichnern dieser Adresse. Lilli Lehmann, die sich sonst mit Mahler durchaus nicht eins wußte, und Arnold Schönberg, der Mahler viel zu danken hatte, wollten zum Ausdruck bringen, daß die feindlichen Pressestimmen »in ihrem manchmal unqualifizierbaren Ton nicht der wahre Ausdruck der öffentlichen Meinung sind«. Bildende Künstler wie Josef Hoffmann, Kolo Moser und Gustav Klimt, Burgschauspieler wie Kainz und Sonnenthal verbanden sich der »Mahler-Clique« ebenso wie die Gelehrten Ernst Mach, Theodor Gomperz und Sigmund Freud.

Mahler muß in solchen Sympathiekundgebungen Trost gefunden haben. Er schied von Wien ohne Groll. Die Stadt, das Land blieben seine Heimat. Er wollte Europa nicht vergessen. Amerika war ihm noch fremd. Er erwartete, daß er sich drüben drei Monate lang »unbehaglich fühlen« und Geld verdienen würde, um danach in der Alten Welt seinem Schaffen zu leben. Als Mahler in Cherbourg das Schiff bestieg, das ihn nach New York bringen sollte, fand er ein Telegramm vor: »Lieber. Von ganzem Herzen Glück zur Fahrt mit dem schönen Schiff, auf dem ich selbst vor Jahren die Rückfahrt von Amerika gemacht habe. Komme glücklich wieder ins geliebte Europa, das Männer wie Dich mehr braucht wie das tägliche Brot. Dein Gerhart Hauptmann.«

Als Mahler seinen Vertrag mit Conried unterzeichnete, sah er *ein* Ziel vor sich: in der Neuen Welt Geld zu verdienen und damit auch jene Freizeit, die er für sein Schaffen in der Alten Welt benötigte. Auch seine Freunde verstanden die Entscheidung für New York in dieser Weise. Sie meinten, Mahler sei nun »zu Amerika verurteilt«. In der wehleidig-sentimentalen Mahler-Legende hat sich diese Auffassung behauptet. Sie ist falsch, denn Mahler war nicht der Mann, der den Trubel des Neuen über sich bloß hätte ergehen lassen. Er nahm Anteil an der Musikkultur des Landes, hat diese entscheidend beeinflußt und aus ihr keineswegs bloß materiellen Nutzen gezogen.

Schon vor ihm haben europäische Komponisten die Vereinigten Staaten aufgesucht. Tschaikowsky, Dvořák und Richard Strauss sind ihm vorangegangen. Doch Mahler war, wie Irving Kolodin richtig bemerkt, der erste bedeutende europäische Komponist, »der am täglichen Musikleben teilnahm, der sich den Pressereportern stellte und der in sein Wesen Elemente der amerikanischen Existenz aufnahm, die Klang geworden sind«.

Einen Künstler, der kraftloses »Untertreiben« verachtete und der den dramatischen Akzent, die überschäumende Energie und die ins Monumentale gesteigerte Tat liebte, mußte Amerika gefangennehmen. Beim Anblick des Niagara rief Mahler aus: »Endlich fortissimo!« Vom Appartement, das er im elften Stockwerk des Hotels Majestic in der 72. Straße bezog, konnte er seine musikalische Strategie entwerfen. Mit administrativen Kleinigkeiten des Opernalltags brauchte er sich an der Metropolitan Opera nicht abzugeben. Das Programm seiner ersten New-Yorker Saison legt davon Zeugnis ab.

## Metropolitan Opera Company

Am 1. Januar 1908 stand Mahler zum erstenmal am Dirigentenpult der Met. ›Tristan und Isolde‹ wurde aufgeführt, mit Heinrich Knote und Olive Fremstad in den Hauptpartien. Für seinen ersten ›Don Giovanni‹ (23. Januar) verfügte Mahler über einen der berühmtesten Interpreten der Titelpartie: Antonio Scotti. Den Leporello sang Fedor Schaljapin. Im nächsten Monat folgten ›Die Walküre‹ (7. Februar) und ›Siegfried‹ (19. Februar). Am 20. März hob sich der Vorhang über einem ›Fidelio‹-Bühnenbild, das nach dem Wiener Modell von Alfred Roller geschaffen war.

Von der Begeisterung über diesen ›Fidelio‹ war auch die Frau des einflußreichen Bankiers und republikanischen Politikers George R. Sheldon erfaßt. Gemeinsam mit einer ebenso vermögenden Freundin beschloß sie, Mahler ein Orchester für die Veranstaltung von Konzerten zur Verfügung zu stellen. Mrs. Sheldon gehörte zum Kreis jener Millionärsgattinnen, die gerade in dieser Zeit eine für das Musikleben immer wichtigere Rolle zu spielen begannen. Ihr Plan hatte nicht nur für Mahler, sondern für das Musikleben New Yorks überhaupt besondere Bedeutung. Doch es sollte noch eine Weile dauern, ehe er realisiert werden konnte.

Im Bereich der Oper vollzog sich während Mahlers erster New Yorker Saison der Übergang zu einem soziologisch neuen Typus. Hatten die Gesellschafter der Conried Metropolitan Opera Company noch mit Profit gerechnet, den das Musiktheater bringen sollte, so war die in den ersten Monaten des Jahres 1908 umgebildete Metropolitan Opera Company vornehmlich auf künstlerisches Prestige ausgerichtet, ohne daß notwendigerweise Gewinn gefordert wurde. Die von dem Millionär Otto F. Kahn angeführte Finanzgruppe ließ es sich ein Stück Geld kosten, um den erfolgreichen Opernmanager Heinrich Conried finanziell abzufinden und die neue Politik durchzusetzen. Am 24. März 1908 wurde eine Benefizvorstellung zur Verabschiedung Conrieds veranstaltet. Mahler dirigierte die ›Dritte Leonoren-Ouvertüre‹, und die namhaftesten Sänger steuerten Arien und Szenen zu diesem Programm bei, das aus einer Mischung von »Highlights« bestand, die nicht ganz nach Mahlers Geschmack gewesen sein können: Teile aus der ›Bohème‹ und ›Madame Butterfly‹, aus dem ›Troubadour‹, aus ›Faust‹ (›Margarethe‹) und den ›Meistersingern‹. Die Einnahmen (19 119 Dollar) erreichten fast die Höhe von Conrieds Jahresgehalt.

Mahler fühlte sich angesichts der bevorstehenden Veränderung nicht wohl. Vorsichtshalber kündigte er schon am 29. Februar seinen für vier Jahre abgeschlossenen Vertrag. In einem undatierten, jedenfalls vor dem 1. April 1908 geschriebenen Brief an den Konzertunternehmer Emil Gutmann heißt es: »Durch den Rücktritt Conrieds und meine Weigerung, sein Amt zu übernehmen, ist leider hier alles in Schwebe geraten und so weiß ich momentan noch nicht, ob ich und für wie lange ich nächste Saison hierher zurückkehren soll.« Mahlers Unsicherheit wurde noch verstärkt durch die Verhandlungen der Metropolitan Opera Company mit Giulio Gatti-Casazza, dem erfolgreichen Direktor der Mailänder Scala, dem die Position eines »General Manager« angetragen wurde. Gatti-Casazza akzeptierte dieses Angebot für den Beginn der nächsten Saison unter der Bedingung, daß auch Arturo Toscanini, der Dirigent und künstlerische Leiter der Mailänder Scala, engagiert würde. Toscanini wurde tatsächlich verpflichtet.

Noch ehe Mahler im Frühling nach Europa zurückkehrte, entschloß er sich, die Kündigung seines Vertrages zurückzunehmen und im Spätherbst wieder nach New York zu kommen. Die künstlerischen und materiellen Chancen, welche Amerika bot, beeinflußten seine Entscheidung. Das New Yorker Arbeitspensum war begrenzt. Mahler hatte in der ersten Saison (1907/08) zwar sieben Werke einstudiert, doch nur insgesamt neunzehn Vorstellungen dirigiert. Vom Mai 1908 an konnte er sich seinen eigenen Werken widmen. In Wiesbaden dirigierte er seine Erste Symphonie, ehe er sich für die Ferien nach Toblach (Südtirol) zurückzog. Hier komponierte er das ›Lied von der Erde‹. Am 19. September leitete er in Prag die Uraufführung seiner Siebenten Symphonie. Im Oktober dirigierte er Konzerte in München, Berlin und Hamburg, und ehe er wieder das Schiff bestieg, das ihn nach New York bringen sollte, erschien er noch in Paris am Dirigentenpult.

Die Nachrichten, die ihm während der Ferien aus New York zugekommen waren, klangen nicht erfreulich. Einige Anzeichen deuteten darauf hin, daß Mahler in dem einundvierzigjährigen Toscanini einen bedeutenden Rivalen haben würde. Gatti-Casazza hatte Toscanini darauf aufmerksam gemacht, daß er Seite an Seite mit Mahler würde wirken müssen. Wenn wir Gatti-Casazzas Bericht trauen dürfen, dann war Toscaninis Reaktion sehr freundlich gewesen: »Mit einem Musiker wie Mahler werden wir immer einen Weg der Zusammenarbeit finden.« Dennoch konnten sich auch ohne jede persönliche Animosität Spannungen ergeben, die aus dem künstlerischen Wirken der beiden großen Musiker herrührten. Toscanini hatte Italien mit einigen Werken Wagners bekannt gemacht: ›Siegfried‹ und ›Götterdämmerung‹, ›Tristan‹ und ›Parsifal‹. Daß der italienische Dirigent nun auch in New York sein Wagner-Pensum absolvieren wollte, war zu erwarten. Toscanini, der

*Mahlers Komponierhäuschen in Toblach, gezeichnet von Carl Moll*

noch vor Mahler in New York einlangte, wollte ›Tristan‹ dirigieren. Als man Mahler diesen Plan bekanntgab, schrieb er aus Europa: »An den Tristan habe ich in der vorigen Saison ganz besondere Mühe verwendet und kann wohl behaupten, daß die Gestalt, in der das Werk jetzt in New York erscheint, mein geistiges Eigentum ist. Wenn Toscanini, vor dem ich unbekannterweise den größten Respekt habe, und den als Kollegen begrüßen zu können, ich mir als Ehre anrechne, nunmehr vor meinem Eintritt den Tristan übernähme, so würde selbstverständlich

241

dem Werk ein ganz neuer Stempel aufgedrückt werden und ich
gänzlich außerstande sein, das Werk im Verlaufe der Saison zu
übernehmen. Ich muß daher dringendst bitten, dieses Werk
meiner Direktion vorzubehalten . . .«

Toscanini hat Wagner ›Tristan‹ in seiner ersten New Yorker
Saison (1908/09) nicht dirigiert. Er eröffnete die Spielzeit am
9. November 1908 mit ›Aïda‹. Emmy Destinn und Enrico Caruso
sangen die Hauptpartien. Am 10. Dezember dirigierte Toscanini
Wagners ›Götterdämmerung‹. Mahler nahm seine Tätigkeit erst
am 23. Dezember auf. Er wohnte diesmal im »Old Savoy« an der
Fifth Avenue, wo auch Caruso Quartier genommen hatte. Damals entstanden Carusos Mahler-Karikaturen.

Mahlers erste Neueinstudierung war Mozarts ›Figaro‹. Zwanzig Proben wurden abgehalten, weniger wohl, als Mahler von
Wien her gewohnt war, mehr jedoch, als New York vorher an
eine Mozart-Oper gewendet hatte. Die Namen der Sängerinnen
und Sänger, die sich bei der ersten Vorstellung am 13. Januar
1909 präsentierten, gehören der Geschichte an: Emma Eames
(Gräfin) und Marcella Sembrich (Susanna) nahmen nach dieser
Saison ihren Abschied von der Met; die junge Geraldine Farrar
trat als Cherubino auf, Adam Didur sang den Figaro und Antonio Scotti den Grafen.

Nicht weniger spektakulär war Mahlers nächste Aufgabe,
Smetanas Oper ›Die verkaufte Braut‹, die in deutscher Sprache
mit der aus Prag stammenden Emmy Destinn als Marie am
19. Februar 1909 gezeigt wurde. Den Höhepunkt freilich bildete
eine ›Tristan‹-Aufführung am 12. März mit Karl Burrian und
Olive Fremstad in den Hauptpartien. Mahler war restlos zufrieden. Die Kritik rühmte seine Leistung. Mahler, so hieß es in der
Zeitung ›Sun‹, entfesselte einen vitalen Klangstrom, »wie wir
ihn vorher noch nie gehört haben«.

Die Leistungen Mahlers und Toscaninis als Wagner-Dirigenten forderten zu vergleichenden Urteilen heraus. Presse und
Publikum ereiferten sich über die Frage, ob Toscaninis ›Götterdämmerung‹ oder Mahlers ›Tristan‹ höher zu werten sei. Wie
sich die beiden Musiker miteinander vertrugen, ist nicht mehr
mit Sicherheit festzustellen. Alma Mahlers Bericht, daß Toscanini für den Kollegen nur »verachtungsvolles Ignorieren« auf-
gebracht habe, wurde von Toscanini später als »böswillig« bezeichnet. Daß die Met nicht für zwei Herrschernaturen Raum
hatte, läßt sich aus der weiteren Entwicklung ablesen.

Es fiel Mahler leicht, seine Rolle an der Met nicht ganz so wichtig zu nehmen wie am Anfang, weil er die Möglichkeit wahrnahm, als Konzertdirigent hervorzutreten. Noch bevor er seine zweite Opernsaison begann, hatte er sich mit der New York Symphony Society darüber geeinigt, daß ihm drei Konzerte anvertraut wurden. Im ersten Konzert (29. November 1908) dirigierte Mahler Werke von Schumann, Beethoven, Smetana und Wagner. Der Versuch Mahlers, seine Zweite Symphonie aufzuführen (8. Dezember), wurde durch die Laxheit des Orchesters beeinträchtigt. Bei der ersten Probe erschienen von hundertfünfzehn bestellten Musikern nur etwa sechzig! Das letzte Konzert (13. Dezember) brachte Beethovens Fünfte und zwei Ouvertüren. Die wenig befriedigende Arbeit mit dem Symphony Orchestra veranlaßte Mahler, die Beziehung zu dieser Institution abzubrechen. An diesem Punkt setzte die von Mrs. Sheldon angeführte Gruppe wohlhabender Damen mit ihrer Initiative ein. Der Augenblick war günstig, denn das New York Philharmonic Orchestra befand sich in Schwierigkeiten. Diese demokratisch organisierte Musikerschaft, die gewohnt war, ihre Dirigenten selbst zu wählen, hatte mit einem Defizit zu kämpfen. Mrs. Sheldon mobilisierte die Unterstützung einiger Millionäre (unter ihnen J. P. Morgan und Andrew Carnegie). Bald war ein Garantiefonds in der Höhe von 90 000 Dollar geschaffen. Dieser Betrag wurde dem Philharmonic Orchestra in Aussicht gestellt, sofern die Musiker die harten Bedingungen der geldstarken Musikfreunde akzeptierten. Man verlangte nicht nur die Aufgabe des »genossenschaftlichen Prinzips«, die Verstärkung der Konzerttätigkeit und die Kontrolle des Orchesters durch ein ihm übergeordnetes Kuratorium, sondern auch Kommandogewalt für Gustav Mahler. Er sollte über die Entlassung untüchtiger Musiker und über die Aufnahme neuer Instrumentalisten zu befinden haben.

Das Orchester kapitulierte. Am 31. März 1909 dirigierte Mahler das erste Konzert des New York Philharmonic Orchestra in der Carnegie Hall. Schumanns ›Manfred-Ouvertüre‹ und Beethovens Siebente Symphonie standen auf dem Programm. Am 7. April folgte eine Aufführung von Beethovens Neunter. Als Mahler bald darauf nach Europa zurückkehrte, hatte er für die nächste Saison einen Vertrag in der Tasche, der ihm die uneingeschränkte Herrschaft über das Orchester zusicherte.

Mahler selbst hat diese Position als das Ziel all seiner Wünsche bezeichnet. Nicht die Oper – soviel er ihr auch von seiner künstlerischen Energie geschenkt hatte – stand letzten Endes im Zentrum seiner künstlerischen Ideen, sondern die »absolute Musik«. Gerade die Leitung eines Konzertorchesters, so schrieb er einige Monate später an seinen Freund Guido Adler, war lebenslang sein Wunsch gewesen: »Ich bin froh, dies einmal in meinem Leben zu genießen (abgesehen davon, daß ich dabei manches lerne, denn die Technik der Theater ist eine ganz verschiedene, und ich bin überzeugt, daß eine Menge meiner bisherigen Unzulänglichkeit im Instrumentieren nur daher rührt, daß ich gewöhnt bin, unter dem gänzlich verschiedenen akustischen Verhältnis des Theaters zu hören).«

Amerika schenkte Mahler endlich das, was Europa ihm versagt hatte: New York wurde das Experimentierfeld des Orchesterpraktikers. In Europa komponierte er. Seine Neunte Symphonie vollendete er während des Sommers 1909. Die Zehnte wurde begonnen.

Im Herbst 1909 kam Mahler zum drittenmal nach New York. Sein Ziel war nicht mehr das Metropolitan Opera House. Obgleich uns direkte Zeugnisse hierfür fehlen, können wir doch mit Sicherheit sagen, daß der Vertrag, den Mahler mit Conried ursprünglich für vier Jahre abgeschlossen hatte, nun nicht mehr in Kraft war. Dies ergibt sich aus einem Brief, den Mahler im Dezember 1909 aus New York an Bruno Walter sandte und in dem von dem großen Honorar die Rede ist, das ihm die Met für die Einstudierung einer Novität anbot. Wäre der Jahresvertrag noch in Geltung gewesen, dann hätte man Mahler für diese Oper kein Sonderhonorar angetragen«. Mahler akzeptierte das Angebot und dirigierte am 5. März 1910 Tschaikowskys ›Pique Dame‹. Die Partie des Hermann sang Leo Slezak, der damit an der Met debütierte. Mahler leitete nur vier Vorstellungen dieser Oper. Die Herrschaft ging an Toscanini über.

Mahlers dritte New Yorker Saison war im übrigen eine Konzertsaison. »Ich sehe nachgeradezu«, so schrieb er an Bruno Walter, »daß ich unverbesserlich bin. Leute unserer Art können nicht anders, als das, was sie tun, gründlich tun. Und das heißt, wie ich geradezu sehe, sich überarbeiten. Ich bin und bleibe einmal der ewige Anfänger. Und das bißchen Routine, die ich mir erworben, dient höchstens dazu, meine Anforderungen an mich zu steigern. So wie ich meine Partituren alle fünf Jahre aufs neue herausgeben möchte, so brauche ich zum Dirigieren der anderen jedesmal eine neue Präparation.«

In den zahlreichen Konzerten, die nicht nur in New York stattfanden, sondern auch in nahegelegenen Städten, die von hier aus musikalisch versorgt wurden, absolvierte Mahler ein umfangreiches Programm. Werke von Beethoven, Brahms, Mendelssohn, Mozart, Schubert, Schumann, Richard Strauss, Tschaikowsky und Wagner bildeten dessen Hauptanteil. Mit dem Orchester war Mahler unzufrieden. »Talentlos und phlegmatisch« nannte er es. »Das einzige Vergnügen sind für mich die Proben eines Werkes, das ich noch nicht unter den Händen hatte.« Daraus erklärt sich die Vielzahl der Novitäten, zu denen auch Partituren amerikanischer Komponisten gehörten, darunter eine symphonische Orchesterphantasie für Orgel und Orchester von Charles M. Loeffler und Edward Mac Dowells Klavierkonzert in d-Moll. Von seinen eigenen Werken wählte Mahler für die Saison 1909/10 nur die in New York schon vorher aufgeführten ›Kindertotenlieder‹ und die Erste Symphonie, die unter seiner Leitung zum erstenmal einem amerikanischen Publikum vorgeführt wurde. Sie löste keine Begeisterung aus, sondern bloß »höfliches Kopfschütteln«, wie in der Zeitung ›Tribune‹ zu lesen war.

Über Mahlers Probenpraxis in New York sind wir besser informiert als über die Details seiner musikalischen Arbeit in Wien. Man hat es in Amerika, nicht aber in der österreichischen Heimat Mahlers für richtig gehalten, noch lebende Zeugen zu interviewen. Die Berichte, die in einer Tonbandaufnahme der amerikanischen Rundfunkstation KPFK festgehalten und gesendet, später auch auf einer CBS-Schallplatte veröffentlicht wurden, bestätigen das Bild einer sehr gemessenen Zeichengebung. Ein Fagottist weiß zu erzählen, daß sich die Musiker über die Unklarheit von Mahlers Schlag beschwert hätten. Mahlers Antwort sei gewesen: »Spielen Sie die Musik. Der Dirigent ist nur ein notwendiges Übel.« Einhellig wird von der sorgsamen Phrasierung berichtet, auf die Mahler bedacht war. Wenn es Unklarheiten gab, dann sang Mahler die kritische Stelle vor. Um schlampige Ausführung auszumerzen, verlangte er oft von Musikern, die hinten an den letzten Pulten saßen, daß sie ihre Stimme vorspielten. Versagten sie und stellte sich auch keine Besserung ein, dann wies er sie aus dem Orchester. Klarheit und Deutlichkeit gingen ihm über alles. Das Nachleben eines jeden Werkes – so erzählt einer der Musiker – habe Mahler von Toscanini unterschieden, der allen Partituren immer seinen persönlichen Stempel aufdrückte. Einer dieser Instrumentalisten weiß sogar ein lehrreiches Beispiel zu nennen: Mahler habe den einzelnen Sätzen von Beethovens ›Pastorale‹ Gerechtigkeit widerfahren lassen, indem er die unterschiedlichen Stimmungen voneinander abgrenzte; Toscanini aber hätte in dieser Symphonie alles auf den dramatischen Effekt hin angelegt und von Anbeginn eigentlich nur darauf gelauert, den Sturm des vierten Satzes zu entfachen.

Vergleichende Reminiszenzen dieser Art sind gewiß mit Vorsicht zu beurteilen, denn späte Toscanini-Eindrücke mögen dabei irrtümlich mit früheren Mahler-Erlebnissen konfrontiert worden sein. Wertvoll bleiben diese Beobachtungen dennoch, weil sie auf jene »weibliche Anpassung« des Interpreten Mahler hindeuten, die wir schon skizziert haben.

Im April 1910 kehrte Mahler nach Europa zurück. In Paris wurde haltgemacht, denn hier sollte Mahler seine Zweite Symphonie dirigieren. Am Tag vor der Aufführung veranstaltete der Komponist und Dirigent Gabriel Pierné einen Empfang zu Ehren Mahlers, an dem nicht nur der Freundeskreis um Clémenceau teilnahm, sondern auch Debussy und Paul Dukas. Die beiden Komponisten waren auch bei der Aufführung von Mahlers Symphonie im Théâtre Châtelet anwesend, doch gaben sie mitten im zweiten Satz ihrer Mißbilligung Ausdruck, indem sie sich von den Sitzen erhoben und davongingen. Der Erfolg beim Publikum, so erzählt Alma, »konnte Mahler nicht über die Bitternis hinweghelfen, von den bedeutendsten französischen Komponisten dermaßen mißverstanden, ja mißachtet worden zu sein«. Das Verhalten Debussys hat Mahler jedoch nicht gehindert, in der nächsten New Yorker Konzertsaison Werke des französischen Meisters auf seine Programme zu setzen.

Von Paris reiste Mahler nach Rom, um dort Konzerte zu dirigieren. Dann kehrte er nach Wien zurück, um mit der Universal Edition einen Vertrag über die Herausgabe seiner Werke abzuschließen. Im Juni 1910 konzertierte Mahler noch in Leipzig und München. Die Ferien in Toblach unterbrach er kurz, um Sigmund Freud in Holland zu treffen und Konzerte in Köln zu leiten. Seine ganze Kraft aber und – wie wir vermuten dürfen – nicht unbeträchtliche Mittel konzentrierte er auf die Aufführung eines Werkes, das schon seit Jahren vorlag: Die Achte Symphonie sollte im September 1910 zum erstenmal erklingen.

»Denken Sie sich, daß das Universum zu tönen und zu klingen beginnt.« Mit diesen Worten hatte Mahler im August 1906 dem Freunde Mengelberg die eben fertiggestellte Achte Symphonie beschrieben. Vier Jahre später, am 12. September 1910, dirigierte Mahler in der Neuen Musikfesthalle auf dem Münchner Ausstellungsgelände das Werk. Man hat es die »Symphonie der Tausend« genannt. Aus dem Programmheft, dessen Redaktion Mahler überwachte, geht hervor, daß 858 Sänger und 171 Instrumentalisten dabei mitgewirkt haben. Das verstärkte Orchester des Konzertvereins München umfaßte allein 84 Streicher, 6 Harfenisten, 22 Holzbläser, 17 Blechbläser. Die Partitur verlangte überdies 4 Trompeten und 4 Posaunen, die »isoliert postiert« waren. Aus Wien reisten 250 Mitglieder des Singvereins der Gesellschaft der Musikfreunde an, aus Leipzig kamen ebenso viele Sänger des von Georg Göhler geleiteten Riedel-Vereins. Dazu stießen noch 350 Kinder der Zentral-Singschule in München und schließlich 8 hervorragende Gesangsolisten aus München und Wien, Frankfurt und Hamburg, Berlin und Wiesbaden.

Ein solches Unternehmen »amerikanischer« Dimensionen bedurfte sorgfältiger Vorbereitung, die schon Anfang 1910 einsetzte. Die Chöre studierten an ihren Heimatorten. Für die Auswahl der Solisten und die Einzelproben mit ihnen war Bruno Walter verantwortlich. Die Briefe, die Mahler noch aus New York an ihn richtete, verraten Mahlers Angst vor dem »Drum und Dran« dieser außergewöhnlichen Produktion. Er hatte die Aufführung mit dem Münchner Konzertunternehmer Emil Gutmann vereinbart, ohne die Gefahren zu bedenken. »Mein Glück«, so schrieb Mahler noch im März 1910, »wäre ein vollständiges, hätte ich mich nicht in den Netzen des Herrn Emil Gutmann gefangen.« Mahler fürchtete den fatalen Zirkuscharakter des geplanten Konzerts und sprach in diesem Zusammenhang von einer Barnum-und-Bailey-Aufführung.

Emil Gutmann verdanken wir einen ausführlichen Bericht über Mahlers Organisationsarbeit für die Aufführung der Achten. »Ich besitze von ihm eine schriftliche Orchesteraufstellung für die Achte Symphonie, wo fast jedem Instrument eine individuelle Qualitätsforderung angefügt ist und die dergestalt als Muster vorbildlicher Detailarbeit bezeichnet werden muß.« Die Probenarbeit der Chöre war bis in kleinste Einzelheiten festgelegt. Von den Solisten wurde erwartet, daß sie sich zu Proben

# AUSSTELLUNG MÜNCHEN 1910

## Neue Musikfesthalle

Uraufführung:

**Montag den 12. September 1910, abends 7$^1/_2$ Uhr**

Zweite Aufführung:

**Dienstag den 13. September**

# Gustav Mahler:
# Achte Symphonie

in zwei Teilen

**für Soli, Chöre, Orchester und Orgel**

I. Teil: Hymnus „Veni, creator spiritus"
II. Teil: Goethes Faust, II. Teil (Schlußszene)

**Preis 20 Pfg.**

*Oben Vorderseite, rechts Rückseite des Programms*

# Ausführende: *1030*

### Dirigent: *1*

## Gustav Mahler

### Soli: *8*

Hofopernsängerin **Gertrude Förstel** (Wien) I. Sopran und Una poenitentium
**Martha Winternitz-Dorda** (Wien)    II. Sopran und Magna peccatrix
**Emma Bellwidt** (Frankfurt a. M.)       Mater gloriosa
**Ottilie Metzger** (Hamburg)     I. Alt und Mulier Samaritana
**Anna Erler-Schnaudt** (München)    II. Alt und Maria Aegyptiaca
Kammersänger **Felix Senius** (Berlin)    Tenor und Doctor Marianus
Hofopernsänger **Nicola Geiße-Winkel** (Wiesbaden) Bariton u. Pater extaticus
K. u. k. Kammersänger **Richard Mayr** (Wien)    Baß und Pater profundus

### Chöre: *850*

## Singverein der k. k. Gesellschaft der Musikfreunde Wien
(250 Sänger)

## Riedel-Verein Leipzig (250 Sänger)

## Kinderchor der Zentral-Singschule München (350 Sänger)

### Orchester: *170*

## Das verstärkte Orchester des Konzertvereins München

### Orgel: *1*

## Adolf Hempel (München)

---

### Orchesterbesetzung: *170*

24 erste Violinen, 20 zweite Violinen, 16 Bratschen, 14 Celli, 10 Kontrabässe,
6 Harfen, Mandolinen, 2 kleine Flöten, 4 große Flöten, 4 Oboen, Englisch-Horn,
2 Es-Klarinetten, 3 Klarinetten, Baßklarinette, 4 Fagotte, Kontrafagott, 8 Hörner,
4 Trompeten, 4 Posaunen, Baßtuba, Pauken, große Trommel, Becken, Tamtam,
Triangel, tiefe Glocken, Glockenspiel, Celesta, Klavier, Harmonium, Orgel. —
Isoliert postiert: 4 Trompeten, 3 Posaunen.

Streichinstrumente der Kunstinstrumentenbau-Gesellschaft m. b. H.
Neu-Cremona, Berlin.

Harmonium: Schiedmayer Meisterharmonium, beigestellt von der
Firma Alfred Schmid Nachf.

Die große Orgel der Neuen Musikfesthalle ist von der Orgelbauanstalt Max
Maerz & Sohn Nachf. Albert Schönle, München, erbaut.

Klavierauszüge, Porträts der Mitwirkenden etc. im Musikaliensaal (J. Aibl's
Sortiment), Raum 9 der Musikfesthalle.

einfanden, die nicht nur in Wien und München, sondern auch in Mahlers Feriendomizil abgehalten wurden.

Im Juni inspizierte Mahler in Leipzig den von Georg Göhler vorbereiteten Chor des Riedel-Vereins, den er »prachtvoll enthusiasmiert« fand. Von Leipzig begab er sich nach München, um die ersten Gesamtproben zu leiten. Schon zu diesen Proben, die drei Monate vor der geplanten Aufführung stattfanden, kamen Verehrer und Freunde Mahlers nach München. Arnold Schönberg, Oskar Fried und Otto Klemperer fanden sich ein. In seinen fünfzig Jahre später veröffentlichen ›Erinnerungen an Gustav Mahler‹ erzählt Klemperer: »Ich gestehe, daß ich zum ersten Mal die Mahlersche Musik soweit begriff, daß ich mir sagte: Hier steht ein großer Komponist vor dir.«

Mahlers organisatorische Bemühung beschränkte sich nicht auf die musikalische Aufführung. Er schuf dem Kunstwerk »auch die Luft, in der es atmen sollte«. Emil Gutmann erzählt: »Die äußere Gruppierung der Massen war ihm sehr wichtig ... und Roller, der Getreue, wußte seinen Absichten durch eine architektonisch wirksame Gliederung gerecht zu werden.« Wer mit der Musik der Achten Symphonie vertraut ist, wird verstehen, daß diese scheinbar bloß »äußere Gruppierung« auch durch innere, klangliche Absichten bestimmt sein mußte. Unter allen Werken Mahlers stellt die Achte Symphonie die schwierigsten Aufgaben der Klangbalance, der subtilsten Vereinheitlichung massiver Klangentfaltung mit zarteren Ensembles und delikatesten Soloabschnitten. Auch die Beleuchtung prüfte Mahler. Sie sollte die Konzentration fördern. Dazu eignete sich die in Halbdunkel getauchte Riesenhalle, in der »die schwarze Masse der Zuhörer mit der schwarzweißen Masse der Ausführenden zusammenfloß«. Um ungetrübte künstlerische Weihe zu erzielen, setzte Mahler sogar durch, daß die Straßenbahnen, die an der Festhalle entlangrasselten, während der Aufführung »langsam und ohne Glockenzeichen vorübergleiten mußten«.

All diese Bemühungen, so »zirkushaft« sie Mahler selbst zu Beginn anmuten mochten, hatten ihre musikalische Funktion. Strenger als je zuvor wachte Mahler über die musikalische Autonomie seiner Symphonie. Das Monumentalwerk, das im ersten Teil den lateinischen Hymnus ›Veni creator spiritus‹, im abschließenden zweiten die Schlußszene von Goethes ›Faust II‹ verwendet, sollte ohne jede programmatische Erklärung für sich selbst sprechen. Er verwahrte sich dagegen, eine »Faust-Symphonie« komponiert zu haben. Das Programmheft durfte außer den Namen der Mitwirkenden und den vertonten Texten keine der sonst so beliebten hermeneutischen Programmergüsse aufweisen.

Die Berichte der Zeugen, die das Konzert vom 12. September 1910 oder dessen Wiederholung am folgenden Tage hören durften, belegen die überwältigende Wirkung, die von Mahlers Interpretation seiner eigenen Musik ausging. München wurde damals zur Stadt des Konvents der Mahlerianer, dem sich von da an auch jüngere anschlossen, die – wie Otto Klemperer – erst jetzt zu Mahler gefunden hatten. Es ist nicht möglich, sie alle aufzuzählen. Neben Walter und Roller, die vorbereitend mitgewirkt hatten, fanden sich auch die französischen Freunde ein (unter ihnen Clémenceau und Ritter), holländische Mahlerianer mit Mengelberg an der Spitze, der Physiker Arnold Berliner, der Maler Fritz Erler, Kritiker und zahllose Musiker, unter denen sich auch Siegfried Wagner und Alfredo Casella befanden. Aus Danzig pilgerte ein sechsundzwanzigjähriger Kapellmeister nach München. Er war mit einem Empfehlungsschreiben Schönbergs versehen, das er dem Konzertunternehmer Gutmann vorwies, um ein Gratisbillett zu erhalten: Anton Webern.

Auch die Literatur war auf diesem Mahler-Konvent vertreten. Stefan Zweig kam nach München und huldigte Mahler mit einem Gedicht ›Der Dirigent‹. Es war in dem Sammelband ›Gustav Mahler – ein Bild seiner Persönlichkeit in Widmungen‹ abgedruckt, der in eben jenen Tagen im Münchner Verlag R. Piper & Co. erschien. Der von Paul Stefan herausgegebene Widmungsband, den eine Reproduktion von Rodins Mahler-Büste zierte, enthielt neben den Beiträgen anderer Prominenter auch eine Huldigung von Arthur Schnitzler, die mit den Worten begann: »Von allen Musikern, die heute schaffen – und manche von ihnen sind mir wahrhaft wert –, hat keiner mir mehr gegeben als Gustav Mahler.«

Nicht minder ergriffen von Mahlers Musik zeigte sich Thomas Mann. Bei dem Empfang, der nach dem ersten Konzert veranstaltet worden war, hatte Thomas Mann nicht die passenden Worte gefunden. Darum schrieb er einige Tage später an Mahler:

Verehrter Herr!
Wie tief ich Ihnen für die Eindrücke vom 12. September verschuldet bin, war ich am Abend im Hotel nicht fähig zu sagen. Es Ihnen wenigstens anzudeuten, ist mir ein

starkes Bedürfnis, und so bitte ich Sie, das beifolgende Buch – mein jüngstes – gütigst von mir annehmen zu wollen.

Als Gegengabe für das, was ich von Ihnen empfangen, ist es freilich schlecht geeignet und muß federleicht wiegen in der Hand des Mannes, in dem sich, wie ich zu erkennen glaube, der ernsteste und heiligste künstlerische Wille unserer Zeit verkörpert.

Ein epischer Scherz.

Vielleicht vermag es Sie ein paar müßige Stunden lang auf leidlich würdige Weise zu unterhalten.

Ihr ergebener

Thomas Mann

Ein Exemplar des Romans ›Königliche Hoheit‹ begleitete den Dank des Dichters. Ihren Weg nach Wien fand die Symphonie im März 1912. Schon vier Jahre später gelangte sie triumphal nach Amerika. Der Musiker, der der Achten diesen amerikanischen Sieg bescheren sollte, befand sich am 12. September 1910 unter den Zuhörern in der Münchner Festhalle – es war der achtundzwanzigjährige Dirigent Leopold Stokowski. Mahlers Musik, so meinte Stokowski, sei so überwältigend, wie der »Anblick der Niagarafälle für den ersten Weißen gewesen sein muß«. Stokowski beschloß, die Symphonie aufzuführen. Im Jahre 1916 gelang es ihm, von den Geldgebern des Philadelphia-Orchesters 15000 Dollar für sein Projekt zu erhalten. Nicht weniger als neunmal erklang Mahlers Achte damals in Philadelphia. Daran schloß sich eine Aufführung in New York. Das Unternehmen hatte – wenn wir hier von allen künstlerischen Momenten absehen – ungeheuer fruchtbare Wirkung auf die Stellung der Orchesterkultur im amerikanischen Bewußtsein. Dem Orchester, das zuvor ein Stiefkind von Philadelphia gewesen war, bescheinigte die Handelskammer, daß es einen »kommerziellen Vorteil für die Stadt« darstelle. Von da an war es in Philadelphia nicht mehr so schwierig, ansehnliche Beträge für Symphoniekonzerte aufzutreiben. Auch das gehört zu den Wirkungen, die von der »Symphonie der Tausend« und von dem für die Musikgeschichte des zwanzigsten Jahrhunderts so bedeutsamen Münchner Mahler-Konvent ausgegangen sind.

Schon in München merkten die Freunde an Mahler Zeichen der Schwäche und Krankheit, die er jedoch zeitweise überwinden konnte. Die ärztliche Diagnose des Sommers 1907 hatte Mahler zwar für einige Zeit in Schrecken versetzt, doch wollte er seinem Vorsatz, sich zu schonen, nicht treu bleiben. Die Anstrengungen von drei intensiven New Yorker Spielzeiten, zuerst im Opernhaus, dann noch gesteigert in den Konzerten der New Yorker Philharmonie, stellten seine Widerstandskraft auf harte Proben. Als er im November 1910 Europa verließ, erwartete ihn wiederum ein großes Arbeitspensum: insgesamt fünfundsechzig Konzerte, die nicht nur in New York, sondern auch in Seattle, Buffalo, Springfield und Brooklyn stattfinden sollten. Mahler hat nur achtundvierzig dieser Konzerte geleitet. Am 21. Februar 1911 verließen ihn während einer Probe die Kräfte. Doch er bestand darauf, das Konzert zu dirigieren. Unter den Zuhörern befand sich auch Toscanini, der gekommen war, um ein neues Werk von Busoni kennenzulernen, das Mahler aufführte: die ›Berceuse élégique‹, die unter dem Titel ›Wiegenlied am Grab meiner Mutter‹ gespielt wurde. Das war die letzte Novität, die Mahler vorgeführt, das letzte Konzert, das er dirigiert hat.

Schwierigkeiten mit dem Direktorium des Orchesters, das sich nicht nur um die finanziellen Fragen kümmerte, sondern auch in künstlerische Entscheidungen eingriff, mögen zu Mahlers Krankheit beigetragen haben. Busoni hat später die Behauptung aufgestellt, daß jene Dame, die an der Spitze des Direktoriums der New Yorker Philharmonie stand, Mahler das Leben so verbittert habe, daß er »infolge der erlittenen Aufregungen seiner letzten Krankheit nicht widerstehen konnte. Sie hat ihn also gemordet«. Dieser Auffassung konnten Kenner von Mahlers Gesundheitszustand mit gutem Grund entgegentreten. Sein Körper war durch den längst festgestellten Herzfehler geschwächt. Dazu kam eine chronische Anginaanfälligkeit, die Mahler nahezu während des ganzen Jahres 1910 zu schaffen machte.

Als Mahler seine New Yorker Konzerte abbrechen mußte, konstatierte der behandelnde Arzt das Vorhandensein von Streptokokken im Blut. Er befürchtete eine Sepsis und empfahl Mahler, rasch nach Europa zurückzukehren und in Paris geeignete Fachärzte aufzusuchen. Im April 1911 langte der Todkranke in Paris ein. Ein berühmter Bakteriologe bestätigte die

Diagnose des New Yorker Arztes. In einem Sanatorium in Neuilly bei Paris wurde die Behandlung versucht, die erfolglos blieb, ja zur Verschlechterung von Mahlers Zustand führte. Angsterfüllt bat Alma Mahler einen bedeutenden Wiener Arzt um seinen Besuch. Der telegraphisch Herbeizitierte konnte nur noch die Hoffnungslosigkeit bestätigen. Man beschloß, Mahler nach Wien zu bringen, wo er am Vormittag des 12. Mai einlangte. Die Ärzte des Sanatoriums, in dem Mahler untergebracht wurde, gaben zuerst täglich, dann in kürzeren Abständen Bulletins aus, denen die rasche Verschlechterung des Zustandes zu entnehmen war. Am 18. Mai 1911, kurz vor Mitternacht, starb Mahler.

Die Öffentlichkeit verfolgte den Verlauf der quälenden Todeskrankheit, dessen Einzelheiten von der Presse mit taktlos peinlicher Genauigkeit geschildert wurden. Geschäftige Anteilnahme gab sich auch in klebrig-sentimentalen Zeitungsartikeln und Feuilletons kund, deren Charakter sich schon in geschmacklosen Titeln verriet: ›Die Sehnsucht des kranken Herzens‹ war die Überschrift eines Feuilletons, dessen Schreiber sich dazu verstieg, die »Großaktionäre« des amerikanischen Musiklebens für Mahlers krankes Herz verantwortlich zu machen.

Mahler wurde auf dem Grinzinger Friedhof beerdigt. Auf dem Grabstein steht – so wie er es gewünscht hat – nichts als sein Name. »Die mich suchen, wissen, wer ich war, und die anderen brauchen es nicht zu wissen.«

Zwei Werke, die Mahler vollenden konnte, sind erst nach seinem Tod bekanntgeworden. Das ›Lied von der Erde‹, eine Komposition für zwei Singstimmen und Orchester, deren Entwurf auf den Sommer des Jahres 1907 zurückgeht, lag spätestens im Oktober 1909 fertig vor. Die Reinschrift der Neunten Symphonie vollendete Mahler wahrscheinlich in New York vor dem April 1910. Eine zehnte Symphonie blieb nur Fragment.

## ›Das Lied von der Erde‹

Im Jahre 1907 kam Mahler in den Besitz einer Neuerscheinung des Leipziger Insel-Verlages, der Sammlung ›Die chinesische Flöte‹. Sie enthielt Nachdichtungen chinesischer Lyrik, die der deutsche Lyriker Hans Bethge versucht hatte. Bethge war kein Sinologe und hatte keine unmittelbare Kenntnis chinesischer Dichtung. Er benützte darum als Vorlage für seine nachempfundenen Dichtungen nicht originale Texte, sondern schon vorhandene deutsche, englische und französische Versionen. Ob er den Geist der chinesischen Lyrik in seinen Nachdichtungen korrekt zu spiegeln vermochte, darf hier unberücksichtigt bleiben. Ihn fesselte, was er aus ihnen vernehmen wollte: seine eigene Melodie. Manche von Bethges eigenen Gedichten könnten in der ›Chinesischen Flöte‹ Platz finden:

> Ich kenne Knaben, die zur Mandoline
> Dir von Verbrechen reden, daß dir graut.
> Ich kenne Mädchen, die mit süßer Miene
> Ins Dunkel gehn . . .

Eben dieser Tonfall war es, den Bethge in der chinesischen Lyrik wiederzuentdecken glaubte: »Was für eine holde lyrische Kunst trat mir da entgegen! Ich fühlte eine bang verschwebende Zartheit lyrischen Klanges, ich blickte in eine von Bildern ganz erfüllte Kunst der Worte, die hinableuchtete in die Schwermut und die Rätsel des Seins . . .« Mahler kannte den Text dieses Geleitworts, das Bethge den mehr als achtzig Gedichten seiner Sammlung beigegeben hatte. Er wählte sieben von diesen Gedichten aus:

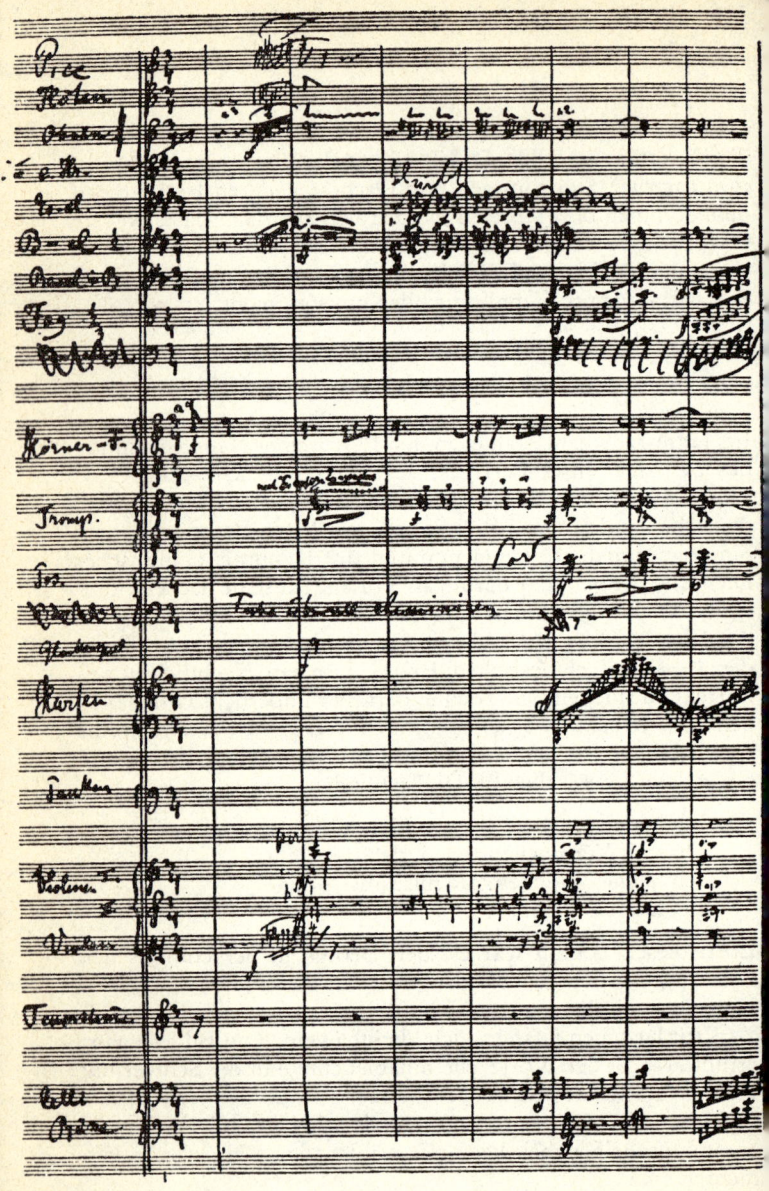

*›Lied von der Erde‹: Erste Partiturseite des ersten Teils*

1. Das Trinklied vom Jammer der Erde (nach Li-Tai-pe)
2. Der Einsame im Herbst (nach Tschang Tsi)
3. Der Pavillon aus Porzellan (nach Li-Tai-pe)
4. Am Ufer (nach Li-Tai-pe)
5. Der Trinker im Frühling (nach Li-Tai-pe)
6. In Erwartung des Freundes (nach Mong-Kao-jen)
7. Der Abschied des Freundes (nach Wang-Wei)

Ursprünglich wollte Mahler seinen Kompositionen den Titel ›Das Lied vom Jammer der Erde‹ geben. Er hat diesen düsteren Charakter zuletzt nicht nur mit dem Titel ›Das Lied von der Erde‹ aufgehellt. Für die Zwecke seiner Komposition verfuhr er mit Bethges Gedichten recht frei. Er nahm Umstellungen vor, änderte einige Titel und zog das sechste und siebente Gedicht seiner Auswahl (›In Erwartung des Freundes‹ und ›Der Abschied des Freundes‹) zu einem einzigen Satz zusammen, den er ›Der Abschied‹ nannte. Die sechs Sätze der ›Lied‹-Symphonie erhielten schließlich folgende Überschriften:

1. Das Trinklied vom Jammer der Erde
2. Der Einsame im Herbst
3. Von der Jugend
4. Von der Schönheit
5. Der Trunkene im Frühling
6. Der Abschied.

Es ist aufschlußreich, diese Wandlung vom Gegenständlichen zum Allgemeinen zu verfolgen: vom »Pavillon« zur »Jugend«, vom »Ufer« zur »Schönheit«. Den »Trinker« des Originals macht Mahler zu einem »Trunkenen«, den er durch eine völlig neue Textzeile (»Aus tiefstem Schauen lauscht' ich auf«) als ein der Welt entrücktes Wesen erscheinen läßt. Noch einschneidender ist die Umgestaltung im Text des letzten Satzes der Symphonie. Bei Bethge heißt es:

Ich werde nie mehr in die Ferne schweifen, –
Müd ist mein Fuß, und müd ist meine Seele, –
Die Erde ist die gleiche überall,
Und ewig, ewig sind die weißen Wolken...

Daraus entwickelt Mahler:

Wohin ich geh'? Ich geh', ich wand're in die Berge.
Ich suche Ruhe für mein einsam' Herz.
Ich wandle nach der Heimat, meiner Stätte!

Ich werde niemals in die Ferne schweifen.
Still ist mein Herz und harret seiner Stunde.
Die liebe Erde allüberall
blüht auf im Lenz und grünt aufs neu'!
Allüberall und ewig blauen licht die Fernen.
Ewig ... Ewig ...

»Gänzlich ersterbend« steht über den letzten Takten dieser Partitur. Leise verhaucht der von Posaunen, Celesta, Harfen und Streichern gefärbte Durdreiklang, dem Flöten und Oboe mit der »sixte ajoutée« tonale Erdenschwere nehmen. Von diesem Ausklang her (»Ewig ... Ewig ...«) ist die Eigenart des ›Liedes von der Erde‹ am besten zu erfühlen. Er kontrastiert mit dem mächtigen Es-Dur-Raumakkord des vollen Orchesters, der die Achte beschließt. Das ›Lied von der Erde‹ ist intimer, kammermusikalischer angelegt. Gewiß, es gibt auch homophone Passagen, expressionistische Orchesterausbrüche (wie gleich zu Beginn) und Steigerungen zu jener besonderen Art der Polyphonie, die Mahler vor allem seit der Fünften Symphonie entwickelt hat – doch im ganzen ist alles auf durchhörbare, verinnerlichte Klarheit abgestellt.

Paul Bekker spricht in diesem Zusammenhang vom »Altersstil« Mahlers. Dieser Stil sei »voll herber Phantastik, wie der Altersstil eines jeden großen Künstlers, voll Zukunftsahnungen«. Das hört sich wie eine poetische Metapher an, die man nach Belieben ablehnen oder akzeptieren mag. Doch die Altersweisheit und Zukunftsahnung läßt sich im Notenbild dingfest machen. Ludwig Schiedermair, der 1900 die erste Biographie Mahlers veröffentlichte, hat 1932 einem seiner Studenten an der Bonner Universität die Aufgabe gestellt, »Gustav Mahlers Instrumentation« zu untersuchen. In der 1935 veröffentlichten Arbeit des Dissertanten Anton Schäfers finden sich sehr kluge Hinweise auf den Spätstil, der für das ›Lied von der Erde‹ kennzeichnend ist. Schäfers kommt zu dem Ergebnis, daß Mahler in diesem Stil alle drei Grundformen der Orchesterbehandlung nebeneinander verwendet: die abgeklärte Form der Polyphonie, die Homophonie und schließlich eine besondere Art der »konstruktiv-koloristischen« Instrumentation.

Auch die »Zukunftsahnung« in Mahlers Spätstil ist Gegenstand einer musikwissenschaftlichen Dissertation geworden, die Helmut Storjohann im Jahre 1952 der Universität Hamburg vorgelegt hat. Darin wird auf ein völlig neues, an Schönbergs

Gestaltungsweise gemahnendes Schaffensprinzip verwiesen. Im Spätstil, so erklärt Storjohann, kommt der Einfallsreichtum Mahlers darin zum Ausdruck, »*wie* er das sich aus der musikalischen Entwicklung ergebende Motivmaterial für neue Themenbildungen fruchtbar zu machen versteht. Es steht nicht mehr eine bloße Reihe verschiedener Einfälle hintereinander, sondern das Ausgangsthema zieht eine Reihe verschiedener Einfälle nach sich, zu denen es selbst in irgendeiner Form Grundlage legt.« Am deutlichsten zeigt sich dies zu Beginn des ›Liedes von der Erde‹, wo die Hörner eine Tonreihe exponieren (a-g-e-d-c), die ähnlich wie bei Schönberg »zu den verschiedenen motivischen und thematischen Gestaltungen ausgebildet werden muß«.

Diese auf der Basis eines Grundgerüsts erfolgende Entwicklung verleiht den sechs Sätzen des ›Liedes von der Erde‹ ihre Einheitlichkeit. Es ist eine Integration, die sich nicht plakathaft aufdrängt, sondern auch fühlbar wird, wenn man von der Vorwegnahme Schönbergscher Prinzipien durch Mahler keine Ahnung hat. Integration ist auch das Schlüsselwort zum Verständnis von Mahlers Behandlung der Singstimme. Der Tenor (in den Stücken 1, 3 und 5) und die Altstimme (in den Stücken 2, 4 und 6) haben kantable Linien, die nicht über dem Orchester hinziehen, sondern ihm einverleibt erscheinen. Die Farbe der Stimme und die Varianten dieser Farbe werden ihrerseits wieder zum Element der konstruktiv-koloristischen Instrumentation. Einmal heißt es: »im erzählenden Ton, ohne Ausdruck«, dann »sehr weich und ausdrucksvoll«, »sinnend«, »zögernd«, »dolce« und so weiter. Diese Bezeichnungen und auch andere Anweisungen, die die Artikulation betreffen, zielen insgesamt darauf hin, die menschliche Stimme zu einem »Instrument« zu machen. Auch das gehört zum zukunftsweisenden Altersstil Mahlers.

Im Herbst 1910 übergab Mahler seinem Freunde Bruno Walter die Partitur des Werkes zum Studium. »Zum ersten Mal war es«, so berichtet Walter in seiner Selbstbiographie, »daß er mir ein neues Werk nicht selbst vorspielte – wahrscheinlich fürchtete er sich vor der Erregung. Ich studierte es und verlebte eine Zeit der furchtbarsten Ergriffenheit mit diesem einzig leidenschaftlichen, bitteren, entsagungsvollen und segnenden Laut des Abschieds und Entschwebens . . .«

Wenige Monate nach Mahlers Tod meldeten die Zeitungen, daß Bruno Walter die Uraufführung des Werkes dirigieren würde. Anton Webern, der damals in Berlin lebte, schrieb unter dem Eindruck dieser Nachricht an seinen Freund Alban Berg: »Lieber

Berg, am 19. und 20. November ist die Mahler-Feier in München . . . Sag', ist es möglich, daß wir da nicht dabei sein sollen? Zum ersten Mal nach Mahlers Tod ein neues Werk von ihm. Und wir sollen fehlen?« Die Lektüre des letzten Abschnittes der Dichtung ließ Webern von der Musik alle Herrlichkeiten erwarten: »Um Himmels Willen, welche Musik muß das sein?! Ich bilde mir ein, ich muß schon jetzt daraufkommen, bevor ich sie noch höre. Mensch, kannst Du das aushalten? Ich nicht.«

Webern bat seinen Freund, sich an Bruno Walter zu wenden, um die Erlaubnis zur Anwesenheit bei den Proben zu erwirken. Bald darauf antwortete Berg aus Wien: »Ich war bei Walter; er ist selbstverständlich einverstanden, daß wir zu den Proben gehen . . . So sehen wir uns ja doch zwei bis drei Tage ununterbrochen, ich höre das ›Lied von der Erde‹ zweimal, und werde es bevor (!) schon gut kennen, denn der Klavierauszug erscheint, wie ich . . . erfahre, am 13. November . . . Es ist doch schön zu leben unter solchen Umständen!«


## Die Neunte Symphonie

Im Zeichen Mahlers taten sich die Jungen von damals zusammen. Ihnen war Mahler-Begeisterung das, was für die Generation vor ihnen Wagner-Enthusiasmus bedeutet hatte. In München, der Stadt, die durch die »Symphonie der Tausend« zur Mahler-Stätte geworden war, empfingen sie das ›Lied von der Erde‹. Bruno Walter, der die Aufführung dirigierte, war es auch, der am 26. Juni 1912 die Uraufführung der Neunten Symphonie leitete. Sie fand in Wien statt, im Rahmen des ersten Wiener »Musikfestes« modernen Typs. Das viersätzige Werk konnte gewiß nicht sogleich begriffen werden. Die freie Sonatenform des ersten Satzes öffnet das Tor in die Welt Schönbergs und seiner Schule. Der zweite Satz, ein Scherzo, ist in parodistischem Sinne mißverstanden worden. Gegen die Gesamtanlage des dritten Satzes (ein Rondo mit gespenstischen Zügen) und des vierten (ein Adagio von bestürzender Ausdruckskraft) erhebt sogar noch 1955 ein Mahler-Biograph seine Einwände!

Wenigen war es gegönnt, den Rang der Neunten zu erkennen. Alban Berg agnoszierte diese Symphonie im Sommer 1912 als »das herrlichste, was Mahler geschrieben hat«. Schönberg sagte über die Neunte, sie sei höchst merkwürdig. »In ihr spricht der Autor kaum mehr als Subjekt. Fast sieht es aus, als ob es für dieses

Werk noch einen verborgenen Autor gebe, der Mahler bloß als Sprachrohr benützt hat.« Diese Vermutung einer Transzendenz, die sich so wenig leugnen wie beweisen läßt, formuliert Schönberg in seiner berühmten Gedenkrede auf Mahler (1912). Schönberg hielt Mahler für einen »Heiligen«, einen »Märtyrer«. Daß Mahler zu Lebzeiten mißverstanden, angegriffen, ja angepöbelt wurde, erschien Schönberg geradezu selbstverständlich. »Ich finde das ganz gerecht. Denn irgendwie muß ja der große Künstler bei Lebzeiten gestraft werden für die Verehrung, die er später genießen wird.«

Schönberg nannte in diesem Zusammenhang einen Vorwurf, der gegen Mahler sogar noch in einem Nekrolog erhoben wurde: er habe »riesenhafte symphonische Potpourris« geschrieben. Ein sorgsam forschender Biograph könnte mit hundert ähnlichen Invektiven aufwarten, die die Mahler-Gegner vor und nach 1911 und bis zum heutigen Tage zu Papier gebracht haben. Sie fangen mit dem Wort »Strudelteigsymphonien« an, das schon um 1900 aus Wien nach Prag berichtet wird, und sie enden bei den vornehmer formulierten Einwänden, denen man bis zum heutigen Tage in Nachschlagewerken und musikgeschichtlichen Darstellungen begegnet, die sich objektiv gebärden. In H. J. Mosers Musiklexikon (4. Auflage, Berlin 1955) wird erklärt, Mahler sei bloß ein »Anreger«, seinem Bekennertum vermöge man heute »nicht mehr zu folgen«, und seine Musik »werde uns heute nicht mehr zum unmittelbaren Erlebnis«. Einer Druckseite, die dieses Lexikon dem Komponisten Mahler widmet, stehen mehr als zwei Druckseiten für Hans Pfitzner gegenüber, dem »Erhabenheit«, »Innerlichkeit« und ein »Ewigkeitsanteil der deutschen Musik« zugebilligt wird. Die Positionen der Mahler-Gegner sind freilich in jüngster Zeit wankend geworden. Man empfindet nachgerade Mitleid für sie. Denn wie können sie, die sich gern im Zeichen Hans Pfitzners versammeln, über die schmerzvolle Tatsache hinwegkommen, daß der Komponist der ›Rose vom Liebesgarten‹ trotz der Förderung, die Mahler ihm angedeihen ließ, heute in deutschen Landen weniger gilt als Mahler? Mahlers Weltgeltung muß auf manche Leute entmutigend wirken.

*Weltgeltung*

Die Popularität, die Mahlers Musik heute genießt, ist das Ergebnis eines nicht leicht verfolgbaren, schwer zu deutenden Prozesses. Gewiß, es hat in den Jahrzehnten seit Mahlers Tod immer

Mahler-Jünger und Mahler-Gemeinden gegeben, die für das Werk geworben haben. Meist wirkten sie in lokaler Isolierung, nur gelegentlich stießen sie zu regionaler oder gar nationaler Bedeutung vor. Erst ein halbes Jahrhundert nach Mahlers Tod gelang endlich und scheinbar »wie von selbst« der Durchbruch zu nahezu universeller Geltung. Man ist geneigt, die Erklärung für diesen Sieg in den unermüdlichen Anstrengungen der Mahler-Jünger zu suchen.

Nach dem Weltkrieg 1914 bis 1918 setzte Willem Mengelberg die erste große Tat für Mahler. Mengelberg feierte sein fünfundzwanzigjähriges Jubiläum als Dirigent des Amsterdamer Concertgebouw-Orchesters mit einem Mahler-Fest. Im Mai 1920 leitete er neun Konzerte, die zum erstenmal sämtliche Werke Mahlers boten. In einem Epilog, den Egon Wellesz zu diesem Fest schrieb, heißt es: »Das Amsterdamer Mahler-Fest bedeutet für alle Teilnehmer einen Anfang. Jetzt ist Mahler und sein Werk nicht mehr Sache einer kleinen begeisterten Gemeinde, sondern Angelegenheit der Allgemeinheit geworden. Amsterdam hat Mahlers Werk ein überragendes Piedestal geschaffen, und der Gedenkstein, der im Concertgebouw mit den Reliefs Mahlers und Mengelbergs errichtet wurde, ist ein äußeres Symbol dafür.«

Holland war als neutrales Land vortrefflich geeignet, die Mahler-Enthusiasten Europas zu einigen. Die »Amsterdamer Friedenskonferenz«, wie Mengelbergs Mahler-Fest von einem Pariser Kritiker genannt wurde, schien tatsächlich einen internationalen Aufschwung der Mahler-Pflege einzuleiten. Auch in Wien wurde Mahlers Musik nun häufiger gespielt. In den beiden Nachkriegswintern 1918/19 und 1919/20 war ›Das Lied von der Erde‹ in Wien nicht weniger als zwölfmal im Konzertsaal zu hören. Dazu kamen dreißig Aufführungen verschiedener Symphonien! Im Herbst 1920 dirigierte Oskar Fried, ermuntert vom Amsterdamer Fest, sogar einen ganzen Mahler-Zyklus, der mit Ausnahme der Achten alle Symphonien umfaßte. In diesem Jahr der Mahler-Konjunktur bot ein Rezensent sogar schon eine Erklärung für den Erfolg an: »Es ist kein Zweifel mehr: Mahler ist der Komponist unserer Zeit. Not, Elend, alle Unerträglichkeiten einer widerlichen Wirklichkeit haben das metaphysische Bedürfnis in ungeahntem Maße gesteigert, drängen von dem Grauen des Tages fort zu den Einsamkeiten des großen Pan . . .«

Diese Deutung schloß allerdings auch schon die Möglichkeit eines Abflauens der Mahler-Begeisterung ein. Was man für ein

Mahler-Verständnis größerer Kreise gehalten hatte, erwies sich sehr bald als bloße Mahler-Mode. Nur wenigen gelang der musikalische und zugleich historisch zwingende Zugang zum Werk Mahlers. Ihnen wies Paul Bekker den Weg mit seinem 1921 erschienenen Buch ›Gustav Mahlers Sinfonien‹. Dieser deutsche Musikschriftsteller war der erste, der die national-österreichische Linie der Symphonie und damit Mahlers Abkunft von Bruckner und Schubert analysierte. Österreich selbst war noch nicht reif für diese Erkenntnis. Die kleine Republik wollte nicht an ihre Eigenart erinnert werden. Die Österreicher gefielen sich darin, ihr Land als »nicht lebensfähig« zu bezeichnen; wie sollten sie da an die lebenspendende Autonomie ihrer neuen Musik glauben? Kleinmut gebar die Anschlußidee: Anschluß an das Deutsche Reich oder Anschluß an die Weltrevolution oder auch sentimentaler Anschluß an die Ideologie des verlorenen Altösterreich. Mahlers Musik konnte so auf dreifache Art verstanden werden: Musik aus Kakanien (war das nicht Klang gewordene Ringstraßenmonumentalität und zugleich erschlaffende Müdigkeit?) oder »deutsche Musik« (zog sie nicht ihre Inspiration aus Goethe und Rückert und Volkston und ›Wunderhorn‹?) oder auch »revolutionäre Musik« (die manche in den Signalen, Appellen und Marschrhythmen vernehmen wollten).

Wer Mahlers Klänge ablehnen wollte, hatte noch eine vierte These bereit. Sie ist am häufigsten vertreten worden und nicht erst in Hitlers Großdeutschem Reich. Diese These behauptet die »künstlerische Ohnmacht« Mahlers und leitet sie aus seiner jüdischen Abstammung her. Als 1926 der Verein Wiener Tonkünstlerorchester den Versuch unternahm, Mahlers Gesamtwerk neuerlich in Konzerten vorzuführen, wurde in den ›Wiener Neuesten Nachrichten‹, dem Organ der Großdeutschen Partei in Österreich, die Frage gestellt, ob es einem Juden wie Mahler möglich gewesen sein könne, »an dem künstlerisch nationalen Leben eines Volkes teilzunehmen«.

Die Antwort des Großdeutschen Reiches auf diese Frage ist bekannt. Die entartete und destruktive Haltung, die ihr zugrunde liegt, hat in Österreich schon um 1930 den gesellschaftlichen Wirkungsgrad der Musik Mahlers eingeschränkt.

Zur selben Zeit bahnte sich in *Amerika* ein neues Verständnis für Mahler an. Am 4. Januar 1931 konstituierte sich in New York die Bruckner Society of America, eine Organisation, die sich in ihren Satzungen verpflichtete, für Bruckner und Mahler einzu-

treten. Dirigenten europäischer Herkunft setzten von diesem
Jahr an immer häufiger Symphonien von Mahler auf ihre Programme. Fritz Reiner dirigierte im März 1931 die Siebente Symphonie in Cincinnati, Eugene Goossens führte in derselben Stadt
zwei Monate später die Achte auf, Koussevitzky leitete im
Herbst 1931 die amerikanische Erstaufführung der Neunten,
Artur Rodzinski dirigierte am 31. Dezember 1931 in Los Angeles
die Vierte, und Bruno Walter führte in New York im Februar
1932 an vier aufeinanderfolgenden Tagen die Fünfte auf. Der
Bruckner Society ist die Veröffentlichung der ersten amerikanischen Mahler-Biographie zu danken, die Gabriel Engel verfaßte. Bedeutenden Anteil an der Popularisierung Mahlers in
Amerika hatte auch Otto Klemperer, der 1933 die Leitung des
Philharmonischen Orchesters in Los Angeles übernahm und im
Dezember 1936 in New York eine Aufführung der Zweiten
Symphonie dirigierte, über die der Kritiker Olin Downes
schrieb: »Das Konzert war eines jener musikhistorischen Ereig-
nisse, die man nicht vergessen wird ...«

Mahlers Symphonien gewannen im amerikanischen Konzertrepertoire immer stärkere Position. Eine statistische Untersuchung des Soziologen John F. Muller zeigt, daß im Jahre 1950
Mahlers Musik schon 2,5 Prozent des Repertoires der führenden
amerikanischen Orchester einnahm. Nach dem Zweiten Weltkrieg steht Mahler in der gesamtamerikanischen »Popularitäts-
pyramide« an siebenter Stelle neben Schumann, und in der Stati-
stik des New York Philharmonic Symphony Orchestra nimmt
Mahler neben Tschaikowsky sogar den dritten Platz ein – nur
von Beethoven und Brahms überflügelt. Die aufsteigende Bewegung, um 1930 begonnen, hat sich ungebrochen bis in die
Gegenwart fortgesetzt.

Ähnlich wie in Amerika haben auch in *Rußland* jene Dirigenten
zur Verbreitung der Musik Mahlers beigetragen, die dem Freundeskreis Mahlers angehört hatten. Schon 1906 machte Oskar
Fried das Petersburger Publikum mit der Zweiten Symphonie
bekannt. In den Spalten der ›Russkaja musikalnaja gaseta‹ sind
die Spuren von Frieds tatkräftigem Eintreten für Mahler in
Rußland zu verfolgen. Nach der Revolution von 1917 wurde
Mahlers Musik in Rußland noch populärer. Motive ideologi-
scher Ablehnung machten sich anfangs kaum geltend. Politische
Bedenken konnten noch zerstreut werden, wie Bruno Walter im
Zusammenhang mit einem Konzert berichtet, das er 1923 in

Moskau leitete: »Ich hatte Mahlers Vierte Symphonie auf eines meiner Programme gesetzt und die Worte des letzten Satzes, die vom ›Himmlischen Leben‹ handeln, der Direktion zur Übersetzung und zum Abdruck im Programm übergeben. Ich erhielt sie zurück mit dem Ersuchen, das Gedicht zu ändern; im neuen Rußland dürfe man nicht vom Himmel und Engeln, von St. Peter und anderen Heiligen singen. Ich lehnte natürlich jede Änderung ab, und man gab schließlich nach, als ich mich bemühte, dem pedantischen Vertreter des Atheismus den Sinn des Gedichtes als ›symbolisch‹ zu erklären.«

In den zwanziger Jahren legte auch die offizielle sowjetische Kulturverwaltung noch Wert auf den Kontakt zum Westen. Für den zwanzigjährigen Dimitri Schostakowitsch war die Begegnung mit dem Mahler-Dirigenten Bruno Walter entscheidend. Ihm spielte Schostakowitsch 1926 in Leningrad seine Erste Symphonie vor, und Walter entschloß sich, diese deutlich an Mahler gemahnende Musik bald darauf in Berlin aufzuführen. Damals lernte Dimitri Schostakowitsch den nur wenige Jahre älteren Iwan Iwanowitsch Sollertinski kennen, einen glühenden Verehrer der Musik Mahlers. Sollertinski, der 1932 in Moskau ein Buch über Mahler in russischer Sprache veröffentlichte, hatte starken Einfluß auf Schostakowitsch. Beflissene offiziöse Kritiker haben später diesen Einfluß als »schädlich« bezeichnet, wie Schostakowitsch in einer autobiographischen Studie erwähnt. Dieser Vorwurf hing mit dem Wandel der sowjetischen Musikpolitik zusammen, der sich in den dreißiger Jahren anbahnte und auch Schostakowitsch das Leben sauer machte. Die Auswirkung dieser Politik auf die Mahler-Pflege in der Sowjetunion ist bisher noch nicht untersucht worden. Wir wissen nicht einmal, ob Oskar Fried, der 1934 in die Sowjetunion emigrierte und 1941 in Moskau starb, noch Gelegenheit hatte, für die Werke seines geliebten Freundes einzutreten.

Nach dem Krieg machte sich unter dem Einfluß politischer Direktiven bald die grundsätzliche Ablehnung Mahlers bemerkbar. In dem Artikel ›Die Kultur Österreichs‹, der in der ›Großen Sowjet-Enzyklopädie‹ (2. Auflage, 1949) erschien, wird schlicht behauptet, daß die Symphonien Mahlers den »Zusammenbruch der kleinbürgerlichen Illusion in der Epoche des Imperialismus« widerspiegeln und daß ›Das Lied von der Erde‹ typisch sei »für den reaktionären Charakter der Mahlerschen Musik«.

Die Wirkung solcher Grundsatzerklärungen auf die sowjetische Konzertpraxis können wir uns auch ohne Kenntnis der

Einzelheiten vorstellen. Um so erfreulicher ist die Wendung, die sich in den fünfziger Jahren angebahnt hat. Zur hundertsten Wiederkehr von Mahlers Geburtstag (Juli 1960) brachte die Moskauer Zeitschrift ›Sowjetskaja Musika‹ schon weit sorgsamere Beiträge über den Komponisten. Weder Dimitri Schostakowitsch noch sein prominenter Sohn Maxim versäumen eine Gelegenheit, sich zu Mahler zu bekennen. Maxim Schostakowitsch erklärte 1967 in einem Interview: »Mahler ist mein liebster Komponist.« Und Jewgenij Swetlanow, Dirigent des Staatlichen Symphonieorchesters der UdSSR, fügte hinzu: »Ich persönlich halte Mahler für den allergrößten Genius aller Völker und Zeiten.« Swetlanow hat die sowjetische Erstaufführung der Siebenten Symphonie geleitet, und seiner Initiative ist die Planung von zwei Mahler-Zyklen der Moskauer Philharmonie zu danken. Auch David Oistrach, den wir ja nicht nur als Violinvirtuosen ersten Ranges, sondern auch als inspirierenden und sachkundigen Dirigenten kennen, widmet sich nun den Symphonien Mahlers in Konzerten und Schallplattenaufnahmen.

In *England* kündigte sich in den fünfziger Jahren die Anteilnahme an Mahlers Werk an. Eric Blom, der mir noch etwa 1950 mitgeteilt hatte, er hielte die Herausgabe einer Mahler-Biographie in England für ein Wagnis, veröffentlichte 1955 in der von ihm geleiteten Serie ›The Master Musicians‹ einen Band über Bruckner und Mahler, dessen Autor der aus Österreich stammende Musikwissenschaftler Hans F. Redlich ist. 1958 publizierte der junge englische Musikologe Donald Mitchell seine verdienstvolle Studie über die Jugend Mahlers (›Gustav Mahler – The Early Years‹). Neville Cardus, der jahrzehntelang – vor allem in den Spalten des ›Manchester Guardian‹ – für Mahler eingetreten war, ließ sich mit einer Publikation der Royal Festival Hall zum hundertsten Geburtstag Mahlers vernehmen. In den Konzertsälen und im Rundfunk wurden die Werke Mahlers immer häufiger gespielt. In den sechziger Jahren entstanden in London die von Otto Klemperer dirigierten Schallplattenaufnahmen des ›Liedes von der Erde‹ und der Symphonien II, IV und IX. Diesem großen Mahler-Dirigenten ist auch das umfassende Werk über Mahlers Symphonien gewidmet, das Neville Cardus zum Autor hat und dessen erster Band 1965 erschien.

Das Musikleben in *Österreich* hat sich dieser neuen internationalen Mahler-Bewegung nicht ganz so rasch angeschlossen. Vorbildlich ist die Ausstellung »Gustav Mahler und seine Zeit« zu nennen, die während der Wiener Festwochen 1960 im Gebäude der Secession in Wien gezeigt wurde. Der von Franz Hadamovsky redigierte Ausstellungskatalog darf als wichtiger Beitrag zur Klärung und Ordnung im Bereich der immer noch verwahrlosten Mahler-Forschung angesehen werden. Bruno Walter, der im Mahler-Jahr 1960 nach Wien kam, dirigierte hier eine Festwochenaufführung der Vierten Symphonie. Die Begegnung mit Walter, der die Dokumentenschau in der Secession mit Rührung zur Kenntnis nahm, beschwor Erinnerungen herauf an die schon vor mehr als einem halben Jahrhundert begonnenen Bemühungen des Dirigenten, Wien zu Mahlers Musik zu bekehren. Diese Wiener Anstrengungen hatten im Jahre 1936 ihren Höhepunkt erreicht. Im Mai dieses Jahres dirigierte Walter im Großen Musikvereinssaal eine Aufführung des ›Liedes von der Erde‹, die damals auch auf Schallplatten festgehalten wurde. Die sieben schwarzen Scheiben, die man in der Ära vor Erfindung der Langspielplatte für ein so umfangreiches Werk benötigte, galten den Mahler-Freunden in aller Welt lange als kostbarstes Dokument. 1936 veröffentlichte Bruno Walter in einem Wiener Verlag auch seine schöne Schrift ›Gustav Mahler – Ein Porträt‹.

Walters hingebungsvolles Wirken für die Musik Mahlers in Mahlers Heimat wurde infolge der Annexion Österreichs durch Deutschland im Jahre 1938 unterbrochen. 1941 erschien Bruno Walters Buch in New York in englischer Sprache. Ein Vorwort des ebenfalls nach Amerika emigrierten österreichischen Komponisten Ernst Křenek unterstrich die Bedeutung des amerikanischen Asyls für die in Europa bedrohte und verfolgte Kunst. 1957 wurde Walters Huldigung für Mahler dem deutschsprachigen Leser endlich wieder in einer Neuauflage zugänglich gemacht. Erst jetzt bildete sich in Österreich allmählich eine neue, breitere Mahler-Gemeinde, geführt von Überlebenden der »Mahler-Clique« von einst und beglückend gestärkt durch eine Jugend, die sich vorurteilslos und immer stärker zu Mahler bekennt. Während der Festwochen 1967 brachte die Wiener Konzerthausgesellschaft einen vollständigen Zyklus der Werke Mahlers, an dessen Gestaltung sich prominente Dirigenten wie Karl Böhm und Rafael Kubelik, Leonard Bernstein und Hans Swarowsky ebenso beteiligten wie die jüngeren Mahler-Interpreten Claudio Abbado und Carlos Kleiber.

Den stärksten Impuls erhielt die Mahler-Renaissance durch die Langspielplatte. Noch 1951 verzeichneten die internationalen Schallplattenkataloge nicht mehr als vier Symphonieaufnahmen, von denen nur eine allgemein erhältlich, die übrigen bloß bei gesonderter Bestellung vom Erzeuger zu beziehen waren. Einige Jahre später konnte ich in meinem ›Langspielplattenbuch‹ (Wien 1956) schon Hinweise auf Aufnahmen sämtlicher Symphonien geben. Freilich galt Mahlers Musik den Schallplattenfirmen damals noch nicht als Geschäft, sondern als Risiko, das man gelegentlich um der Reputation willen einging. Den Umschwung brachten in Europa erst die sechziger Jahre. Zahllose Stereoaufnahmen unterschiedlicher technischer und musikalischer Qualität sind heute in unseren Katalogen verzeichnet. Leonard Bernstein verdanken wir einen vollständigen Mahler-Zyklus auf Stereoplatten, Rafael Kubelik ist im Begriff, einen solchen Zyklus zu vollenden. Das hindert auch andere Dirigenten und andere Plattenfirmen nicht, sich in das Mahler-Abenteuer zu stürzen. Es ist trotz des beachtlichen Aufwands, den die Aufzeichnung einer Mahler-Symphonie verlangt, für die Kaufleute der Schallplattenwirtschaft nicht mehr ganz so abenteuerlich. Die Mahler-Platte macht sich nun auch bezahlt. Stärker als Rundfunksendungen, die immer auch unkontrolliert in eine hörerlose Leere gehen können, stärker auch als Konzertveranstaltungen, die mit Subventionen und Freikarten gestützt sein mögen, beweist die zahlungswillige Nachfrage nach Mahler-Platten den ungewöhnlichen Umfang und die auch für Mahler-Freunde überraschende Intensität der Mahler-Renaissance.

Ist diese Renaissance dem Wirken der Mahlerianer zuzuschreiben, der gewandelten Hörbereitschaft des Musikpublikums oder gar dem Einfluß der Schallplatte? Die jahrzehntelange Anstrengung jener, die für Mahlers Musik eingetreten sind, soll gewiß nicht unterschätzt werden. Für sich allein hätte sie den Umschwung jedoch nicht bewirkt. Der Versuch, die neue Geltung Mahlers aus dem angeblich erwachenden Interesse für monumentale Musik der »Spätromantik« zu erklären, schlägt fehl, wenn man erfährt, was die Verkaufsstatistik der Schallplattenkonzerne meldet: Der wachsenden Nachfrage nach Mahler-Platten steht ein sinkendes Interesse an Richard-Strauss-Platten gegenüber.

»Meine Zeit wird erst kommen.« Diese Prophezeiung Mahlers hat sich in den sechziger Jahren unseres Jahrhunderts erfüllt. Dazu haben wohl viele und sehr unterschiedliche Faktoren beigetragen. Den stärksten, entscheidendsten aber möchten wir in der Heraufkunft der technisch perfektionierten Stereoplatte erblicken. Mahlers Stunde war gekommen, als die elektroakustische Speicherung und Wiedergabe des Raumklangs möglich wurde. Die Technik bestimmte in hohem Grade den Beginn der neuen Mahler-Epoche. Davon, so ließe sich denken, konnte Mahler keine Ahnung haben. Wer wollte die gewagte Behauptung aufstellen, daß Mahler vom manipulierten Stereoraum der Schallplattenakustik, von raffinierter Mikrophonaufstellung und von der Regelung der Orchesterbalance durch den Mann am Mischpult hätte träumen können? Wer würde es riskieren, die nüchterne Technik für den Sieg eines musikalischen Träumers verantwortlich zu machen?

Mahler war kein Träumer. Er hatte eine sehr klare Vorstellung von den technischen Voraussetzungen, die für die bedingungslose Kapitulation des Publikums vor seiner Musik gegeben sein mußten. Er verfügte in dieser Hinsicht als erfahrener Opern- und Konzertpraktiker über ein deutlicheres raumakustisches und orchestertechnisches Konzept als etwa Schönberg, Berg und Webern. Seine Grundgedanken hierzu waren sogar zukunftsträchtiger und realistischer als manche Raumklangidee der Avantgarde unserer Tage. Auch hierin erweist sich Mahler als Zeitgenosse der Zukunft. Doch diese These muß noch belegt werden.

## Klangregie für die elektronische Ära

Mahlers Versuche, zu einer sorgsamen Raumklangregie zu gelangen, sind aus den Partituren seiner Symphonien abzulesen. »Fernorchester« oder Einzelinstrumente, die »wie aus der Ferne« klingen sollen, bilden integrierende Elemente seiner Musik. Er hat in jungen Jahren diese Ideen sogar auf die Werke der Meister der Vergangenheit angewandt. So erzählt Bruno Walter von einer Aufführung der Neunten Symphonie Beethovens in Hamburg, bei der Mahler eine solche Raumklangidee erprobte: »Er ließ den Marsch in B-Dur im Finale von einem Fernorchester spielen, während Tenorsolo und Männerchor auf dem Podium dazu sangen, und setzte im Hauptorchester erst wieder mit dem Anfang des folgenden Fugato ein. Das war keine Laune – er glaubte beim Blick in die Werkstatt Beethovens entdeckt zu haben, daß mit dem Marsch, vom stockenden Pianissimo des Beginns über das Crescendo zum Fortissimo, Beethoven den Siegeslauf der Jünglinge nach Schillers aufrufenden Worten schildern wollte, wie er im schwungvollen Zuge aus weiter Ferne heraneilt, und er stellte in den Dienst dieser Vorstellung Mittel, die Beethoven selbst wegen der beschränkten Zustände seiner Zeit nicht zu verwenden gewagt hatte.«

Bruno Walter fügt hinzu, daß Mahler damit natürlich »auf falschem Wege« gewesen sei. Dennoch betont auch Walter, daß ihn dieses problematische Experiment auf einen durchaus unproblematischen Grundgedanken geführt habe: man müsse aus der festen Niederschrift des musikalischen Kunstwerks auf den fließenden Zustand seiner Entstehung schließen, um authentisch zu interpretieren.

In seiner Wiener Zeit hat Mahler solche Raumklangregie vornehmlich in der Oper versucht. Dem Sänger, der die Titelpartie in Rubinsteins Oper ›Der Dämon‹ sang, machte er bei der Probe zum Beginn des zweiten Aktes einen seltsamen Vorschlag. Der Dämon hat an dieser Stelle aufzutreten, doch soll er allen anderen Gestalten, die seine Stimme vernehmen, unsichtbar sein. Mahler verlangte von dem Sänger, er möge die Stelle aus dem Souffleurkasten singen. »Die Leute müßten glauben, es sei ein Ruf aus einer anderen Welt.« Der Sänger protestierte. Er wollte vom Publikum gesehen werden. Für Mahler, der künstlerische Wirkung höher stellte als Opernkonvention, war dies Grund genug, den renitenten Sänger bei Neueinstudierungen nicht mehr zu beschäftigen.

Klangregie dieser Art, verdeckter Klang und Klang aus der Ferne – all das ist im Grunde keine Erfindung Mahlers. Wagner hat für den ›Ring des Nibelungen‹ eine besondere Orchesterakustik nicht nur gefordert, sondern sogar selbst gebaut. Das verdeckte Orchester im »mystischen Abgrund« des Bayreuther Festspielhauses gehört zum authentischen ›Ring‹-Klangbild, das in jedem konventionell gebauten Opernhaus zweifellos entstellt wird. Doch das hat kundige Musiker und erfahrene Kritiker nicht daran gehindert, Wagners Bayreuther Klang zu verwerfen. Nicht nur Eduard Hanslick sprach sich gegen den verdeckten Bayreuther Klang aus – auch Richard Strauss hat Bedenken gegen diesen authentischen Wagner-Klang angemeldet.

Mahler war anderer Ansicht. Sein ganzes Streben war darauf gerichtet, die originale Absicht des Komponisten durchzusetzen. So kam er auf den Gedanken, den Orchesterraum im Wiener Hofoperntheater tiefer legen zu lassen. Im Sommer 1903 wurde diese technische Veränderung durchgeführt. Über das hierdurch erzielte klangliche Ergebnis gibt es einander widersprechende

Zeitungsberichte aus jener Zeit. Keiner der Rezensenten geht jedoch, soweit das vorliegende Material erkennen läßt, auf die Motive der Mahlerschen Reform ein. Mahler selbst hat sie in einem Interview erläutert, das am 6. September 1903 im ›Fremdenblatt‹ erschien. Seine Ausführungen haben auch für die Aufführungspraxis der Gegenwart so große Bedeutung, daß sie hier wiedergegeben seien:

> Meine wohlerwogene Absicht ging dahin, den Orchesterboden um anderthalb Meter zu vertiefen. Die Pläne wurden dahin ausgearbeitet, den Boden mittels hydraulischer Kraft durch eine Kurbel tiefer und höher zu versenken, je nachdem es das aufzuführende Werk erfordert. Ich hätte dann bei gewissen Wagner-Abenden das Orchester auf den tiefsten Punkt senken lassen, das kleine Orchester Mozarts aber in normaler Höhe postiert usw., wie es das aufzuführende Werk verlangt und wie es die fortdauernden Wahrnehmungen als ratsam erscheinen lassen. Für die Einrichtung, das Wagner-Orchester ganz tief zu legen, sprechen ja die berechtigtsten Erwägungen. Bei gewissen Wagner-Werken soll das Orchester gleichsam in dämmriger Ferne erklingen; solcherart können dann auch die Singstimmen völlig hervortreten. Allerdings – manche Stücke aus Wagnerschen Werken stelle ich mir besser vor, wenn das Orchester ganz offen ist; zum Beispiel das Vorspiel zum dritten Akt des ›Lohengrin‹. Aber im Ganzen genommen würde das Publikum die Tieferlegung des Wagner-Orchesters freudig zu begrüßen haben. Denn ich stelle es mir gar nicht angenehm vor, wenn die Leute im Parkett manchesmal aus dem stürmischen Orchester Wagners schließlich doch nur die Tschinellen heraushören, so daß sie sich am liebsten die Ohren zuhalten würden. Das wird aber alles anders, wenn die Musik von tief unten herauftönt.

Die Sorge um den authentischen Klang des ›Ring‹-Orchesters in der Wiener Oper zeigt deutlich, wie ernst Mahler die Idee der Werktreue nahm und wie sehr er jenen Zeitgenossen überlegen war, die nicht nur Mahlers Experimentierlust, sondern auch Richard Wagners Konzept kritisierten. Daß Mahler der »dämmerigen Ferne« des ›Ring‹-Orchesters entsprechen wollte, ist überdies erstaunlich, weil er in seinem eigenen Schaffen solchen Orchesterdämmer nur ausnahmsweise wünschte. In der Regel ging es ihm um die Deutlichkeit.

Für die Oper erstrebte Mahler das »verschiebbare Orchester«. Das war – aufführungsgeschichtlich betrachtet – der Ansatz zum Übergang vom realen, unveränderlichen Klangraum zum manipulierbaren, künstlichen Klangraum.

Jedes Werk – das geht aus Mahlers Äußerungen deutlich hervor – fordert den ihm gemäßen Raum. Für seine eigenen Kompositionen suchte Mahler immer auch Rücksicht auf die raumakustischen Gegebenheiten zu erwirken. In einem Brief an Fritz Steinbach, der eine Aufführung von Mahlers Dritter Symphonie im Kölner Theater am Habsburgerring plante, schrieb Mahler: »Eines muß ich aufrichtig sagen: Ich fühle mich nicht ganz wohl dabei, meine Symphonie der Akustik eines Theaters (noch dazu einer, welche offenbar noch nicht erprobt ist) auszusetzen. Viel sympathischer wäre mir der Gedanke gewesen, wenn Sie, verehrter Meister, mein Werk auf eines der gewöhnlichen Gürzenichprogramme gesetzt hätten.« Ähnlich besorgt äußerte sich Mahler ein Jahr zuvor in einem Brief, den er an Bruno Walter nach Berlin sandte: »Wie klingt es im Krollsaale? Strauss will dort meine III. machen! Orchester auf der Bühne! Geht das?«

Mahlers unermüdliche Instrumentationsrevision, sein erklärtes Bedürfnis, die eigenen Partituren »alle fünf Jahre« neu zu bearbeiten, ist vor allem aus dem Streben zu verstehen, das orchestrale Klangbild von den Zufälligkeiten der jeweiligen Raumakustik unabhängig zu machen. Mit Staunen berichten Mahlers Freunde, wie häufig er während der Proben noch an der Instrumentation seiner Symphonien änderte. Egon Wellesz, dem wir als einem der sachkundigsten Zeugen vollen Glauben schenken können, berichtet zum Beispiel von einer Probe zur Zweiten Symphonie, daß Mahler bei der Stelle »O Schmerz, du Alldurchdringender« unzufrieden war, weil er die Singstimme nicht deutlich genug vernehmen konnte. Mahler löste das Problem, indem er die Posaunenakkorde der Partitur eliminierte und auf diese Weise Raum für die Hörbarkeit der Singstimme schuf. Zum Orchester sprach er dann die folgenden Worte: »Es kommt mir vor allem auf die Klarheit an. Heil dem Dirigenten, der in meinen Partituren Änderungen anbringt, wenn der Raum und die Qualität des Orchesters es erfordern, um die Intention hervorzubringen.«

Mahlers Symphonien sind – in höherem Maße als die meisten Werke seiner Zeitgenossen – raumabhängig. Ein halliger Konzertsaal mit starker Reflexion im tiefen Klangbereich kann die Wirkung nahezu aller Symphonien Mahlers zunichte machen.

Die transparente Akustik mancher modernen Konzertsäle ist wiederum geeignet, Mahlers Symphonien stellenweise als »überinstrumentiert« erscheinen zu lassen. Mahler war sich dieser Raumabhängigkeit seiner Musik bewußt. Eben darum strebte er danach, in möglichst vielen Konzerten die Realisierung seiner kompositorischen Ideen selbst ins Werk zu setzen. Es gab nur wenige Dirigenten, denen er die Lösung des Problems zumindest teilweise zutraute. Mengelberg, Fried und Walter gehörten zu diesen Dirigenten. Wer aber unter den Treuesten der Treuen würde es wagen, Mahlers Instrumentation anzutasten – auch wenn ihm Anpassung an besondere Raumbedingungen im Geiste Mahlers geboten erschiene?

Zahllose Passagen in den Symphonien Mahlers werden in akustisch ungeeigneten Sälen auch dann entstellt, wenn Dirigent und Orchester sich peinlich genau an die Weisungen der Partituren halten. Im Konzertsaal des neunzehnten Jahrhunderts (Typus Gewandhaus in Leipzig, Musikverein in Wien) kämpfen bei Mahler-Symphonien die Streicher oft minutenlang vergeblich gegen das entfesselte Blech an, um die Deutlichkeit ihrer Stimmen zu wahren, während die erwünschte Balance in manchen modernen Sälen (Royal Festival Hall in London oder Stuttgarter Liederhalle) leichter zu erzielen ist. Jeder Aufführung einer Symphonie Mahlers müßte demnach die anpassende Klangregie vorausgehen, wenn Mahlers Polyphonie, Mahlers Homophonie und Mahlers Klangkoloristik unversehrt gewahrt bleiben sollen.

Die Aufnahme im Tonstudio befreit Mahlers Musik weitgehend von den Risiken der besonderen Konzertsaalakustik. Für die Zwecke der Schallplatte kann der jeweils geeignete Raum gewählt werden, der noch durch verschiebbare Wände (etwa nach der Art des Studios im Hessischen Rundfunk) den besonderen Erfordernissen der Partitur angepaßt werden kann. Mehr noch: hier ist es nicht mehr notwendig, Eingriffe in die Partitur vorzunehmen, wie Mahler sie selbst praktiziert hat. Wenn die Balance zwischen Streichern, die unterzugehen drohen, und Bläsern, die die Herrschaft an sich reißen, gefährdet erscheint, kann des Gleichgewicht durch sorgfältig geplante Mikrophonaufstellung und durch einfühlsame Regie am Mischpult wiederhergestellt werden.

Die besten Stereoaufnahmen der jünsten Zeit vermitteln endlich das Klangbild, welches den Intentionen Mahlers näherkommt als fast jede Konzertaufführung. Es gibt kein Hindernis, halligen Fernklang von deutlicher Nähe abzuheben. Es ist für

die musikalisch versierten Techniker der Tonaufnahme kein un-
lösbares Problem, den Balanceforderungen der Partituren Mahlers zu entsprechen. Richtungsmischer und Intensitätsregler,
Hallvorrichtung und Bandmontage ermöglichen die Erfüllung
aller Vorschriften der Partitur, ohne daß man der riskanten
Empfehlung Mahlers, Änderungen in seinen Partituren vorzunehmen, folgen müßte. Die Stunde des Mahlerschen Urtextes
ist gekommen. Der in Mahlers Handschrift kundgetane Wille
kann erfüllt werden, denn die Technik elektroakustischer Speicherung und Wiedergabe schafft ohne Schwierigkeit jene manipulierten Klangräume, die Mahler braucht, jene artifizielle
Deutlichkeit, die im Konzertsaal immer bloß zum Teil und unter
größten Opfern erzielbar ist. Mahlers Musik ist durch die Stereo-
schallplatte erlöst worden.

1906 vollendete Mahler seine Achte Symphonie. 1910 führte
er sie in München auf. Zwischen 1906 und 1910 entwickelte Robert von Lieben seine Verstärkerröhre, ohne welche die elektroakustische Aufzeichnung nicht möglich geworden wäre. Gewiß
hat Mahler nicht daran gedacht, als er von seiner Zeit sprach, die
»noch kommen würde«. Doch alles, was er als Komponist geschaffen hat, verlangt nach elektroakustischer Realisierung, nach
Unabhängigkeit vom einmal gegebenen Klangraum, nach freier
Verfügbarkeit aller technischen Mittel.

Im Dienst des Werkes hilft uns die Aufnahmetechnik sogar
über Hindernisse hinweg, die vordem unüberwindlich scheinen
mußten. Es gibt eine Stereoplatte der Achten Symphonie, in der
sich der Klang einer Kirchenorgel, die in der Schweiz steht, mit
den Stimmen der Sänger und dem Klang des Orchesters vereinigt, die unter Leonard Bernsteins Leitung in einem Londoner
Studio aufgenommen wurden. Was wir aus den Lautsprechern
hören, ist real weder in England noch auf dem Kontinent erklun-
gen – und doch ist es nun existent als technische Realisierung der
Anweisung, die Mahler in seiner Handschrift hinterlassen hat.


*Die kritische Gesamtausgabe*

Die wachsende Anzahl der Konzertaufführungen, Schallplattenaufnahmen und Rundfunksendungen von Werken Mahlers läßt
die Frage der dabei verwendeten Partituren und Stimmen heute
besonders wichtig erscheinen. Entstelltes Notenmaterial, das den
Intentionen des Komponisten zuwiderläuft, birgt die Gefahr

in sich, daß gerade in der Zeit der bisher größten Anteilnahme am Werke Mahlers ein unrichtiges Bild seines Schaffens fixiert wird. Die bis vor wenigen Jahren verwendeten Partituren entsprachen zumeist nicht den Forderungen, die in dieser Hinsicht gestellt werden müssen.

Es war ein Glücksfall, daß die 1955 in Wien unter dem Vorsitz Bruno Walters konstituierte Internationale Mahler-Gesellschaft die Veranstaltung einer kritischen Gesamtausgabe als ihre Hauptaufgabe bezeichnete. Dank der unermüdlichen Arbeit von Erwin Ratz, der als Präsident der Internationalen Mahler-Gesellschaft tätig ist, gelang es in relativ kurzer Zeit, eine beachtliche Anzahl von Bänden dieser neuen Gesamtausgabe vorzulegen. Bis 1968 sind in dieser kritischen Gesamtausgabe die Symphonien I, IV, V, VI, VII, ›Das Lied der Erde‹ und das Adagio der Fragment gebliebenen Zehnten Symphonie erschienen.

Über das Verhältnis dieser neuen Ausgabe zu den vorher verwendeten Fassungen sagt Erwin Ratz: »Mit Ausnahme vom ›Lied von der Erde‹, das Mahler nicht selbst zur Aufführung bringen konnte, enthalten die übrigen Bände zum erstenmal den von Mahler als endgültig autorisierten Text. Obwohl sogar vertragliche Abmachungen vorlagen, waren bis jetzt immer nur die alten Fassungen verwendet worden. Es ist allgemein bekannt, daß Gustav Mahler anläßlich der von ihm selbst geleiteten Aufführungen seiner Werke mehr oder weniger weitreichende Änderungen in der Instrumentation vornahm, um so die äußerste Klarheit in der Darstellung seiner musikalischen Gedanken zu erreichen. An der kompositionellen Struktur hat er, sobald die Reinschrift beendet war, nie mehr etwas geändert; seine Retuschen beziehen sich lediglich auf die klangliche Realisierung. Sie sind jedoch äußerst lehrreich, und ein Vergleich der verschiedenen Fassungen gehört zu den eindrucksvollsten Erlebnissen.«

Obgleich die kompositionelle Grundstruktur der älteren Partiturausgaben mit jener der kritischen Gesamtausgabe übereinstimmt, sind die Einzeländerungen doch zuweilen von entscheidender Bedeutung. So enthält die Fünfte Symphonie in der nunmehr als authentisch anzusehenden Fassung der Gesamtausgabe mehr als zweihundertfünfzig Stellen, die von der älteren Ausgabe abweichen. Bei der Sechsten Symphonie schafft Erwin Ratz überdies Klarheit über die Anordnung der einzelnen Sätze. Mahler hat das Scherzo an die zweite, das Andante an die dritte Stelle gesetzt, sich später zu einer Umstellung entschlossen und zuletzt wieder die ursprüngliche Reihung bestätigt.

Dem Adagio der unvollendeten Zehnten Symphonie wurde auch zu einer Zeit, da Aufführungen der vollendeten Werke Mahlers nicht häufig waren, einigermaßen bedenkliche Aufmerksamkeit geschenkt. »Unvollendetes« scheint auf manche Leute magische Anziehung auszuüben. Schon 1924 erschien eine Faksimilereproduktion der Partiturskizze. Das Adagio wurde in einer »äußerst fehlerhaften und mit unmöglichen Retuschen versehenen Gestalt« gedruckt. Die kritische Gesamtausgabe enthält nun endlich die unretuschierte Originalgestalt. Im Vorwort zu dieser Ausgabe wird auch zu dem unzulänglichen Versuch einer Rekonstruktion der übrigen vier Sätze der Zehnten Stellung genommen. Nur Mahler selbst, so wird erläutert, hätte aus den vorliegenden Skizzen ein vollendetes Kunstwerk gestalten können.

Mit den bisher veröffentlichten Bänden der Gesamtausgabe hat Erwin Ratz dem Komponisten ein würdiges Denkmal gesetzt und zugleich eine zuverlässige Grundlage für die Mahler-Pflege in unserer Zeit geschaffen. Die Bände der Gesamtausgabe haben auch die Arbeit des Biographen erleichtert, der im übrigen unter der unbegreiflichen Verwahrlosung der Mahler-Forschung nicht wenig zu leiden hatte. Vom Abenteuer des Biographen im Gestrüpp der Dokumente und Berichte, der zeitgenössichen Zeugnisse und der Legenden soll noch die Rede sein.


*Das Abenteuer einer Mahler-Biographie*

Ich habe mich auf die Niederschrift der vorliegenden Biographie mehr als dreißig Jahre lang vorbereitet. Die Qualifikation hierzu erwirbt man, wie ich glaube, nicht in erster Linie durch das Studium der Dokumente, Briefe und Berichte, sondern vor allem durch den Umgang mit Mahlers Musik. Dazu gehört nicht nur das Konzerterlebnis, sondern auch die innige Vertrautheit mit den Partituren und der immer wieder unternommene Versuch, die Klavierauszüge der Symphonien im Freundeskreis zum Klingen zu bringen. Musikenthusiasten, denen heute zahlreiche Schallplattenaufnahmen für solche Aufführungen im Heim zur Verfügung stehen, werden vielleicht mitleidig auf die ältere Generation blicken, die sich von den im Konzertsaal seltener aufgeführten Werken ein Bild zu machen suchte, indem sie aus dem Klang, den vier Hände dem Klavier entlocken, den ganzen Reichtum der Mahlerschen Orchesterpartituren erschließen wollte.

Wir Älteren waren damals jedoch gar nicht so arm, wie man heute denken mag, denn unsere Vorstellungskraft mußte den Weg zum Mahler-Orchester manchmal erst bahnen, und wir konnten dabei auch etwas von den Schwierigkeiten nachempfinden, die Mahler beim Entwurf seiner Werke zu überwinden hatte. Spielend also, wenn auch keineswegs ohne Anstrengung, durften wir mit unseren bescheidenen Kräften Mahlers Ringen um eine neue Orchestersprache nachvollziehen. Diese Mühe ist dem Musikfreund heute nicht mehr auferlegt. Er kann zur Schallplatte greifen, um das mehr oder weniger vollkommene Resultat der Interpretenmühe ohne eigene Anstrengung zu genießen. Doch vielleicht waren es gerade diese Mühen einer schallplattenlosen Zeit, die den Mahler-Freund zuletzt reicher belohnt haben und ihm heute Mahlers Erlösung durch die Elektroakustik doppelt beglückend erscheinen lassen ...

Meine Liebe zu Mahler war nicht beständig. Es gab Jahre, in denen ich mich von Mahlers Musik abwandte. Die so gewonnene Distanz, teils aus einem Mißverstehen Mahlers, teils aus veränderten Neigungen herrührend, erwies sich zuletzt als nützlich, denn sie förderte das Verständnis für das Schwanken der Gunst des Musikpublikums. Den Musikwissenschaftler scheint dieses Schwanken wenig zu interessieren. Er befaßt sich mit der Werkgeschichte, mit den biographischen Daten und mit allen Zeugnissen, die auf Mahlers künstlerisches Schaffen weisen. Den Soziologen aber fesselt das Wechselspiel zwischen dem Künstler und der Gesellschaft, die sich wandelnde Position des Werkes im sozialen Kontext. Aus diesen Schwankungen vermag er schließlich auch gründlichere Auskunft über das Werk selbst zu gewinnen.

Die bisher vorliegende Mahler-Literatur liefert kein getreues Bild dieser Schwankung. Sieht man von einigen gehässigen Pamphleten ab, so präsentiert sich diese Literatur zum überwiegenden Teil als eine Sammlung von Apologien. Mahler wird gerühmt. Manchmal geschieht dies mit Verständnis für seine Musik und in verständlicher Sprache, häufiger aber unter Aufbietung wenig gehaltvollen Wortschwalls. Selbst Paul Bekkers schon erwähntes einfühlsames Buch über ›Gustav Mahlers Symphonien‹ ist nicht frei von dieser Phraseologie. Gerade dieser Umstand macht es dem Biographen heute schwer, zu den Tatsachen vorzustoßen. Seine Arbeit wird zum Abenteuer.

Ich gestehe, daß ich im Verlauf dieser Arbeit aus dem Staunen nicht herausgekommen bin. Es gibt schon eine Tradition der Mahler-Darstellung. Auf sie paßt das Wort, daß Tradition

Schlamperei sei. In dieser Tradition schleppen sich Formulierungen fort, die, zum Teil noch zu Mahlers Lebzeiten, vor allem von den Mahler-Jüngern geprägt worden sind. Man sollte annehmen, daß die neuere Musikwissenschaft diesen teils sachlich unrichtigen, teils entstellenden Sentenzen einer meist sentimentalen Mahler-Legende längst die historischen Fakten entgegengestellt hätte. Das ist leider nicht der Fall.

Selbst elementare Tatsachen des Lebenslaufes werden beharrlich in entstellenden Sinnzusammenhang gerückt. Immer wieder begegnen wir der Behauptung, der junge Kapellmeister Mahler habe bei seinen ersten drei Theaterengagements unter der Beschränktheit der Theaterverhältnisse gelitten. Dabei wird in seltsamer Unkenntnis der Verhältnisse im alten Österreich die kleine Sommerschmiere in Bad Hall nicht nur mit dem Stadttheater in Olmütz, sondern sogar mit dem angesehenen Landestheater in Laibach, der Hauptstadt des Herzogtums Krain, auf dieselbe Stufe gestellt. Hans Christoph Worbs schreibt in seinem sonst lesenswerten Büchlein über Mahler (Berlin 1960), daß Mahler in Laibach ebenso wie in Bad Hall »nur die beschränktesten Mittel für sein künstlerisches Wirken« zur Verfügung standen, und Hans Ferdinand Redlich erklärt in seiner knappen Mahler-Biographie (London 1955), die Verhältnisse seien in Laibach »nicht weniger lächerlich« gewesen als in dem armseligen Sommertheater.

Wäre Laibach in den Jahren 1881 und 1882 wirklich ein im künstlerischen Sinne lächerlicher Ort gewesen, dann könnte man kaum verstehen, wie sich Mahler dort eine Dirigierpraxis angeeignet haben sollte, die ihn zu dem Künstler machte, der in Olmütz Aufsehen erregte. Nur durch ein Wunder ließe sich solcher Aufstieg erklären. Die Mahler-Biographie ist reich genug an Wundern; sie kann auf konstruierte Mirakel verzichten. Daß es sich hier um eine Konstruktion handelt, geht aus einer Studie hervor, die mir der in Ljubljana (Laibach) wirkende Musikwissenschaftler Professor Dragotin Cvetko in überaus großzügiger Weise noch vor der Veröffentlichung zugänglich gemacht hat. Das Bild, das in der vorliegenden Biographie von »Gustav Mahler in Laibach« entworfen wurde, geht auf die Arbeit von Dragotin Cvetko zurück, die unter diesem Titel in der Schriftenreihe ›Musik des Ostens‹ (Kassel) erscheinen soll.

Ähnliche Unklarheit bestand bis vor kurzem über Mahlers Wirken am Olmützer Stadttheater. Der bedeutende tschechische Musikwissenschaftler Zdenek Nejedly hat in seiner Mahler-Biographie (Prag 1958) sogar die Behauptung aufgestellt, daß Mahler nicht bloß wenige Wochen, sondern von 1883 bis 1885 in Olmütz tätig gewesen sei. Glücklicherweise gelang es mir während der Arbeit an dieser Biographie, in Olmütz selbst eine Musikwissenschaftlerin ausfindig zu machen, die die Zeugnisse über Mahlers Wirken in dieser Zeit sorgfältig gesammelt und analysiert hat. In ihrer bisher unveröffentlichten Dissertation (›Gustav Mahler v Olomouci‹) hat Dagmar Kučerová die Ergebnisse ihrer Untersuchung vorgelegt und damit einen Beitrag zur Mahler-Forschung geleistet, von dem diese Biographie profitiert hat.

Die Spur zu Dagmar Kučerová, die gerade im Begriffe war, diese so wichtigen Mahler-Dokumente zu erschließen, entdeckte ich glücklicherweise in Kassel, als ich im Archiv des Staatstheaters nach Mahlers Personalakt fahndete. Herr Hans Joachim Schaefer, Dramaturg am Kasseler Staatstheater, machte mich auf Anfragen aufmerksam, die seit einiger Zeit von Mahler-Forschern aus Europa und Amerika bei ihm eingelangt waren und unter denen sich auch eine Anfrage aus Olmütz befand. Das Interesse, das sich Kassel seit etwa 1960 zuwandte, ist durchaus verständlich, denn Schaefer hatte in der Zeitschrift ›Musica‹ mitgeteilt, daß sich der Personalakt Gustav Mahlers unter den Dokumenten des ehemaligen Hoftheaters erhalten habe.

Das Blättern in diesem Akt erwies sich als ebenso nützlich wie die Konsultationen der Dossiers, die sich im Haus-, Hof- und Staatsarchiv zu Wien befinden. Das Studium dieser Dokumente im Zusammenhang mit den publizierten Briefen ist geeignet, eine Legende zu zerstören: die Legende von der »Vertreibung« Mahlers aus mehr als einer verantwortlichen Stellung. Das gilt nicht nur für Mahlers Abschied von Kassel und Leipzig, von Hamburg und Wien, sondern auch für seinen Abgang aus Budapest. Tibor Gedeon und Miklós Máthé haben in ihrem Buch über Gustav Mahler (in ungarischer Sprache, Budapest 1965) wichtige Zeugnisse zugänglich gemacht. Einiges davon konnte Michael Meixner in dem von mir herausgegebenen Almanach der Wiener Festwochen 1967 in deutscher Sprache veröffentlichen. Erstaunlich bleibt jedoch, daß alle diese Quellen – vom Kasseler Personalakt bis zum Budapester Dienstreglement und zu den Verfügungen des Budapester Innenministeriums – bisher von der Mahler-Forschung kaum beachtet worden sind. Sogar über die Spielplangestaltung der Budapester Oper unter Mahler bestand bisher einige Unklarheit. Die Repertoireübersicht, die sich in der Jubiläumsschrift der Ungarischen Staatsoper findet

(›A Hetvenötéves Magyar Állami Operaház‹, Budapest 1959), gibt nicht nur darüber Aufschluß, sondern eignet sich auch vortrefflich zur näherungsweisen Datierung mancher Briefe Mahlers, die bisher chronologisch nicht mit Sicherheit eingeordnet werden konnten. Dadurch ergaben sich wiederum einige Korrekturen, die die bisherige Darstellung von Mahlers Lebensweg betreffen.

Abenteuerlich empfand ich auch die Auswertung der Quellen, die höchst »private« Angelegenheiten Mahlers berühren. Das Eindringen in die sogenannte Intimsphäre galt mir nicht als Selbstzweck. Es ist gewiß nur dort angebracht und sinnvoll, wo Privates eng verbunden erscheint mit dem öffentlichen künstlerischen Wirken. Die Heroisierung sollte nicht so weit gehen, daß eine jede Lebensäußerung des Genies zum Gegenstand der Betrachtung gemacht wird. Arnold Schönberg hat in seiner hymnischen Gedenkrede auf Mahler die Auffassung vertreten, daß an einem großen Menschen »nichts Nebensache« und jede seiner Tätigkeiten »irgenwie produktiv« sei. In diesem Sinne, so sagte Schönberg, hätte er sogar »Mahler zusehen wollen, wie er eine Krawatte bindet ...« Es ist also nicht einzusehen, warum jene Bindungen, die für Mahlers Persönlichkeit entscheidender wurden als sein Krawattenbinden, aus der Betrachtung ausgeschieden sein sollten. Freilich habe ich diese emotionellen Bindungen mit der notwendigen Reserve geschildert. Die Kasseler Liebesaffäre reizte mich zwar, der jungen Dame nachzuspüren, die Mahler zu den ›Liedern eines fahrenden Gesellen‹ inspiriert hat, doch als ich merkte, daß die Kenntnis ihrer Persönlichkeit wenig oder nichts zur Kenntnis Mahlers beitragen konnte, ließ ich die mühselig gesuchten Unterlagen wieder in meinem Zettelkasten verschwinden.

Anders stand es bei der Würdigung von Mahlers Beziehung zur Sängerin Anna von Mildenburg. Hier schlug das vermeintlich bloß Private ins Geistige und Künstlerische um. Diskretion hätte dabei zur Lüge ausarten können. Das Bild Mahlers wäre entstellt worden ohne den durch die Intensität der Beziehung gebotenen Akzent.

Dasselbe gilt von der vornehmlich in der englischen und amerikanischen Literatur breit abgehandelten Begegnung von Mahler und Freud. Hier tritt nicht bloß der Patient dem Arzt gegenüber. Der Dialog, der, wie ich zeigen konnte, zu wechselseitiger Huldigung führte, ist gewiß von kulturhistorischem Interesse.

Daß Alma Mahler in ihren Erinnerungen (›Gustav Mahler – Erinnerungen und Briefe‹, Amsterdam 1940 und Wien 1949) den Text von Mahlers Huldigung mitteilt, ohne dabei zu erläutern, daß sich diese auf Freud bezieht, gehört zu den kleineren Mängeln ihrer Darstellung. Man darf ihren Ausführungen immer oder nahezu immer trauen, wo sie ästhetische Wertungen oder emotionelle Bezüge behandelt; riskant wird die Benützung ihrer Aufzeichnungen, wenn es um die Etablierung von Fakten oder gar um die Chronologie geht. In dieser Hinsicht sind die Ungenauigkeiten der von Alma Mahler herausgegebenen Briefe (›Gustav Mahler, Briefe 1879 bis 1911‹, Wien 1925) besonders irritierend. Fehldatierungen können hier zu irrigen Schlüssen führen. Ich habe für meine Zwecke einige Untersuchungen angestellt, um erforderliche Korrekturen vorzunehmen. Im ganzen erweist sich dabei jedoch, wie notwendig eine neue, kritische Ausgabe der Briefe Mahlers ist. Diese hätte zahllose und keineswegs unwichtige Briefe einzuschließen, die im Laufe der Jahrzehnte bekanntgeworden sind und die nur zum kleineren Teil in Zeitschriften und Zeitungen veröffentlicht wurden.

Um die Chronologie ist es nicht nur bei Alma Mahler schlecht bestellt, sondern zum Teil auch in Publikationen, die musikwissenschaftlichen Charakter für sich in Anspruch nehmen. So ist H. F. Redlich der Meinung, Mahler habe im Jahre 1907 die Komposition des ›Liedes von der Erde‹ noch nicht begonnen haben können, weil Hans Bethges Gedichtband ›Die chinesische Flöte‹ damals noch nicht erschienen war. Zum Beweis hierfür zitiert er nicht etwa eine Primärquelle, sondern eine Anmerkung, die sich in einer Schrift von Paul Stefan findet (›Gustav Mahler – Eine Studie über Persönlichkeit und Werk‹, 4. Auflage, München 1912). Hätte er Bethge selbst konsultiert, wäre Redlich zu einem anderen Ergebnis gekommen, denn Bethge nennt in dem von ihm herausgegebenen Sammelband ›Deutsche Lyrik seit Liliencron‹ das Jahr 1907 als Erscheinungsjahr seiner ›Chinesischen Flöte‹. In diesem Fall ist also den Erinnerungen von Alma Mahler doch wieder Glauben zu schenken, denn sie weiß zu berichten, daß sich der Komponist mit den Gedichten »nach dem Tod des Kindes, nach der furchtbaren Diagnose des Arztes« im Sommer 1907 beschäftigt hat.

Ich bin im Begriff, den Leser mit diesen Einzelheiten zu ermüden. Das geschieht mit Absicht, denn ich möchte um Verständnis für die zuweilen triste Stimmung werben, in die ich während der Arbeit verfallen mußte. Es gab allzu wenige Fakten, die ich als vollkommen gesichert ansehen durfte. Nahezu jede Schrift, die ich zur Hand nahm, löste Zweifel aus. Besonderes Mißtrauen erweckten manche Sätze, die in den verschiedensten Publikationen fast wortgetreu wiederholt werden. So etwa die Behauptung, Mahler habe in Amerika einen »vollständigen Zyklus« der Symphonien Bruckners dirigiert. Die Geschichte des amerikanischen Konzertwesens weiß davon nichts zu vermelden. Auch die Programmübersicht der von Mahler in Amerika geleiteten Konzerte, die Irving Kolodin 1960 veröffentlichte, zeigt nur an, daß Mahler in Amerika die Vierte Symphonie von Bruckner aufgeführt hat. Welchen Sinn hat diese Legendenbildung, die unkritisch auch von Biographen übernommen wird? Bedarf Mahlers echte Anteilnahme am Werk Bruckners – auch wenn diese während der letzten Lebensjahre Mahlers weniger deutlich zutage getreten ist – solcher Märchen?

Zu den Märchen, denen man immer wieder begegnet, gehört auch die Geschichte von einem »neuen Orchester«, das 1909 in New York für Mahler geschaffen worden sei. Dieses angeblich »neue« Orchester ist kein anderes als das altehrwürdige Orchester der 1842 gegründeten New Yorker Philharmonic Society. Neu war einzig und allein die geänderte juristische Struktur, die von den Geldgebern Anno 1909 erwirkt wurde, um Mahler totale Gewalt einzuräumen. Mahler war auch nicht »Gastdirigent« in den Vereinigten Staaten. Seine Beziehung zur New Yorker Philharmonie war inniger, fester und juristisch gesicherter als sein Verhältnis zu irgendeinem europäischen Orchester jemals gewesen war.

Amerika gab ihm, was er sich gewünscht hatte. Es scheint, daß europäische Mahler-Biographen diese für Europa schmerzliche Tatsache noch heute nicht gern zur Kenntnis nehmen wollen.

Gern bewahrt man liebgewordene Legenden, die auf private Weise den allzu frühen Tod Mahlers erklären sollen: Amerika habe er als Qual empfunden, die seine Gesundheit untergrub; der Alltag der Wiener Oper habe ihn unglücklich gemacht, weil er seiner inneren Bestimmung, Komponist zu sein, nur in den Ferien habe folgen können. Nichts davon ist aus Mahlers Lebensgang abzuleiten. Die Hingabe, mit der sich Mahler dem Szenischen der Oper – vor allem von 1903 an – gewidmet hat, beweist zur Genüge sein nicht routinehaftes, sondern zutiefst ästhetisches Interesse an den Problemen des Musiktheaters. Nur wenige Studien haben diesen Aspekt von Mahlers Tätigkeit zum Gegenstand. In den Schriften von Paul Stefan und Richard

Specht, in Aufsätzen von Alfred Roller finden sich wichtige Hinweise. Gründlicher befaßt sich Erwin Stein mit Mahlers Wiener Opernarbeit (in ›The Opera Bedside Book‹, herausgegeben von Harold Rosenthal, London 1965). Unbeachtet blieben bisher einige Aufsätze von Ludwig Hevesi (›Altkunst – Neukunst‹, Wien 1909), die ungemein anschauliche Berichte über Mahlers und Rollers Szenengestaltung enthalten.

Als eine im großen und ganzen günstige Ausgangsposition für den Biographen erweist sich auch heute noch die Schrift, die der Ordinarius für Musikwissenschaft an der Wiener Universität Guido Adler, ein Freund Mahlers, im Jahre 1914 im ›Biographischen Jahrbuch und Deutschen Nekrolog‹ veröffentlichte und die später auch als selbständige Publikation erschien: ›Gustav Mahler‹ (Wien 1916). Wichtige Aufschlüsse geben auch die ›Erinnerungen an Gustav Mahler‹ von Natalie Bauer-Lechner (Wien 1923) und die Aufsätze, die Ludwig Karpath unter dem Titel ›Begegnung mit dem Genius‹ (Wien 1934) veröffentlicht hat. Karpath, der ursprünglich eine Karriere als Opernsänger anstrebte und bald Musikkritiker wurde, hat Mahler schon in Budapest kennengelernt und stand mit ihm einige Jahre lang auch in Wien in enger Beziehung. Nach seinem Tod (1936) gelangte Karpaths umfangreiches Archiv, das einige Originaldokumente und manche lehrreiche Dokumentenabschrift enthielt, in den Besitz von Professor Dr. Willi Reich, dem ich für die freundliche Überlassung dieses Materials, das meine Arbeit sehr erleichtert hat, von Herzen danken möchte.

Die bei der Vorbereitung dieser Mahler-Biographie erarbeiteten Materialien erfüllen mich keineswegs mit Stolz. Im Gegenteil! Sie haben erwiesen, in welch desolatem Zustand sich die biographische Mahler-Forschung immer noch befindet. Der kundige Leser wird vielleicht liebgewordene Histörchen über Mahler in dieser Biographie vermissen. Dem kritischen Rezensenten wird gewiß nicht entgehen, daß einige Begebenheiten anders dargestellt sind, als dies bisher der Fall war. Wollte ich alles, was hier gesagt oder verschwiegen wird, nun auch noch wissenschaftlich belegen, dann wäre hierzu ein eigener Band erforderlich mit dem Titel ›Gustav Mahler – die Dokumente seines Lebens und Schaffens‹. Dieses Buch wird gewiß eines Tages erscheinen, wenn die biographische Mahler-Forschung das dem Gegenstand angemessene Niveau erreicht haben wird. Diese Forschung hat noch nicht begonnen. Sie wird hiermit eröffnet.

# Verzeichnis der Werke

Diese Übersicht basiert auf dem von der Internationalen Gustav-Mahler-Gesellschaft veröffentlichten ›Verzeichnis der Werke‹.

## Symphonien

## Chor und Orchester

›Das klagende Lied‹ (1880; Bearbeitung 1898) für Sopran-, Alt- und
Tenorsolo, gemischten Chor und Orchester nach eigenem Text
Seite 48, 50, 70, 109
(Siehe auch Symphonien II, III und VIII)

## Gesang und Orchester

›Lieder eines fahrenden Gesellen‹ (1884?)
Nach eigenen Texten und nach Worten aus ›Des Knaben Wunder-
horn‹
Seite 67–70, 81, 107, 111, 125, 280
Zwölf Lieder aus ›Des Knaben Wunderhorn‹ (1892–1895)
Seite 110–115
Zehn Lieder veröffentlichte Mahler 1905 als geschlossenen Zyklus, zwei
Lieder sind Symphonieteile: ›Es sungen drei Engel‹ gehört zur
Dritten Symphonie, ›Urlicht‹ zur Zweiten
›Kindertotenlieder‹ (1901–1904)
Nach Gedichten von Friedrich Rückert
Seite 22, 212 ff., 245
Sieben Lieder aus letzter Zeit (1899–1903)
Nach Gedichten von Friedrich Rückert und aus ›Des Knaben Wun-
derhorn‹
Seite 212 ff.

## Gesang und Klavier

Vierzehn Lieder und Gesänge aus der Jugendzeit
Seite 110–115, 129

NB: Die in der Rubrik ›Gesang und Orchester‹ genannten Werke
existieren auch in Fassungen für Singstimme und Klavier.

# Bildnachweis

Seite 139 (Brief) aus dem Österreichischen Haus-, Hof- und Staatsarchiv

Seite 179 (Brief) aus dem Österreichischen Haus-, Hof- und Staatsarchiv

Seite 199 Karikatur nach Fritz Schönpflug aus der ›Muskete‹ vom 19. Januar 1907

Seite 215 Karikatur aus ›Der Morgen‹ vom 12. September 1910

Seite 217 Karikatur nach Schließmann aus den ›Fliegenden Blättern‹ März 1901

Seite 231 Karikatur nach einem Entwurf von Theo Zasche aus dem Bildarchiv der Österreichischen Nationalbibliothek

Seite 241 Zeichnung nach Carl Moll für den ›Merker‹, III, Heft V

Seite 256 (›Lied von der Erde‹, Partiturseite) aus dem Bildarchiv der Österreichischen Nationalbibliothek

# Namen- und Sachregister

## Willi Reich
## Arnold Schönberg

oder Der konservative Revolutionär
344 Seiten, davon 16 Bildseiten,
Werkverzeichnis, Register

„Endlich die erste umfassende, verbindliche, von keiner
Emotion entstellte Biographie des großen Künstlers."
Gottfried von Einem

„Wer Information, einmal ohne allzu wucherndes anek-
dotisches Rankenwerk, zu schätzen weiß, wird an Reichs
Biographie des Menschen und Komponisten nicht genug
bekommen können."
Die Presse, Wien


## Erik Werba
## Hugo Wolf

oder Der zornige Romantiker
336 Seiten, davon 16 Bildseiten,
Werkverzeichnis, Register

„Was die jüngste Wolf-Monographie an Daten, neuerem
Material, Einzelheiten zur altösterreichischen Umwelt und
zur Identifizierung von Wolfs Bekannten aufbieten, ist
schlechthin erdrückend. Wie es der engagierte Wolfianer,
Altphilologie, Liedbegleiter und Kritiker Erik Werba geschafft hat, solche Stapel von Informationen in ein nicht
nur flüssiges, sondern witziges, wienerisch charmantes
Deutsch zu bringen, bleibt sein Geheimnis."
Süddeutsche Zeitung, München

„Wird auf lange Sicht hin als das einsichtigste Buch über
das Rätsel Hugo Wolf gelten..."
Die Welt


# bei Molden